제임스 몬티어의
가치투자 나침반

Value Investing
Tools and Techniques for Intelligent Investment by James Montier

Copyright © 2009 James Montier.

Korean translation copyright © 2025 Smart Business Publishers Co.

All Rights Reserved. Authorised translation from the English language edition published by John Wiley & Sons Limited. Responsibility for the accuracy of the translation rests solely with Smart Business Publishers Co. and is not the responsibility of John Wiley & Sons Limited.

No part of this book may be reproduced in any form without the written permission of the original copyright holder, John Wiley & Sons Limited.

This translation published under license with the original publisher John Wiley & Sons Limited through Amo Agency, Seoul, Korea.

* 일러두기

이 책은 저자가 2006~2009년 경제·금융 전문 매체 〈마인드 매터스 Mind Matters〉 〈글로벌 에쿼티 스트래터지 Global Equity Strategy〉 〈글로벌 에쿼티 리서치 Global Equity Research〉에 게재한 27편의 칼럼을 네 가지 주제로 분류해 엮은 것이다. 대부분은 2008~2009년의 칼럼이며, 글로벌 금융위기로 미국 및 세계 경제가 가장 혼란했던 시기를 가치투자의 맥락에서 심도 있게 살필 수 있다. 저자가 본문에서 〈Figure〉와 〈Table〉로 제시하는 모든 자료는 게재 당시 정확한 지표였다.

100년의 시간이 증명한 '성공 투자 북극성!'

제임스 몬티어의
가치투자 나침반

VALUE INVESTING

제임스 몬티어 지음 | 권춘오 옮김

Sb
smart business

가치투자의 원천,
'시장의 가치에 비해 싼 주식은
반드시 오른다!'

    벤저민 그레이엄은 "가치투자는 본질적으로 건전하므로 그 원칙에 충실하고, 그 원칙을 고수한다면, 절대 잘못된 투자의 길로 빠지지 않는다."고 했습니다. 투자 문제에서 혼란에 직면했을 때는 그레이엄에게로 돌아가는 것이 좋습니다.

    이 책의 저자 제임스 몬티어는 벤저민 그레이엄의 열렬한 팬을 자처하는 탁월한 투자 전략가이자, 컬럼비아 대학교에서 강의하는 세계적인 행동재무학자입니다. 그레이엄의 투자 철학에 자신의 통찰을 더해 집필한 이 책은, 2~3년에 한 번씩은 꼭 다시 꺼내 읽는 애독서입니다. 개인적으로 절판이 아쉬웠는데 이번 재출간은 반가운 일이자, 우리나라 가치투자자들에게는 더없는 행운이라 생각합니다.

    저는 우리나라 증시에는 가치 대비 현저히 저평가된 주식이 많아, 그레이엄 방식의 가치투자가 높은 투자수익을 거두기에 매우 유리하다고 믿습니다. 이 책의 저자 역시 같은 믿음을 바탕으로 방대한 저서와 논문, 치밀한 자료 분석을 통해 다양한 투자 대상과 방법을 체계적으로 정리함으로써 가치투자가 최고의 투자법임을 설득력 있게 증명하고 있습니다.

원리와 원칙은 시공을 초월해 여전히 유효합니다. 이 책은 15년 전 이야기를 담고 있지만 전혀 낡은 느낌 없이 깊은 교훈을 전해줍니다. 주식시장과 시장 참여자들의 행동을 심리학과 정교하게 결합해 분석함으로써, 건전한 투자자가 나아갈 길을 제시합니다.

경력이 짧은 투자자는 저자의 가르침을 통해 간접 경험을 쌓을 수 있고, 투자 경력이 오랜 투자자는 자신의 실제 경험을 되돌아보며 바람직한 투자자의 자세를 재정립할 기회를 얻을 것입니다.

경제학계와 증권업계에서의 위상은 여전하지만, 신뢰성에서는 많이 약화된 —**한편으로는 존재함으로써 가치투자자의 도우미가 되는**— '효율적 시장 가설'을 철저하게 분석해서 문제점을 정리합니다. 또한 과거 통계 자료를 활용해서 성장주투자가 리스크는 크지만, 수익률은 가치주에 크게 뒤진다는 점을 증명해 보입니다.

저자는 존 템플턴 경의 "모든 장기투자자의 유일한 투자 목적은 세후 총수익의 최대화다."와 존 메이너드 케인스의 "보유 자금에 대해 상당한 이자를 받는 동시에, 그 가치가 심각하게 하락할 위험을 최소화하는 것이다."는 두 투자 구루의 말을 인용하며, 이러한 투자 목적에 부합하는 '가치투자를 위한 10가지 원칙'을 제시합니다.

'가치투자의 교과서'라고 불러도 손색이 없을 만큼 가치투자가 최고의 투자법인 이유를 조목조목 따져 설명하고 있어, 실제 투자에 '어떻게 적용해야 하는지'를 명확히 보여줍니다.

* * *

몇 해 전, 워런 버핏은 자신의 개인 자금은 여전히 벤저민 그레이엄 방식으로 운용하고 있다고 밝혔습니다. 이 책을 읽다 보면 '가치투자의 아버지' 벤저민 그레이엄에 대한 저자의 깊은 존경심이 고스란히 전해집니다. 저자의 문장 사이로 스며든 그레이엄의 가르침은, 마음 깊숙이 파고드는 또 다른 즐거움입니다.

투자 경력 41년 차인 저는 주식투자에서 무엇보다 경험이 중요하다고 믿습니다. 역사가 반복되듯 주식시장 역시 오르내림을 반복하지만, '장기적으로는 반드시 우상향한다'는 믿음이 있기에 시장이 크게 하락하더라도 쉽게 흔들리지 않습니다. 버티다 보면 결국 시장이 회복되고, 보유한 주식의 가격도 회복되며 상승합니다. 그때 비로소, 인내에 대한 보상이 찾아온다는 사실을 저는 수많은 경험을 통해 체득해왔습니다.

2008년 금융위기 당시, 주식투자로 41.1%의 손실을 입었습니다. 하지만 그저 묵묵히 버텼더니, 불과 2년 뒤인 2010년에는 손실을 넘어서는 수준까지 회복할 수 있었습니다. 제 투자 경력에서 가장 크게 각인된 경험입니다.

당시 제가 운용하던 포트폴리오는 내재 가치에 비해 충분히 저평가된 가치주들로 구성되어 있었기에, 끝까지 참고 기다릴 수 있었습니다. **'시장의 가치에 비해 싼 주식은 반드시 오른다'는 단순하지만 흔들림 없는 진리, 그것이야말로 우리 가치투자자들이 버틸 수 있는 믿음의 원천입니다.**

투자자에게 독서는 실전 경험만큼 중요합니다. 투자자는 양서를 읽음으로써 크게 두 가지를 얻을 수 있습니다.

① 투자 대가들이 밝혀놓은 투자 원칙과 기법을 배울 수 있습니다. 자기 성향에

맞는 한 대가의 방식을 선택해 그대로 따를 수 있고, 여러 대가의 지혜를 융합해 자신만의 투자 스타일을 구축할 수도 있습니다.

② 투자 여정에 있어 반드시 겪게 되는 시장 침체기의 힘든 시기를 견디는 데 도움이 됩니다. 투자 대가들 또한 비슷한 시련을 겪었고, 그 과정을 어떻게 극복했는지를 보여주는 사례들을 통해 우리는 위로받고, 다시 버텨낼 용기를 얻습니다.

이 책은 단순한 양서 수준을 넘어서 버핏이 책상 위에 그레이엄의 책을 두고 늘 참고했듯이, 곁에 두고 반복해서 읽으며 되새길 가치가 있습니다.

한편 우리나라 주식시장은 상법 개정 및 배당금에 대한 분리과세 등 우리 증시를 저평가 상태로 짓누르고 있던 제도적 문제가 해결되는 과정에 있습니다. 특히 가치주투자자에게 유리한 시장이 열렸고, 앞으로도 이런 상황은 유지될 것으로 예상합니다.

적절한 시점에 재출간된 이 책은 가치투자자뿐만 아니라, 모든 주식투자자에게 좋은 길잡이가 될 것으로 믿어 의심치 않습니다.

— 숙향
《이웃집 워런 버핏, 숙향의 주식투자 이야기》 저자

군중과 다르게 생각하고,
행동한 투자자만이 살아남는다!

투자 관련 서적은 끊임없이 나오고 독자들은 그런 책을 계속 구입해 읽는다. 읽으면 부자가 될 수 있을 것 같다. 부자로 만들어주겠다는 그런 책들의 약속은 때론 조엘 그린블라트의 《주식시장의 영원한 고수익 테마들》처럼 노골적일 때도 있지만, 대개는 슬쩍 우회해 표현하는 경우가 많다.

그렇지만 어쨌든 우리는 한 가지만은 늘 염두에 둬야 한다. 우리 모두가 투자에 성공하지 못한다는 사실 말이다. 누구나 시장 평균수익률보다 높은 수익을 내는 일은 미국의 작가 게리슨 케일러의 라디오쇼에 나오는 '여자들은 모두 강인하고, 남자들은 모두 잘생겼으며, 아이들은 모두 평균 이상'인 워비곤 호수 마을 같은 가상의 세계에서나 가능하다.

수학적으로 볼 때 매매 비용 및 자산운용 수수료를 제한 평균수익률은 모든 투자자산의 평균수익률과 같아야 한다. 이 말은 시장은 효율적이라는 주장, 어떤 투자자라도 억세게 운이 좋지 않은 이상 시장 평균수익률보다 높은 수익을 낼 수 없다는 이야기는 아니다.

실제로 워런 버핏 같은 극소수 개인투자자의 경우 수년 동안 시장 평균수익률을 훨씬 웃도는 투자수익을 내기도 한다. 하지만 중요한 사실은 누군가 평균 이상의 수익을 냈다면, 반대로 평균 이하의 수익을 낸 투자자도 있다는 것이다.

달리 말해 **어떤 자산의 매매가 이뤄질 때 매수자 관점에서는 그 자산이 훗날 자신에게 높은 수익을 선사하리라 믿어 매수하지만, 매도자 입장에서는 그 자산이 미래에 낮은 수익을 낼 것이라 생각해 매도한다는 이야기다. 그리고 이들 가운데 한쪽은 반드시 틀린다.**

그러므로 투자 과정이 건전해지려면 그런 투자 선택이 왜 옳은지 설명할 수 있어야 한다. 이는 꽤 보편적인 투자 규범이다. 예컨대 하버드 대학교 경영대학원의 투자 운용 과정을 보면 '내 강점은 무엇인가?'와 같은 문제를, 늘 기본적으로 다루고 있다. 그런데 이 질문은 답하기가 너무 간단하다. 세상 모든 이들은 저마다 자신에게 강점이 있다고 생각하기 때문이다.

이 책을 쓴 제임스 몬티어는 학생들을 가르칠 때 80% 이상은 평균을 상회하는 성적을 받으리라 여겼지만, 30%는 절대로 그렇게 될 수 없었다. 내 경우에는 수업에 참여한 학생들 중 90% 이상은 평균보다 높은 성적을 받을 것이라 기대했지만, 그러지 못했다. 사실 나는 제임스 몬티어보다 학점을 후하게 주는 편이었는 데도 말이다.

높은 보수와 함께 도덕적으로도 깨끗한 펀드매니저 대부분은 자신에게 강점이 있다고 믿는다. 직접투자를 선택한 일반투자자들도 시장 지수에 근거한 수동적 투자로도 시장 평균보다 높은 수익률을 올려서, 그동안 들인 시간과 노력에 대한 보상을 받을 수 있다고 기대한다.

그러나 결국 자신들이 생각한 강점은 시장에서 엄격한 검증을 받게 되고, 절반 넘게는 그 검증을 통과하지 못한다.

* * *

적어도 지난 75년 동안 인정받아 온 투자 기법, 제대로 실행하면 오래도록 시장 평균보다 높은 수익을 보장하는 투자법이 분명히 있다. 다름 아닌 가치주에 투자하는 '가치투자Value investing'다. 제임스 몬티어는 이 책에서, 바로 그런 가치투자 기법에 관해 다루고 있다.

내가 생각하기에 **제임스 몬티어가 가치투자 기법을 새롭게 구성해 다시 내놓은 가장 큰 이유는 가치투자를 충실히 따르는 투자자들이 여전히 극소수에 불과하기 때문이다. 그와 동시에 이제 가치투자 원칙의 효율적 응용이 학문으로 불릴 수 있을 만큼 발전하면서, 더 정확하게 이해하고 실제 투자에서 효과적으로 활용할 수 있게 됐기 때문이다.** 이 책은 가치투자의 이론과 실천 모든 면에서 큰 도움이 될 것이다.

시장 평균수익률 대비 3% 이상의 수익을 올리게 해주는 가치투자 기법의 근본적 강점은 투자 행태에 심리적 접근을 한다는 데 있다. 개인투자자들의 투자 행태에는 공통적으로 세 가지 특징이 있다.

① <u>투자자들이 항상 높은 수익을 추구하고자 한다는 것이다.</u> 복권이 늘 잘 팔리는 것이 대표적인 예다. 매주 복권을 사서 일확천금을 노려도 결과는 늘 보잘것없다. 주식에서 복권과 가장 비슷한 종목이 성장주다. 성장주를 대표했던 마이크로소프트, 인텔, 시스코 등은 물론 그다지 성공하지 못한 인터넷 관련 주식들도 한때는 즉각적인 부를 가져다줄 것처럼 보였다.

하지만 이 책에서 제임스 몬티어는 성장주로 구성된 투자 포트폴리오가 미국을 비롯한 선진국을 포함해 신흥 공업국에서조차, 시장 평균에 미치지 못하는 실적을 냈다는 사실을 지적한다. 차트만 아름다운 성장주나 미인주만 부각하다 보니, 성장 속도가 상대적으로 느린 종목이나 아직 별다른 수익을 내지 못한 주식들은 저평가됐다는 것이다.

② 투자자들이 손실을 극도로 꺼린다는 점이다. 이 같은 손실 혐오 특징 때문에 성장주를 향한 과도한 기대치와 저평가 주식에 대한 편견 사이의 간극이 더욱 벌어진다. 투자하면서 단기적으로 손실을 볼 수도 있다. 그런데도 손실 가능성 자체를 외면하려고만 한다.

한 심리학 연구 결과에 따르면 대부분 투자자는 위험자산과 안전자산 가운데 수익이 확실한 안전자산을 선택한다. 하지만 같은 위험자산이라도 한쪽에 확실한 손실 가능성이 보이면 손실이 덜해 보이는 위험자산을 선택한다. '리스크Risk'가 있기는 매한가지인데 말이다.

당시 어떤 상황 때문에 실적이 악화해 손실이 우려되는 추녀주Ugly stock에 대해서는 재상승 가능성을 전혀 고려하지 않은 채 곧바로 매도해 버린다. 추녀주가 과매도되는 이유가 여기에 있다. 제임스 몬티어가 이 책에서 증명하듯이, 그래서 추녀주로 구성한 포트폴리오는 결과적으로 시장 평균수익률을 상회하게 된다.

③ 위 두 가지 특징을 더욱 강화시키는 인간의 기본 성향이다. 대다수 투자자는 시장 불확실성을 두려워한다. 합리적 관점에서 무시해도 될 정도의 불확실성인데도 그 불확실성을 선택하기보다, 조금이나마 확실한 결과를 얻기 위해 비합리적으로 낮은 수익률을 감내한다. 더욱이 갖은 방법을 동원해 불확실성을 억제하기도 한다. 아무런 근거가 없는 확신으로 과거 차트를 보며 추세를 예측한다.

대부분 투자자는 미인주를 매력적으로만 바라본다. 반드시 성공한다고 확신한다. 매력적으로 보이지 않는 주식은 분명히 실패한다고 여긴다. 그러나 실제 현실은 매우 복잡하다. 지금껏 계속 오르기만 했던 주식이 갑자기 곤두박질치기도 하고, 숨통이 끊어질 것만 같았던 주식이 보란 듯 되살아나는 경우도 태반이다.

그럼에도 불구하고 투자자들의 손실 혐오 성향 때문에, 미인주는 더 과대평가되고 추녀주는 더 과소평가된다.

가치투자의 길에 들어설 여러분은 과대평가된 미인주를 멀리하고 과소평가된 추녀주를 끌어안아야 한다. 인간 본성에 내재한 심리적 편견을 극복해야 한다. 물론 이를 이겨내고 진정한 가치투자자가 되기란 쉽지 않다. 대개의 가치투자자가 부자지만 소수에 불과한 까닭이 여기에 있다.

기관 세력은 이 같은 편향을 더욱 강화시킨다. 홀로 떨어지기보다 무리에 있는 게 편하기 마련이다. 기관도 개인처럼 과대평가된 주식에 집중하는 경향이 있다. 경쟁 회사와 적어도 비슷한 실적을 내기 위해 기관들은 장기 실적이 나빠지더라도 눈앞의 손실을 참지 못한다.

어떤 기관의 펀드매니저가 경쟁사보다 낮은 실적을 내면 곧바로 쫓겨난다. 그런 이유로 다른 기관보다 떨어지는 실적을 피하기 위해서라도 경쟁사 포트폴리오와 비슷한 포트폴리오를 짠다.

기관은 또한 자사自社를 마케팅한다. 가능한 한 효과적으로 마케팅하고자 내재한 불확실성을 숨긴 채 투자 정보를 제공하고, 성공한 고객들을 부각하며, 자사가 리스크를 잘 피하고 있음을 보여주려고 애쓴다. 이런 노력이 '윈도 드레싱 Window dressing**'이다.** 기관들의 이런 행태는 일반 개인투자자들의 편견을 확대 재생산한다.

게다가 기관은 자사 고객을 안심시키고자 이론적으로는 매우 복잡하면서 실효성에는 의심의 여지가 있는 갖가지 방법을 제시한다. 자신들이 통계적, 경제적, 산업적 전문성을 확보하고 있음을 과시하기 위해 미래 전망을 보여주기도 한다.

나아가 리스크관리 및 최신 투자 기법에 정통하다는 듯 자본자산 가격결정 모델과 같은, 과거의 진부한 이론에 근거한 계량 모델을 가급적 복잡하게 세우기도 한다. 그런 다음 그 모델에서 나온 전략을 수학적으로 복잡하게 계산한 전략을 제안한다. 그러면서 기본적인 경제 원칙이나 통계 데이터는 무시하고, 결코 줄일 수 없는 불확실성은 외면한다.

제임스 몬티어는 이 책에서 기관들의 이 같은 접근 방식과 그들이 설명하는 기회에 어떤 치명적 문제점이 있는지 정확히 꿰뚫고 있다.

* * *

시장 평균 이상의 수익률만이 투자 실적을 평가할 유일한 기준은 아니다. 그 못지않게 리스크가 중요하다. 아마도 이 책의 진가는 리스크 완화와 관련한 부분에 있다. **모든 경제는 필연적으로 리스크를 생성한다. 각각의 경제가 야기한 모든 리스크는 시장의 평균수익률이 전체 투자자들에게 귀속되는 것처럼, 모든 투자자의 몫이 된다.**

한편 시장 평균수익률에 반한 그릇된 투자 전략이 리스크를 유발하기도 한다. 가장 명백한 사례는 도박이다. 카지노에서든 파생 상품시장에서든 간에 도박은 개인의 자산에 불확실성을 초래한다. 당연하게도 이때의 불확실성은 도박을 하지 않으면 생기지 않는다. 그렇지만 안타깝게도 투자자 대부분은 리스크를 줄이기보다 오히려 투자를 늘린다.

투자에서 중요한 또 다른 사실은 일반투자 펀드의 평균수익률이 펀드자산 규모에 따른 가중 수익률보다 600베이시스 포인트 Basis point, 즉 6% 높다는 점이다.

예를 들어 자산이 20억 달러인 연도의 수익률은 10억 달러일 때에 비해 2배

가중된다. 자산이 20억 달러인 해의 수익률이 6%고 10억 달러인 해의 수익률이 12%일 때, 자산이 20억 달러인 해의 수익률은 2배로 가중돼 이 두 해의 가중 수익률은 같아진다. 이는 규모가 큰 펀드가 순발력과 선택 판단에서 불리하다는 점을 고려한 것이다.

이와 동시에 이는 수익률의 착시 현상으로 인해 투자자들이 잘못된 시점에 펀드 투자에 들어오고 나간다는 것을 의미한다. 투자자들의 이 같은 행동은 그 자체로 리스크를 증폭한다. **이 책에서 제임스 몬티어가 보여주고 있듯이 리스크를 완화하려면 단기 유행에 휩쓸리지 않는 절제력이 있어야 한다.**

분산투자도 중요하다. 분산을 무엇이라고 정의하든지, 분산된 포트폴리오는 한 곳에 집중한 포트폴리오보다 손실 가능성이 낮다. 임상 사고를 유발한 제약회사나 쇠퇴기에 접어든 신문사 또는 마르크스주의 정권이 장악한 베네수엘라와 같이, 투자자산에 엄청난 손실을 야기하는 상황 대부분은 특정 기업이나 산업 또는 특정 국가에 한해 발생한다.

5개 미만의 종목으로 포트폴리오를 구성한 경우 이런 상황이 벌어지면 치명적 손실을 볼 수 있다. 50개 이상으로 포트폴리오를 짜야만 이 같은 상황에 따른 손실을 최소화할 수준으로 통제할 수 있다.

그렇다고 해서 시장 전체에 분산해야 한다는 것은 아니다. 전체 시장 지수를 보고 투자하는 방식은 가치투자의 이점을 포기하는 행위다. 그래도 명백한 사실은 여러 업종과 국가에 최소한 15개 종목 이상의 주식을 보유하는 분산투자라야 리스크를 완화할 수 있다는 것이다.

아울러 시장에서 인기가 높은 미인주를 과도한 가격으로 매수하지 않는 것도 현재의 거시경제가 파국으로 치닫지 않는 이상 투자 손실을 피하는 방법이다.

* * *

제임스 몬티어의 증명처럼 거시경제가 영원히 무너지는 일은 사실상 없다. 역사적으로 봐도 1990년대 '잃어버린 10년'의 일본에서조차 가치투자와 분산을 통해 플러스 수익률을 낼 수 있었다. 물론 대공황 같은 파국은 영구적 손실을 초래할 수도 있다. 그런 파국이 언제 발생할지 정확히 예측하는 것도 거의 불가능하다. 더욱이 대부분 투자자는 조만간 엄청난 파국이 펼쳐지리라는 사실을 모른 채 계속 투자한다.

파국 국면에 대응하려면 주가 하락에 따른 손실을 상당 수준 방어할 수 있는 포트폴리오를 짜고, 보험 성격의 자산을 매수하는 전략을 취해야 한다. 방어주, 단기국채, 현금, 금 등으로 포트폴리오를 구성해야 한다. 그리고 다른 한편으로 투자자 대부분이 리스크를 인식하지 못해 가치가 저평가되고, 가격이 급락한 헤지 상품과 같은 보험성자산을 매수하는 전략이다. 이 책에서 제임스 몬티어는 이런 전략을 매우 뛰어나게 제시하고 있다.

결론적으로 나는 크게 다음의 네 가지 이유를 들어, 모든 투자자에게 이 책을 추천한다.

① 현명한 투자의 원칙을 체계적이고 설득력 있게 정리했다.

② 풍부한 역사적·실험적 데이터를 제시함으로써, 가치투자의 성과를 실증적으로 입증한 현명한 투자 원칙을 제시한다.

③ 가치투자 원칙을 현재의 투자 상황에 어떻게 적용해야 하는지 명확히 보여준다.

④ 정말 재미있으며, 반복해서 강조한다.

반복한다는 특징은 추천 이유로 어울리지 않는다고 생각할지 모르지만, 사실 이 책의 가장 뛰어난 특징이라고 할 수 있다. 내 경험에 비춰볼 때 같은 내용을 적어도 네 번 이상 반복해서 설명하지 않으면 대부분 사람은 핵심을 인식하지 못한다.

이 책에서 같은 내용을 반복해 설명하는 이유가 다른 데 있는지 모르겠지만, 반복 설명 방식은 가치투자의 원칙과 핵심을 효과적으로 전달하는 데 꼭 필요하다. 제임스 몬티어는 그 누구보다도 그 일을 훌륭히 수행하고 있다.

- 브루스 그린왈드
컬럼비아 대학교 경영대학원 금융 및 자산관리 교수

추천의 글 ‖ 가치투자의 원천,
'시장의 가치에 비해 싼 주식은 반드시 오른다!'
머리말 ‖ 군중과 다르게 생각하고, 행동한 투자자만이 살아남는다!

PART I 경영대학원의 가르침은 전부 틀렸다

Chapter 01
효율적 시장 가설과 결별하라 -- 026

금융의 죽은 앵무새 | 하트의 여왕과 불가능한 믿음 | 죽은 경제학자의 살아있는 노예들 | 효율적 시장 가설의 명백한 오류, 영원히 차오르는 버블 | 효율적 시장 가설의 핵폭탄

Chapter 02
자본자산 가격결정 모델을 버려라 -- 055

효율적 시장 가설의 역사 | 자본자산 가격결정 모델의 오류 | 왜 자본자산 가격결정 모델은 실패했는가 | 자본자산 가격결정 모델의 현재와 영향

Chapter 03
숫자를 향한 맹신과 안전에 대한 망상 -- 072

유사과학에 현혹되다 | TV 시청이 수학 실력을 높인다 | 금융계의 실태 | 숫자가 안전을 보장해 주지 않는다

Chapter 04
유치한 투자 분산이 초래하는 위험 -- 089

편협한 분산의 위험 | 보통주 포트폴리오, 또 다른 극단 | 상대 실적 경쟁, 형편없는 성과의 근원 | 분산을 위한 간략하고 실용적인 지침

Chapter 05
현금흐름 할인 모델의 한계 -- 101

현금흐름 추정과 할인율 계산의 문제점 | 현금흐름 추정과 할인율 계산의 상호작용 | 현금흐름 할인 모델의 대안들

Chapter 06
가치는 성장보다 위험한가? -- 116

리스크 지표 ① 표준편차 | 리스크 지표 ② 베타 | 리스크 지표 ③ 경기 리스크

Chapter 07
디플레이션과 불황 그리고 가치투자 -- 129

일본 버블 붕괴기의 가치투자 | 미국 대공황기의 가치투자 | 일본 버블 붕괴기와 미국 대공황기의 차이

PART II 행태 기반의 가치투자

Chapter 08
개를 사랑하고 미인을 멀리하라 -- 142

개와 인기주에 관하여 | 애널리스트들의 예상성장률과 내재성장률 | 가치 평가 | 성장의 희망에 과도하게 지불한 사례, 광산주

Chapter 09
미인주의 플라세보 효과 -- 157

진통제와 플라세보 효과 그리고 가격 | 비싼 와인이 맛도 더 좋을까? | 미인주의 경우 | 편견을 깨라

Chapter 10
자다가도 눈물 흘릴 성장투자 -- 169

성공하는 기업들의 8가지 습관 | 고평가 주식인가, 저평가 주식인가 | 못생긴 피고는 되지 마라 | 성장주에 대한 애널리스트의 관점

Chapter 11
가치투자를 위협하는 삼위일체 리스크 -- 187

가치 평가 리스크 | 사업·이익 리스크 | 대차·대조표 재무 리스크

Chapter 12
사전 조치 전략으로 투자하라 -- 197

감정 간극 | 감정 간극과 늑장 부리는 습관을 방지하는 방법 | 극단적 감정 상태에서의 주식 매매 | 실적 경고 | 락인 전략

Chapter 13
약세장의 심리학 -- 207

두려움과 약세장 | 두려움과 시간 | 자기 통제력 상실의 대가 | 현재에 집중하라

Chapter 14
가치투자를 방해하는 것들 -- 218

지식과 행동의 불일치 | 손실 혐오 | 지연된 만족과 단기 편향 | 사회적 고통과 군중 심리 | 나쁜 이야기 | 자기 과신 | 지루함

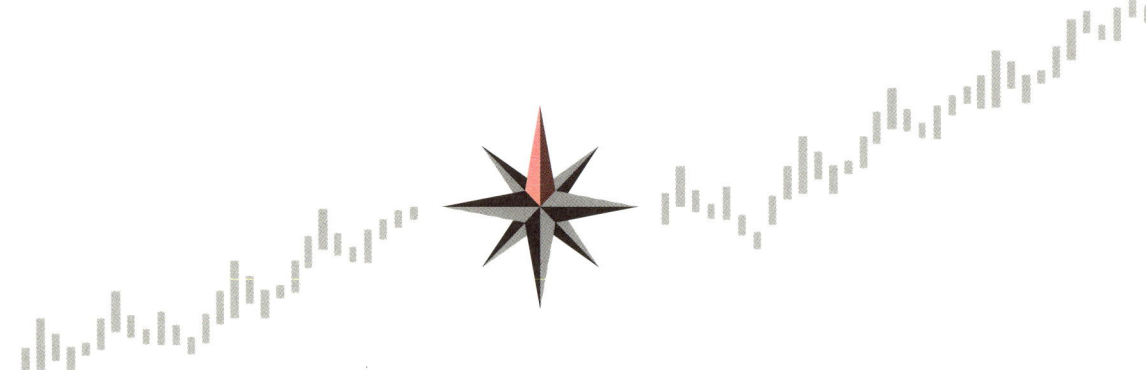

PART III 가치투자의 철학

Chapter 15
가치투자를 위한 10가지 원칙 -- 238

투자의 목적 | 원칙 ① 가치, 가치, 가치, 언제나 가치가 가장 중요하다 | 원칙 ② 역발상투자자가 된다 | 원칙 ③ 인내한다 | 원칙 ④ 구속받지 않는다 | 원칙 ⑤ 예측하지 않는다 | 원칙 ⑥ 주기를 활용한다 | 원칙 ⑦ 과거에서 배운다 | 원칙 ⑧ 의심하고 또 의심한다 | 원칙 ⑨ 거시적 접근과 미시적 접근을 병행한다 | 원칙 ⑩ 내가 대접받고 싶은 만큼 고객을 대한다

Chapter 16
도박과 스포츠 그리고 투자 -- 273

과정의 심리학, 결과 편향 | 과정의 심리학, 결과 책임 | 과정의 심리학, 과정 책임

Chapter 17
액션맨을 조심하라 -- 286

액션맨으로서의 골키퍼 | 투자자와 행동 편향 | 팻 피치를 기다리는 워런 버핏 | 저조한 실적 뒤에 두드러지는 행동 편향

Chapter 18
낙관론을 버리고 회의주의자가 되라 -- 298

금융계의 낙관 편향 | 낙관 편향의 원천 | 낙관론의 유혹에 저항할 회의주의 | 증거를 기반해 투자해야 하는 이유 | 우울한 현실주의

Chapter 19
투자 결정 과정을 단순화하라 -- 321

정보가 많은 것이 좋은 것인가 | 단순함을 유지하라 | 심장병 진단 문제 | 정보의 양이 아닌 정보의 정확성 | 의사결정 과정의 단순화 | 전문가는 핵심 정보에 초점을 맞춘다 | 투자 결정 과정도 단순하게

Chapter 20
결국 저평가 가치주가 옳다 -- 335

결국 저평가 가치주가 빛을 본다 | 유행에 뒤떨어진 가치주 | 열악한 단기 실적은 합리적 투자 과정의 부산물 | 가치주는 터널 끝에서 빛을 볼까?

PART IV 가치투자의 실제

Chapter 21
채권투자는 투기인가? -- 348

장기 관점에서의 채권 | 채권의 가치 평가 | 적정수익률과 실제수익률 | 인플레이션이냐, 디플레이션이냐

Chapter 22
배당금 스와프와 인플레이션 헤지 -- 362

배당금 스와프, 대공황 때보다 싸다 | 인플레이션 헤지 수단으로의 배당금 스와프 | 긴급 매도와 과잉 공급

Chapter 23
경기주의 가치 평가와 안전마진 -- 369

안전마진, 가장 합리적인 리스크관리 | 수익력을 토대로 한 투자의 경험적 증거 | 가치주 스크린에서 그레이엄-도드의 PER 사용법

Chapter 24
시장의 급락이 탄생시키는 가치 -- 381

변동성, 유례없는 것도 예측 불가능한 것도 아니다 | 가치의 탄생 ① 채권시장 | 가치의 탄생 ② 주식시장 | 가치의 탄생 ③ 저렴한 보험 수단

Chapter 25
가치의 저주를 버려내라 -- 400

가장 비싼 시장과 싼 시장의 수익률 | 얼마나 인내하고 버텨야 할까?

Chapter 26
대공황의 교훈과 안전을 위한 보험들 -- 407

어빙 피셔의 대공황에 대한 부채 디플레이션 이론 | 크리스티나 로머의 대공황이 준 교훈 | 벤 버냉키의 정책 수단 | 현 경제 상황에서 안전을 위한 보험 수단

Chapter 27
가치투자가 이기지 못할 시장은 없다 -- 420

그레이엄-도드의 10년 PER의 거시적 검증 | 평균 이익, 미시적 검증

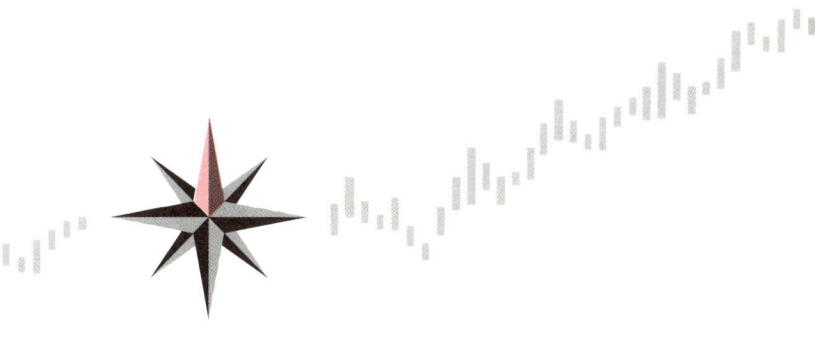

복잡한 수학 없이도
쉽고 흥미롭게 이해할 수 있는
다양한 실제 사례들을 소개한다.

이 책에서 저자는 심리학과 함께
신뢰할 수 있는 검증된
가치투자 원칙을 결합했다.

언제나 그렇듯
그의 책은 읽기 쉽고, 유익하며,
무엇보다도 설득력이 탁월하다!

- 마크 쿠퍼, 《가치투자, 그레이엄에서 버핏까지》,
컬럼비아 대학교 경영대학원 교수

PART I

경영대학원의 가르침은 전부 틀렸다

Chapter 01

효율적 시장 가설과 결별하라

시장의 모든 정보가 현재 가격에 반영돼 있다는 '효율적 시장 가설Efficient markets hypothesis, EMH'은 영국 TV 코미디 시리즈의 한 획을 그은 몬티 파이선의 여러 에피소드 가운데 〈죽은 앵무새〉 이야기와 같다.

죽은 앵무새를 판 상점에 찾아가 환불을 요청하지만 상점 주인은 앵무새는 죽은 게 아니라 기절했을 뿐이라고 잡아뗀다. 아무리 앵무새가 죽었다고 주장하더라도, 앵무새가 살아있다고 믿는 사람들에게는 그저 자고 있거나 쉬고 있는 것이다.

만약 효율적 시장 가설이 학문적 개념에 머물렀다면 나는 조금도 신경쓰지 않았을 것이다. 하지만 존 메이너드 케인스의 말처럼 현재를 사는 사람들이 죽은 경제학자들의 이론에 매인 노예가 되고 있다. 효율적 시장 가설은 자본자산 가격결정 모델, 벤치마크, 리스크관리, 주주 가치 등 매우 장황하면서도 해로운 개념을 우리에게 강요했다.
효율적 시장 가설이 남긴 최악의 유산은 시장을 이길 수 있다는 믿음, 즉 다른 사람들보다 뛰어난 시장 예측가가 될 수 있다는 기대감을 부여했다는 것이다.
이제라도 효율적 시장 가설과 그 파생 개념들을 저 멀리 던져 버려야 한다.

- 학술 이론은 '경로 의존성 Path dependence'이 매우 강하다. 경로 의존성이란 과거의 역사나 우연으로 정해진 특정 경로에 의존하기 시작하면, 이후 그 경로에 문제가 발생해도 계속해서 의존하려는 경향을 말한다. 그렇기에 어떤 이론이 채택되고 나면 쉽게 폐기되지 않는다. 일찍이 막스 플랑크가 말했듯이 학문은 장례식을 치르면서 발전한다. 한 이론이 학계에서 완전히 수명을 다하고 나서야 새로운 이론이 나온다. 특히 효율적 시장 가설에 대한 확신은 종교적 신념에 가깝다. 자산 가격결정 이론으로 유명한 유진 파마는 한 콘퍼런스에 참석했을 때 "신은 시장이 효율적이라는 사실을 알고 있소!"라고 외치기도 했다. 그러나 내게 그 외침은 증거보다 믿음에 치우친 '신념 편향 Belief bias'으로밖에 들리지 않는다.

- 내가 효율적 시장 가설에 매우 부정적인 까닭은 그 학문적 개념이 싫어서가 아니라 현명한 투자를 방해하기 때문이다. 지금껏 효율적 시장 가설은 금융산업에 좋지 않은 영향을 미친 나쁜 생각들을 투자자들에게 주입했다. 일테면 자본자산 가격결정 모델은 알파와 베타를 분리하는 데만 집중하게 함으로써 존 템플턴 경이 강조한 '세후 총수익의 최대화'라는 투자의 궁극적 목적을 망각하게 만들었다.

- 나아가 효율적 시장 가설은 투자자로 하여금 벤치마킹에 골몰하게 함으로써 '호모

오비누스Homo Ovinus'라는 새로운 인종을 창조했다. 이 종은 존 메이너드 케인스의 "관습적으로 실패하는 것이 비관습적으로 성공하는 것보다 평판에 더 좋다."는 격언을 충실히 이행하는 화신들이다. 이들은 군중 속에서 내가 어디에 있는지에만 관심을 갖는다.

- 효율적 시장 가설은 리스크관리, 옵션 가격 모델, 주주 가치 개념 그리고 배당금 및 자본 구조는 기업의 가치와 관련 없다는 '모딜리아니-밀러 이론MM 자본 구조 이론'의 토대를 마련했으며, 그것들은 모두 투자자들에게 심각한 해를 끼쳤다. 무엇보다 효율적 시장 가설의 가장 유해한 영향은 '시장을 이기는 방법'에 관한 견해다. 효율적 시장 가설은 투자에서 우위를 점하는 명확한 방법을 제시한다. 우선 내부 정보를 활용하면 되는데, 이는 당연히 불법이다. 그리고 다른 사람들보다 미래를 잘 예측하면 된다. 그러나 우리가 미래를 예측할 수 있다는 증거는 어디에도 없다. 효율적 시장 가설의 이런 관점 때문에 금융산업은 수십 년 동안 신기루만 좇았다.

- 효율적 시장 가설이 오류라는 가장 명확한 증거는 버블의 존재에서 찾을 수 있다. 이는 학술 연구에서는 거의 거론되지 않는다. 경제학자들은 버블을 부인하고자 수단과 방법을 가리지 않는다. 한 경제학자는 2000년 초 나스닥 지수가 5000 이상 올랐을 때 그것이 절대로 버블이 아니라는 내용의 논문을 발표하기까지 했다. 투자관리 회사 GMO는 버블을 실제 추세에서 적어도 2표준편차 벗어난 것으로 정의한다. 효율적 시장 가설에서 2표준편차 일탈, 즉 버블은 약 44년에 한 번씩 일어나야 한다. 그러나 GMO에 따르면 1925년 이래 30회 이상 버블이 있어 왔다. 3년마다 버블이 발생한 셈이다. 이 사실은 효율적 시장 가설을 향한 치명적 일격임이 틀림없다.

- 그런데도 효율적 시장 가설 추종자들은 자신들이 '핵폭탄 Nuclear bomb'이라고 부르는, 적극적인 자산운용으로 시장 평균수익률보다 높은 수익을 낼 수 없다는 사실을 증거로 들며 시장은 효율적이라고 주장한다. 이는 전혀 논리에 맞지 않다. 적극적인 자산운용으로 시장 평균보다 높은 수익을 낸 증거가 없다는 것이 효율적 시장 가설을 뒷받침하지는 못한다. 더욱이 최근 새로운 연구에 따르면 펀드매니저들은 비즈니스 리스크 주식을 잃는 것 보다 커리어 리스크 경력 또는 직업을 잃는 것 를 최소화하는 데 집중했다. 이것이 기관 펀드매니저들의 동인이었다. 효율적 시장 가설을 추종하는 펀드매니저들은 시장을 이기려는 노력조차 하지 않았다.

* * *

다음은 효율적 시장 가설을 발전시킨 대표적인 경제학자 피터 번스타인을 기리고자 CFA 국제공인 재무분석가 영국협회가 주최한 콘퍼런스에서 내가 발표한 내용을 정리한 것이다. 그는 효율적 시장 가설을 대중에게 널리 알렸으며, 자산 가격이 모든 이용 가능한 정보를 반영한다고 주장하여 월스트리트의 거래 행동에 큰 영향을 미쳤다.

금융산업에서 일하는 대다수 사람은 그를 기억하고 그리워할 것이다. 나도 그중 한 사람이다. 피터 번스타인은 나와 상반된 견해를 취할 때가 많았지만 진정한 신사였고, 그와 토론할 때면 나는 언제나 즐거웠다. 물론 그가 살아있더라면 이때의 내 발표 일부 또는 전부에 동의하지 않았겠지만, 그 또한 나와의 토론을 분명히 즐거워했을 것이다.

: 금융의 죽은 앵무새

이번 콘퍼런스를 CFA 영국협회에서 개최했다는 점을 고려할 때, 아마도 여러분은 몬티 파이선 TV 코미디 시리즈에 나오는 〈죽은 앵무새〉를 알 것이다. 금융산업에서 효율적 시장 가설은 바로 그 코미디쇼의 죽은 앵무새와 같다. 지금 나는 죽은 앵무새를 판매한 상점 주인에게 환불해달라고 항의하는 고객 같은 기분이다.

영국 배우 존 클리즈가 연기한 그 손님은 상점 주인에게 이렇게 말했다.

"이 앵무새는 죽었습니다. 더는 이 세상에 존재하지 않는다고요. 삶이 끝나 창조주에게 갔습니다. 이제 이 앵무새는 그냥 사물에 불과합니다. 박제되거나 땅에 묻히겠지요. 이 앵무새의 살아생전 모습은 과거의 일이 됐습니다. 하늘나라로 갔어요. 세상을 하직했단 말입니다. 벽에 부딪혀 피 흘리며 죽은 수많은 새의 영혼들과 합류했단 말입니다."

그러자 상점 주인이 뭐라고 했는가? 앵무새가 그저 자고 있을 뿐이라고 계속 우겼다. '차익 거래'라는 한 단어만 연습시키면 앵무새도 유식한 금융경제학자가 된다던 MIT의 금융경제학 교수 스티븐 로스의 말을 떠올려보자. 이 죽은 앵무새가 내포하고 있는 의미가 많다는 사실을 알 수 있을 것이다.

효율적 시장 가설을 추종하는 사람들을 보면 태양이 지구 주위를 맴돈다는 천동설을 끝까지 지키려던 17세기 예수회 학자들과 무척 비슷하다. **이들이 기존 가설을 지키고자 한 이유는 단순하다. 태양이 지구 주위를 돌지 않게 되면 성경 말씀, 태양을 멈추게 해달라고 기도한 여호수아 이야기가 거짓이 된다. 성경 말씀에 하나라도 거짓이 있다면 신앙의 근거가 될 수 없기 때문이다.**

결과적으로 효율적 시장 가설은 금융 및 투자산업에 막대한 해를 끼쳐 왔다. 그렇지만 효율적 시장 가설이 가진 오류와 그 참혹한 결과를 말하기 전에 우선 효율적 시장 가설이 어떻게 존재할 수 있었는지 잠시 살펴보자.

모름지기 학술 이론은 '경로 의존성'이 강하기로 악명이 높다. 어떤 이론이 학문에 정착하면 그것을 폐기하는 데 엄청난 노력이 요구된다. 막스 플랑크의 말처럼 학문은 장례식을 치르면서 발전해왔다.

효율적 시장 가설은 이미 중세 때부터 이런저런 형태로 고개를 내밀었다. 내가 알기로 효율적 가설 이론이 처음으로 도마 위에 오른 것은 응당 지불해야 할 옥수수 대금을 둘러싸고 토마스 아퀴나스와 다른 성직자들이 벌인 논쟁이다.

그때 토마스 아퀴나스는 정당한 가격이 시장 가격이라고 주장했다. 그런데 지금 우리가 여러 우주가 존재하는 평행우주에서 살고 있다고 가정해보자. 평행우주에서는 한편에 효율적 시장 가설의 세계가 있다면, 다른 한편에는 비효율적 시장 가설의 세계도 있을 것이다.

데이비드 허슐라이퍼가 이런 세계를 정확히 묘사했다. 그가 설명한 비효율적 시장 가설의 세계는 이렇다.

시카고 대학교 사회학파는 시장 가격이 모든 정보를 부정확하게 반영한다는 비효율적 시장 가설을 제안한다. 스탠퍼드 대학교에 빌 블런트라는 똑똑한 심리학자가 있다고 해보자. 그는 '비합리적 기대인식 모델'을 고안한다. 이 모델은 시장 가격과 자산 가치 사이의 갭(Gap)을 고려한 평가 지표로 주식수익률을 예측한다.

주가순자산비율(PBR)과 주가수익비율(PER) 그리고 과거수익률 등 시장의 가치 갭 평가 지표와 인간의 기분을 나타내는 지표가 미래 수익률을 아주 잘 예측한다는 사실을 발견할 때, 연구자들이 느낄 행복감을 상상해보자. 아마도 비효율적 시장 가설이 훨씬 확실한 이론처럼 보이게 될 것이다.

물론 주식투자로 수익을 내는 것이 학술 이론가들의 주장처럼 쉬운 일은 아니라고 투덜대는 사람들도 있을 것이다. 한편으로 사례 연구를 통해 주식시장이 뉴스에 빠르게 반응한다는 사실을 증명하면서, 주식수익은 리스크 부담에 따른 합리적 결과라고 주장하는 학자들도 있을 것이다. 그렇더라도 비효율적 시장 가설 지지자들이 쉽게 받아들일 수 있을까?

가치 갭은 매우 느리게 보정된다는 관점의 비합리적 기대 인식 모델을 계속해서 조정할 수 있는 한 그들은 항복하지 않을 것이다. 상황이 이렇기에 비효율적 시장 가설을 완전히 제압하기란 사실상 어렵다. 더욱이 단편적인 사례 연구로는 새로운 정보에 대한 시장의 비효율적 반응은 존재하지 않는다고 증명할 수 없다. 시장 비효율에 관한 이론적 토대 또한 단단하기에, 비효율적 시장 가설을 무턱대고 무시하는 것도 힘들 수밖에 없다.

금융은 세련되고 우아해 보이는 이론을 지독히도 사랑하는 것 같다. 인간의 비판적 사고력이 수학적 아름다움의 유혹에 압도된 듯 보인다. 나도 아주 오래전에는, 감수성 예민한 젊은 경제학도 시절에는 효율적 시장 가설과 합리적 기대 이론이 내뿜는 아름다움에 매혹됐었다. 빈틈이 없고 완벽해 보였다. 그러나 실제 현실은 달랐다. 이론적으로 아무리 세련되고 우아해도 현실에 맞지 않을 수 있다. 이론이 현실의 핵심을 모두 담고 있지는 않다는 사실을 늘 염두에 둬야 한다.

내가 효율적 시장 가설이 전제로 삼는 완벽하게 합리적인 인간 '호모 이코노미쿠스Homo Economicus, 경제적 인간'의 망상에서 벗어난 것은 학위 과정 감시위원회 학생 대표로 활동한 학부 3학년 때였다. 당시 내가 공부하던 대학교에서는 지정된 과목을 미리 이수하면 학위를 받을 수 있었다. 그러나 학위를 따기 위해 이수해야 하는 과목은 2년에 걸쳐 수강해야 했기에 1년 만에 모든 과정을 진행할 수는 없었다. 따라서 경제학 학위를 받으려면 필수 과목을 학기마다 잘 선택해야 했다.

그런데 어느 날 학위 과정 감시위원회 학생 대표인 내게 찾아와 이런 사실을 전혀 몰랐다고 불평한 학생들이 있었다. 이들은 수강해야 할 필수 전공 과목이 무엇인지도 모르고 있었다. 이런 것도 신경쓰지 못하는데 다른 일은 잘할 수 있을까?

나는 금융이 흡연과 같은 맥락임을 증명할 수 있는 살아있는 증거다. 금연에 성공한 사람이 흡연을 가장 설득력 있게 반대할 수 있듯이, 어떤 금융 이론을 지지하다가 그것이 잘못됐음을 깨달아 폐기해 버린 나 같은 사람이, 그 이론의 가장 강력한 반대자가 될 수 있다.

⋮ 하트의 여왕과 불가능한 믿음

루이스 캐럴의 동화《이상한 나라의 앨리스》에 등장하는 '하트의 여왕'이 경제학을 배웠다면, 아마도 효율적 시장 가설의 열혈 지지자가 됐을 것이다.《이상한 나라의 앨리스》에는 이런 대목이 나온다.

앨리스가 웃으며 말했어요.
"아무리 그래도 소용없어요. 불가능한 것을 믿을 수는 없거든요."
그러자 하트 여왕이 말했어요.
"연습이 부족해서 그래. 나는 어렸을 때 하루 30분은 항상 말도 안 되는 것을 믿었어. 아침 먹기 전에 6개나 되는 불가능한 것을 믿기도 했단다."

앞에서 나는 금융에서 유독 비판적 사고력이 부족하다고 말했다. 하지만 이는 금융에만 해당하는 것도 아니다. 인간에게는 일반적으로 신념 편향이 있다. 신념 편향은 어떤 주장의 타당성을 전제에서 결론에 이르는 논리가 아닌, 그 주장의 결론을 믿느냐 믿지 않느냐에 따라 판단하는 경향을 말한다.

다음 네 가지 삼단논법을 살펴보자.

① 모든 경찰견은 말을 잘 듣는다.

일부 고도로 훈련된 개들은 말을 잘 듣지 않는다.

따라서 일부 고도로 훈련된 개는 경찰견이 아니다.

② 모든 영양제는 비싸다.

일부 비타민제는 싸다.

따라서 일부 비타민제는 영양제가 아니다.

③ 모든 중독성 물질은 비싸다.

일부 담배는 싸다.

따라서 일부 중독성 물질은 담배가 아니다.

④ 모든 백만장자는 열심히 일하지 않는다.

일부 부자는 열심히 일한다.

따라서 일부 백만장자는 부자가 아니다.

이 네 가지 삼단논법은 모두 전제부터 문제가 있지만, 그 결론에는 타당성과 믿음이 섞여 있다. 〈Table 1.1〉은 이 네 가지 논리를 타당성과 믿음의 차원에서 분류해본 것이다.

〈Figure 1.1〉에서 확인할 수 있듯이 행동을 유발하는 것은 개념의 타당성이 아니라 개념에 대한 믿음이다. 결론이 타당하면서도 믿을 수 있는 경우인 ①번 논증은 90%가 그 결론을 받아들인다. 그런데 결론이 타당하지는 않지만 믿을 수 있는 ③번 논증의 경우에는 약 66%가 결론을 수용한다. 결론은 타당하지만 믿을 수 없는 ②번 논증은 60%만이 결론을 받아들인다.

이를 통해 우리는 대부분 사람이 타당성보다 믿음으로 사실을 판단하는 경향이 있음을 알 수 있다. 믿음이 너무 강할 때는 논리가 들어설 자리가 없는 것도 이 때

| Table 1.1 | 타당성과 믿음

| | | 믿음 | |
		믿을 수 있음	믿을 수 없음
논리	타당함	① 개	② 비타민
	타당하지 않음	③ 담배	④ 백만장자

출처 : SG Equity Strategy.

| Figure 1.1 | 결론을 진실로 받아들이는 비율

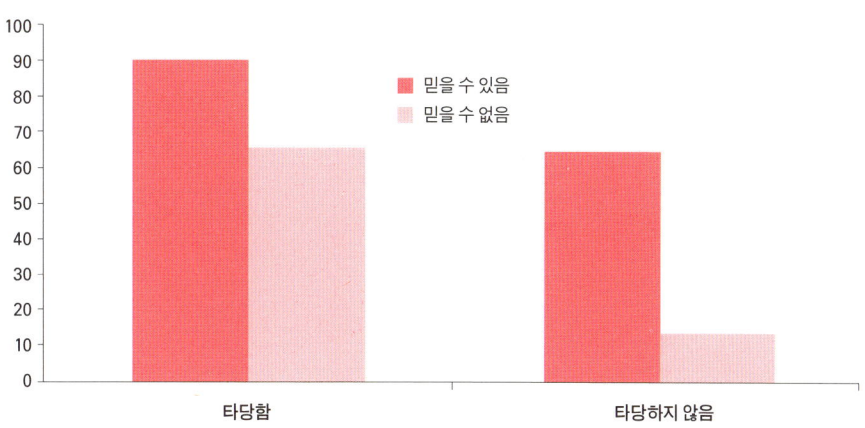

출처 : Evans et al.

문이다.

믿음에 관한 모든 논의를 종합할 때 효율적 시장 가설은 마치 종교처럼 보인다. 효율적 시장 가설을 향한 믿음이 증거보다 신념에 기반을 두는 측면이 강하다는 데서 종교적 특징을 갖는다. 효율적 시장 가설을 두고 논쟁을 벌이게 되면 종교적 광신 같은 행태가 펼쳐지기도 한다.

이와 관련해 오랜 세월 금융의 이단자로 취급된 로버트 하우겐은《새로운 금융 ; 효율적 시장에 반하는 사례》에서 자신이 한 콘퍼런스에 참석해 효율적 시장 가설에 반하는 갖가지 비효율적 사례를 소개하자, 청중석의 유진 파마가 일어나 "신은 시장이 효율적이라는 사실을 알고 있소!"라고 외친 일화를 소개하고 있다.

: 죽은 경제학자의 살아있는 노예들

솔직히 말해서 나는 효율적 시장 가설이 학문적 개념에만 머물러 있었다면 크게 신경쓰지 않았을 것이다. 효율적 시장 가설이 끼친 실질적 해악은 일찍이 존 메이너드 케인스가 말했듯 "현실을 사는 사람들이 죽은 경제학자의 노예가 되고 있다."는 사실에서 비롯한다.

이제 효율적 시장 가설의 어떤 이론적 유산이 우리를 괴롭히는지 살펴보자. 그 첫 번째는 '자본자산 가격결정 모델'이다. 자본자산 가격결정 모델에 대한 구체적 비판은 Chapter 2 〈자본자산 가격결정 모델을 버려라〉에서 하겠다. 여기에서는 자본자산 가격결정 모델의 문제점을 열거하는 대신, 이 모델은 전혀 불필요하다는 정도로만 언급하겠다.

자본자산 가격결정 모델의 가장 큰 문제는 투자 과정을 방해한다는 데 있다. 그 가

운데 심각한 것이 실적 측정에 대한 집착을 초래한다는 점이다. 알파알파는 시장수익률을 초과하는 수익률을 말하며, 이런 알파를 추구하는 전략을 액티브 전략이라고 한다와 베타베타는 시장 지수의 변동성과 해당 자산 혹은 포트폴리오 변동성 간의 상관관계를 말한다. 베타가 1이라는 것은 해당 자산이 시장 지수와 동일하게 움직인다는 것을 의미한다. 시장에 순응하는 패시브 전략이라고 한다를 분리하는 방식은 투자의 본질과는 관련이 없으며, 심하게는 투자의 본질에서 크게 벗어난 행동이다.

"투자의 목적은 세후 총수익 최대화다."는 존 템플턴 경의 말이, 이를 제대로 지적한다. 자본자산 가격결정 모델은 이 목적에 투자의 초점을 맞추기보다 투자자산을 범주별로 분류하는 것 말고는 하는 일 없도록 만들었다.

뛰어난 투자자 밥 커비의 말처럼 "실적 측정이 기본적으로 좋은 아이디어인 것은 맞지만 무슨 영문인지 통제를 완전히 벗어났고, 실적 측정 기법들을 과도하게 이용하는 바람에 수단으로써 추구해야 할 투자의 목적, 즉 '총수익의 최대화'라는 목적을 훼손한다."는 결과를 낳게 됐다.

'벤치마크'에 대한 집착도 커리어 리스크를 유발해 금융산업을 왜곡시켰다. 펀드 매니저와 같이 벤치마킹되는 투자자의 리스크는 시장수익률과 투자수익률의 차이인 추적 오차로 측정되기에, 군중 속에서 내가 어디에 있는지에만 관심을 갖는 '호모 오비누스'를 탄생시켰다.

참고로 '오비누스Ovinus'는 '양'을 뜻하는 라틴어다. 호모 오비누스라는 이 새로운 종은 "관습적으로 실패하는 것이 비관습적으로 성공하는 것보다 평판에 더 좋다."는 케인스의 격언을 충실히 수행하는 존재다. 이 가엾은 존재에 대해서는 뒤에서 좀 더 살펴보도록 하겠다.

효율적 시장 가설과 자본자산 가격결정 모델이 시장 지수를 만들어냈다는 사실도 언급해야겠다. 시가총액 가중 지수는 효율적 시장에서만 좋은 지수다. 시장이 효율적이지 않은데 시가총액 가중 지수를 활용하게 되면, 최고가 주식들의 가치는 너무 크게 반영되는 반면, 최저가 주식들의 가치는 너무 작게 반영되고 만다.

효율적 시장 가설 지지자들이 가치와 모멘텀 같은 효율적 시장 가설에 어긋나는 이례적 현상 및 요인이 존재한다는 증거를, 어떤 식으로 설명하는지 간단하게 살펴보고 넘어가자. 사실 이들의 설명은 동어 반복에 지나지 않는다. 효율적인 시장에서는 리스크 요인들도 수익이 창출되므로, 이와 같은 이례적 현상 및 요인도 리스크 요인이라고 주장할 뿐이다.

하지만 행태주의 진영에서 활동하는 우리 같은 사람들은 이례적 현상 및 요인이 시장을 상회하는 수익의 근본 원인으로 작용하는 이유가 리스크 요인 때문이 아닌 시장에 존재하는 행태적, 제도적 편향 때문이라고 주장한다. 효율적 시장 가설 지지자들이 리스크를 어떻게 정의하든, 나는 "가치가 성장보다 덜 위험하다."는 사실을 증명하는 글을 쓴 적도 있다 Chapter 6 〈가치는 성장보다 위험한가?〉 참조.

| Figure 1.2 | **가치주와 성장주의 리스크와 수익률**(미국 주식시장, 1950~2008, %)

출처 : SG Equity Research.

예를 들어 효율적 시장 가설 지지자들이 정의한 가장 일반적 리스크 개념인 수익률의 표준편차를 사용할 경우 〈Figure 1.2〉처럼 그 즉시 효율적 시장 가설의 문제가 드러난다. 〈Figure 1.2〉는 1950~2008년 가치주와 성장주의 수익률과 리스크를 분석한 것이다. 이 분석에서 가치주 수익률이 성장주 수익률보다 높았으며, 리스크도 가치주가 성장주보다 낮았다. 이 결과는 효율적 시장 가설과 완전히 반대되는 것이다.

효율적 시장 가설이 리스크에 초점을 맞추는 바람에 '리스크관리'라는 별 필요도 없는 업무가 추가됐다. **오늘날 사용되는 리스크관리 도구 및 기법은 큰 문제를 갖고 있다. 이를테면 일정한 조건에서 리스크가 발생할 경우 예상되는 '최대 예상 손실액**Value at risk, VaR**'과 같은 지표는 안전하다는 착각을 일으킨다.**

이런 지표들은 단기간 수치와 자료로만 계산되는 경우가 대부분이고, 각각의 지표에서 사용하는 변동성 같은 리스크 데이터는 룰렛 게임이 아닌 포커 게임처럼 운영되는 시장, 달리 말해 다른 게임 참여자들의 행동이 큰 영향을 미치는 시장에서 나온 자료다.

리스크를 표준편차나 변동성으로만 정의해서는 곤란하다. 나는 장기 보유Long-only 전략을 구사하는 투자자들 가운데, 상향 변동성을 걱정하는 사람을 단 한 명도 본 적이 없다. 리스크는 매우 복잡한 주제다. 이 말은 투자자들이 리스크로 고려해야 할 것은 가치와 크게 관련 없는 변동성 같은 게 아니라 '가치 평가 리스크', '사업 또는 이익 리스크', '대차대조표 리스크'라는 3대 리스크를 모두 포함해야 한다는 뜻이다 Chapter 11 〈가치투자를 위협하는 삼위일체 리스크〉 참조.

물론 자본자산 가격결정 모델에 따른 적절한 리스크 지표는 베타다. 그렇지만 벤저민 그레이엄이 지적했듯이 베타는 가격의 가변성을 측정한 것이지, 리스크를 측정한 지표는 아니다. 베타는 자본 비용을 계산할 때 애널리스트가, 그리고 비슷한 계산을 할 때 최고재무책임자CFO가 가장 많이 사용하는 지표라고 할 수 있다.

하지만 여기에서조차 베타는 별 도움이 되지 않는다. 리스크와 수익률 사이의 관계가 비록 이론적으로는 비례한다. 하지만 유진 파마와 K. R. 프렌치가 수집한 증거와 더불어 그 어떤 증거에서도 그런 관계는 발견되지 못했고, 어쩌면 오히려 반비례하는지도 모른다.

베타는 실제로 베타를 계산하기 어렵다는 사실과 베타를 계산할 때 시장 상황이 일시적으로 변할 수 있다는 사실을 무시하는 개념이다. 베타를 계산할 때 사용하는 자료의 기간은 어떤가? 일간 자료인가, 주간 자료인가, 월간 자료인가?

애널리스트들의 계산에 미치는 영향을 고려할 때 이 질문은 단순한 것이 아니다. 최근 논문에서 P. 페르난데스 등은 모든 주식의 베타를 1이라고 가정하는 게 가장 좋은 방법일 수 있음을 보여줬다. 강조컨대 세련되고 우아한 이론이라고 해서, 그 이론에 어떤 핵심이 있는 것은 아니다.

효율적 시장 가설은 배당금과 자본 구조는 기업 가치와 무관하다는 '모딜리아니-밀러 이론MM 자본 구조 이론'도 탄생시켰다. 이 이론은 사리사욕만 추구하는 부도덕한 사람들에게 악용돼 왔다.

예를 들어 배당금 지급보다 자사주 매입을 선호하는 사람들이나 이익 분배보다 이익 유보이익잉여금를 선호하는 사람들은 기업이 이익잉여금을 낭비하는 경향이 있고, 자사주 매입 효과가 매우 일시적이라는 불편한 진실을 무시하면서 "주주는 수익을 내는 방법에 관심 가질 필요가 없다."는 주장을 하기 위해 이 'MM 이론'을 이용했다.

아울러 자본 구조는 기업 가치와 무관하다는 MM 이론에 따라 기업과 기업 금융 담당자들은 부채를 두려워하지 않게 됐다. MM 이론에 따르면 투자자들은 투자 기업이 투자 재원을 이익잉여금으로 조달하든, 주식 발행으로 조달하든, 부채로 조달하든 상관할 필요가 없다.

효율적 시장 가설은 '주주 가치'라는 또 다른 허상도 창조했다. 역설적이게도 주주 가치 개념은 단기 이익에 초점을 맞추는 경향을 바꾸려는 움직임에서 비롯됐다. 효율적 시장 가설에 따르면 기업의 가격은 미래 모든 현금흐름의 '순현재 가치Net present value, NPV'다. 그러므로 주식 가격 극대화는 미래 수익성 극대화와 정확히 동일시됐다. 근시안적 세상에서 단기 이익의 극대만 추구하게 된 것이다.

그러나 꼭꼭 숨겨진 효율적 시장 가설의 최대 해악은 투자자산 가치를 키우려는 적극적인 자산운용사들의 행태에 악영향을 미쳤다는 점이다. 다소 이상하게 들릴 수 있지만, 얼핏 모순처럼 들릴지 모를 주장을 설명할 테니 조금만 참고 들어보자.

몇몇 효율적 시장 가설의 극단적 지지자들을 제외하고는 대부분 적극적인 자산운용의 역할을 인정한다. 샌퍼드 그로스먼과 조지프 스티글리치가 논문 〈완전한 정보가 반영되는 효율적 시장의 불가능성〉을 통해 지적했듯이, 결국 적극적으로 자산을 운용하는 사람들이 아니면 도대체 누가 시장을 효율적으로 유지하겠는가?

극단적인 효율적 시장 가설 추종자들은 적극적 자산운용의 필요성조차 받아들이지 않을 것이다. 하지만 이들의 주장은 "만약 시장이 효율적이라면 모든 정보를 반영해 정확한 가격이 형성될 것이므로 거래가 이뤄질 수 없다."는 논리적 모순에 직면하게 된다.

효율적 시장 가설에 따르면 적극적인 자산운용사는 다음의 두 가지 방법 가운데 하나로 가치를 증대시킬 수 있다. 첫째는 '내부 정보'를 통해서다. 그런데 내부 정보 유출은 불법으로 간주되기에 사람들은 이를 무시할 것이다. 둘째는 '다른 사람들보다 미래를 더 정확하게 예측하는 것'이다. 그러나 자산운용사는 점쟁이가 아니다.

나아가 효율적 시장 가설은 기회는 금세 누군가가 이용해 버리므로 순식간에

| Figure 1.3 | 경제학자들의 예측은 쓸모가 없다 ; 미국 GDP(%, 4분기 월평균)

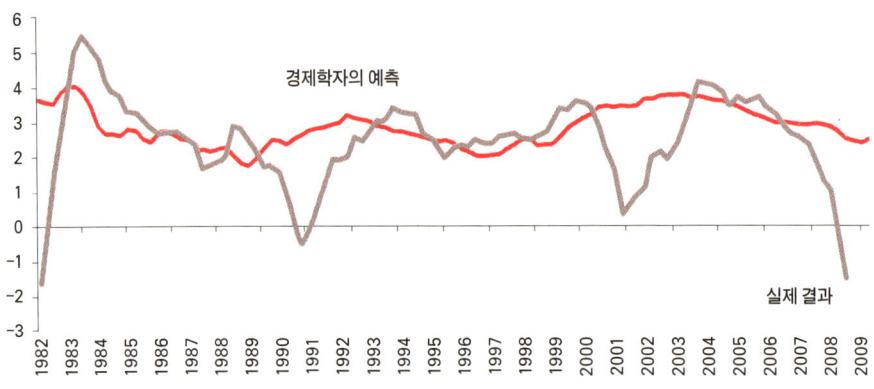

출처 : SG Global Strategy.

사라진다고 말한다. 이는 어떤 경제학자와 그의 친구가 등장하는 오래된 유머와 비슷하다. 경제학자의 친구가 길가에 떨어진 100달러짜리 지폐를 보고 "저기 100달러가 떨어져 있네!"라고 하자, 경제학자는 이렇게 말한다.

"실제로는 그렇지 않을 걸세. 왜냐하면 100달러가 그곳에 있었다면 이미 누군가가 주워 갔을 거야."

슬프게도 "기회를 누군가 이용해 버리기 때문에 이용할 수 없다."는 효율적 시장 가설의 가르침이 자산운용사와 투자자들에게 큰 해를 끼쳤기 때문에 단순한 농담으로만 치부하기 어렵다.

그렇더라도 어쨌든 효율적 시장 가설은 그렇기에 수익을 내려면 미래를 예측하라고 말한다. 내가 볼 때 미래를 예측하려는 시도는 시간 낭비에 불과하지만, 지금도 여전히 금융산업에서 만연하는 행태다〈Figure 1.3〉 참조. 그동안 내가 목격한 투자 과정에서 80~90%는 예측에 관한 것이었다. 그런데도 우리가 미래를 정확히 예측할 수 있다는 증거는 어디에도 없다〈Figure 1.4〉 및 〈Figure 1.5〉 참조.

| Figure 1.4 | 시간 경과에 따른 예측 오차 ; 2001~2006년 미국과 유럽 시장(%)

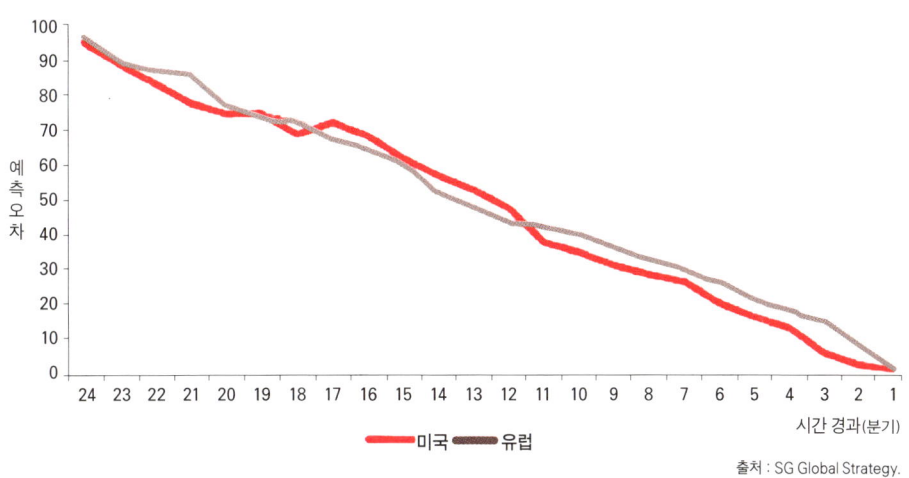

| Figure 1.5 | 애널리스트들이 예측한 수익률(목표가)과 실제수익률(미국, %)

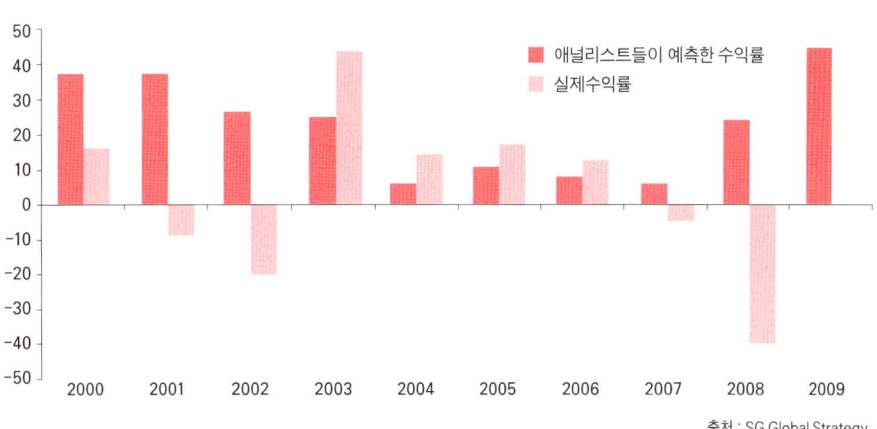

"기회는 순식간에 사라진다."는 효율적 시장 가설의 주장에 호모 오비뉴스를 괴롭히는 커리어 리스크가 더해지면서, 단기 성과주의가 횡행하게 됐다. 이런 모습은

| Figure 1.6 | 뉴욕증권거래소 주식 평균 보유 기간(년)

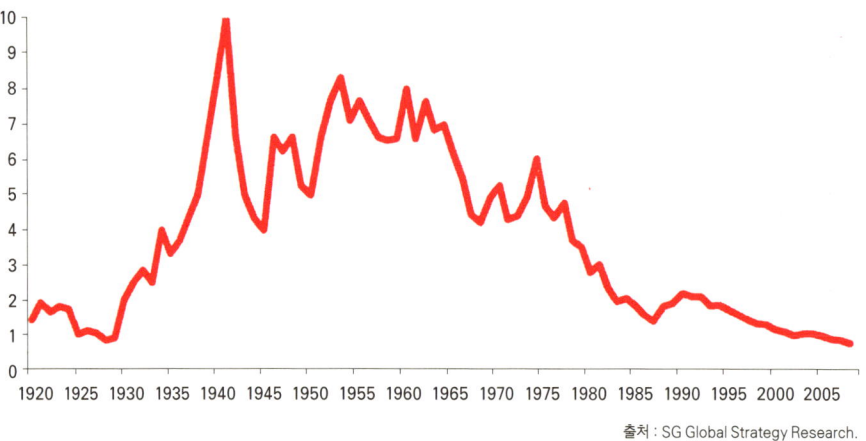

출처 : SG Global Strategy Research.

뉴욕증권거래소NYSE 주식 평균 보유 기간을 보여주는 〈Figure 1.6〉에서 잘 드러난다. 현재는 평균 보유 기간이 고작 6개월에 불과하다.

벤치마크와 상대 실적에 대한 과도한 집착으로 호모 오비누스들은 케인스가 말한 미인 선발 대회에 참가한 셈이 됐다. **케인스가 비유하는 미인 선발 대회는 일반적인 미인 대회와는 달리 가장 예쁜 사람이 아니라, 가장 많은 사람들이 예쁘다고 생각할 것 같은 사람을 맞히는 쪽이 우승하는 대회다.**

케인스는 이렇게 설명했다.

전문투자라는 것이 신문사 주최 미인 선발 대회처럼 되었다. 미인 선발 대회에서 참가자들이 100장의 사진을 보고 6명의 미인을 선택하면, 참가자들이 평균적으로 가장 많이 선택한 6명에 가장 가까운 미인 6명을 선택한 사람에게 우승이 돌아간다. 그로 인해 미인 대회 참가자들은 자기가 선호하는 얼굴이 아닌 다른 참가자들이 선택할 가능성이 가장 높은 얼굴을 선택해야 하고, 모든 참가자가 같은 생각으로 대회에 참가하게 된다.

이 미인 선발 대회는 자기가 가장 예쁘다고 생각하는 미인을 선택하는 것(1단계)도 아니고, 평균 의견이 가장 예쁘다고 생각하는 미인을 뽑는 것(2단계)도 아니다. 우리는 평균 의견에서 무엇을 평균 의견으로 생각할지를 예측해야 하는 3단계에 들어섰다. 4단계, 5단계, 그 이상의 단계를 실행하는 사람들도 분명 있다고 나는 확신한다.

이 게임은 이런 방식으로 진행할 수 있다. 게임 참가자들이 0부터 100까지의 수 가운데 하나를 선택하고, 전체 참가자들이 선택한 모든 수의 평균_{평균수}의 $\frac{2}{3}$에 해당하는 수_{승리수}를 선택한 사람이 우승한다고 해보자. 만약 게임 참가자들이 선택한 평균수가 60이면 60의 $\frac{2}{3}$인 40을 선택한 사람이 게임의 승자가 되는 식이다.

⟨Figure 1.7⟩은 내가 참여한 이 게임의 결과를 나타낸 것이다. 가능한 승리수 중 가장 큰 수는 67이다. 67이 승리수가 되려면 모든 참가자가 100을 선택해야 한다.

| Figure 1.7 | 숫자 뽑기 게임에서의 선택 빈도(%)

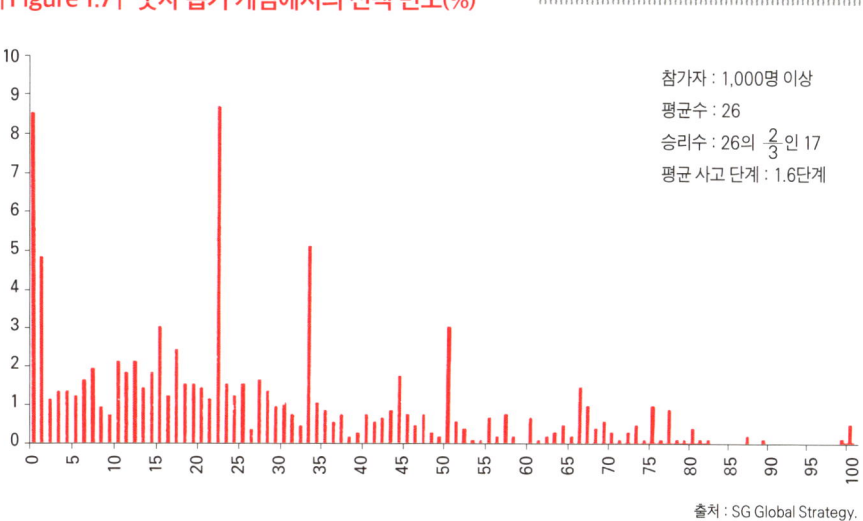

참가자 : 1,000명 이상
평균수 : 26
승리수 : 26의 $\frac{2}{3}$인 17
평균 사고 단계 : 1.6단계

출처 : SG Global Strategy.

그런데 100을 선택하는 사람은 아무런 생각이 없는 사람일 것이다. 100이 승리수가 되기 위해서는 150이 평균수가 돼야 하는데, 150은 아예 선택 범위에 들어가 있지 않기 때문이다. 그러나 게임 결과 67 이상의 수를 선택한 사람도 있었다는 것을 보고 나는 충격을 받았다.

〈Figure 1.7〉의 막대그래프는 다양한 사고 단계를 보여준다. 50을 선택한 사람들은 심하게 말하자면 0단계 수준이라고 할 수 있다. 그저 0과 100의 평균인 50을 선택한 사람들로서, 대책 없고 생각 없는 호머 심슨 같은 사람들이다. 아무 고민도 하지 않고 선택한 것이다.

33을 선택한 사람은 자신을 제외한 다른 참가자들이 호머 심슨 같은 부류라고 생각한 사람들로서, 1단계 사고 수준이라고 할 수 있다. 22를 선택한 이들은 나머지 참가자들이 33을 택하리라고 생각한 사람들이며, 2단계 수준이다.

그런데 그래프를 보면 0을 고른 사람들도 있다. 이들은 대부분 경제학자, 게임 이론가, 수학자들로서 이 게임을 뒤집어서 해결하는 훈련을 받은 사람들이다. 사고 단계가 높아질수록 선택하는 수는 0에 가까워지며, 이 0이 유일한 '내시 균형Nash equilibrium'이다0의 $\frac{2}{3}$도 0이다. 하지만 0은 다른 모든 참가자가 0을 선택할 때만 정답이 된다.

주목할 부분은 1을 선택한 사람들도 있다는 사실이다. 이들은 만찬 모임에 잘못 초대된 적이 있던 경제학자들이다. 세상 속으로 뛰어들어 다른 사람들은 자기들처럼 생각하지 않는다는 사실을 깨달았고, 그래서 사람들의 비합리성 정도를 추정하려고 노력했으나, 일단 정답을 알고 나면 그 답을 쉽게 버리지 못하는 '지식의 저주'에서 벗어나지 못했기에 정답이라고 생각한 0에 가까운 1을 선택한 것이다.

실제로 이 게임에서 선택된 평균수는 26이었으며, 승리수는 26의 $\frac{2}{3}$인 17로 결정됐다. 1,000명 이상의 게임 참가자 중 17을 선택한 사람은 3명에 불과했다.

내가 이 게임에 참여한 이유는 다른 모든 사람보다 한 단계 앞서서 생각하는 것, 즉 다른 모든 사람의 생각을 먼저 읽고 먼저 들어가 먼저 나오는 것이 얼마나 어려운지를 보여주기 위해서였다. 이 사실에도 불구하고 여전히 수많은 투자자는 그렇게 하고자 애쓰는 것처럼 보인다.

: 효율적 시장 가설의 명백한 오류, 영원히 차오르는 버블

이제 효율적 시장 가설이 오류라는 확실한 증거를 살펴보자. 하지만 이 증거는 아주 명확한데도 이상하리만치 학계에서 그리 큰 관심을 끌지 못했다. 래리 서머스가 금융경제학의 멋진 패러디로 지적했듯이, 주류 금융학은 16온스 케첩 가격을 이해하는 것보다 8온스 케첩 두 병의 가격이 16온스 케첩 한 병의 가격과 비슷한지를 검토하는 데 더 큰 관심이 있다.

최초의 주식거래소는 1602년에 설립됐다. 첫 번째 주가 버블인 사우스시 버블이 그로부터 정확히 118년 후에 발생했다. 사우스시 버블은 남아메리카 및 남태평양 제도의 무역 독점권을 가진 영국 무역회사 사우스시의 주식을 둘러싸고 벌어진 투기 사건을 말한다.

이때부터 우리는 놀랄 정도로 규칙적인 버블과 만나게 됐다. GMO에서 일하는 내 동료들은 버블을 추세로부터 최소 2표준편차 벗어난 가격 움직임으로 정의한다. 효율적 시장 가설에 따르면 2표준편차 일탈은 44년에 한 번꼴로 발생해야 한다. 그러나 GMO는 1925년 이래 30회 이상의 버블이 있었음을 확인했다. 3년마다 한 번씩 버블이 차오른 것이다.

나도 자체적으로 버블 발생 패턴에 관해 연구한 바 있다. 경제 역사상 중요한 몇

| Figure 1.8 | 버블 지수와 버블의 기본 패턴

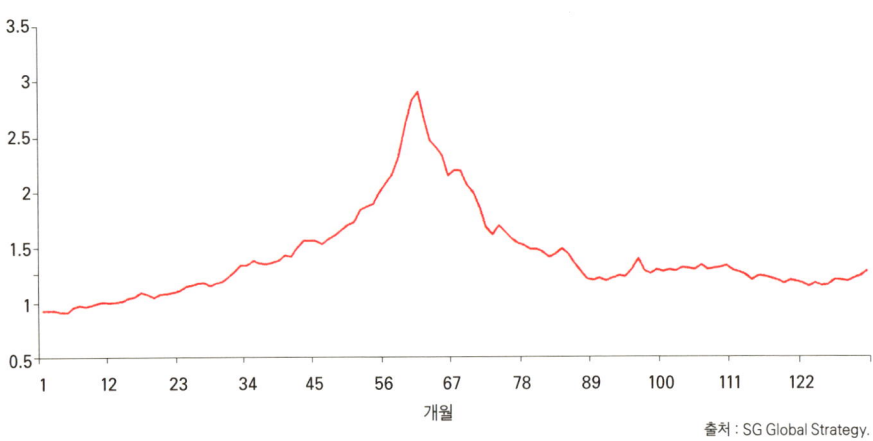

출처 : SG Global Strategy.

개의 버블인 사우스시 버블, 1840년대 철도주 버블, 1980년대 일본 버블과 나스닥 버블_{어떤 경제학자들은 나스닥 버블은 버블이 아닐 수 있다는 논문을 발표했지만, 현실 세계를 제대로 봤다면 그와 같은 주장은 하지 못했을 것이다}을 분석해 다음과 같은 버블 패턴을 추출할 수 있었다_{〈Figure 1.8〉 참조}.

버블은 3년에 걸쳐 포물선 형태로 차오르면서 정점을 향해 치솟았다. 그런 다음 예외 없이 꺼졌다. 일반적으로 버블이 꺼지는 기간은 버블 형성 기간보다 짧은 2년이었다.

버블 각각의 고유 양상과 세부 내용은 저마다 다르더라도 기본적으로는 모두 비슷한 패턴을 따르고 있었다. "역사는 반복되지 않지만, 운율을 맞춘다."는 마크 트웨인의 말처럼 버블 역시 똑같이 반복되지는 않아도 패턴을 맞추고 있는 것이다.

내가 찾아낸 자료 중에서 버블의 기본 패턴을 분석한 최초의 문서는 존 스튜어트 밀의 1867년 논문이었다. 밀의 분석 도구는 내가 버블의 형성과 붕괴를 이해하고자 수년 동안 활용한 민스키-킨들버거 모델과 매우 유사했다. 이미 버블의 기본 패턴에 관한 뛰어난 논의가 있었는데도, 왜 여전히 수많은 학자가 버블은 꺼지기 전에는 확인할 수 없다고 믿는지 이해할 수 없다.

버블이 존재한다는 사실, 버블을 사전에 확인할 수 있다는 사실이야말로 시장의 비효율성을 보여주는 가장 확실한 증거라고 할 수 있다.

: 효율적 시장 가설의 핵폭탄

나는 행태주의 금융론자로서, 늘 사람들에게 '확증 편향'을 조심하라고 충고한다. 확증 편향이란 자신의 가치관과 의견과 맞는 증거를 찾고자 하는 경향을 말한다. 그렇기에 나 자신도 확증 편향에 빠져 있는 게 아니냐_{사실 과거에 그랬던 적이 있음을 인정한다}는 비판을 피하기 위해 효율적 시장 가설 지지자들이, 시장이 효율적임을 보여주는 강력한 증거라고 제시하는 것들을 살피고자 한다.

이들이 제시하는 증거란 다름 아닌 자산을 적극적으로 운용해도 시장을 상회하는 수익을 낼 수 없다는 것이다. 마크 루빈스타인은 이를 효율적 시장 가설의 '핵폭탄'으로 묘사한다. 그러면서 행태주의 금융론자들에게는 이에 상응하는 무기가 없으며, 행태주의 금융론에서 제시하는 시장의 비효율성과 비합리성 증거는 그저 소총 따위에 불과하다고 주장했다.

그러나 이와 같은 관점은 이론적 측면과 경험적 측면 모두에서 문제가 있다. 이런 시각이 가진 논리적 오류는 간단히 설명할 수 있다. 요컨대 이런 시각은 '증거가 없다_{적극적 자산운용으로 시장 평균을 상회하는 수익을 낸 증거가 없다}'는 사실을 '없다는 증거_{비효율적 시장은 없다는 증거}'로 이용한 것이다.

적극적인 자산운용으로 시장 평균을 상회하는 수익을 냈다는 증거가 없다고 해서, 그것을 시장이 효율적이라는 증거로 볼 수는 없다. 투자자들이 효율적 시장 가설에 따라 '미래 예측처럼 실제수익률에 부정적 영향을 미치는 잘못된 근원에 초점을 맞추면, 당연히 적극적인 자산운용으로도 시장 평균을 상회하는 수익을 낼 수 없는 법이다.

경험적으로도 핵폭탄은 의심스러운 비유다. 이와 관련해 두 가지 반증을 제시할 텐데, 우선 다트머스 대학교의 조너선 루웰른의 연구부터 살펴보자.

최근 한 논문에서 루웰른은 1980~2007년 미국의 기관투자자가 보유했던 모든 주식을 조사했다. 그리고 기관투자자들이 사실상 '시장 포트폴리오', 즉 시장에서 거래되는 대부분 종목으로 구성된 포트폴리오를 보유했다는 사실을 발견했다.

기관투자자들이 시장 포트폴리오를 보유했다는 사실이 그리 놀라운 일은 아니다. 기관이 보유한 종목 수는 1980년 전체 종목의 30%에서 2007년 말 70% 수준까지 꾸준히 증가했다〈Figure 1.9〉 참조. 이는 적극적 자산운용이 '제로섬Zero sum' 게임, 비용을 제한 후에는 '네거티브섬Negative sum' 게임 측면을 가질 수밖에 없다는

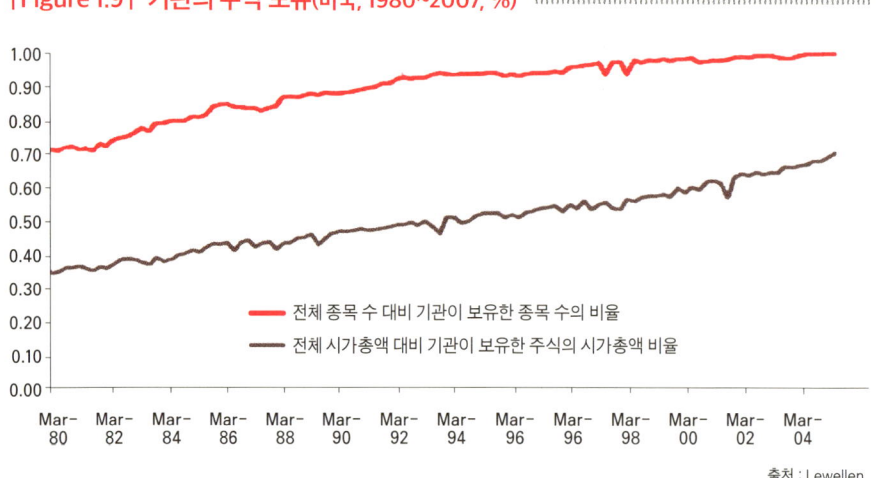

| Figure 1.9 | 기관의 주식 보유(미국, 1980~2007, %)

출처 : Lewellen.

사실과 "시장은 다른 모든 투자자를 이기고자 하는 전문투자자다."는 케인스의 주장이 타당하다는 사실을 확인해주는 것이다.

그렇지만 루웰른은 기관투자가들이 시장을 이기려는 시도조차 하지 않았다는 사실을 보여주기도 했다. 그는 주식을 다양한 범주에 따라 5분위로 분류했다. 그런 다음 기관의 모든 포트폴리오에서 해당 범주에 투자한 포트폴리오 비중을, 전체 시장의 시가총액에서 해당 범주의 시가총액이 차지하는 비중과 비교했다.

〈Figure 1.10〉은 표본으로 일부 범주를 선정해, 그 결과를 나타낸 것이다. 금액을 제외하면 범주별로 기관의 포트폴리오 비중과 시장의 시가총액 비중 사이에 큰 차이가 없었다. 기관의 포트폴리오는 그 자체로 시장 포트폴리오였으며, 기관들은 장기적으로 시장 평균을 상회하는 수익을 내는 요인들을 이용하기 위해 포트폴리오를 조정하려는 시도조차 하지 않고 있었다.

조너선 루웰른은 다음과 같이 결론 내렸다.

| Figure 1.10 | 기관투자가와 미국 주식시장(비중 차이)

출처 : Lewellen.

아주 간단히 말하자면 기관들은 최소 비용 및 수수료 차감 이전 수익률 관점에서 시장 포트폴리오를 보유하는 일 이상은 거의 하지 않는 것으로 보인다. 기관들의 전체 포트폴리오는 시가총액 가중 지수와 일치했다. 베타는 1.01, 자본자산 가격결정 모델로 계산한 알파는 분기당 0.08%였다.

기관들은 시가 대비 주가비율(B/P), 모멘텀(Momentum), 발생액(Accruals)과 같은 매우 중요한 수익률 예상 지표나 자료는 고려하지 않았다. 이를 달리 보면 기관들은 시장과 비슷한 수익을 내려고 할 뿐 시장을 이기는 성과는 추구하지 않는다고 할 수 있다.

이는 기관들이 포트폴리오를 짤 때 상대적으로든 절대적으로든 간에 기대수익률과 리스크의 최적 조합을 통해 같은 기대수익률의 투자에서는 리스크가 가장 적은 쪽을 선택하고, 같은 리스크의 투자에서는 기대수익률이 가장 큰 쪽을 선택하는 '평균–분산 트레이드오프(Mean–variance tradeoff)'를 활용하지 않음을 의미하기도 한다.

이를 쉽게 말하면 기관은 일을 제대로 하는 데 신경쓰기보다는 커리어 리스크직장을 잃는 것나 사업 리스크운용자산을 잃는 것을 더 걱정했다는 것이다.

두 번째 반증은 랜디 코헨, 크리스토퍼 폴크, 버나드 실리의 논문에서 찾을 수 있다. 이 세 사람은 1991~2005년 미국 펀드매니저들의 '최고 아이디어Best ideas'를 연구했는데, 최고 아이디어란 펀드매니저들이 보유한 포트폴리오 중에서 시장 포트폴리오와 가장 큰 차이를 보이는 포트폴리오를 일컫는다.

최고 아이디어들이 기록한 실적은 인상적이었다. 적극적인 자산운용을 하는 펀드매니저들의 최고 아이디어 가운데 상위 25%의 연평균수익률은 19% 이상이었다. 시장 연평균수익률 12%보다 높았다. 다시 말해 펀드매니저들이 가장 신뢰한 주식들이 시장을 이긴 것이다.

당연한 결과로 펀드매니저들이 신뢰한 주식을 제외한 다른 주식들은 수익률을 깎아내렸다. 결국 상대적인 수익률에 초점을 맞추는 것과 자의적으로 설정된 벤치마크 지수보다 낮은 수익을 내는 데에 대한 두려움이, 실적을 갉아먹는 주요 원인인 것이다.

여담이지만 일전에 나는 한 대형 펀드에서 가치투자 매니저에게 완성 포트폴리오를 운용하도록 했다는 이야기를 듣고 한참 동안 충격에 빠진 적이 있었다. 완성 포트폴리오란 펀드매니저가 선택한 종목에 기관이 정한 종목을 추가하는 것에 대한 완곡한 표현인데, 사실상 시장 포트폴리오와 같은 말이다.

코헨, 폴크, 실리의 결론처럼 과거 뮤추얼 펀드의 펀드매니저들이 전반적으로 좋지 못한 실적을 낸 것은 종목 선택 능력이 부족해서라기보다는 과도한 분산을 요구하는 기관의 행태 때문이었다. 존 템플턴 경이 말한 바와 같다.

"다수와 다르게 행동하지 않는 한 우수한 성과를 내는 것은 불가능하다."

결론적으로 말해서 효율적 시장 가설의 '핵폭탄'은 대량 살상 무기가 아니라 생일 파티 폭죽이다. 명탐정 셜록 홈즈가 효율적 시장 가설에 대해 들었다면 크게 실망했을 것이다. 아서 코난 도일은 셜록 홈즈의 입을 빌려 이렇게 말한 바 있다.

"자료를 구하기 전에 이론화하는 것은 큰 실수라네. 그러나 몰지각하게도 많은 사람이 사실에 맞춰 이론을 조정하기보다 이론에 맞추고자 사실을 왜곡하지."

로버트 쉴러의 주장처럼 효율적 시장 가설은 경제 역사상 가장 명백한 오류다. 효율적 시장 가설을 역사의 쓰레기통에 던져 버려야 한다. 효율적 시장 가설을 가르치고 순수한 사람들을 세뇌하는 행위를 당장 멈춰야 한다.

로버트 아노트는 금융학 교수 200명을 앞에 둔 연설에서 멋진 이야기를 했다. 그가 그곳에 모인 교수들에게 효율적 시장 가설을 가르치고 있는 사람은 손을 들어보라고 하니 대부분이 손을 들었다. 그러자 아노트는 효율적 시장 가설을 믿는 사람은 다시 손을 들어보라고 했다. 손을 든 교수는 겨우 두 사람뿐이었다.

비슷한 생각이 최근의 CFA 영국협회 조사에서도 나타났다. 조사 결과 응답자의 67%가 시장이 합리적 모습을 보이지 않는다고 대답했다. 한 언론인이 내게 이 결과를 어떻게 생각하는지 물었을 때, 나는 간단히 "때가 된 거죠."라고 말했다. 그렇지만 아직 76%는 행태주의 금융학이 현대 포트폴리오 이론을 대체할 정도로 굳건한 것은 아니라고 응답했다.

하지만 이 생각은 완전히 잘못이다. **효율적 시장 가설과 현대 포트폴리오 이론이 나오기 한참 이전부터 이미 성공한 투자자들이 존재했다. 사실 성공한 장기투자자 대다수는 효율적 시장 가설과 현대 포트폴리오 이론의 가르침을 거부한 '가치투자자' 였다.**

그렇다면 우리는 궁극적으로 효율적 시장 가설을 몰아낼 수 있을까? 이에 대해서는 비관적이다. "위기에서 투자자들은 무엇을 배울 수 있습니까?"라는 질문을 받았을 때, 제러미 그랜섬은 이렇게 대답했다.

"단기적으로는 많은 것을 배울 겁니다. 중기적으로는 약간의 교훈만 기억할 겁니다. 그러나 장기적으로는 아무런 교훈도 기억하지 못할 겁니다. 역사적 전례가 그렇습니다."

존 케네스 갤브레이스도 비슷한 이야기를 했다. 시장은 금융 사건을 극히 짧은 기간만 기억한다. 금융만큼 과거 역사가 아무런 가치를 갖지 못하는 분야도 거의 없을 것이다.

Chapter 02

자본자산 가격결정 모델을 버려라

'자본자산 가격결정 모델'은 은밀하게 퍼져 나갔다. 그리고 금융 관련 논의가 있을 때마다 등장했다. 알파와 베타를 말하는 것은 자본자산 가격결정 모델을 소환하는 주문이었다.

하지만 이 모델은 경험적으로 틀렸다. 어떤 방식, 어떤 형태로든 들어맞지 않는 모델이다. 투자자는 알파, 베타, 추적 오차 같은 개념에 집착하는 대신 받아들일 수 있는 리스크 수준에서 총수익을 극대화하는 데 전념해야 한다.

- 자본자산 가격결정 모델이 틀렸다는 증거는 차고 넘친다. 베타는 리스크를 제대로 나타내지 못한다. 그렇기 때문에 베타를 핵심 개념으로 사용하는 애널리스트들이 주가 예측에 큰 어려움을 겪은 것은 전혀 이상하지 않다.

- 자본자산 가격결정 모델은 '저베타Low beta' 주식의 수익률은 과소하게, '고베타High beta' 주식의 수익률은 과다하게 추정한다. 안타깝게도 현대 금융산업은 이론을 사실로 받아들이는 못된 버릇을 갖고 있다. 마땅히 경험적 평가로 이론을 검증해야 하는 과학적 방법과도 어긋나는 습관이다.

- 자본자산 가격결정 모델은 전제 자체가 현실에 맞지 않으므로 틀렸다. 자본자산 가격결정 모델의 전제 가운데 특히 두 가지가 잘못이다. 첫째, 모든 투자자가 가격에 영향을 주지 않으면서 어떤 주식이든 자신이 원하는 대로 매도하거나 매수할 수 있다는 전제다. 둘째, 모든 투자자가 '마코위츠 최적화Markowitz optimization, MO'를 활용해 포트폴리오를 구성한다는 전제다. 그런데 정작 이 모델을 개발한 해리 마코위츠 자신도 마코위츠 최적화를 활용하지 않는다. 사실 자본자산 가격결정 모델은 전혀 쓸데가 없다.

- 전문 펀드매니저들은 추적 오차에 집착한다. 하지만 추적 오차에 집착하는 투자자들에게는 자본자산 가격결정 모델에서 말하는 금리가 아닌 주식시장 자체가 무위험 자산이다. 뮤추얼 펀드의 총자산 대비 현금 비율이 구조적으로 하락 곡선을 그리는 게 이상한 일이 아닌 이유다.

- 모든 투자자가 알파와 베타를 분리하는 '포터블 알파Portable alpha' 전략에 몰두하는 것처럼 보인다. 그러나 자본자산 가격결정 모델이 틀렸다면 알파와 베타의 분리는 수익 창출이라는 투자의 본질을 흐리는 행위며, 수익 창출 자체를 저해하는 일이다. 알파와 베타에 대한 투자자들의 집착은 단기간의 제한적인 데이터로, 복잡한 시장의 모든 현상을 측정하고 예측하고 싶다는 욕망에서 비롯된 것이다. 투자자들은 이와

같은 투자의 어두운 면에 굴복하는 대신, 수용할 수 있는 리스크 수준에서 총수익률을 높이는 일에 초점을 맞춰야 한다.

* * *

자본자산 가격결정 모델은 은밀하게 퍼져 나갔으며 금융 관련 논의 때마다 어김없이 등장했다. 투자자들이 알파와 베타를 말하는 것은 자본자산 가격결정 모델을 불러내는 행위였다. 왜냐하면 알파와 베타를 분리하는 것 자체가 자본자산 가격결정 모델에서 유래했기 때문이다.

┊ 효율적 시장 가설의 역사

자본자산 가격결정 모델의 기원부터 살펴보자. 모든 것이 해리 마코위츠가 박사 학위 논문을 쓰던 1950년대에 시작됐다. 마코위츠는 1952년 박사 학위 논문에서, 투자자들이 일정 수준의 리스크 안에서 수익을 극대화할 수 있도록 돕는 강력한 도구를 제시했다. 이 도구는 주식의 기대수익률, 예상 리스크, 상관 계수를 바탕으로 포트폴리오에 어떤 비중으로 투자해야 할지를 계산할 수 있게 해준다.

실제로도 마코위츠의 도구를 활용하면 평균-분산 최적화 포트폴리오, 즉 같은 기대수익률에서는 리스크를 최소화하고, 같은 리스크 수준에서는 기대수익률을 최대화하는 포트폴리오를 짤 수 있다.

마코위츠는 전 세계 금융 애널리스트들이 가장 많이 사용하게 될 매우 강력한 도구를 세상에 내놓은 셈이었다. 그러나 이후 금융학은 내리막길을 걷게 됐다.

1950년대 중반에는 모딜리아니와 밀러가 "배당금과 자본 구조는 기업 가치와 무관하다."는 아이디어를 제시했다. 이들은 효율적 시장 가설이 탄생하기도 전에 시장은 효율적이라고 가정하고, 기업 이익이 이익잉여금으로 사내에 유보되든 혹은 배당금으로 투자자들에게 분배되든 간에 주주들은 상관하지 않는다고 주장했다.

그리고 1960년대 초 효율적 시장학파를 완성한 두 가지 이론이 나왔다. 그 가운데 하나가 바로 윌리엄 샤프, 존 리트너, 잭 트레이너가 만든 '자본자산 가격결정 모델'이다. 바야흐로 모든 투자자는 자본자산 가격결정 모델이라는 도구를 기반으로 마코위츠 최적화를 사용했다. 이 과정에서 주식들을 구별하는 한 가지 개념이 등장했는데, 모든 것을 포괄하는 이 단일 개념이 다름 아닌 '베타'였다.

효율적 시장학파를 완성한 두 번째 이론은 유진 파마가 이 모든 생각을 종합해 박사 학위로 발표한 '효율적 시장 가설'이었다. 효율적 시장 가설에 대한 내 관점은 이미 드러냈으니, 여기에서 다시 그에 대한 비판을 열거하지는 않겠다.

: 자본자산 가격결정 모델의 오류

일반적으로 오늘날 금융산업에는 이론을 사실로 받아들이는 못된 버릇이 있다. 경험적 회의주의자로서 내 관심사는 자본자산 가격결정 모델이 현실 세계에서 제대로 작동하느냐 하는 것인데, 관련 데이터를 살핀 결과 애초부터 형편없음이 드러났다. 이렇게 해보고 저렇게 해봐도 베타는 적절한 리스크 지표가 아니었다.

〈Figure 2.1〉은 자본자산 가격결정 모델에 대한 유진 파마와 K. R. 프렌치의 분석에서 따온 것이다. 파마와 프렌치는 1923~2003년 매년 12월을 기준으로 과거 2~5년의 월간수익률을 이용해 뉴욕증권거래소, 아메리카증권거래소AMEX, 나스닥에 상장된 모든 주식의 베타를 계산한다. 그다음에 그 베타를 기준으로 10개의 포트폴리오를 만든 뒤, 12개월 동안 포트폴리오 수익률을 측정했다.

〈Figure 2.1〉의 각 점은 포트폴리오의 평균 베타 대비 평균수익률을 나타낸 것이다. 직선은 자본자산 가격결정 모델에 따른 예상수익률이다. 하지만 이 모델의 수익률 예상은 틀렸다. 그림에서 보듯이 자본자산 가격결정 모델은 저베타 주식의 수익률은 과소하게 추정하고, 고베타 주식의 수익률은 과다하게 추정하고 있다. 더욱이 장기적으로는 베타와 수익률 사이에 아무런 관계도 보이지 않았다.

물론 이는 **투자자들이 자본자산 가격결정 모델의 예상을 전략적으로 역이용해, 고베타 주식은 피하고 저베타 주식에 투자하는 게 좋다는 것을 의미하기도 한다.** 이와 같은 역이용 전략은 1993년 피셔 블랙이 처음으로 제안했다.

이 사실을 토대로 내가 곧장 가치투자를 해야 한다고 주장하려는 것은 아니다. 자니 부올티나호의 연구에서 발췌한 〈Table 2.1〉을 보면 베타 활용 전략이 시가대비 주가비율B/P에 상관없이 유효하다는 사실을 알 수 있다. 예컨대 성장주 유니

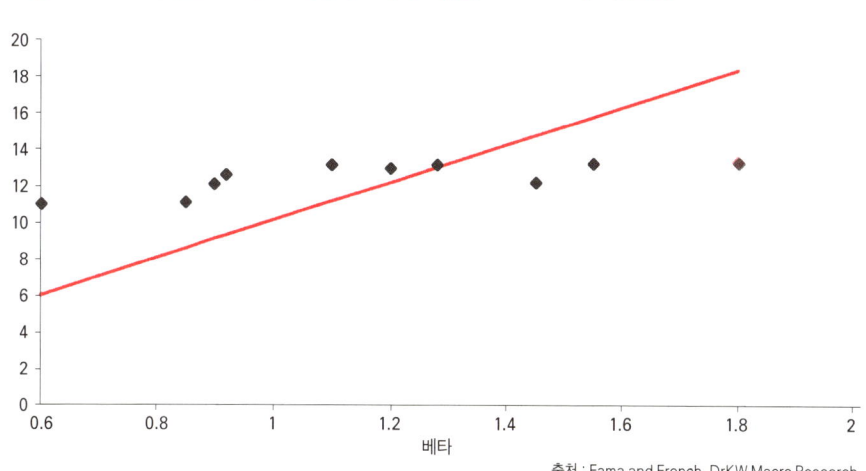

| Figure 2.1 | 베타별 10개 포트폴리오의 수익률(1923~2003, %, 연간)

출처 : Fama and French, DrKW Macro Research.

| Table 2.1 | 베타와 B/P에 따른 옌센의 알파

	저B/P	2	3	4	고B/P
고베타	-6.0	-3.0	-3.0	-3.0	-0.5
4	-3.0	-3.4	0.5	1.0	3.4
3	0.5	-0.2	-0.5	2.0	3.8
2	1.0	1.0	2.0	3.0	5.0
저베타	-1.0	1.0	2.0	5.0	7.8

출처 : Vuolteenaho, Dresdner Kleinwort Marco Research.

버스저B/P 포트폴리오에서도 저베타 주식의 수익률은 고베타 주식의 수익률보다 평균 5% 더 높았다.

가치주 유니버스고B/P 포트폴리오에서는 저베타 주식의 수익률이 고베타 주식의 수익률보다 평균 8.3% 높았다. 그러므로 성장주투자자와 가치주투자자 모두 저베

| Figure 2.2 | 베타에 따른 미국 주식 포트폴리오의 상대수익률(1963~2006)

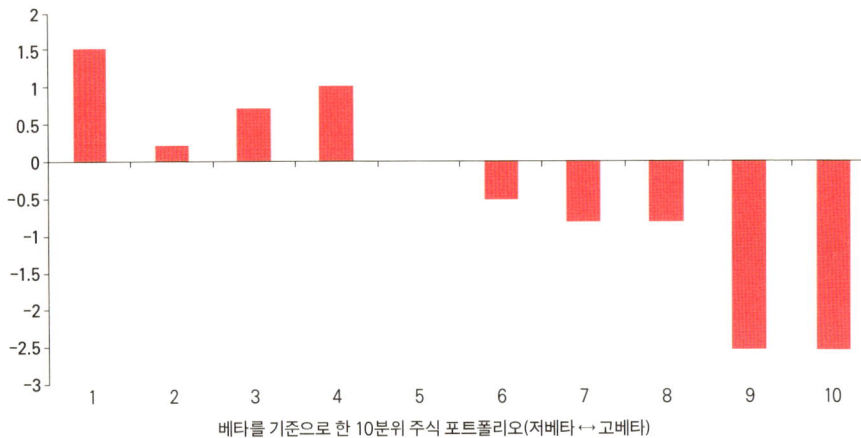

베타를 기준으로 한 10분위 주식 포트폴리오(저베타 ↔ 고베타)

출처 : Grantham, DrKW Macro Research.

타 전략을 활용할 수 있다.

늘 감탄하게 만드는 GMO의 제러미 그랜섬의 논문을 보면 미국의 대형주 600개에 관한 정보가 나온다. 그의 논문에 따르면 1963년 이후 베타가 가장 낮은 주식들의 수익률이 가장 높았고, 베타가 가장 높은 주식들의 수익률은 가장 낮았다〈Figure 2.2〉 참조. 이는 자본자산 가격결정 모델의 예상과는 정반대의 결과다. 이 또한 자본자산 가격결정 모델이 틀렸음을 보여주는 강력한 증거다.

이런 현상이 미국에서만 나타나는 것은 아니다. 나는 GMO 금융 분석팀 루이 안투네스의 도움을 받아 유럽 주식시장의 경우 베타에 따라 어떤 실적을 보이는지 분석했다〈Figure 2.3〉 참조.

결과적으로 유럽에서도 저베타 주식들이 고베타 주식들보다 수익률이 높았다. 이 또한 마찬가지로 자본자산 가격결정 모델의 예상과는 정반대의 결과다.

자본자산 가격결정 모델의 또 다른 예상은 시가총액 가중 지수가 평균 분산 입

| Figure 2.3 | 베타에 따른 유럽 주식 포트폴리오의 수익률

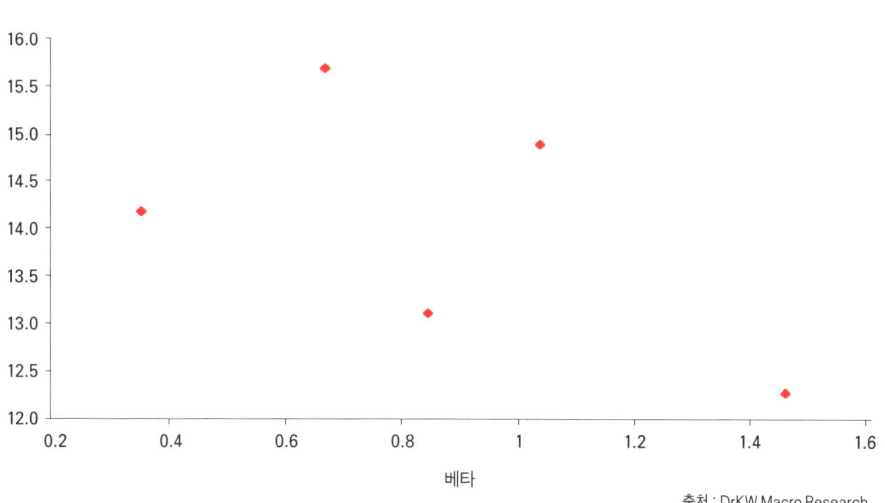

출처 : DrKW Macro Research.

장에서 효율적이라는 것이다. 모든 투자자가 수익률 분포에 동의하고 같은 기회를 보기에, 투자자들은 모두 같은 포트폴리오를 보유하게 된다. 그러므로 적어도 논리적 맥락에서 이 포트폴리오는 시가총액 가중 시장 포트폴리오가 분명하다.

그렇지만 이와 같은 자본자산 가격결정 모델의 예상이 틀렸음을 보여주는 증거는 무척 많다. 예를 들어 로저 클라크 등이 〈저널오브포트폴리오매니지먼트〉에 발표한 논문에 따르면 최소 분산 포트폴리오가 시장 지수보다 리스크는 낮고 수익률은 더 높다.

자산관리회사 리서치 어필리에이츠의 로버트 아노트와 연구팀은 기본적으로 이익과 배당금에 기초한 가중 지수는 시가총액 가중 지수보다 낮은 리스크에 더 높은 수익률을 낼 수 있다는 사실을 증명했다. 기본적으로 가중 지수는 공식 실행되는 일련의 규정이 있는 한 여전히 수동적인 지표라는 점을 기억할 필요가 있다.

〈Figure 2.4〉는 세계 각국의 매출액, 현금흐름, 장부 가치, 배당금, 직원 수 등 기업의 가치를 나타내는 항목을 근거로 산출한 펀더멘털 지수와 MSCI 모건 스탠리의 자

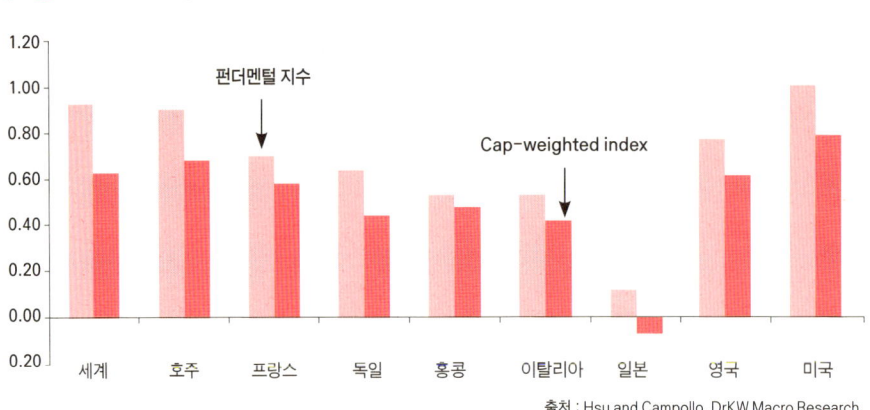

| Figure 2.4 | 펀더멘털 지수와 MSCI의 리스크 조정 수익률(1984~2004)

출처 : Hsu and Campollo, DrKW Macro Research.

회사인 모건 스탠리 캐피탈 인터내셔널에서 만든 주가 지수의 리스크 한 단위당 수익률을 보여주는 것이다.

결과적으로 시가총액 가중 지수는 평균 분산에 효율적이지 않은 것으로 나타났다. 1984~2004년 평균적으로 펀더멘털 지수가 MSCI 시가총액 가중 지수보다 낮은 리스크로 연평균 2.78% 더 높은 수익을 냈다. 펀더멘털 지수의 변동성은 MSCI보다 평균 0.53% 낮았다. 자본자산 가격결정 모델은 확실히 매우 잘못된 모델인 것이다.

물론 자본자산 가격결정 모델의 열혈 지지자들맹신자들은 자본자산 가격결정 모델은 실제로 검증될 수 없다거나그렇다면 정말 쓸모없는 이론 아닌가, 더 발전시킨 시간차 Intertemporal 자본자산 가격결정 모델은 여전히 유효하다고 주장한다.

그렇지만 불행하게도 시간차 자본자산 가격결정 모델의 여러 개념은 아직 무엇 하나 제대로 정의된 것이 없다. 그래서 이것 역시 공허한 이론이다. 자본자산 가격결정 모델을 옹호하는 주장 가운데 어느 것도 실제 투자자에게는 쓸모가 없다.

벤저민 그레이엄은 다음과 같이 주장했다.

베타는 보통주의 과거 가격 변동을 측정하는 데 유용할 수는 있다. 그런데 내가 참기 어려운 것은 이른바 권위자라는 사람들이 베타를 리스크와 동일시하고 있다는 것이다. 베타가 가격의 가변성을 나타내는 것은 맞지만 리스크를 의미하지는 않는다. 실제 투자 리스크는 주어진 기간에 해당 종목의 주가가 전체 시장에 비해 하락할 가능성이 있는 비율인 베타가 아니라, 경제적 변화나 경영 악화로 기업의 질과 수익력이 훼손될 리스크로 측정해야 한다.

: 왜 자본자산 가격결정 모델은 실패했는가

갖가지 증거들로 볼 때 자본자산 가격결정 모델은 분명히 실패했다. 도무지 들어맞지를 않는다. 그러면 여기에서 "왜 자본자산 가격결정 모델은 실패했는가?" 하는 질문을 제기할 수 있다. 나도 처음 자본자산 가격결정 모델에 관해 배울 때 이 모델을 가정이나 전제가 아닌, 경험적 성과로 평가하라는 이야기를 들었다. 그러나 앞에서 제시한 증거들을 고려해 자본자산 가격결정 모델의 전제를 살펴보는 일도 나쁘지 않을 것 같다.

자본자산 가격결정 모델은 기본적으로 다음과 같은 전제를 두고 있다.

① 수수료나 매도매수 호가 차이에 따른 거래 비용이 없다.
② 투자자들은 시가에 영향을 미치지 않으면서, 어떤 주식이든 원하는 만큼 매도하거나 매수할 수 있다.
③ 세금이 없다. 따라서 투자자들은 수익을 배당금으로 받든, 이익잉여금으로 받든 간에 상관하지 않는다.
④ 투자자들은 리스크를 혐오한다.
⑤ 투자자들은 똑같은 시간 지평을 갖는다.
⑥ 투자자들은 주식을 분산-평균의 관점에서만 바라본다. 따라서 투자자들은 모두 마코위츠 최적화 모델을 사용한다.
⑦ 투자자들은 분산을 통해 리스크를 통제한다.
⑧ 인력을 포함한 모든 자산은 시장에서 자유롭게 거래할 수 있다.
⑨ 투자자들은 무위험 이자율로 돈을 빌리거나 빌려준다.

위의 전제들은 대부분 명료하다. 여기서 핵심이 되는 전제는 ②번과 ⑥번이다. 우선 ②번 전제처럼 시장에 영향을 미치지 않으면서 어떤 규모로든 거래할 수 있다는 생각은 기관이 열망하는 꿈일 뿐이다.

모든 사람이 마코위츠 최적화를 사용한다는 ⑥번 전제 역시 아주 잘못된 생각이다. 마코위츠 최적화의 창시자인 해리 마코위츠조차 자산 배분을 어떻게 하느냐는 질문에 "내 의도는 훗날 일어날지 모를 후회를 최소화하는 것이며, 그래서 자산을 채권과 주식에 50 대 50으로 분산투자한다."고 답했다.

그가 발표한 논문에서 "만약 누군가 자본자산 가격결정 모델의 무제한 차입에 관한 가정을 깬다면 이 모델의 결론은 전적으로 수정돼야 하며, 시가총액 가중 시장은 더 이상 최적의 포트폴리오가 아닐뿐더러 베타는 수익률과 직접적 관련이 없게 된다."고 말한 사실을 떠올릴 필요도 있다.

2001년 노벨경제학상을 받은 조지 애커로프는 재산의 상당 부분을 MMF_{Money market funds}에 넣어뒀다고 했는데, 이에 대해 "나도 그게 바보 같은 짓이라는 것을 알고 있다."고 실토한 바 있다. 이 시대 가장 똑똑하다는 사람들조차 자본자산 가격결정 모델을 따르고 있지 않은 것이다.

소수의 시장 참가자들이 시장을 자본자산 가격결정 모델이 제시하는 방향으로 움직일 수 있을 것 같지도 않다. 하지만 자본자산 가격결정 모델에서 사실이 틀림없는 전제는 '투자자가 모두 마코위츠 최적화를 사용한다는 것'이다.

덧붙이자면 **기관 펀드매니저들은 분산을 리스크를 나타내는 개념으로 생각하지 않는다. 나는 장기 보유 전략을 구사하는 투자자들 가운데 상향 변동성을 걱정하는 사람은 단 한 명도 본 적이 없다.**

금융산업은 리스크 지표로 수익률 분산이 아니라 추적 오차에 집착하고 있다. 분산과 추적 오차는 매우 다른 개념이다. 추적 오차는 펀드매니저 포트폴리오의

| Figure 2.5 | 미국 뮤추얼펀드의 현금 수준(총자산 대비, %)

출처 : DrKW Macro Research.

수익률과 주가 지수 수익률의 차이로 변동성을 측정한 것을 말한다. 투자의 기본 방향이 추적 오차의 관점에서 정립될 때 저베타·고베타 주식은 아무런 의미도 갖지 못한다.

추적 오차에 집착하는 투자자에게는 이자율이 아니라 시장 지수가 무위험자산이다. 시장을 사면 추적 오차는 0이 된다. 이 때문에 뮤추얼 펀드의 현금 수준이 구조적으로 하락해온 것이다〈Figure 2.5〉 참조.

⋮ 자본자산 가격결정 모델의 현재와 영향

대부분 대학은 여전히 자본자산 가격결정 모델을 가장 핵심적인 자산 가격결정 모델이라고 가르친다. 유진 파마와 K. R. 프렌치는 다음과 같이 비판했다.

| Figure 2.6 | 포터블 알파를 주제로 한 콘퍼런스 및 세미나 횟수

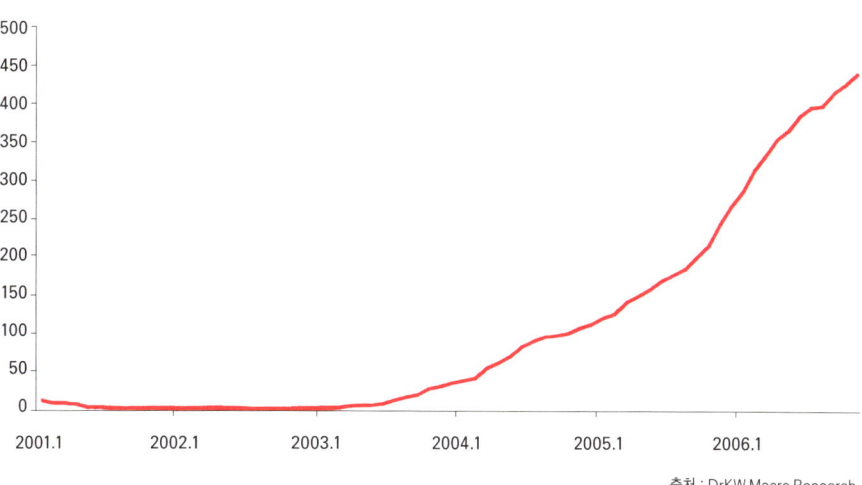

출처 : DrKW Macro Research.

자본자산 가격결정 모델의 매력은 기대수익률과 리스크 및 리스크 사이의 관계를 측정하는 데 효과적이고, 우리의 직관에도 부합하는 예측 도구라는 데 있다. 하지만 불행하게도 이 모델의 경험적 성과는 모델 적용을 무의미하게 만들 만큼 빈약하다.

효율적 시장 가설 진영의 최전방에 서 있는 학자들이 이런 비판을 했다는 사실을 유념할 필요가 있다. 금융 애널리스트들은 자본 비용을 분석하고자 자주 베타를 계산한다. 그러나 앞서 제시한 증거와 그 밖의 여러 데이터에 따르면, 베타는 리스크를 나타내는 지표로 사용하기에 나쁜 지표다. 그러므로 금융 애널리스트들이 주가 예측에 어려움을 겪는 것도 전혀 이상할 게 없다.

그런데도 금융산업 전반이 아직도 알파와 베타에 사로잡혀 있다. 포터블 알파를 주제로 개최되는 콘퍼런스 횟수로 봐도 포터블 알파는 엄청나게 인기 있는 주제다. 〈Figure 2.6〉은 2001~2006년 포터블 알파를 주제로 개최된 콘퍼런스 및 세미나 횟수를 기록한 것이다. 대충 살펴봐도 이 기간 알파에 대한 논의가 굉장히 늘어났음을 알 수 있다.

그렇지만 알파와 베타를 말할 때 그 이면에 자본자산 가격결정 모델이 자리잡고 있다는 사실을 기억해야 한다. 자본자산 가격결정 모델이 없다면 알파와 베타는 아무런 의미도 확보하지 못한다. 투자 실적을 시가총액 가중 지수와 비교하는 방법도 있으나, 그것은 투자의 본질과 관련 없는 방식이다.

앞서 언급한 로버트 아노트의 연구는 그동안 모호했던 사실을 명확히 하고 있다. 펀더멘털 지수가 시가총액 가중 지수보다 우수한 성과를 낸다는 사실은 알파와 베타를 분리하는 포터블 알파 전략의 어려움을 여실히 드러낸다.

포터블 알파 전략_{포터블 알파란 한 유니버스(투자 대상 종목 풀)에서는 시장수익률을 얻기 위해 베타 전략을 구사하면서, 다른 유니버스에서는 시장수익률을 초과하는 알파를 추구하는 전략이다. 즉 베타와 알파를 분리해 동시에 추구하는 전략을 말한다}은 효율적 시장 가설 추종자들의 주장만큼 합리적 전략이 아니다.

예컨대 어떤 투자자가 러셀 1000_{Russell 1000} 지수 종목으로는 알파를, S&P 500 지수 종목으로는 베타 전략을 구사한다고 가정해보자. 러셀 1000과 S&P 500은 모두 미국 주식시장 대형주로 구성된 지수이므로 서로 겹치는 종목이 많다. 따라서 이 투자자는 같은 종목에 대해 동시에 매도·매수 포지션을 가질 수밖에 없다. 이때 거래 수수료나 세금 등 매도 비용은 낭비가 되므로 같은 종목에 매도·매수 포지션을 동시에 갖는 것은 무척 비효율적이다.

포터블 알파 전략 옹호자들은 알파와 베타가 서로 상관관계가 없을 때, 달리 말해 일본 주식에서는 알파를 추구하고 S&P 500에서는 베타를 추구할 때 포터블 알파 전략이 큰 효과를 낼 수 있다고 주장한다.

하지만 투자자들이 전체 포트폴리오 내에 이미 일본 주식을 보유하고 있다면 일본 주식에 대해서는 베타 전략을 취하고 있을 가능성이 크고, 그렇게 되면 방금 서술한 매도·매수 포지션을 동시에 갖는 상황에 처하게 된다. 포터블 알파 전략이 유의미할 때는 알파의 대상이 기존 포트폴리오와 전혀 관계가 없을 때가 유일하다.

내 동료 시배스천 란세티는 또 다른 사례를 제시한 바 있다. 통상적으로 헤지 펀드는 알파를 추구한다지만, 영화 〈스타워즈 : 에피소드 II〉를 예로 들어 설명하면 헤지 펀드는 대개 베타를 더 선호한다. 영화에서 클론 공급자들이 여섯 가지 성격 특성 모델에 따라 복제하면 모든 인간의 성격이 같아진다고 주장하는 것처럼, 그대로 따라서 하면 헤지 펀드의 성과는 복제되기에 알파는 존재할 수 없게 된다.

더욱이 알파는 다소 덧없는 개념이다. 알파 계산의 기준이 되는 벤치마크 지수에 따라 휘청거리기 때문이다. 루이스 찬 등의 연구 결과에 따르면 여러 대형 성장주 펀드들의 알파는 벤치마크 지수에 따라 0.28%에서 4.03%에 걸쳐 있었다. 대형 가치주 펀드의 경우에는 0.64%에서 1.09% 사이에 있었다. 알파와 베타는 펀드매니저가 창출하는 부가가치, 즉 수익률과 시장 변동성을 표현할 때 유용한 개념일 수는 있다. 하지만 투자의 본질인 '총수익 최대화'의 걸림돌이 될 수 있다.

투자자들을 위해 펀드매니저가 기본적으로 검토해야 할 중요한 사항은 '이 돈이 내 돈이라도 알파와 베타를 따질까?'가 돼야 한다. 만약 이 질문에 '아니오'라고 대답한다면 고객의 돈으로 알파와 베타를 따지면 안 된다. 펀드매니저 자신이 직접 투자해 보유한 포트폴리오도 추적 오차에 신경쓸까?

그렇지 않을 것이다. 자본자산 가격결정 모델이 애초에 존재하지 않았다면 '베타 조정 수익률Beta-adjusted return'이라는 개념도 나오지 않았을 것이다. 베타 조정 수익률이 표준화된 리스크 조정 지표로 자리잡고 있는 한, 그것은 아무것도 나타내지 못할뿐더러 투자에 대한 우리의 관점을 왜곡하게 된다.

알파와 베타에 집착하게 된 까닭은 모든 것을 측정하려는 우리의 열망 때문인 듯하다. 물론 실적 측정에 대한 이와 같은 집착이 새로운 현상은 아니다. 나는 존 메이너드 케인스와 벤저민 그레이엄에 관한 또 다른 논문을 쓰면서 우연히 밥 커비의 1976년 논문을 읽게 됐다. 1970년대에 커비는 자산운용사 캐피털 그룹의 수석 펀드매니저로 일하면서 캐피털 가디언 펀드를 운용하고 있었다.

그는 논문에서 다음과 같이 썼다.

실적 측정은 기본적으로 좋은 아이디어지만, 무슨 영문인지 통제 불능 상태가 돼 버렸다. 갖가지 실적 측정 기법을 열심히 사용한 것이 오히려 만족할 만한 투자수익을 올린다는 실적 측정의 궁극적 목적을 훼손하는 결과를 초래했다.
지난 10년간 실적 측정 확산으로 발생한 부작용은 다음과 같다.

① 실적 측정은 고작 2~3년의 실적으로 자산운용기관을 평가할 수 있다는 생각을 하게 만들었다. 사실 자산운용을 제대로 평가하려면 최소 5~10년이 필요하다.
② 실적 측정은 부분적으로만 정량 평가가 필요하고, 대부분 정성 평가를 해야 유의미한 결론을 내릴 수 있는 자산운용 평가를 컴퓨터에 의존해 계량화하고 공식화했다.

자본자산 가격결정 모델 같은 나쁜 아이디어가 있는 반면, 커비의 생각처럼 좋은 아이디어도 있다는 게 그나마 위안이 된다. 커비는 실적에 대한 압박에 대해서도 몇 가지 사실을 더 알고 있었다. 1973년 커비는 당시 크게 유행하던 고속 성장주에 손대지 않았다. 당시 어떤 연금관리자는 "캐피털 가디언 펀드는 추락하는 비행기에서 손이 마비돼 조종간을 놓친 조종사 같다. 남들이 다 하는 곳유행하는 주식에에 투자하는 게 맞다."고 꼬집었다. 그러나 만약 그랬다면 커비는 고객의 돈을 몽땅

날렸을 것이다.

벤저민 그레이엄 또한 상대적 실적에 집착하는 경향에 대해 불편한 기색을 감추지 않았다. 한 콘퍼런스에서 어떤 펀드매니저가 "나한테는 무엇보다 상대 실적이 중요합니다. 시장이 붕괴하더라도 내 펀드가 시장보다는 괜찮다면 좋습니다. 내가 할 만큼은 한 거니까요."라고 하자, 그레이엄은 이렇게 말했다.

"나라면 안 좋을 것 같은데 여러분은 그렇지 않은가 보군요. 오늘 회의에서 나는 충격을 받았습니다. 건전한 투자 관점에서 시행되던 기관의 자산운용이 어쩌다가 지금처럼 최단기간 최고의 수익을 내기 위한 생존 게임으로 전락했는지 모르겠습니다. 이를 당연하게 여기는 사람들은 자기 일을 통제하기보다 그 일에 사로잡힌 죄수와 같습니다. 시장이 상승할 때도, 심지어 시장이 하락할 때도 실적을 약속합니다. 하지만 그것은 현실적으로 달성할 수 없는 일입니다."

그렇다면 벤치마크 지수가 없는 세상에서는 어떻게 해야 할까? 내가 생각하기에 답은 총수익 그리고 수용할 수 있는 리스크에 초점을 맞추는 것이다.

존 메이너드 케인스는 다음과 같이 설명했다.

"이상적인 전략은 투자 금액 대비 수익을 올리면서, 동시에 자본 가치가 심각하게 훼손될 리스크를 최소화하는 것이다."

존 템플턴 경의 제1원칙은 '모든 장기투자자의 유일한 투자 목적은 세후 총수익 최대화'였다. 그는 이 원칙에 따라 고객자산을 운용했다. 고객도 마찬가지다. 자신이 기대한 수익률과 자신이 받아들일 수 있는 수익률의 변동성 수준을 토대로 펀드매니저의 실적을 평가해야 한다.

Chapter 03

숫자를 향한 맹신과 안전에 대한 망상

현대 금융산업은 수에 대한 집착이 비판적 사고를 잠식했다. 그 어떤 것이든 숫자로 바꾸면 그것은 진리로 간주한다. 여러 연구에 따르면 사람들은 유사과학에 자주 속는다. 이론이 복잡할수록 더욱 굳게 신뢰한다. 리스크관리자, 애널리스트, 컨설턴트 모두 유사과학을 이용해 사람들에게 숫자를 맹신하고, 안전에 대한 망상을 퍼뜨린 책임이 있다.

아무런 의미 없는 숫자를 인위적으로 사용하지 말아야 한다. 비판적 사고와 회의주의야말로 투자의 필수 불가결한 도구다. 하지만 오늘날 금융산업은 이를 인정하지 않고 있다.

- 다나 와이스버스 등의 최근 연구는 우리가 과학적인 것처럼 보이는 유사과학에 얼마나 잘 속는지를 보여준다. 이들 신경과학자는 갖가지 심리적 편견을 신경과학적으로 설명했다. 기존 심리학의 설명에는 '좋은올바른' 설명도 있었지만 '나쁜편견 자체에 대한 동어 반복' 설명도 있었다. 이들에 따르면 좋은 설명이든 나쁜 설명이든 거기에 별 의미 없는 신경과학적 설명을 추가하면, 사람들은 이를 훨씬 더 과학적이라고 여겼다.

- 루스 가너 등의 연구에 따르면 사람들은 상세 정보에 쉽게 현혹되는 경향이 있다. 반면 사람들은 흥미롭긴 하지만 별로 유익하지 않은 상세한 정보가 포함된 짧은 글을 읽고 나면, 그 글의 핵심이 무엇인지 전혀 기억하지 못했다.

- 금융산업에는 사람들을 현혹하는 유사과학과 상세 정보들이 넘쳐난다. 예를 들어 '리스크관리'는 유사과학 중에서도 가히 최상위급에 속하는 사이비 이론이다. '최대 예상 손실액VaR' 같은 숫자는 투자자들을 안심시키는 데 빈번히 사용되지만, 실제로는 안전에 대한 망상을 키울 뿐이다. 시장 평균에서 벗어난 일이 빈번하게 발생하는 현상을 일컫는 팻테일Fat tails, 내생적 상관관계Endogenous correlation, 과거 자료에 기초한 분석이 가진 리스크가 모두 최대 예상 손실액 수치를 무용지물로 만들었다. 최근 UBS가 최대 예상 손실액에 과도하게 의존한 것이 자신들이 저지른 큰 실수였다고 인정한 것도 당연한 일이다.

- 금융 애널리스트들에게도 유사과학을 이용한 책임이 있다. 이들은 우리를 현혹하는 정보를 흘리는 장본인이기도 하다. 이들이 제공하는 시장 분석 보고서는 사실 시장과 별 관련 없는 정보로 가득 차 있다. 향후 5년간의 수익률을 소수점 두 자리까지 예측한다는 것 자체가 말도 안 되는 일이다. 그런 예측은 아무 쓸모가 없다. 주식시

장 역사상 성장률을 가장 과대평가한 것으로 밝혀진 2008년 1분기 보고서들은 특히 쓸모없는 것이었다.

- 금융산업에 횡행하는 또 다른 유사과학은 '실적 측정'이다. 알파, 베타, 추적 오차와 같은 모호한 개념이 그렇지 않아도 어려운 실적 측정을 더 혼란스럽게 만든다. 투자 스타일 변화를 '투자 드리프트Style drift'라고 부른다거나 '보유 기준 스타일 분석Hold-based style analysis', '수익률 기준 스타일 분석Returns-based style analysis'과 같은 그럴듯해 보이는 용어는 마치 금융업계가 엄청나게 어렵고 중요한 일을 하는 것처럼 꾸미는 데 사용된다. 그러나 의미 측면에서 이런 개념에는 모두 심각한 결함이 있다.

- 계량화해 숫자로 표현할 수 있다고 해서 그것이 의미를 갖는 것은 아니다. 숫자가 엄격한 비판적 사고와 회의적 사고를 대신할 수는 없다. 숫자를 위한 숫자를 맹신하는 것은 폐허에 이르는 길이다.

* * *

현대 금융산업은 수에 대한 집착이 비판적 사고를 잠식했다. 나는 이를 매우 유감스럽게 생각한다. 당연히 나는 숫자에 호도되지 않는다. **나는 금융업계에서 회자되는 수많은 주장의 진실을 확인하려면, 반드시 경험적 증거를 사용해야 한다고 믿는다. 나는 이를 '증거에 기초한 투자'라고 부른다.**

그러나 우리는 숫자로 포장된 것들을 너무 쉽게 진실로 받아들이고, 유사과학을 너무 자주 복음과 같은 진리로 여긴다.

: 유사과학에 현혹되다

다나 와이스버그 등이 진행한 최근의 연구 결과는 유사과학에 우리가 어떻게 현혹되는지, 유사과학이 우리에게 어떤 책임을 지우는지에 관한 흥미로운 사실을 보여준다.

와이스버그 연구팀은 실험 대상자들을 일반 학부생, 신경과학 전공 학부생, 전문가, 이렇게 3개 그룹으로 나눴다. 그다음 '지식의 저주'라는 심리 현상에 대해 신경과학을 인용하지 않은 설명과 신경과학을 인용한 설명을 제시했다.

당시 실험에서 제시한 지식의 저주에 관한 설명의 보기가 〈Table 3.1〉이다. 이 표에서 '좋은' 설명이란 연구자들이 제시한 올바른 설명을 말하며, '나쁜' 설명이란 심리 현상을 동어 반복적으로 설명한 것으로 설명력이 전혀 없는 설명을 말한다.

신경과학을 인용한 설명에서는 지식의 저주라는 일반적인 심리 현상과 관련한 뇌 과학 정보가 추가됐다. 그런데 이 정보는 이미 널리 알려진 것이기에 설명의 타

| Table 3.1 | 지식의 저주에 관한 설명

	좋은 설명	나쁜 설명
신경과학을 인용하지 않은 질적인 설명	연구자들은 지식의 저주가 발생하는 이유는 사람들이 타인의 지식을 고려하기 위해 자신의 견해를 바꾸기가 어렵고, 따라서 자신의 지식을 타인에게 잘못 투영하기 때문이라고 주장한다.	연구자들은 지식의 저주가 발생하는 이유는 사람들이 타인의 지식을 판단할 때 실수를 더 많이 하고, 자신의 지식을 판단하는 데 훨씬 능숙하기 때문이라고 주장한다.
신경과학을 인용한 설명	뇌 스캔 결과에 따르면, 지식의 저주가 발생하는 것은 자기인식에 관련된 것으로 알려진 전두엽 뇌 회로 때문이다. 전두엽 뇌 회로의 작용 때문에 사람들은 타인의 지식을 고려하기 위해 자신의 견해를 바꾸기가 어렵고, 따라서 자신의 지식을 타인에게 잘못 투영한다.	뇌 스캔 결과에 따르면, 지식의 저주가 발생하는 것은 자기인식(Self-knowledge)에 관련된 것으로 알려진 전두엽 뇌 회로 때문이다. 전두엽 뇌 회로의 작용 때문에 사람들은 타인의 지식을 판단할 때 실수를 더 많이 하고, 자신의 지식을 판단하는 데 훨씬 능숙하다.

출처 : Weisberg et al.

당성을 평가하는 데 어떤 영향도 미쳐서는 안 됐다.

와이스버그 연구팀은 실험 참가자 3개 그룹에 지식의 저주에 대한 각각의 설명을 평가해달라고 요청하면서, 이 설명 중에는 잘못된 것도 있다고 알려줬다. 평가 점수는 7점 척도로 최하 -3점매우 불만족스러운 설명에서 최고 +3점매우 만족스러운 설명까지 책정했다.

〈Figure 3.1〉, 〈Figure 3.2〉, 〈Figure 3.3〉은 이 3개 그룹의 평가 결과를 나타낸 것이다. 심리학이나 신경과학에 대한 지식이 전혀 없는 일반 학부생 그룹은 신경과학을 인용하지 않은 2개의 설명 가운데 좋은 설명과 나쁜 설명을 꽤 잘 구분했다〈Figure 3.1〉 참조.

그러나 신경과학에 관한 정보를 추가하는 순간 좋은 설명과 나쁜 설명을 구분하는 이들의 능력은 현저히 떨어졌다. 특히 신경과학을 인용한 나쁜 설명은 신경과학을 인용하지 않은 나쁜 설명보다 훨씬 높은 평가를 받았다.

두 번째 그룹은 중급 수준의 인지신경과학 과정을 이수하고 있는 신경과학 전공 학부생이다. 이들은 신경과학 실험의 기본 원리와 구조에 대해 알고 있었다. 그렇지

| Figure 3.1 | 각 설명에 대한 일반 학부생 그룹의 평가

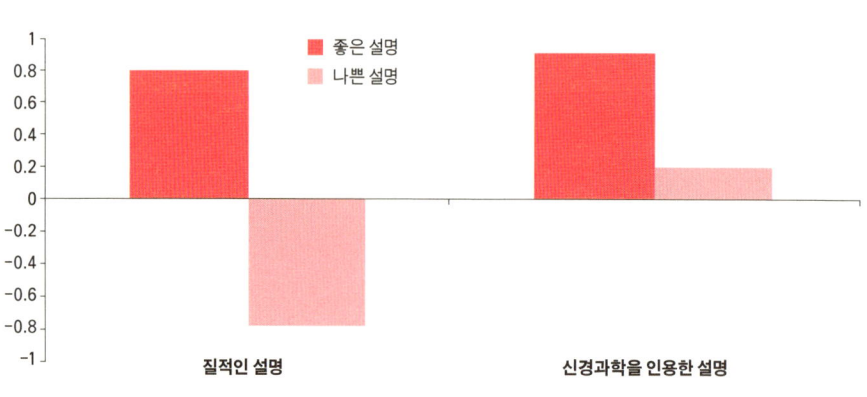

출처 : Weisberg et al.

| Figure 3.2 | 각 설명에 대한 신경과학 전공 학부생 그룹의 평가

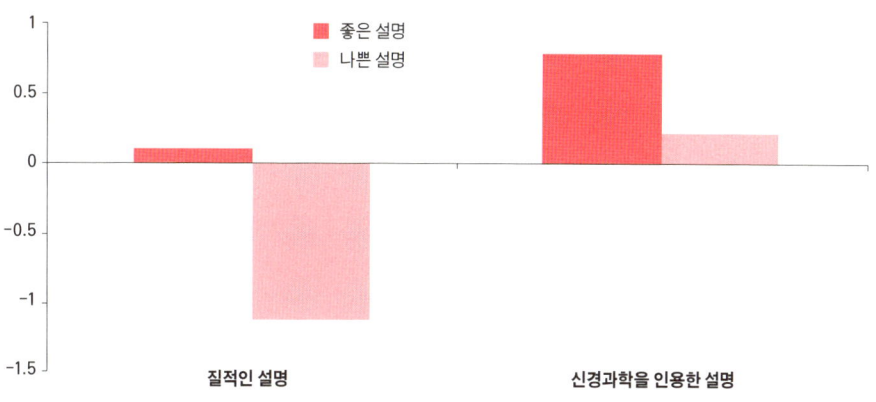

출처 : Weisberg et al.

만 〈Figure 3.2〉에서 보듯이 이들의 평가도 일반 학부생과 별반 다르지 않았다.

이들은 신경과학을 인용하지 않은 좋은 설명보다 신경과학을 인용한 나쁜 설명을 더 높게 평가했다. 신경과학을 인용함으로써 나쁜 설명이 설 자리를 찾은 것이었다. 신경과학을 전공하고 있는 이 그룹은 자신들의 전공 분야에만 관심을 갖고

| Figure 3.3 | 각 설명에 대한 전문가 그룹의 평가

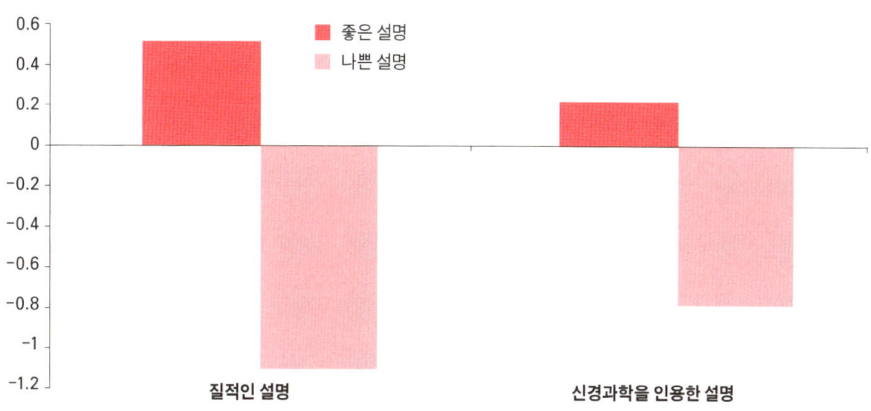

출처 : Weisberg et al.

있는 것으로 보였다.

세 번째 그룹인 전문가는 인지신경과학이나 인지심리학에서 석사 및 박사 학위를 받은 사람들이다. 이들은 앞의 두 그룹과는 다른 행태를 보였다. 〈Figure 3.3〉에서처럼 이 그룹은 신경과학을 인용하지 않은 설명에서 좋은 설명과 나쁜 설명을 잘 구분했다.

게다가 이들은 올바른 설명이더라도 불필요한 신경과학 정보를 인용한 설명에 대해 낮은 점수를 줬다. 이들은 의미 없는 신경과학 정보를 추가한 설명을 긍정적으로 평가하지 않았다. 이 연구 결과는 신경과학 정보 자체가 별 가치 없다는 사실을 분명히 보여준다.

: TV 시청이 수학 실력을 높인다

데이비드 맥케이브와 앨런 카스텔의 연구는 사람들이 유사과학에 현혹되는 또 다른 사례를 제시했다. 이들은 실험 참가자들에게 가공의 뇌 영상 연구 결과를 요약한 세 편의 짧은 논문을 읽게 했다. 이때 논문에 구체적 자료를 누락했는데, 이는 실험 참가자들이 논문을 평가하는 데 회의적 시각을 갖도록 하기 위한 조처였다.

세 편 논문의 주장은 'TV 시청과 수학 실력 사이에는 일정한 관계가 있다'는 것이었다. TV 시청과 수학 문제를 계산하는 행위는 모두 뇌의 측두엽을 활성화하므로, TV 시청은 결국 수학 실력을 높인다는 것이 결론이었다.

이들은 실험 참가자에게 TV 시청과 수학 문제를 풀 때 일어나는 측두엽 활성화 정도를 각각 막대그래프로 표현한 논문, 뇌 그림으로 묘사한 논문, 글로만 설명한 논문을 읽게 했다. 각 논문의 단어 수는 약 300개며, 그림이 있어도 1쪽으로 이뤄

| Figure 3.4 | 과학적 추론에 대한 평가(1=낮음, 4=높음)

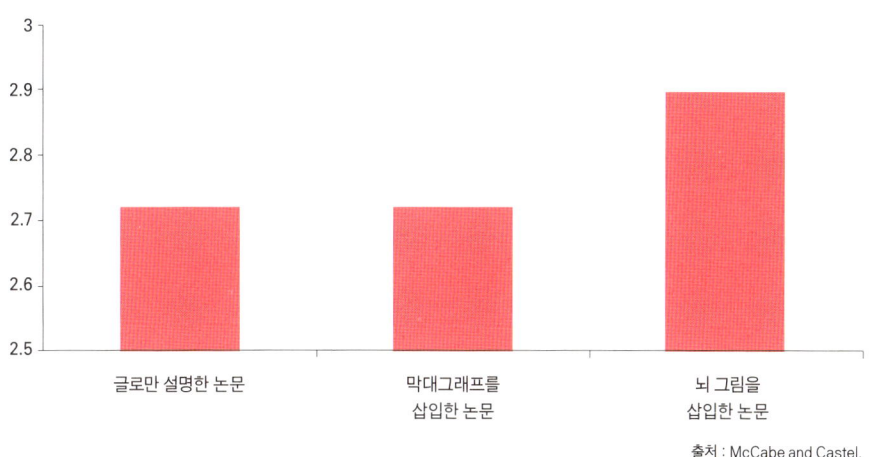

출처 : McCabe and Castel.

져 있었다.

각각의 논문을 읽은 실험 참가자에게 논문의 과학적 추론이 얼마나 합리적인지를 평가하게 했다. 평가는 4점 척도로 1점은 매우 반대, 2점은 반대, 3점은 동의, 4점은 매우 동의였다. 〈Figure 3.4〉는 실험 참가자들에게 보여준 세 편 논문의 평가 결과를 나타낸 것이다. 여기에서도 실험 참가자들은 뇌 그림에 현혹됐다. 그림이 있는 설명을 훨씬 더 과학적이라고 인식했다.

매혹적인 상세 정보

일반적으로 이와 같은 연구 결과는 사람들을 현혹하는 '상세 정보'와 관련한 연구 결과와도 일치한다. 루스 가너와 연구팀이 발표한 논문에 따르면, 사람들은 흥미롭긴 하지만 별로 유익하지 않은 정보에 현혹되는 경우가 많다. 이를 검증하는 과정에서 가너는 실험 참가자들에게 다음과 같은 글을 읽혔다.

어떤 곤충은 홀로 살고, 어떤 곤충은 집단을 이뤄 산다. 말벌 중 홀로 활동하는 단생 말벌이 있다. 나나니벌이 대표적인 단생 말벌이다. 방아벌레도 혼자 산다. 방아벌레는 몸이 뒤집히면 몸을 허공으로 튕긴 뒤 정상 자세로 땅에 떨어지는데, 그때 '딸깍' 소리를 낸다. 개미는 집단을 이루고 산다.

이 글에서 가장 중요한 문장은 첫 번째다. 방아벌레가 몸을 튕기는 대목은 흥미롭긴 하지만 중요하진 않다. 연구팀은 실험 참가자 중 일부에는 중요한 정보만 포함된 글을 제시했고, 다른 참가자들에게는 위의 예문처럼 중요하지 않은 정보가 포함된 글을 제시했다.

가녀는 실험 참가자들에게 글을 읽게 한 뒤, 읽은 글에 포함된 중요한 정보를 기억해보라고 했다. 그 결과 중요한 정보를 기억하는 능력은 글에 읽는 이를 현혹하는 정보가 포함돼 있는지 아닌지에 따라 크게 달라진다는 사실이 드러났다. 중요한 정보만 포함된 글을 읽은 실험 참가자 가운데 93%가 중요한 정보를 기억했다. 반면 현혹하는 정보가 포함된 글을 읽은 참가자들은 43%만 중요한 정보를 기억했다.

: 금융계의 실태

리스크관리

계속해서 나는 '리스크관리'를 비판해왔다. **리스크관리는 금융계에서 투자자들을 숫자로 현혹하는 대표적인 경우다. 최대 예상 손실액**$_{VaR}$**을 나타내는 수치를 보면 심리적으로는 편할지 모르지만, 그 숫자는 사실상 쓸모가 없다. 숫자의 무오류성에 대한 잘못된 믿음으로 되레 안전에 대한 망상만 생길 뿐이다.**

최대 예상 손실액은 근본적으로 잘못된 지표다. 간단하게 말하면 최대 예상 손실액 수치는 종 모양의 정규 분포에서 투자자들이 관심을 갖는 양쪽 꼬리 부분을 잘라낸 것이다. 이는 무사고일 때만 그 효과가 보장되는 에어백과 다름없다. 정작 사고가 날 때는 무용지물이다.

더욱이 최대 예상 손실액 수치는 리스크가 내생적이지, 외생적이지 않다는 사실을 무시한다. 리스크관리회사가 존재한다는 것 자체가 유사과학이다. 애초에 측정과 계량이 불가능한 것을 측정하고 계량화하는 사람들이 리스크관리회사에서 일하고 있다. 최대 예상 손실액의 오류와 관련한 최근 분석 가운데, 내가 즐겨 언급하는 내용이 2008년 데이브 아인혼의 연설이다.

아인혼은 이렇게 주장했다.

이와 같은 꼬리들을 무시함에 따라 최대 예상 손실액은 과도하지만 빈도는 낮은 리스크는 부담하려는 경향이 조성됐습니다. 동전 던지기를 생각해봅시다. 반반의 확률이죠. 여러분이 동전 뒷면에 100달러를 걸었다면, 99% 문턱값으로 최대 예상 손실액은 100달러가 됩니다. 왜냐하면 문턱값 내에 있는 50% 확률로 100달러를 잃을 것이기 때문입니다. 결국 최대 예상 손실액은 최대 손실액과 같습니다.

이번에는 '동전 앞면이 연속해서 일곱 번은 나오지 않는다'에 217 대 1의 배당률, 다시 말해 패하면 100달러의 217배를 잃는 포지션으로 100달러를 걸었다고 해봅시다. 이때 여러분이 이길 확률은 문턱값 99%를 넘어서는 99.2% 이상이 됩니다. 2만 1,700달러를 잃을 리스크라고 해도 최대 예상 손실액은 99% 문턱값에 0이 됩니다. 여기에서 최대 예상 손실액이 어떤 의미를 가집니까? 투자 은행은 이런 식의 베팅을 해서는 안 됩니다.

이와 관련해 UBS가 자신들의 실수를 인정한 자료에도 최대 예상 손실액 수치를 사용해 야기된 문제가 잘 드러난다.

시계열(Time series) **분석 의존** : 최대 예상 손실액과 스트레스 지수를 구하기 위해 사용한 역대 시계열 분석은 과거 5년 자료에 근거한 것이었고, 상대적으로 좋은 성장을 보였던 기간의 데이터였음. 해당 기간 수행한 업무는 전반적 경제 성장 및 과거 사건들에 기초한 기존 시나리오의 유효성 확인에 초점을 둔 것임.

그룹 경영진과 투자 은행 부문 경영진에게 업데이트된 자료가 보고되긴 했으나, 그 정도 수준으로는 주택시장 특히 서브프라임시장의 급성장에 대한 관점을 비관론으로 되돌리기에는 역부족. 이에 시장 리스크 담당 부서는 주택시장의 근본적 문제를 고려한 시나리오는 개발하지 않음.

주택 시장 리스크 요인 대비 부족 : 주택 가격 대비 대출 비율 등 주택시장과 관련한 유의미한 리스크 요인 및 기존 포트폴리오에 충격을 가할 기타 리스크 요인을 고려한 대비를 전혀 하지 않음.

최대 예상 손실액 및 스트레스 분석 과잉 의존 : 모기지시장에서 연체율 증가와 대출 기준 완화에도 그룹의 시장 조사 센터는 최대 예상 손실액과 스트레스 지수에만 의존함. 부분 헤지된 서브프라임자산 비중이 크게 늘고 있던 동안에도 계속 의존. 그룹 경영진 보고에서도 UBS 보유 서브프라임자산의 상세 현황은 보고되지 않음. 그룹 경영진에 최대 예상 손실액 및 스트레스 지수의 한계와 문제에 대한 어떤 의견도 제출되지 않음. 광범위한 맥락에서 사태를 직시하지 않고 발견 상황 검토 노력도 하지 않음.

팻테일경제학에서는 세상의 모든 현상을 '평균과 멀리 떨어진 값들의 경우에는 나타날 확률이 무시할 정도로 미미하게 낮다'는 가우스 정규 분포 곡선으로 설명한다. 하지만 이런 정규 분포 곡선상의 의미가 금융과 경제 분야에서는 전혀 들어맞지 않는 상황이 자주 출몰한다. 정규 분포 곡선상의 확률로 따지면 10억 년 동안 1번 일어날 수 있는 사례들이 나온다는 것이다. 즉 팻테일은 극단적으로 확률이 낮은 값들의 발현 빈도가 더욱 높은, 정규 분포 곡선 양끝이 더 뚱뚱한 리스크를 말한다. 내생적 상관관계, 과거 자료에 기초한 분석이 가진 리스크는 특히 최근에 널리 알려졌다.

그러나 이 같은 사실에도 이들은 무엇이라고 하는 것이 아무것도 하지 않는 것보다 낫다면서 여전히 최대 예상 손실액 계산을 계속하고 있다. 아무 약이나 먹는 것이 약을 먹지 않는 것보다 정말로 좋은지 심각하게 고민해봐야 한다. 잘못된 치료가 우리를 죽음에 이르게 할 수도 있다는 사실을 망각해서는 안 된다. 유사과학에 대한 잘못된 믿음 때문에 금융계는 2008년 또다시 큰 대가를 치렀다.

숫자에 중독된 애널리스트들

'리스크관리자'만 유사과학을 이용하는 게 아니다. '애널리스트'도 유사과학을 이용한 데 따른 상당한 책임을 져야 한다. 금융 애널리스트는 투자자를 현혹하는 상세 정보를 제공한 장본인이다. 향후 5년의 수익률을 소수점 아래 두 자리까지 계산할 수 있다는 믿음 자체가 우스꽝스럽기 그지없다.

월스트리트에서 일하는 약 2,000명의 애널리스트들이 예측을 얼마나 못하는지 잘 보여준 사건이 있다.

2007년 3분기 초 이들 애널리스트는 미국 기업의 이익증가율을 평균 5.7%로 예측했다. 그런데 3분기 말에 이르러서는 이익증가율 예측치를 직전 수치에서 무려 절반 넘게 2.7%로 낮췄다. 실제 이익증가율은 -2.5%로 나타났다. 결과적으로 월스트리트 애널리스트들은 미국 기업의 이익증가율을 무려 8.2%p 높게 예측했고,

| Figure 3.5 | 애널리스트들의 최근 이익증가율 예측 실적(미국)

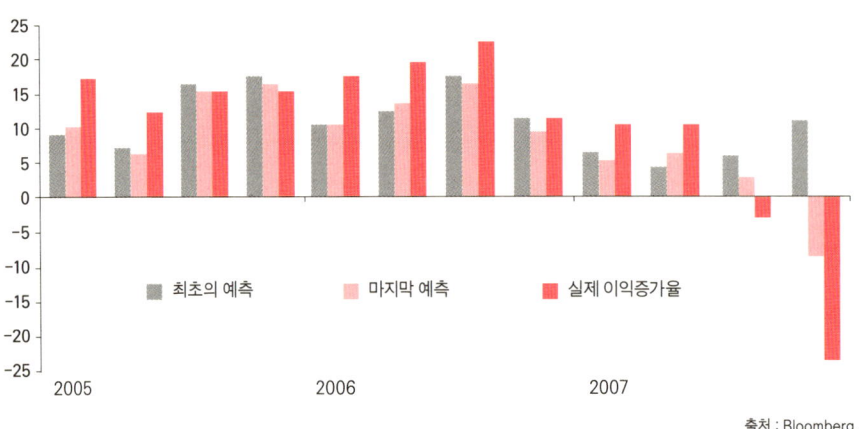

출처 : Bloomberg.

수정치조차 5.2%p 높게 예측한 것이다.

2007년 4분기 이익증가율 예측은 더욱 형편없었다. 이들은 미국 기업의 4분기 이익증가율을 처음에 10.9%로 예측했다가 나중에는 3% 낮춰서 7.9%로 예측했다. 하지만 S&P 500 종목 기업들의 실제 이익증가율은 -22.6%였다. 애널리스트들이 무려 33.5%p나 과대평가한 셈인데, 이는 역대 최악의 예측으로 기록됐다〈Figure 3.5〉 참조.

그렇지만 이때도 애널리스트들은 걱정할 필요 없으며, 2008년 하반기가 되면 모든 것이 괜찮아진다고 주장했다. 미국 기업의 이익이 2008년 1분기와 2분기에 각각 11.3%와 3.5% 하락한 상황이었다. 하지만 이후 회복세를 보여 3분기에는 33.5%의 이익증가율을 기록한 뒤, 4분기가 되면 무려 54.5%가 상승할 것으로 예측했다.

고객들이 정말로 이런 쓸데없는 소리를 원할까? 절대로 그렇지 않다. 그런데도 애널리스트들에게 왜 계속 예측하느냐고 물으면 한결같이 고객이 원해서라고 대답한다.

| Figure 3.6 | 매도 측의 합의된 전망치가 투자 결정에 중요했다고 답한 포트폴리오 매니저의 비율

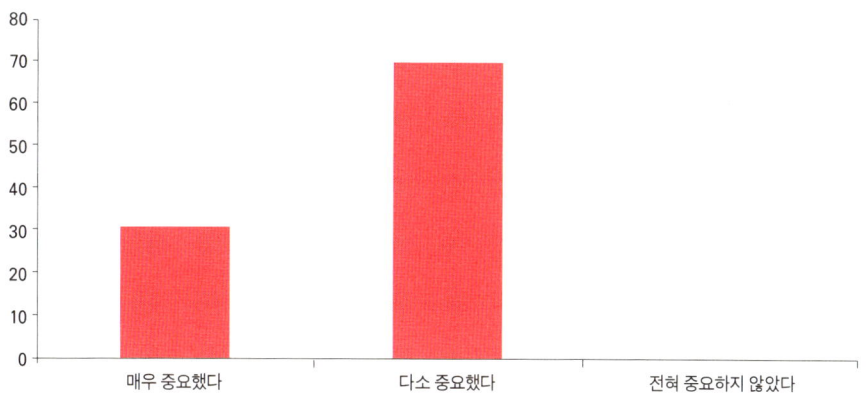

출처 : Ashton Partners.

그러면 시장에서 주로 매수 포지션을 취하는 자산운용사나 연기금 등의 기관투자자들은 유사과학과 상세 정보의 현혹 때문에 나락으로 떨어지지 않았을까?

몇몇 매수 측 투자자들과 대화해보니 대체로는 그렇지 않은 것으로 나타났다. 내가 인터뷰한 매수 측 펀드매니저는 자신들만의 분석을 토대로 애널리스트들이 제공하는 무의미한 정보는 무시하는 대신, 다른 식으로 접근하는 애널리스트들의 의견을 참고했다. 물론 내가 만난 매수 측 투자자들이 매수 측 전체를 대변하지는 않을 것이다.

이 책을 쓰기 전 나는 우연히 매수 측 기관투자자들이 매도 측의 전망치를 어느 정도 중요하게 생각하는지 연구한 애쉬턴 파트너스의 브라이언 암스트롱이 쓴 글을 읽었다. 그의 논문에서 조사 대상 30명의 포트폴리오 매니저들은 모두 매도 측의 합의된 전망치가 자신들의 투자 결정에 중요한 영향을 미쳤다고 응답했다〈Figure 3.6〉 참조. 심히 걱정된다.

유사과학을 적용한 실적 측정

마지막으로 언급할 유사과학의 적용 사례는 '실적 측정'이다. 실적 측정은 어떤 하나 또는 몇 개의 숫자를 과도하게 신뢰하는 또 하나의 사례다. 이 실적 측정에서 유사과학 적용에 사용되는 그럴듯하고 모호한 용어는 다름 아닌 '알파', '베타', '추적 오차' 등이다.

시장 평균을 상회하는 수익률을 내기 위해 적극적 자산운용을 구사하는 펀드매니저가 추적 오차 같은 지표를 활용하는 것은, 복싱에서 선수가 상대를 이기라는 지시가 아닌 상대 선수와의 점수 차이를 1~2점으로 유지하라는 감독의 지시를 받고 링에 오르는 것과 유사하다.

실적 측정에 존재하는 또 다른 유사과학은 '투자 신념'에 관한 존 미나한의 흥미로운 글을 읽을 때 확실히 느꼈다. 미나한이 묘사한 상황은 이렇다.

내가 스타일 애널리스트로 일하던 금융계 초보 시절에 어떤 여성 펀드매니저가 내 관심을 끌었다. 보유 기준 스타일 분석상 그녀가 가치주에서 성장주로 포트폴리오 스타일을 바꾸고도 두각을 나타냈기 때문이다. 사실 그와 같은 스타일 변경은 스타일 통제와 관련해 주의해야 하는 것이었다.

그런데도 그녀는 매우 좋은 실적을 냈다. 그 이유는 성장주가 가치주보다 높은 수익을 내고 있던 시기였기 때문이다. 성장주에서 실적을 올렸기에 언뜻 보면 그녀가 본래 추구하던 가치주 스타일을 바꾼 것처럼 보였다.

하지만 그녀의 포트폴리오를 자세히 살펴본 후, 나는 <u>그녀가 주식을 보유하고 있던 내내 거의 매매를 하지 않았고, 그 당시 성장주로 분류된 보유 주식들은 맨 처음 포트폴리오 편입 때는 가치주였음을 알 수 있었다.</u>

어쨌든 나는 이 주식들로 포트폴리오를 구성한 그녀가 옳았다고 생각했다. 처음에는 가치주였던 주식이 기업 이익률이 오르고 주가가 상승하자 성장주로 분류됐다. 그녀는 보유하고 있는 각각의 주식 모두에 대해서 처음 해당 주식을 포트폴리오로 구성한 논리적 이유와 왜 그 논리가 여전히 유효한지 명쾌하게 설명했다.

이때의 경험으로 나는 그 당시 내가 사용하던 스타일박스(Style-box) 프로그램이 그녀의 스타일을 정확히 보여주기에는 부족하고, 그녀의 스타일이 사실상 일관된 것이었다고 생각하게 됐다.

이와 같은 생각을 함께 일하던 간부 컨설턴트에게 말하자, 그는 단호하게 내 생각이 틀렸다고 했다. 그 여성 펀드매니저의 설명은 개인의 편견과 주관이 반영된 견해에 불과하며, 우리 같은 스타일 애널리스트들이야말로 객관적이라고 단언했다. 그러면서 내가 경험을 더 쌓게 되면 매력적으로 보이는 펀드매니저들에 대해 회의적으로 보는 관점을 배울 수 있다고 했다.

이 간부 컨설턴트는 유사과학을 맹신하는 사람이라고 할 수 있다. 계량적이라고 해서 반드시 옳은 것은 아니다. 비판적 사고는 늘 필요하다. 그 여성 펀드매니저에 대한 미나한의 분석은 거의 옳았다.

파마와 프렌치도 가치주 프리미엄의 상당 부분은 효과적으로 스타일 경제를 넘어선 주식, 가치주에서 성장주가 된 주식에서 나온다는 사실을 보여준 바 있다.

: 숫자가 안전을 보장해주지 않는다

경험적 접근법을 지지하는 내 관점으로는 금융산업에서 유사과학을 발견하면 매우 우울해진다. 그러나 안타깝게도 금융계는 유사과학이 너무 일상적으로 쓰인다. 숫자에 대한 맹신은 금융산업의 저주라고 할 수 있다. 금융에 대한 유사과학의 현혹적인 정보에 휘둘려 피해를 보지 않으려면 비판적이고 회의적인 태도를 견지해야 한다.

숫자가 안전을 보장하지는 않는다. 리스크관리자가 최대 예상 손실액 수치가 얼마라고 제시한다고 해서 거기에 무슨 중요한 의미가 있는 것도 아니다. 애널리스트가 어떤 기업 주식이 직전 연도 시장 평균의 몇 배로 거래되고 있다고 하거나, 컨설턴트가 어떤 펀드의 알파가 3%라고 말한다고 해서 그것이 의미를 갖는 것도 아니다.

비판적인 사고로 엄밀하게 평가하면 그 모든 것은 유사과학으로 분류될 가능성이 크다. **아무 의미 없는 숫자를 인위적으로 사용해 안전에 대한 망상을 유발하는 것을 우리는 조심해야 한다.**

Chapter 04

유치한 투자 분산이 초래하는 위험

인류 역사상 수많은 전쟁의 원인에 종교가 있다면, 금융 재앙의 중심에는 '분산'이 있다. 금융계에서 분산을 바라보는 시각은 너무나 편협돼 있다. 투자자들은 리스크가 외생적 룰렛 게임이라기보다 내생적 포커 게임이라는 사실을 빈번히 망각한다.

주식시장에서 분산은 극단으로 치닫기도 한다. 그래서인지 일반적인 미국의 뮤추얼 펀드는 무려 100~160개의 주식을 보유하고 있다. 이렇게 많은 종목을 보유하는 이유는 상대 실적에 대한 집착 때문인 게 확실하다. 그렇지만 상대 실적 경쟁이야말로 형편없는 실적의 핵심 요인이다.

- 금융산업에서는 분산이라는 이름으로 수없이 많은 해악이 펼쳐지고 있다. 예컨대 롱텀캐피털매니지먼트는 러시아 국채 매입 당시 효과적으로 분산했다고 판단했지만, 사실은 '수렴 매매Convergence trade'를 한 것이었다. 수렴 매매를 위한 분산은 유치하다. 분산은 그렇게 하는 것이 아니다. 오늘날 금융계의 리스크관리에도 구조적으로 이와 비슷한 결함이 내재해있다. 무엇보다도 과거 단기간 자료를 토대로 분산함으로써 안전에 대한 망상을 불러일으키고 있다.

- 2008년 금융위기의 경우에도 유치한 분산의 흔적이 곳곳에서 발견된다. 당시 그 누구도 미국 주식시장이 광범위하게 하락할 수 있다는 리스크는 염두에 두지 않았다. 연방준비제도이사회Fed 의장이던 앨런 그린스펀은 일본과 영국에서 발생한 부동산시장의 버블 붕괴를 무시하면서 "특히 부동산은 버블이 생기기 어렵다."고 말한 바 있다.

- 주식시장에서는 분산이 극단으로 치닫기도 한다. 일반적인 미국의 뮤추얼 펀드는 평균 100~160개의 주식 종목을 보유하고 있다. 미친 짓이라고밖에 말할 수 없다. 미국 주식시장은 30~40개 종목만 보유해도 분산에 따른 효과를 볼 수 있다. 이보다 많은 종목을 보유하는 것은 추적 오차와 커리어 리스크에만 초점을 맞추는 상대 실적 경쟁일 뿐이다.

- 랜디 코헨 등의 연구에 따르면 펀드매니저가 시장 지수를 상회하기 위해 선택한 포트폴리오를 뜻하는 '최고 아이디어'가 연 12%의 시장수익률보다 높은 수익률 1991~2005년 연 19% 이상을 기록했다. 이는 일반적으로 적극적인 자산운용을 추구하는 펀드매니저들이 형편없는 실적을 내는 주된 이유가, 상대 실적에 초점을 맞췄기 때문이라는 사실을 방증한다.

- 금융계에는 물리학에 대한 선망이 만연해있다. 모든 것을 숫자로 환원하려는 욕구가 금융산업을 망치고 있다. 리스크와 매우 유사하게 분산도 단순한 숫자로 요약될 수 없다. 보유할 최적의 주식 종목 수란 애초에 존재할 수 없는 개념이다. 투자자들은 최적의 분산이라는 허상을 좇지 말고 그 대신 케인스가 말한 균형 잡힌 포지션, 즉 보유 종목별로 서로 다른 다양한 리스크와 서로 상쇄 효과가 있는 리스크를 염두에 두는 것이 바람직하다.

* * *

: 편협한 분산의 위험

금융계에서는 분산이라는 이름으로 갖가지 해로운 일이 벌어진다. 분산은 투자자가 활용할 수 있는 공짜 점심이라는 표현이 자주 입에 오르지만 오용되는 경우가 많다. 예를 들어 롱텀캐피털매니지먼트가 직면했던 문제 중 하나는 분산한다고 여겼지만, 사실은 수렴 매매_{보통 컨버전스 트레이딩이라고 한다. 구조적으로 유사한 두 종목 간의 가격 차이인 갭을 이용한 방법이다. 갭이 발생하면 상대적으로 가격이 낮아진 자산을 매수하고, 높아진 자산을 매도한다. 갭이 현저하게 벌어질수록 회귀하려는 힘이 강하며, 갭이 발생하면 단기간 내에 정상 가격으로 회귀한다는 시장의 자가 조정을 이용한 투자 전략}를 했다는 것이었다.

롱텀캐피털매니지먼트가 포지션을 여러 국가와 시장으로 분산한 것은 맞지만, 그 포지션들은 모두 서로 수렴하는 특징을 갖고 있었다. 시장이 정상 궤도에서 크게 벗어난 시기에는 롱텀캐피털매니지먼트가 시도한 분산이 고스란히 리스크에 노출됐다. 제대로 된 분산이 아니었던 것이다.

예전에도 그리고 앞으로도 나는 구조상 이와 비슷한 문제가 내재했다는 이유를 들어 최대 예상 손실액을 비판했고, 비판할 것이다. **과거 단기간 데이터를 근거로 파악한 자산 간의 낮은 상관관계를 높은 분산 기회로 본 것은 애석하지만 커다란 착각이었다. 분산을 너무 편협하게 본 것이다.**

하지만 이와 같은 명백한 결함에도 투자 거물과 전문가 할 것 없이 최대 예상 손실액 등의 리스크관리 기법에 열광했다. 예컨대 벤 버냉키는 "시장 리스크와 신용 리스크관리 기법이 매우 정교해졌으며, 지난 20년 동안 전체 금융기관의 리스크 측정 및 관리 능력이 크게 발전했다."고 말했다.

2008년 금융위기에서도 편협하고 유치한 분산이 큰 역할을 했다. 브루스 제이콥스가 〈파이낸셜 애널리스트 저널〉에 발표한 논문을 통해 말했듯, 신용평가사들은 모기지 풀Pool 안에 있는 차입자들의 분산에 관심을 갖긴 했어도, 최초 모기지 대출기관과 모기지 담보부 증권 발행기관들의 분산에는 관심을 두지 않았다. 그 결과 2007년 7월 서브프라임 모기지 담보부 증권RMBS의 등급이 하락했을 때, 그 증권의 발행자는 고작 4개 기관에 불과한 것으로 드러났다.

회사채와 동일 등급의 자산유동화 증권ABS 사이의 부도율이 확연히 달랐다는 점에서 주어진 정보를 제대로 확인하지 않는 '편협한 범주화Narrow framing'도 문제가 됐다. 신용 등급 Baa 이상 자산의 부도율을 나타낸 〈Table 4.1〉에서 확인할 수 있듯이, 자산 유동화 증권의 부도율은 동일 등급의 회사채보다 10배나 높았다. 이 자료가 금융위기 전인 2006년까지의 지표인데, 금융위기 때는 어땠을까?

게다가 당시 미국 주식시장이 광범위하게 하락할 리스크 가능성에는 누구도 관심을 기울이지 않았다. 연방준비제도이사회 의장이던 앨런 그린스펀은 1980년대 말 일본 사례와 당시 영국에서 재발한 자산 버블을 무시하면서 "특히 부동산은 버블이 생기기 어렵다."고 단정했다. 미국 주택 시장에 버블이 있다면 그저 미세한 포

| Table 4.1 | 5년 주기 부도율

투자 등급	회사채(82~06)	ABS(93~06)	회사채 부도율 대비 ABS의 부도율 배수
AAA	0.1	0.9	9
AA	0.2	6	30
A	0.5	5	10
Baa	2.1	20.8	10
Ba	11.3	48	4
B	27.7	58	2
Caa	50.9	82.8	2

출처 : Moody's, SG Global Strategy.

말에 불과하다고도 말했다.

2003~2007년 투자자들의 상품Commodity에 대한 사랑도 내생적 상관관계를 오해한 데 기인했다고 할 수 있다. 나는 예전에 이를 '외생적 리스크의 신화'라고 표현했다. **투자자들이 거듭 저지르는 치명적인 실수는 시장 리스크를 '룰렛 게임'처럼 보는 것이다.** 룰렛 게임에서 확률은 고정돼 있고, 다른 게임 참가자의 행동은 내 결정에 영향을 미치지 않는다.

그러나 안타깝게도 **주식시장은 룰렛이 아닌 포커 게임과 유사하다. 포커 게임에서는 다른 게임 참가자의 행동이 내 결정에 직접적인 영향을 미친다.**

그렇게 과거 단기 데이터에 근거해 파악한 상품과 다른 자산의 낮은 상관관계가 분산의 정당화에 이용됐다. 하지만 투자자들은 자신들의 행동이 그와 같은 상관관계에 영향을 미쳤다는 사실을 몰랐다. 상품 선물투자자들도 자신들의 행동이 시장 구조에 영향을 미쳐 수많은 상품의 '콘탱고Contango, 선물 가격이 현물 가격보다 높은 상태'를 야기했고, 그럼으로써 마이너스 '롤 수익Roll return, 만기가 가까운 선물을 매도하고 만기가 먼 선물을 매수함으로써 발생하는 플러스 혹은 마이너스 수익'을 올리게 되었다는 사실을 인지하지 못했다.

이처럼 편협하게 정의된 유치한 분산은 금융 재앙을 초래하는 데 커다란 역할을 했다. 그러므로 금융 재앙을 일으키지 않기 위해서라도 투자자들은 자신의 포트폴리오에서 분산이 어떤 역할을 하는지 더욱 신중하게 고려해야 한다.

: 보통주 포트폴리오, 또 다른 극단

분산을 협소하고 유치하게 정의한 위 사례와 달리 많은 투자자가 분산에 너무 집착하는 경향을 보이기도 한다. 미국의 일반적인 뮤추얼 펀드는 무려 100~160개의 종목을 보유하고 있다. 이는 적극적인 자산운용가가 보유하고 운용하기에 너무 많은 종목이다.

일찍이 워런 버핏이 말했듯이 광범위한 분산은 투자자가 자신이 무엇을 하고 있는지 모르는 경우에만 필요하다. 분산투자를 위해 160개나 되는 종목이 필요하다는 생각은 코미디다.

〈Figure 4.1〉은 대략 30~40개 종목으로 포트폴리오를 구성해도 분산에 따른 효과 대부분을 얻을 수 있다는 사실을 보여준다. 30~40개 종목으로 구성한 포트폴리오는 전체 주식시장과 거의 같은 변동성을 가진 수익 특성을 갖는다. 〈Figure 4.1〉은 지난 20년간의 미국 주식시장 자료를 반영했고, 연도별 가중치는 동일한 것으로 설정했다.

보유 주식 수가 증가할 때 제거되는 비시장 리스크 비율을 살펴보면, 분산에 관한 또 다른 관점을 확보할 수 있다.

| Figure 4.1 | 분산 ; 보유 주식 수가 포트폴리오 리스크에 미치는 영향

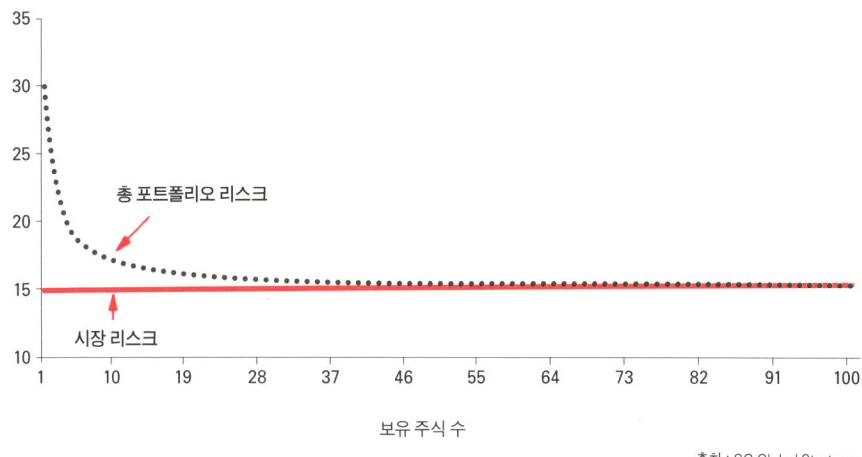

출처 : SG Global Strategy.

〈Figure 4.2〉가 이를 보여준다. 2개 종목을 보유하면 1개 종목 보유 시 존재하는 리스크의 42%가 제거되고, 4개 종목을 보유하면 68%, 8개 종목을 보유하면

| Figure 4.2 | 보유 주식 수에 따른 비시장 리스크 제거 비율

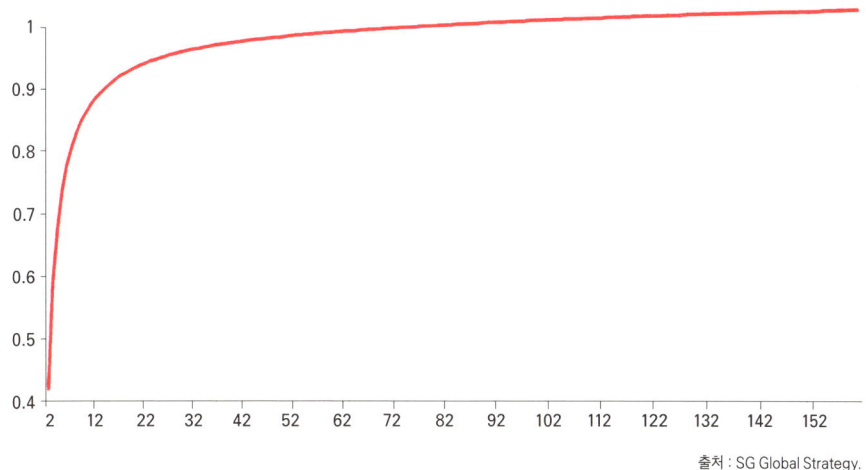

출처 : SG Global Strategy.

83%, 16개 종목을 보유하면 91%, 31개 종목을 보유하면 96%가 제거된다.

이렇듯 30~40개 종목만 보유해도 분산 효과를 얻을 수 있다. 그런데 왜 미국 뮤추얼 펀드는 이보다 4배나 많은 주식을 보유할까?

: 상대 실적 경쟁, 형편없는 성과의 근원

그 이유는 일반적인 포트폴리오 매니저들이 전체 리스크가 아닌 벤치마크 지수와 비교한 상대적 리스크에 관심을 갖기 때문이다. 그리고 그렇게 된 까닭은 세스 클라먼이 분석한 '단기적 상대 실적 경쟁' 때문이다.

클라먼은 대다수 기관투자자를 일컬어 "자기 꼬리를 물려는 개 같다."고 표현했다. 아울러 "단기 실적이 나쁘면 경력상 불이익을 얻는 상황에서 장기적 시각을 견지하면 직장을 잃을 수도 있기 때문에, 이들이 장기적 관점을 유지하기 어려운 것도 이해는 된다."고 말했다. 결국 단기적 실적 경쟁이 벌어지는 데는 펀드매니저, 컨설턴트, 고객 모두에게 책임이 있다.

세스 클라먼은 이렇게 설명했다.

단기적 상대 실적 경쟁에는 승자가 없다. 단기적으로 시장을 이기려는 시도는 아무런 성과도 얻을 수 없다. 펀드매니저들이 단기적으로 시장을 이기고자 하면, 장기적으로 좋은 기회를 발견하지 못할뿐더러 그런 기회를 활용하지도 못하게 된다. 결과적으로 고객에게는 보통 정도의 수익만 돌아간다. <u>단기적 경쟁에서 이익을 보는 쪽은 잦은 매매로 수수료를 챙기는 증권사들뿐이다.</u>

펀드매니저 대다수는 절대 수익을 고민하기보다 상대 실적에 골몰하며 시간을 보낸다. 이들에게 중요한 것은 총 포트폴리오 리스크가 아닌 추적 오차다. 그렇기에 이들이 가장 큰 문제로 여기는 것은 개별 종목 리스크 또는 비체계적 리스크다. 이들은 보유 종목이 시장 지수와 다르게 움직이는 것을 싫어한다.

랜디 코헨 등의 연구에 따르면 펀드매니저가 일반적으로 열악한 실적을 내는 결정적 이유는 상대 실적에 집착하기 때문이다. 랜디 코헨 등은 1991~2005년 미국 펀드매니저들의 '최고 아이디어'를 연구했는데, 최고 아이디어란 앞서 언급했듯이 펀드매니저들이 보유한 포트폴리오 가운데 시장 포트폴리오와 가장 큰 차이를 보이는 포트폴리오를 말한다.

흥미롭게도 펀드매니저들의 최고 아이디어는 별로 중복되지 않았다. 코헨 등은 최고 아이디어 중 70%는 중복되지 않았다는 사실을 발견했다. 최고 아이디어 중 두 사람의 펀드매니저 것이 19% 중복됐고, 세 사람의 펀드매니저 아이디어가 중

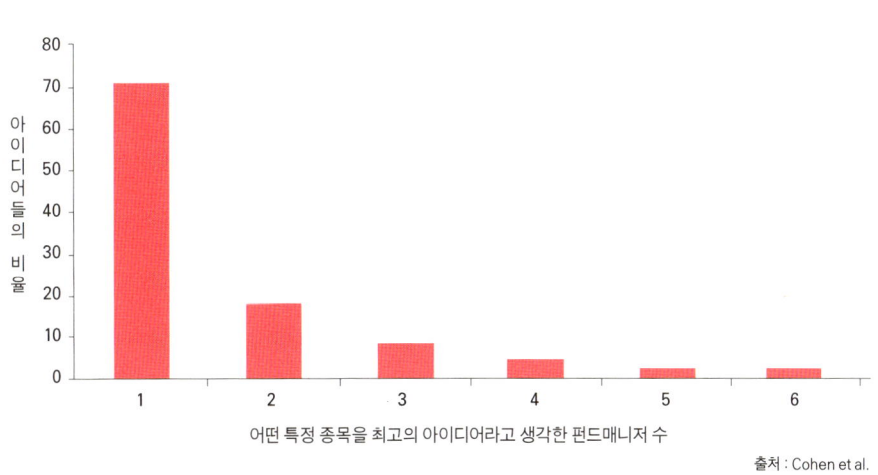

|Figure 4.3| 최고 아이디어 중복 비율(%)

어떤 특정 종목을 최고의 아이디어라고 생각한 펀드매니저 수

출처 : Cohen et al.

복된 것은 8%에 불과했다⟨Figure 4.3⟩ 참조.

최고 아이디어들이 기록한 실적은 인상적이었다. 적극적인 자산운용을 추구하는 펀드매니저들의 최고 아이디어 가운데 상위 25%의 연평균수익률은 19%를 상회했고, 연평균 12%인 시장수익률보다 높았다. 펀드매니저가 신뢰한 주식이 시장을 크게 이긴 셈이다.

반면 펀드매니저가 신뢰한 주식 외의 다른 주식은 수익률을 떨어뜨렸다. 상대수익률에 집착하고, 자의적으로 설정한 벤치마크 지수 대비 저수익을 내는 것에 대한 두려움이, 저조한 실적의 주된 요인인 것이다.

코헨 등의 결론처럼 **뮤추얼 펀드의 펀드매니저들이 전반적으로 저조한 실적을 낸 이유는 종목 선택 역량이 부족해서라기보다는 과도한 분산을 요구하는 회사의 행태 때문이다.** 존 템플턴 경의 명언처럼 말이다.

"다수와 다르게 행동하지 않는 한 우수한 성과를 내는 것은 불가능하다."

：분산을 위한 간략하고 실용적인 지침

리스크와 마찬가지로 분산도 단순한 숫자로 요약될 수 없다. 즉 보유할 최적의 종목 수란 애당초 존재하지 않는다.

이와 관련해 존 메이너드 케인스는 다음과 같이 말했다.

"올바른 판단을 하는 데 필요한 정보가 없어서 잘 알지 못하는 여러 곳의 회사에 조금씩 나눠 투자하는 게 안전하리라는 생각은, 적절한 정보가 있는 한 곳의 회사에 많은 돈을 한꺼번에 투자하는 것과 비교할 때 매우 졸렬한 투자 전략이다."

나아가 케인스는 투자자라면 균형 잡힌 포지션, 다시 말해 보유 종목이 많아도 종목별로 각기 다른 리스크, 서로 상쇄 효과가 있는 리스크를 추구해야 한다고 조언했다.

제럴드 로브는 투자자들에게 통찰력을 제공하는 책《생존을 위한 투자 전략》에서 분산에 관해 다음과 같이 설명했다.

<u>분산에 대한 설명 대부분은 나쁜 분산을 말할 뿐 올바른 분산은 거의 없는 듯하다. '오일주에는 얼마, 자동차주에는 얼마, 철도주에는 얼마' 하는 식으로 투자를 분산하는 것은 아무런 의미도 없다.</u>
주체할 수 없을 정도로 돈이 많거나, 멀리 오랫동안 여행을 떠나야 해서 돈을 제대로 관리하기 어려운 경우라면 이런 방식의 분산이 필요할지 모르겠다. 그렇지 않은 이상 이런 분산은 자신이 아무것도 모른 채 투자한다는 사실을 인정하는 셈이며, 그저 평균이나 하자는 시도에 불과하다.

로브가 권한 방식은 사업 주기가 서로 다른 회사 또는 주가 주기가 서로 다른 종목 간의 분산이었다.

세스 클라먼은 다른 부문도 그렇지만 올바른 분산투자에 관해서도 훌륭한 정의를 내렸다. 벤저민 그레이엄과 데이비드 도드의《증권 분석》제6판 출간 기념 오찬 연설에서 클라먼은 이렇게 설명했다.

분산과 관련해서 사람들은 너무 편협하게 분산하거나 너무 지나치게 분산하는 실수를 많이 합니다. 금융계에 들어온 지 얼마 되지 않은 펀드매니저들을 보면 <u>한 포트폴리오에서 차지하는 비중이 20%나 되는 종목을 2개나 보유하는 경우가 있습니다.</u> 심지어 이 2개 종목이 같은 업종이라 서로 상당한 상관관계가 있는 경우도 있습니다. 그러면 이름은 다를 뿐이지, 결국 한 종목에 투자한 것이나 다름없습니다.

더 말할 것도 없이 이는 잘못된 분산입니다. 물론 해당 종목에 충분한 확신이 있고, 투자한 돈이 자기 돈이라면 잘못이 아닐 수도 있겠지요. 하지만 고객 돈이라면 이런 방식의 분산은 절대로 좋지 않습니다.

한편으로 어떤 종목의 비중이 1%에 불과한 경우에도 현명한 분산이 아닙니다. 이 경우 해당 종목이 과도하게 저평가돼 있어서, 제 가격을 되찾아 폭등하는 기회가 온다고 해도 비중이 너무 작기에 그 기회를 활용할 수 없게 됩니다. 여러분이 그런 기회를 발견한다면 과감히 뛰어들어 십분 활용해야 합니다.

Chapter 05

현금흐름 할인 모델의 한계

이론적으로 볼 때 '현금흐름 할인' 모델DCF Model, 미래에 예상되는 현금흐름을 현재 가치로 할인하여 기업의 내재 가치를 산출하는 모델은 올바른 자산 가치 평가 기법이라고 할 수 있다. 그렇지만 일찍이 요기 베라가 지적한 대로 이론에서는 이론과 실제가 같지만, 현실에서는 이론과 실제가 다르다.

이와 마찬가지로 현금흐름 할인 모델도 실제로 사용할 때 많은 문제를 야기한다. 무엇보다 미래의 현금흐름을 예측할 수 없다. 예측할 수 없다는 것이 현금흐름 할인 모델이 가진 치명적 약점이다. 아무리 이 불편한 진실을 무시하더라도 할인율 문제는 여전히 현금흐름 할인 모델을 괴롭힌다.

그래도 좋은 소식은 현금흐름 할인 모델의 대안이 여러 가지 존재한다는 사실이다. 여기에서는 그 가운데 예측이 필요 없는 세 가지 대안을 살펴본다.

- 현금흐름 할인 모델에서 사용하는 수학은 사뭇 간단하고 간결하며 매력적이다. 하지만 그것을 현실에서 사용하면 지뢰밭을 만나게 된다. 현금흐름 할인 모델이 가진 문제는 크게 두 가지다. 하나는 현금흐름 추정과 관련된 문제며, 하나는 할인율 추정과 관련된 문제다.

- 내가 반복해서 주장하듯이 예측은 불가능한 것이다. 우리가 예측할 수 있다는 증거는 어디에도 없다. 그래도 사람들은 부단히도 예측하려고 애쓴다. GMO 금융 분석팀 루이 안투네스는 금융 애널리스트들의 단기 예측 능력에 관해 조사했다. 결과는 형편없었다. 24개월 예측 평균 오차는 94%였고, 12개월 예측은 45%였다. 내가 이들의 장기 예측을 연구한 결과도 큰 차이가 없었다. 애널리스트들의 장기 성장 예측은 단기 성장 예측보다 나을 것이 하나도 없었다.

- 우리에게 예측 능력이 없다는 불편한 진실을 무시하더라도 할인율 문제는 여전히 남는다. '투자 리스크 프리미엄'은 골칫거리를 유발한다. 왜냐하면 그것이 무엇인지에 대해서도 공통된 정의가 없기 때문이다. 게다가 베타도 골칫거리다. 어떤 시차, 어떤 시장, 어떤 기간의 할인율이냐는 문제도 있다. 설사 이 문제를 극복해도 수익률과 아무런 관련 없는 베타와 마주하게 된다.

- '잔존 가치'를 계산할 때는 이와 같은 문제가 썩 나쁘지 않은 것처럼 무시되기도 한다. 현금흐름 할인 모델 대부분에서 잔존 가치는 계산 결과를 크게 좌우한다. 예컨대 영구성장률을 5%, 자본 비용을 9%로 가정하면, 잔존 가치 배수는 25배가 된다. 그러나 영구성장률이나 자본 비용 가운데 하나 또는 둘 모두에서 수치를 1% 정도 낮거나 높게 설정하면, 잔존 가치 배수는 16~50배까지 극단적으로 달라진다. 가정이

조금 달라졌다고 계산 결과가 이렇게나 달라진다면, 과연 이러한 계산에 어떤 의미가 있을까?

- 그래도 좋은 소식이 하나 있는데, 바로 현금흐름 할인 모델을 이런 방식으로 사용할 필요가 없다는 사실이다. 대안도 있다. 예컨대 '분해 공학적 현금흐름 할인' 모델을 사용하면 예측의 필요성을 피하고, 현재 시장 가격에 집착하는 것도 피할 수 있다.

- 벤저민 그레이엄은 두 가지 내재 가치 계산법을 제시한 바 있다. 하나는 '자산 가치'를 토대로 한 것이며, 하나는 '수익력Earnings power'에 기초한 것이다. 이 두 가지 기법은 비교적 간편하게 사용할 수 있으며, 현금흐름 할인 모델이 갖고 있는 문제도 없다. 더 단순하고, 더 간결하며, 현재에 근거한, 즉 예측에 의존하지 않은 방법을 사용해야 시장에서 기회를 발견할 가능성이 커진다. 효율적 시장 가설과 자본자산 가격결정 모델과 더불어 현금흐름 할인 모델도 쓰레기통에 내던져야 한다.

* * *

∶ 현금흐름 추정과 할인율 계산의 문제점

존 버 윌리엄스의 《투자 가치 이론》 이후 우리는 자산의 미래 현금흐름을 현재 가치로 할인하는 것이, 그 자산에 대한 올바른 가치 평가법이라는 사실을 알게 됐다. 다시 말해 어떤 자산의 가치는 그 자산이 미래에 창출할 현금흐름의 총액이다. 물론 그 총액은 시간의 영향을 반영해 할인된다.

이는 이론적으로는 옳다. 하지만 요기 베라의 말처럼 **이론에서는 이론과 실제가 같지만, 현실에서는 이론과 실제가 다르다.** 실제로 사용할 때 현금흐름 할인 모델은 많은 문제를 초래한다. 현금흐름 할인 모델에서 사용하는 수학은 간단하고 간결하지만, 실제로 사용한다면 지뢰밭에 맞닥뜨리게 된다.

현금흐름 할인 모델이 가진 문제는 두 가지로 정리할 수 있다. 하나는 현금흐름 추정과 관련한 문제며, 하나는 할인율 계산과 관련한 문제다.

현금흐름 추정의 문제

이제 여러분도 알았겠지만 나는 예측을 시간 낭비라고 여긴다. 그런데 현금흐름 할인 모델에서는 예측이 매우 중요하다. 현금흐름 할인 모델 대부분은 향후 수년 동안 발생할 현금흐름에 계산의 기반을 두고 있다. 그렇지만 애널리스트들이 단기적이든 장기적이든 간에 성장을 예측할 수 있다는 증거는 어디에도 없다.

GMO 금융 분석팀 루이 안투네스는 금융 애널리스트들의 단기 예측 오차를 조

| Figure 5.1 | 예측 오차 ; 2001~2006년 미국 및 유럽 시장

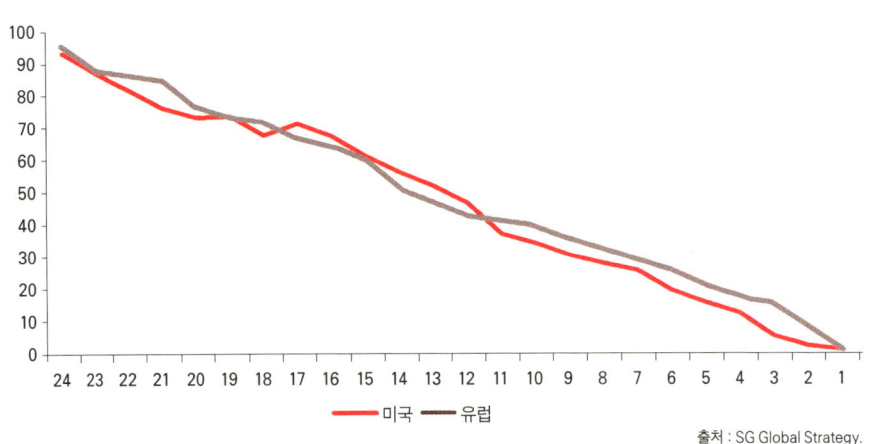

출처 : SG Global Strategy.

사했다. 이때 루이 안투네스는 전체를 분석하기보다 개별 종목 수준에서 분석했다.

〈Figure 5.1〉은 시간 경과에 따른 애널리스트들의 평균 예측 오차 점수를 나타낸 것이다. 실제 결과치가 발표되기 2년 전에 시작된 애널리스트들의 예측치가, 실제 결과 발표 시기가 가까워지면서 어떻게 변화했는지 추적 조사했다.

2000~2006년 미국 주식시장에서 애널리스트들이 24개월 전에 했던 예상과 실제 결과를 비교해보니, 평균 예측 오차율이 무려 93%에 달했다. 발표 12개월 전에 한 예측의 평균 오차율도 47%나 됐다. 이 같은 결과가 나온 까닭이 2000년대 초의 경기 침체 때문이라고 생각할 수 있겠지만, 사실은 그렇지 않다. 경기 침체가 있었던 2000년대 초를 분석 기간에서 제외하더라도 결과는 거의 다르지 않았다.

유럽 주식시장의 결과도 비슷했다. 24개월 평균 예측 오차율은 95%였으며, 12개월 평균 예측 오차율은 43%였다. 요컨대 이 정도 예측 오차율을 가진 예측은 전혀 쓸모가 없다.

장기 예측이라고 크게 다르지 않았다. 이전에 여러 번 확인했듯이 애널리스트들

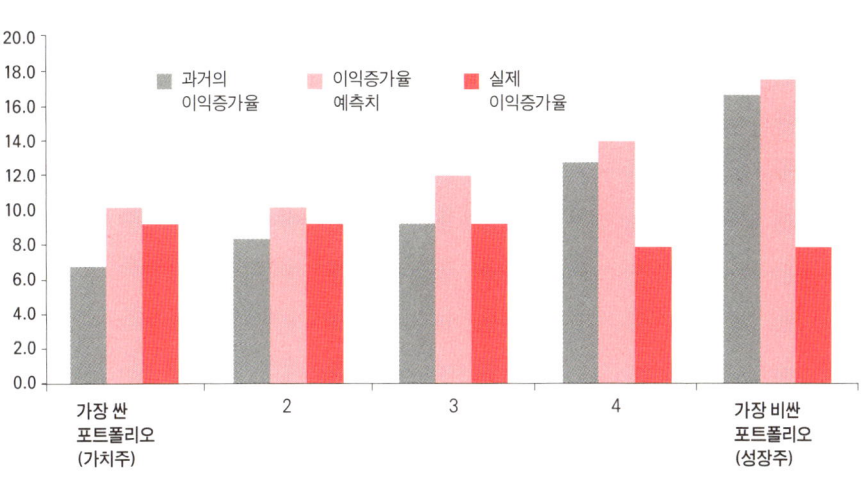

| Figure 5.2 | 이익증가율 ; 과거, 예측, 실제(미국 1985~2007)

출처 : SG Equity Research.

| Figure 5.3 | 이익증가율 ; 과거, 예측, 실제(유럽 1985~2007)

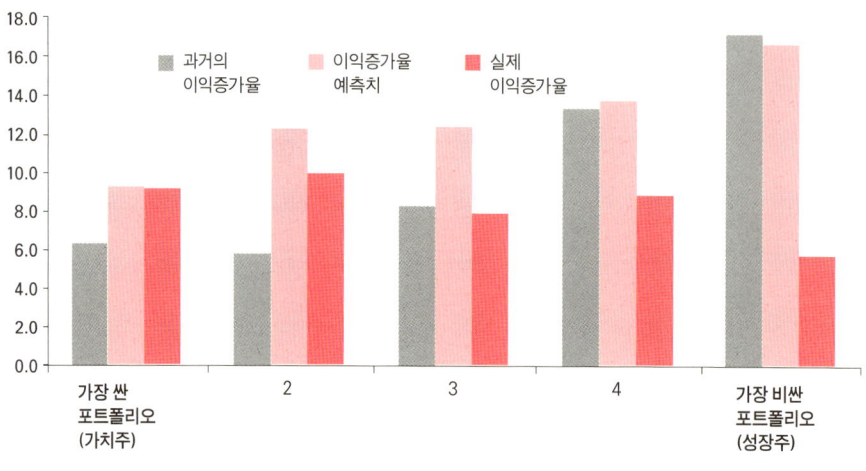

출처 : SG Equity Research.

의 장기 성장 예측 결과는 참혹했다. 〈Figure 5.2〉와 〈Figure 5.3〉에 나타난 것처럼 성장을 정확히 예측하지 못하는 애널리스트들의 무능은 성장성이 가장 중요한 주식인 '성장주'에서 특히 두드러졌다.

미국의 경우 애널리스트들은 PBR 측면에서 가장 싼 주식들로 구성한 포트폴리오〈Figure 5.2〉의 가치주가 연간 약 10%의 이익증가율을 보일 것으로 예측했다. 이는 이전 5년 동안 이 포트폴리오가 기록한 평균 이익증가율 7%보다 높은 예측치였다. 실제 이 포트폴리오는 9%가 조금 넘는 이익증가율을 기록했다. 애널리스트들의 예측과 비슷한 결과였다.

하지만 성장주의 경우 전혀 다른 결과가 나왔다. 애널리스트들은 성장주가 연간 약 17%의 이익증가율을 기록할 것으로 예측했으며, 이는 과거 연평균 이익증가율 16%를 조금 웃도는 수치였다. 그러나 실제 이익증가율은 평균 7%에 불과했다.

유럽의 경우도 미국과 비슷했다. 애널리스트들은 가장 싼 가치주 포트폴리오가 장기적으로 연간 약 9%의 이익증가율을 보일 것을 예측했는데, 이는 이 포트폴리오가 과거 5년 동안 기록한 연평균 이익증가율 6%보다 높은 것이었다. 그리고 가치주 포트폴리오의 실제 이익증가율은 애널리스트들의 예측치와 같은 9%였다.

그렇지만 성장주의 경우 미국과 마찬가지로 전혀 다른 결과가 나타났다. 애널리스트들은 성장주가 연간 16%의 이익증가율을 기록하리라고 예측했고, 이는 성장주가 과거에 기록한 연간 이익증가율 17%와 비슷한 예측치였다. 하지만 실제 결과는 연간 5% 이익증가율에 그쳤다. 따라서 시장과 무관하게 애널리스트들은 가장 낙관했던 부분에서 가장 많이 틀렸음을 알 수 있다.

브루스 그린왈드가 《가치투자, 그레이엄에서 버핏까지》에서 서술했듯이, **현금흐름 추정에 기초가 되는 이익률과 필요한 투자 수준도 장기적으로 정확히 예측하기란 불가능에 가깝다.**

할인율 계산의 문제

현금흐름 추정만 불가능에 가까운 것이 아니라 할인율 계산에도 많은 문제가 있다. 무위험 수익률은 할인율에서 가장 논란이 적은 요소였다. 대부분 사람은 장기 채권수익률이 무위험 수익률과 매우 근접하다는 데 동의한다. 그러나 그 밖의 모든 것은 쓸모가 없다.

특히 투자 리스크 프리미엄은 매우 논란이 많다. 금융 교과서들은 일반적으로 예측 투자 리스크 프리미엄보다 상당히 높은 실제 투자 리스크 프리미엄을 사용한다. 앤디 랩손과 나는 우리 고객들이 투자 리스크 프리미엄이 어느 정도 돼야 한다고 생각하는지 조사했는데, 그 결과는 3.5~4%였다.

나는 애널리스트들이 비합리적 투자 리스크 프리미엄 지표, 즉 추정된 내재투자 리스크 프리미엄을 사용하는 모습을 봐 왔다. **전체적인 시장의 매력도를 평가하고자 추정된 내재투자 리스크 프리미엄을 사용하는 것은 문제가 없다. 그렇지만 그것을**

어떤 주식 평가 모델의 투입 변수로 사용하는 것은 비합리적이다. 순환적 결과가 나오기 때문이다.

모든 사람이 투자 리스크 프리미엄에 동의하더라도, 주류 이론에 따르면 우리는 여전히 베타 추정치가 필요하다. 하지만 베타에는 갖가지 문제가 있다. 최소한 다섯 가지 문제를 해결해야 한다.

① 베타는 근본적으로 불안정하다. P. 페르난데스는 12월 1일부터 1월 2일까지 매일 60개월의 수익률을 사용해 3,813개 기업의 베타를 계산했다. 그 결과 최대 베타의 중앙값은 최소 베타의 중앙값보다 3배가 컸다. 개별 주식이 아니라 업종을 기준으로 계산했을 때도 한 업종의 최대 베타는 최소 베타의 거의 3배였다. 베타값이 100bps 정도 달라지는 것도 드문 일이 아니었다.

② 베타는 베타를 계산할 때 사용하는 벤치마크 지수에 따라 크게 달라진다.

| Figure 5.4 | 베타별 10개 포트폴리오의 수익률(1923~2003, %, 연간)

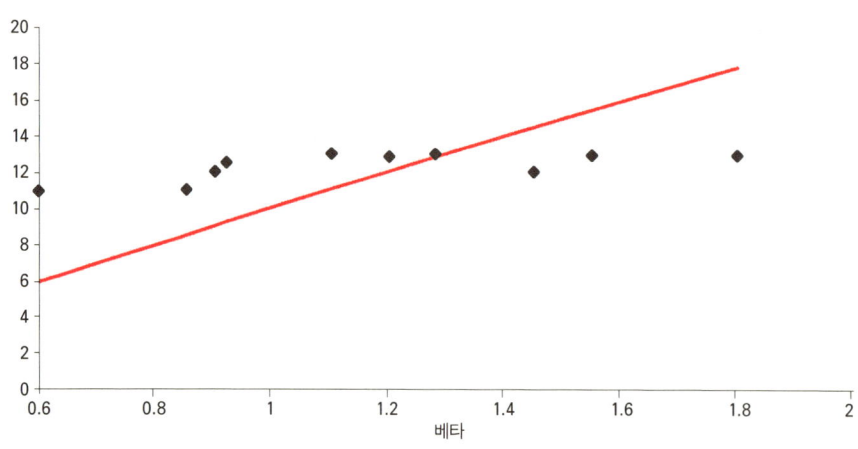

출처 : Fama and French, DrKW Macro Research.

③ 베타는 계산 기준으로 사용한 과거의 기간 즉 6개월 기준인지, 12개월 기준인지, 36개월 기준인지에 따라 달라진다.

④ 수익률 예측 기간에 따라 베타 예상치도 크게 달라진다. 일일수익률에 기초한 베타는 월간 또는 분기수익률에 근거한 베타와 크게 다르다(〈Figure 5.4〉 참조).

⑤ 베타 사용의 가장 큰 문제점은 베타가 효과가 없다는 단순한 사실이다. 앞서 언급했듯이 이론상 베타와 수익률 사이에 긍정적 관계가 있지만, 실제로는 아무런 상관관계가 없었다(Chapter 2 〈자본자산 가격결정 모델을 버려라〉 참조).

: 현금흐름 추정과 할인율 계산의 상호작용

내 관점에서 현금흐름 할인 모델의 마지막 문제는 현금흐름 추정과 할인율 계산의 문제가 상호작용한다는 데 있다. 모든 현금흐름 할인 모델 대부분은 잔존 가치 계산에서 끝난다. 잔존 가치 계산은 10년의 현금흐름 예측치를 토대로 10년 이후의 영구성장률을 추정한 뒤, 그것을 배수倍數화하는 과정을 포함한다.

그런데 잔존 가치를 계산할 때 기본 가정이 조금만 달라져도 결과에 엄청난 차이가 발생한다. 미래의 영구성장률이 5%고 미래의 자본 비용 할인율이 9%라면, 잔존 가치 배수는 25배가 된다. 하지만 영구성장률이나 자본 비용 가운데 어느 하나 또는 두 가지 모두에서 수치를 1% 낮거나 높게 추정하면 잔존 가치 배수는 16~50배가 나온다. **잔존 가치가 현금흐름 할인 모델에서 가장 중요한 의미를 가진다는 점을 고려할 때, 가정이 조금 달라졌다고 계산 결과에서 이처럼 큰 차이가 나는 것은 절대로 무시할 수 없는 문제다**〈Figure 5.5〉 참조.

| Figure 5.5 | 영구성장률과 할인율에 따라 달라지는 현금흐름 할인 모델의 잔존 가치 배수

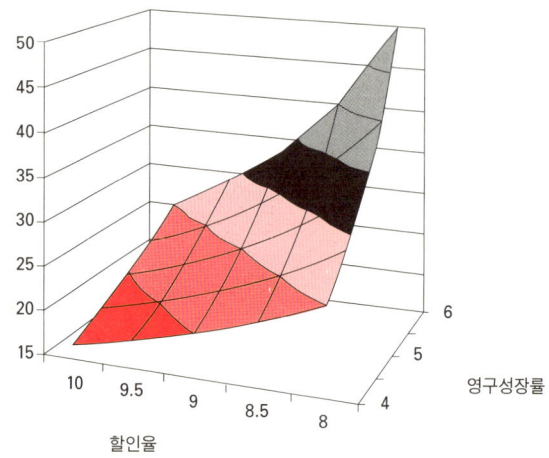

출처 : SG Equity Research.

∶ 현금흐름 할인 모델의 대안들

현금흐름 할인 모델을 실제로 사용할 때 발생하는 문제에 대한 해결책으로 '민감성Sensitivity' 분석이 자주 제시된다. 그렇지만 민감성 분석이 현금흐름 할인 모델의 불확실성을 다소 투명하게 만들지는 몰라도, 이 역시 현금흐름 할인 모델을 무용지물로 만들 수 있다.

민감성 분석 결과만으로 매수든 매도든, 어떤 추천도 쉽게 정당화할 수 있기 때문이다.

분해 공학적 현금흐름 할인 모델

현금흐름 할인 모델을 사용할 수 없다면, 어떻게 가치 평가를 할 수 있을까? 내가 오래전부터 애용하던 한 가지 대안은 **'분해 공학적 현금흐름 할인 모델'을 사용하**

는 것이다. 이 방법은 미래 10년 동안의 이익증가율을 예측하는 대신, 현재의 주가를 기준으로 과거로부터 현재까지의 증가율을 계산하는 방식이다.

애널리스트는 이 방식으로 계산한 '내재성장률'을 그동안 실제로 달성된 증가율

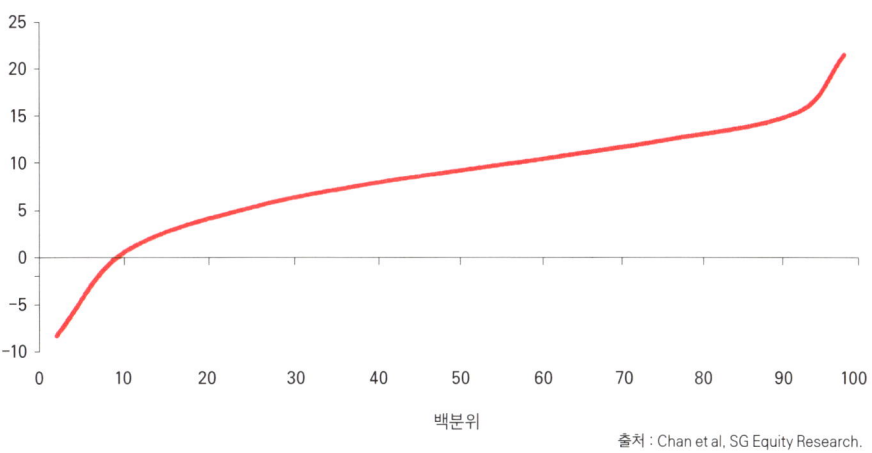

| Figure 5.6 | 과거 10년간 감가상각 차감 전 영업이익증가율 분포(미국 1951~1998)

출처 : Chan et al, SG Equity Research.

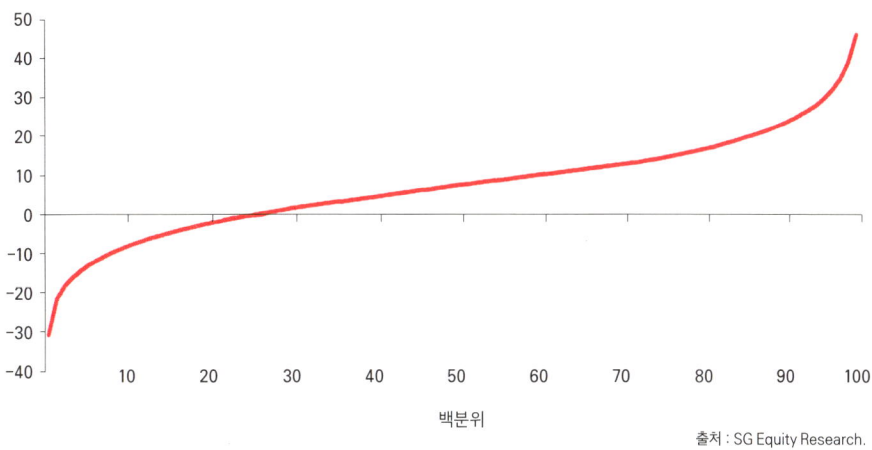

| Figure 5.7 | 과거 10년간 세전 영업이익증가율 분포(유럽 1990~2007)

출처 : SG Equity Research.

분포와 비교·평가할 수 있다⟨Figure 5.6⟩ 및 ⟨Figure 5.7⟩ 참조. 이 방법을 통해 내재성장률이 어떻게 될 것인지 또는 실제로 어떻게 되는지 평가할 수 있다.

그러나 이 모델로 미래를 예측할 수 없는 문제는 해결할 수 있지만, 할인율 문제는 여전히 남는다. 여전히 자본 비용 추정치가 필요하다. 이 문제를 해결하고자 나는 투자 리스크 프리미엄을 4% 정도로 설정하고, 해당 주식의 베타는 해당 기업의 펀더멘털 리스크에 대한 자의적 판단에 따라 대략적으로 추정했다.

나는 행태주의 금융론이나 투자론을 강의하면서 가치 평가를 할 때 우리가 흔히 빠지는 함정을 피하는 방법으로, 이 분해 공학적 현금흐름 할인 모델을 설명한다. 나는 기업 탐방을 마친 뒤 해당 기업의 경영진을 칭찬하면서 그 주식에 흥분하는 애널리스트들을 자주 봐 왔다.

그들은 그러고는 매수 추천에 필요한 요건을 채우기 위해 해당 기업에 대한 현금흐름 할인 모델을 만들어낸다. 이때 그들은 현재 가격에 사로잡혀 현재 가격을 예측의 출발점으로 삼는다.

분해 공학적 현금흐름 할인 모델을 사용하면, 과거부터 지금까지 쌓아 온 성장 잠재력의 견지에서 분석하므로 현재 가격에 매몰되는 문제는 해소된다.

자산 가치

항상 그렇듯이 투자 문제에서 혼란 상황을 마주할 때는 벤저민 그레이엄에게 돌아가는 것이 좋다. 그레이엄은 두 가지 가치 평가법을 제안했다. **첫 번째는 자산에 기초한 가치 평가법으로, 기업의 청산 가치를 계산하는 것이다.**

그레이엄은 "청산 가치 계산의 제1원칙은 부채는 그대로 받아들이고 자산 가치에는 의문을 품는 것이다."고 말했다. 이 원칙을 반영해 그레이엄은 자산 가치를 계산하는 다소 대략적인 경험 법칙을 제안했다⟨Table 5.1⟩ 참조.

| Table 5.1 | 주가 대비 청산 가치의 비율(%)

자산의 종류	정상적인 경우	대체적인 평균
유형자산		
현금자산(및 시장성 유가 증권)	100	100
매출 채권(일상적인 보유분은 차감)	79~90	80
재고자산(원가나 시장가 중 낮은 가격으로 산정)	50~75	66 2/3
고정자산 및 기타자산		
부동산, 건물, 기계, 장비, 무형자산	1~50	15(근사치)

출처 : Graham and Dodd, Security Analysis.

물론 해당 기업이 정리 과정에 들어간 특별 매물이라면 무형자산 등의 항목은 전혀 가치가 없다. 반면 해당 기업이 계속 사업을 영위 중인 회사라면 무형자산은 일정한 가치를 갖는다.

분명히 그레이엄도 현재 자산으로 분석을 시작했고, 현재 자산에서 모든 부채를 차감해 그가 좋아하던 그 유명한 순-순Net-nets자산 개념을 도출해냈다. 그러나 이와 같은 자산 가치 분석법에는 미래에 대한 예측이 전혀 없다는 점을 유념할 필요가 있다.

수익력

그레이엄의 두 번째 가치 평가법은 이른바 '수익력' 계산법이다. 일찍이 그는 "투자자가 가장 알고 싶어 하는 것은 주어진 상황에서 나타나는 수익력, 즉 해당 기간 동안 사업 환경이 바뀌지 않는다고 가정할 때 해당 기업이 매년 벌어들일 것으로 예상되는 이익이다."고 말했다.

그레이엄은 이에 덧붙여 다음과 같이 설명했다.

한 기업의 수익력이란 그 기업이 과거 수년간 달성한 실제 이익과 특별한 상황이 발생하지 않는 한 미래에도 이런 이익이 비슷하게 지속될 것이라는 합리적인 기대를 결합한 것이다.

과거의 이익은 오랜 기간을 대상으로 해야 한다. 그 이유는 ① 오랫동안 지속적이고 반복적으로 나타난 실적이 일회성 실적보다 언제나 다시 되풀이될 가능성이 높고, ② 아주 긴 기간의 평균은 경기 주기로 인한 왜곡 효과를 흡수하고 균일하게 분산시키기 때문이다.

일단 수익력을 구하고 나면, 자본 비용_{할인율}을 적용해 기업 가치를 계산하거나 주가와 비교해 적절한 PER을 구할 수 있다. 이때 그레이엄은 PER이 16배를 넘어서는 안 된다고 했다. 16배는 보통주에 투자할 수 있는 가장 높은 가격이며, 일반적으로는 10배가 적당하다는 이유에서였다.

이 방법은 비교적 쉽게 활용할 수 있다. 내가 사용한 방법은 5~10년 적당한 기간의 평균 세전 영업이익률에, 지난 5년간의 평균 매출액을 곱하는 것이다. 그러면 평균 영업이익을 구할 수 있다. 그런 다음 평균 영업이익에서 이자 비용과 세금을 차감해 추정 수익력을 구한다. 이 모든 과정에 복잡한 미래 예측 따위는 끼어들 자리가 없다.

이 방법은 지난 수년 동안 여러 사람이 사용하면서 더 세련되게 다듬어졌다. 대표적으로 《가치투자》의 저자 브루스 그린왈드를 들 수 있다. 그는 시공을 초월한 그레이엄의 방법론에 현대적 관점을 가미하고 '프랜차이즈 가치_{Franchise value, 한 기업이 장기적으로 초과수익을 창출할 수 있는 경쟁 우위를 갖추었을 때 발생하는 추가적인 기업 가치를 뜻한다. 단순한 자산 가치 이상의 브랜드, 네트워크, 특허, 고객 충성도 등으로 인해 기업이 평균 이상의 수익률을 지속적으로 낼 수 있는 힘을 나타낸다}'의 영역으로까지 확장했다.

이로써 우리는 적어도 세 가지 주식가치 평가법을 확보하게 됐다. 이 가운데 어느 것도 현금흐름 할인 모델보다 어려운 방법은 없다. 현금흐름 할인 모델은 이론적으로는 옳은 가치 평가법이지만, 그 방법을 적용하는 데 필요한 가정과 예측은 여전히 극복하기 어려운 문제로 남아 있다.

더 간단하고, 더 간결하며, 현재에 근거한 방법을 사용해야 시장에 존재하는 기회를 발견할 가능성이 커진다. 설령 그렇지 않은 경우에도 이 방법들을 사용하면 부적절한 낙관론의 희생자로 내몰리지 않을 것이다.

Chapter 06

가치는 성장보다 위험한가?

"가치는 성장보다 위험한가?"

이 단순한 질문은 오늘날 금융계에서 가장 치열한 논쟁이 벌어지고 있는 쟁점이다. 효율적 시장 가설 추종자들은 가치주 프리미엄성장주 수익률을 초과하는 가치주 수익률이 투자자가 펀더멘털 리스크를 부담한 결과라고 주장한다. 반면 행태주의 금융론자들은 투자자들이 성장에 과도한 가격을 지불하는 등의 실수를 주기적으로 저지르기 때문에, 가치주가 성장주보다 높은 수익을 낸다고 역설한다.

다양한 리스크 지표를 조사한 결과, 우리는 가치주가 성장주보다 결코 더 위험하지 않다는 사실을 발견했다. 리스크로 가치주 프리미엄을 설명하는 것은 효율적 시장 가설의 다른 여러 설명만큼이나 무의미하고 쓸모없다.

- 이 책을 읽고 있는 여러분은 내가 시장에 대해 행태주의적 접근법을 주장한다는 사실을 알 것이다. 그렇지만 내가 말한 것을 실천하고 확증 편향을 피하고자, 효율적 시장 가설 지지자들의 주장대로 가치주 프리미엄이 리스크를 부담한 데 따른 것인지 그 증거를 찾아보기로 하겠다.

- 가장 기본적인 수준에서 금융 이론가들은 리스크와 표준편차를 동일시하지만, 나는 그것이 말도 안 된다고 생각한다. 하지만 나는 이와 같은 불신을 잠시 덮고 그들의 지표를 토대로 분석한 결과, 일반적으로 가치주가 성장주보다 수익률은 더 높고 리스크는 더 낮다는 사실을 발견했다. 이 사실은 리스크와 수익률은 서로 연결되기 마련이라는, 다시 말해 리스크가 작으면 수익률도 낮고 리스크가 크면 수익률도 높다는 고전 금융학의 기본 관점과 정면으로 배치되는 것이다.

- 그런데도 효율적 시장 가설을 버리지 못하는 사람들은 다시 베타로 눈을 돌리고 가치주의 베타가 더 높은 게 분명하다고 주장한다. 그러나 여기에서도 실제 결과는 그들의 믿음과 정반대였다. 가치주의 베타가 성장주의 베타보다 낮았던 것이다. 이는 효율적 시장 가설에 대한 또 다른 치명적 일격이라고 할 수 있다.

- 효율적 시장 가설 지지자들은 가치주의 리스크가 일반적으로 시장 상황이 좋지 않을 때 더욱 두드러진다고도 주장한다. 그렇지만 경험적 증거로 볼 때 이 주장도 성립되지 않는다. 예컨대 1950년에서 2007년 사이 월별 기준으로 시장 상황이 가장 나빴던 10개 달에서 주식시장은 월평균 13% 하락했는데, 가치주는 12.5% 하락했고 성장주는 무려 18% 가까이 하락했다.

- 백기를 들지 않으려는 효율적 시장 가설 열혈 지지자들은 경기 침체기에는 가치주 실적이 더 나쁘다면서 버틴다. 하지만 자료를 보면 이 또한 의심스럽다. 예를 들어 라이트 모델에서 경기 침체 확률을 사용한 결과, 경기 침체기의 가치주 프리미엄은 연간 8% 정도였다. 이 정도의 프리미엄은 경기 상승기의 가치주 프리미엄인 10%와 별반 차이가 없다. 가치주 프리미엄은 경기와는 관련이 없는 것이다.

- 수많은 효율적 시장 가설 추종자들은 가치주 수익률이 성장률을 상회하는 경향을 보이는 것은 가치주가 더 위험하기 때문이라고 주장한다. 하지만 그 증거는 실제로 존재하지 않는다. 광범위한 지표를 통해 살핀 결과, 가치주가 성장주보다 위험하지 않다는 사실을 발견했다. 리스크에 입각해 가치주 프리미엄을 설명하는 것은 효율적 시장 가설의 다른 여러 설명만큼이나 무의미하고 쓸데가 없는 것이다.

* * *

"가치가 성장보다 위험한가?"라는 단순한 질문은 현대 금융산업에서 치열한 논쟁이 벌어지고 있는 쟁점이다. 효율적 시장 가설 추종자들은 어떤 자산이 장기적으로 시장을 상회하는 실적을 내는 것은 리스크 프리미엄이 분명하다고 주장한다. 그들의 세상에서는 리스크와 수익률이 서로 밀접하게 관련돼 있기 때문이다.

그러나 리스크와 수익률이 별 관련이 없다는 증거를 제시하면 그들은 이상하게도 조용해진다 Chapter 2 〈자본자산 가격결정 모델을 버려라〉 참조. 대안적 가설은 "가치주 프리미엄은 리스크 때문이 아닌 투자자들의 실수 때문에 발생한다."는 것이다. 여러분은 알고 있겠지만, 나는 이 대안적 가설을 열렬히 지지한다.

그럼에도 불구하고 내가 말한 것을 실천에 옮기고 확증 편향을 피하기 위해 효율적 시장 가설에서 제시하는 여러 증거를 확인할 생각이다. 리스크로 가치주 프리미엄을 설명할 수 있는지 살펴보겠다.

: 리스크 지표 ① 표준편차

다시 처음부터 시작해보자. 주류 금융학에서는 표준편차를 적절한 리스크 지표로 바라본다. 하지만 이는 말도 안 되는 관점이다. 나는 오랫동안 금융계에서 일했지만, **장기 보유 전략을 구사하는 펀드매니저 가운데 급격한 상향 변동성을 걱정하는 사람은 단 한 명도 본 적이 없다.**

그러나 표준편차의 의미에 대한 내 불신을 잠시 멈추고 표준편차를 리스크로 보는 이들의 개념에 따라, 가치주와 성장주의 수익률과 리스크를 조사했다. 결과는 〈Figure 6.1〉과 같다.

| Figure 6.1 | 미국의 가치주와 성장주 : 수익률과 리스크(%, 연간, 1950~2007)

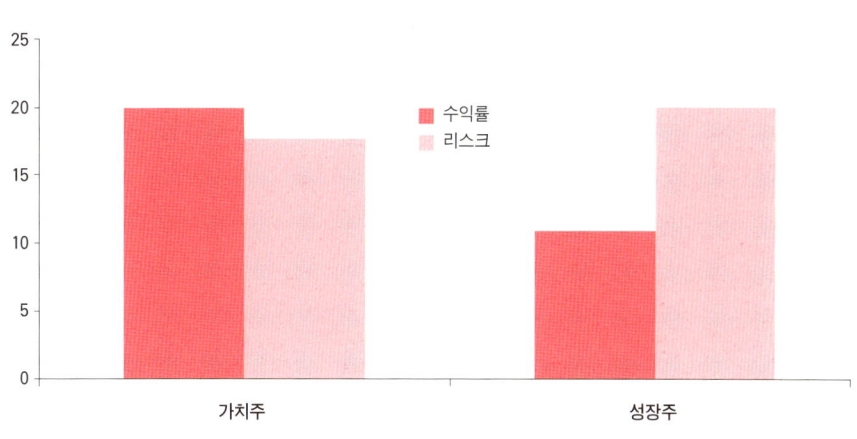

출처 : SG Equity Research

조사에서 나는 '현금흐름 대비 주가비율'을 기준으로 분류한 여러 포트폴리오를 사용했다. 주식시장에서 가장 비싼 상위 20% 주식을 성장주, 가장 싼 하위 20% 주식을 가치주로 명명했다. 〈Figure 6.1〉에서 확인할 수 있듯이, **장기적으로 성장주에 비해 가치주가 수익률은 높고 리스크는 낮았다.** 효율적 시장 가설론자들에게는 나쁜 소식이 아닐 수 없다.

: 리스크 지표 ② 베타

그런데도 쉽게 물러서지 않는 효율적 시장 가설의 열렬한 지지자들은 자신들이 가장 선호하는 리스크 지표인 베타에 의지한다. 만약 가치주의 베타가 성장주의 베타보다 크다면, 리스크가 클수록 수익률도 높다는 효율적 시장 가설에 전혀 문제가 없다는 것이다.

그렇지만 실제 결과는 효율적 시장 가설에 유리하지 않았다. 〈Figure 6.2〉와 〈Figure 6.3〉은 가치주와 성장주의 36개월 주기 베타를 나타낸 것이다. 평균적으로 성장주 포트폴리오의 베타가 가치주 포트폴리오보다 높았다. 효율적 시장 가설의 예상과는 정반대였다.

가치주와 성장주의 베타관계를 더 확실히 보여주는 것은 〈Figure 6.3〉이다. '가치주 매수·성장주 매도' 포트폴리오의 36개월 주기 베타를 나타낸 것인데, 이 포트폴리오의 베타는 거의 마이너스로 나왔다. 아주 드물지만 베타가 플러스인 경우에도 그 수치는 통계적으로 무시해도 될 정도로 매우 낮았다.

여전히 버티면서 백기를 들지 않는 효율적 시장 가설 지지자들은 베타는 시간에 따라 달라질 수 있다고 주장한다. 일반적으로 시장 상황이 좋지 않을 때 가치주의

| Figure 6.2 | 미국의 가치주와 성장주 포트폴리오의 36개월 주기 베타

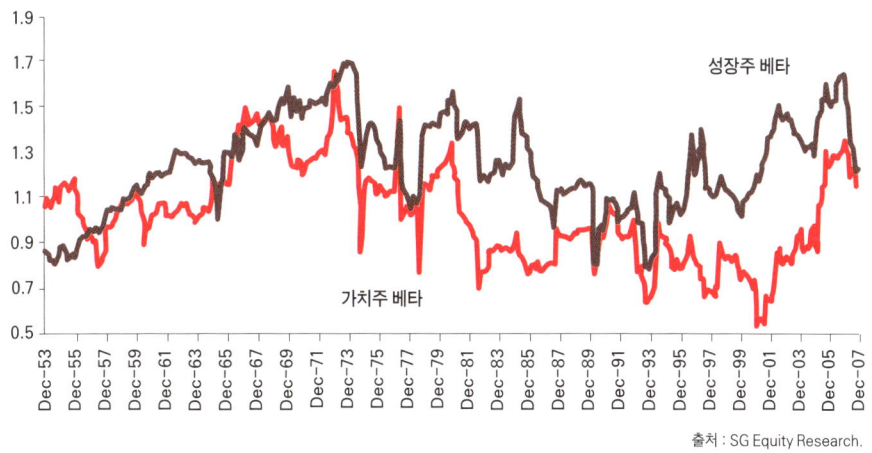

출처 : SG Equity Research.

| Figure 6.3 | 미국의 '가치주 매수·성장주 매도' 포트폴리오의 36개월 주기 베타

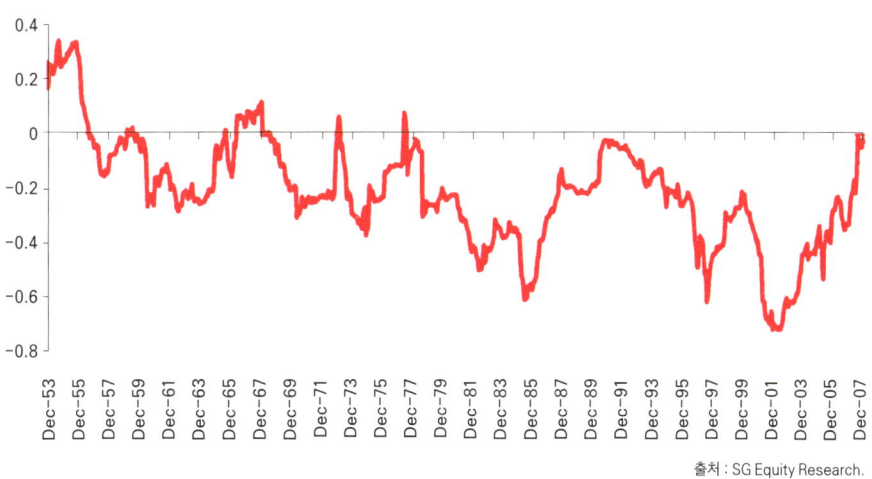

출처 : SG Equity Research.

리스크가 분명히 드러난다는 얘기다. 이 주장에서 ① 가치주가 성장주보다 수익률이 낮은 상황이 있다면, ② 그런 상황이 부의 한계 효용이 높은 나쁜 상황이라면, 가치주는 근본적으로 성장주보다 위험하다는 것이다. 따라서 이 경우 리스크를 험

| Figure 6.4 | 시장 하락기와 상승기의 베타(미국, 1950~2007)

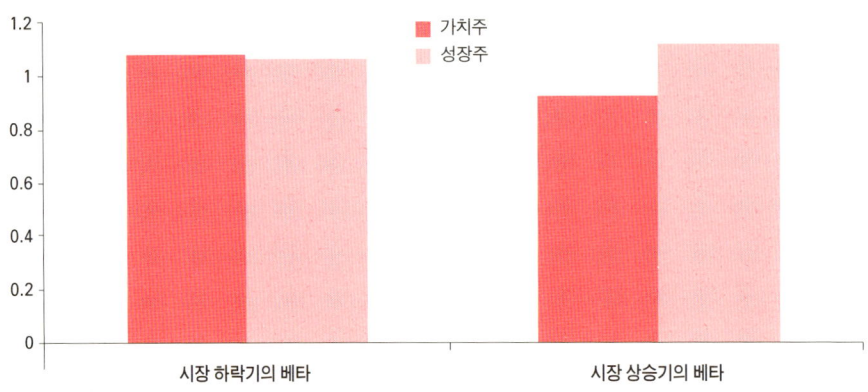

출처 : SG Equity Research.

오하는 투자자들은 가치주를 피하게 된다.

〈Figure 6.4〉는 시장 하락기와 상승기의 가치주와 성장주의 베타를 나타낸 것이다. 효율적 시장 가설 지지자들의 주장과 달리 시장 하락기에 가치주의 베타는 성장주의 베타와 거의 차이가 없었다.

이를 다시 확인하기 위해 〈Table 6.1〉을 살펴보자. 여러 시장 침체기에 보인 가치주와 성장주의 실적을 나타낸 것이다. 1950~2007년 월별 기준으로 주가가 폭락해 시장 상황이 가장 나빴던 10개 달에서, 가치주 실적은 시장을 상회했고 성장주보다 훨씬 높은 실적을 보였다. 이런 패턴은 시장 상황이 나빴던 시기를 추가해도 계속 유지됐다.

결국 시장 상황이 나쁠 때 가치주가 성장주보다 더 위험하다는 주장은 아무런 근거가 없었다. 이는 효율적 시장 가설 지지자들을 향한 또 다른 치명적 일격이라고 할 수 있다.

| Table 6.1 | 시장 하락기의 평균 실적(월평균, %)

	시장 실적	가치주 실적	성장주(미인주) 실적
최악의 10개월*	-13.1	-12.5	-17.9
최악의 20개월	-10.9	-10.6	-14.2
최악의 30개월	-9.6	-8.9	-12.4
전체 시장 하락 월	-3.4	-2.2	-4.0

*월별수익률로 최하위를 기록한 10개 달. 출처 : SG Equity Research.

: 리스크 지표 ③ 경기 리스크

효율적 시장 가설에서 그토록 아끼는 리스크 지표 2개가 이미 길가에 내팽개쳐졌는데도, 여전히 행진을 멈추지 않는 효율적 시장 가설론자들은 결국 가치주는 경제적으로 어려운 경기 침체기에 나쁜 실적을 낸다고 주장한다.

| Figure 6.5 | 라이트 모델로 본 향후 12개월의 경기 침체 확률

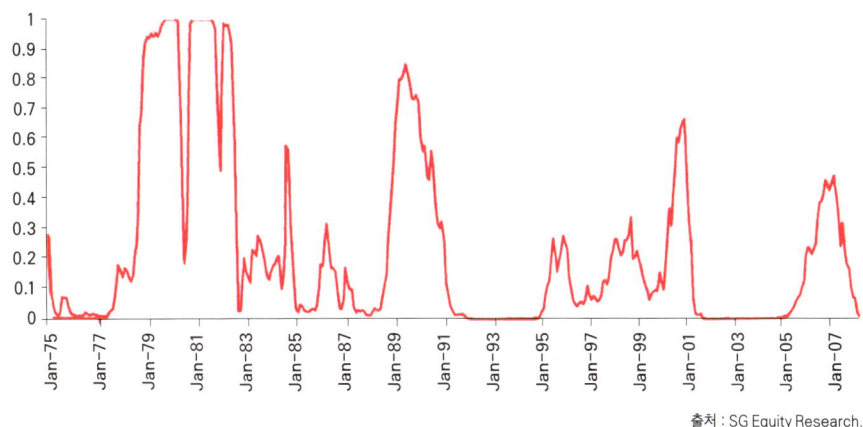

출처 : SG Equity Research.

| Table 6.2 | 경기 침체기에 가치주의 실적이 성장주보다 나쁜가(%, 월간수익률, 1975~2007)

	평균 경기 침체 확률	가치주 수익률(월간)	성장주 수익률(월간)	가치주와 성장주의 수익률 차이
경기 침체(확률 > 30%)	0.70	1.09	0.45	0.64
경기 확장(확률 < 30%)	0.08	2.22	1.42	0.81

출처 : SG Equity Research.

따라서 경기 침체 측정법이 필요했다. 우리가 고른 첫 번째 경기 침체 측정법은 라이트 모델에서 나온 경기 침체 확률법이었다. 이 방법은 수익률 곡선 기울기와 연방기금 수준을 결합해, 향후 12개월 동안의 경기 침체 확률을 추정하는 것이다 〈Figure 6.5〉 참조.

가치주는 위험하다고 믿는 사람들에 따르면, 가치주는 경기 침체기에 특히 실적이 나빠야 한다. 그런데 〈Table 6.2〉에서 확인할 수 있듯이 경기 침체기에도 가치주 실적이 성장주보다 좋았다.

가치주 포트폴리오는 경기 침체기에 연간 13%, 경기 상승기에 연간 22%의 수익을 올렸다. 반면 성장주 포트폴리오는 경기 침체기에 연간 5%, 경기 상승기에 연간 17%의 수익을 올렸다. 가치주는 경기 확장기에 연간 7.5% 이상, 경기 침체기에 연간 10% 성장주보다 높은 실적을 냈다. 여기에서도 경기 침체기에 가치주가 나쁜 실적을 낸다는 증거는 찾을 수 없다.

이 증거를 다시 확인하고자 우리는 GDP성장률 예측치와 가치주 수익률 사이의 관계도 조사해보기로 했다〈Figure 6.6〉 참조. 하지만 과거에 애널리스트들이 경기 침체를 예측한 적이 없었기 때문에, 이 방법에는 약간 문제가 있었다. 그래서 우리는 실제 경기 침체 예측치를 사용할 수 없었다.

대신 두 가지 다른 방법을 사용했다. 하나는 GDP성장률 예측치가 2% 미만일

| Figure 6.6 | 향후 12개월 미국 GDP성장률에 대한 합의된 예상치
- 경기 침체에 대한 예측은 전혀 없었다!

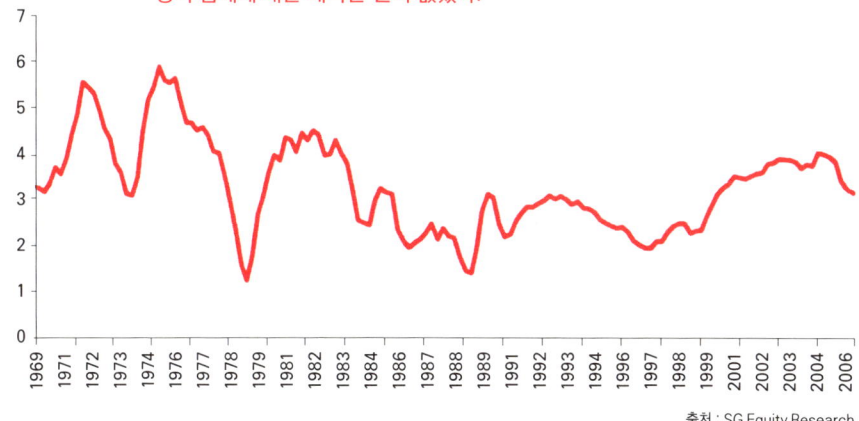

출처 : SG Equity Research.

때의 가치주 실적을 살펴보는 것이었다. ⟨Table 6.3⟩은 이 방법을 사용했을 때 시장, 가치주, 성장주 각각의 수익률을 나타낸 것이다.

여기에서도 마찬가지로 경제적으로 어려운 시기에 가치주 실적이 더 나쁘다는 증거는 발견되지 않았다. GDP성장률 예측치와 상관없이 가치주는 대체로 같은 실적을 올렸다. 성장주의 경우 저성장이 예상될 때 평소보다 더 나은 실적을 보였지만, 이때도 가치주의 실적이 성장주보다 나았다.

2%를 기준으로 사용한 것에 문제가 있다고 반박할 경우를 대비해 우리는 GDP

| Table 6.3 | 12개월 GDP성장률 예측치와 가치주 실적(%)

	시장수익률	성장주(미인주) 수익률	가치주 수익률	가치주와 성장주의 수익률 차이
GDP성장률 예측치 < 2	20.1	16.6	22.0	4.5
GDP성장률 예측치 > 2	17.0	10.9	22.5	10.9

출처 : SG Equity Research.

| Table 6.4 | 12개월 GDP성장률 예측치와 가치주의 실적(%)

	시장수익률	성장주(미인주) 수익률	가치주 수익률	가치주와 성장주의 수익률 차이
GDP성장률 예측치 : 평균(3.2%) 미만인 경우	15.0	9.5	18.5	8.5
GDP성장률 예측치 : 평균(3.2%) 이상인 경우	20.1	14.1	27.2	12.2

출처 : SG Equity Research.

예측치를 평균_{연간 3.2%} 이상과 이하로 나눠서 시장, 가치주, 성장주 각각의 수익률을 살펴보기도 했다_{〈Table 6.4〉 참조}. 여기에서도 경기 침체기에 가치주 실적이 더 나쁘다는 증거는 찾을 수 없었다. **오히려 경제 상황과 관계없이 가치주 실적이 성장주보다 더 높은 경향을 보였다.**

가치주 프리미엄을 경기 리스크의 결과라고 하는 이론은 '조건부 자본자산 가격결정 모델'로 알려져 있다. 이 모델로 가치주 프리미엄을 검증하는 공식은 다음과 같다.

가치주 프리미엄 = a + b 시장수익률¨ + c (시장수익률 × 관심 변수)

이 공식에서 상호작용하는 관심 변수는 베타값과 시장 기대수익률의 공변_{Covariation}에서 발생하는 추가 수익률, 즉 '알파'를 말한다. 따라서 위 공식의 알파를 표준 자본자산 가격결정 모델의 알파와 비교하면 경기 주기에 대한 민감성으로 발생하는 가치주 프리미엄을 알 수 있다.

〈Figure 6.7〉은 이런 방식으로 계산한 알파를 나타낸 것이다. 첫 번째 막대그래프는 표준 자본자산 가격결정 모델의 회귀 분석에 따른 가치주 프리미엄의 월간

| Figure 6.7 | 알파(%, 월간)

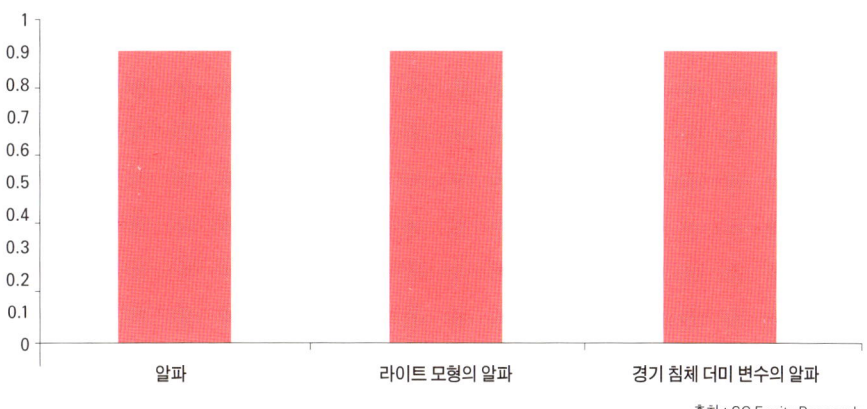

출처 : SG Equity Research

알파연간 약 12%를 나타낸 것이다. 그다음 2개의 막대그래프는 각각 라이트 모델과 경기 침체 더미 변수Dummy Variable, 범주형 데이터를 수치형 데이터로 변환하여 통계 분석 및 머신러닝 모델에 사용할 수 있게 하는 변수 경우에서 알파를 표시한 것이다.

그림에서 알 수 있듯이 알파에는 변화가 없다. 이것이 의미하는 바는 경기 침체라는 변수는 가치주 프리미엄에 대해 아무것도 설명할 수 없다는 것이다.

R. 페트코바와 L. 장은 논문에서 가치주가 성장주보다 위험하다는 사실을 발견했다고 주장했다. 이들은 디폴트 프리미엄신용 스프레드, 기간 프리미엄수익률 곡선의 기울기, 배당수익률, 단기 금리 등을 경제 상황을 판단하는 주요 변수로 보는 조건부 자본자산 가격결정 모델을 사용했다.

이들은 이 변수들을 선택한 이유에 관해 "시계열 분석에 입각한 예측법의 전형을 따른 것이다."고 말했다. 그러나 이런 설명은 과거 자료에서 일정한 패턴을 찾아내 미래를 예측하는 데이터 마이닝Data mining을 했다는 고백과 다름없다. 말하자면 이들은 과거의 증거에 입각한 변수들로 수익률을 예측한 것이다.

M. J. 쿠퍼와 S. 구벨리니는 페트코바와 장의 연구 결과를 검증했다. 이들은 산업 생산 관련 주요 경제 지표처럼 페트코바와 장이 사용한 변수보다 경기 주기와 훨씬 더 연관된 여러 변수를 포함해, 더 광범위한 조건 변수를 사용했다.

2,047개의 조건 변수를 사용해 분석한 결과, 90%의 경우 가치주가 성장주보다 위험하지 않다는 것을 발견했다. 이를 통해 페트코바와 장의 연구 결과는 데이터 마이닝으로 우연히 발견한 결과에 불과하다는 것이 드러났다.

효율적 시장 가설 지지자들은 가치주 수익률이 성장률을 상회하는 경향을 보이는 것은 가치주 리스크가 더 커서라고 주장하지만, 그것이 사실이라는 증거는 어디에도 존재하지 않는다.

광범위한 지표를 통해 살핀 결과, 가치주가 성장주보다 위험하지 않다는 사실이 증명됐다. 리스크에 입각해 가치주 프리미엄을 설명하는 것은 효율적 시장 가설의 다른 여러 설명만큼이나 무의미하고 쓸모없는 것이다.

Chapter 07
디플레이션과 불황 그리고 가치투자

버블이 꺼지고 나서 나타나는 중요한 특징 중 하나는 경기 주기와 주식시장 동조화 현상이 더 커진다는 것이다. 이때 시장 포트폴리오 투자자는 시장에서 물러나 경기 선행 지표들의 상승을 기다리는 시장 타이밍 전략을 취할 수 있다. 그렇다면 가치투자자도 이 전략을 취해야 할까?

버블 붕괴 후 일본 사례는 그래서는 안 된다는 사실을 시사한다. 버블 붕괴 후 일본 주식시장에서는 시장 타이밍을 고려하지 않은 채 단순히 가치주를 매수하고 미인주를 매도하는 전략만 취해도, 시장투자자보다 훨씬 느긋할 수 있었고 수익도 꾸준히 발생했다.

하지만 미국 대공황기에는 일본의 경우와 양상이 달랐다. 어떤 전략도 먹히지 않았다. 주식을 갖고 있지 않는 편이 가장 나았다.

- 오랫동안 나는 버블 붕괴 이후의 가장 중요한 특징 중 하나가 경기 주기와 주식시장의 동조화 현상이 더 커지는 것이라고 주장해왔다. 이런 현상이 나타나는 것은 수익의 원천이 'PER의 확장_{버블기}'에서 '성장_{버블 붕괴 후}'으로 바뀌기 때문이다. 여기에서 성장이 사라지면, 투자자들은 자산으로서의 주식에 대한 평가를 낮추고, 따라서 PER이 축소된다.

- 경기 주기와 주식시장의 동조화가 커지면, 시장 포트폴리오 투자자는 시장에서 물러나 경기 선행 지표들이 상승할 때를 기다리는 시장 타이밍 전략을 취할 수 있다. 그렇다면 이런 전략을 가치투자자들에게도 적용할 수 있을까? 이 질문을 벤저민 그레이엄의 용어를 빌려 던지면 "개별 종목의 가격뿐 아니라 시장 타이밍까지 걱정해야 하는가?"다. 이 질문에 대한 답을 찾기 위해 버블 붕괴 후 일본과 대공황 당시 가치주의 운명을 살펴보겠다.

- 일본의 경험은 가치투자자들은 어떤 형태의 시장 타이밍에도 관심을 가질 필요가 없다는 것을 보여준다. 일본 주식시장의 주기가 매우 분명했는데도 가치투자 전략은 시종일관 좋은 실적을 보였다_{시장수익률은 연간 −4%, 가치주 수익률은 연간 3%}. 매도 전략을 함께 구사한 경우에는 더 좋은 실적을 기록했다. 그래서 '가치주 매수·미인주 매도' 전략의 경우에는 버블 붕괴 후에도 연간 12%라는 높은 수익률을 기록했다.

- 그러나 미국의 대공황기에는 매우 다른 양상이 나타났다. 대공황기에는 어떤 종목이든 간에 주식을 보유하는 것 자체가 좋은 생각이 아니었다. 가치주, 성장주, 시장 모두 매우 나쁜 실적을 보였다. 일본의 버블 붕괴기와 미국 대공황기의 양상이 이처럼 다른 까닭은 사건의 규모와 심도의 차이가 다르기 때문이다. 대공황기에 미국의 산

업 생산은 고점 대비 50% 하락했고, 소비자 물가는 처음 3년 동안 연간 9% 정도 하락했다. 반면에 지난 20년 동안 일본의 산업 생산과 소비자 물가는 실질적으로 변화가 없었다.

- 두 사례를 통해 생각해볼 수 있는 상황은 세 가지다. ① 낙관적인 경로로, 정부의 경제 부양책이 효과를 내고 중앙은행이 금리를 낮춰 경기를 부양해 인플레이션 상황을 만들어내는 경우를 말한다. ② 일본식 경로로, 저성장·저인플레이션과 더불어 구조조정이 장기화하는 경우를 말한다. ③ 대공황 같은 상황이다. 처음 두 상황에서 가치투자는 효과를 본다. 그렇지만 대공황 같은 상황에서는 주식투자 자체가 좋은 생각이 아니다. 나로서는 시장이 이 세 경로 중 어떤 경로를 가게 될지 알 수 없기 때문에, 시장이 약세를 보일 경우에는 조금씩 천천히 그리고 꾸준히 가치주를 매수하는 게 가장 합리적인 전략이라고 믿는다.

* * *

오랫동안 나는 버블이 꺼진 후의 중요한 특징 중 하나가 경기 주기와 주식시장의 동조화 현상이 커지는 것이라고 주장해왔다. 버블 붕괴 후 일본의 경기 주기와 주식시장의 동조화를 보여주는 〈Figure 7.1〉을 참조해보자.

동조화 현상이 커지는 이유는 수익의 원천이 변하기 때문이다. 주식수익률을 좌우하는 수익 원천은 가치 평가의 관점에서 본 매수가, 해당 기업의 성장, PER의 변화라는 세 가지로 나눌 수 있다.

내가 오래전부터 많이 이용한 〈Figure 7.2〉는 주식의 실질수익률을 구성하는 부분을 분해한 것이다. 1871~2008년 장기적으로 볼 때 PER의 변화가 창출하는 수

| Figure 7.1 | 일본의 주식시장과 선행 지표

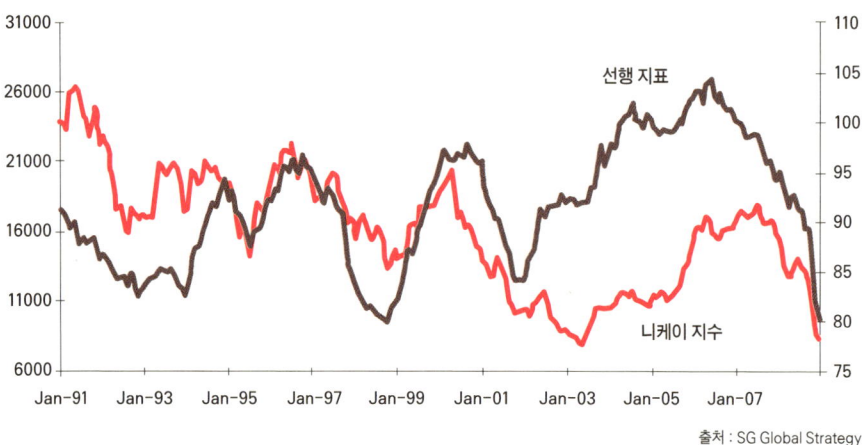

출처 : SG Global Strategy.

| Figure 7.2 | 총 실질수익률 구성 부분(미국)

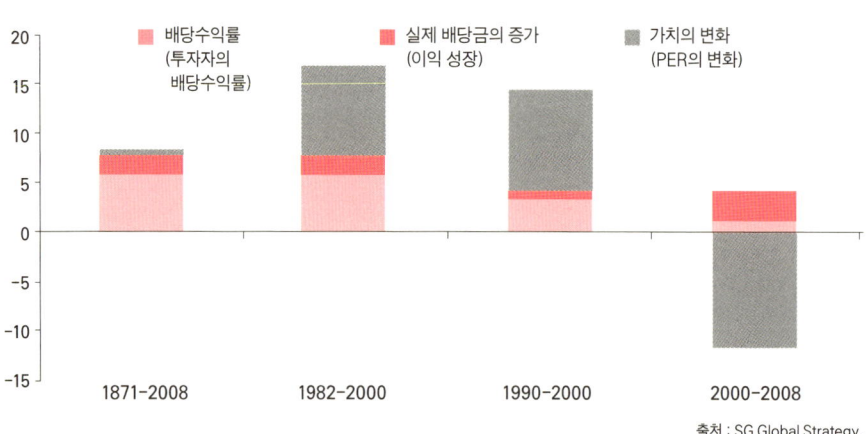

출처 : SG Global Strategy.

익은 매우 적다총 실질수익의 약 6%. 그런데 장기 강세장에서는 PER의 변화가 실질수익에 기여하는 비율이 55%로 증가했고, 1990년대에는 무려 75%까지 증가했다.

그러나 2000~2008년에는 매우 다른 양상을 나타냈다. 처음 배당수익률이 낮은 것을 고려할 때 투자자들의 수익은 대부분 성장으로 결정된다. 따라서 버블 붕괴 후 시장은 경제 성장과 훨씬 더 동조화되는 경향을 보인다. 물론 그와 같은 성장이 사라지면 투자자들은 가치 평가 기준을 재조정해 PER을 낮춘다.

주식시장이 경기 주기와 동조화되는 현상이 나타나면, 투자자들은 경기 상승의 증거가 나타날 때까지 주식시장을 떠나는 전략을 취할 수 있다. 그렇다면 이런 상황에서 가치투자자들은 어떻게 해야 할까? 버블 붕괴 후에 가치투자자들은 더 전술적으로 움직여야 하지 않을까?

이와 관련해 벤저민 그레이엄은 다음과 같이 설명했다.

> 투자 등급이더라도 보통주는 가격 변동이 심하다. 따라서 현명한 투자자라면 이와 같은 가격 변동 상황에서 수익을 낼 가능성에 초점을 맞춰야 한다. 이때 투자자가 시도할 수 있는 가능한 방법은 두 가지로, 타이밍 전략과 가격 전략이다.
> 타이밍 전략이란 주식시장의 움직임을 예측해 시장이 상승할 것 같으면 매수하거나 보유하고, 하락할 것 같으면 매도하거나 더는 매수하지 않는 전략이다. 가격 전략이란 적정 가격 이하에서 거래될 때는 매수하고, 적정 가격 이상이 되면 매도하는 전략이다.

벤저민 그레이엄의 용어를 빌려 위의 질문을 다시 해보면 "버블 붕괴 이후에는 가치투자자들도 타이밍에 관심을 가져야 하는가?"다. 이 질문에 대한 답을 찾기 위해 나는 두 번의 버블 붕괴기에 나타난 가치투자 전략의 성과를 조사했다. 하나는 일본 버블 붕괴기의 가치투자 실적이고, 하나는 미국 대공황기의 가치투자 실적이다.

: 일본 버블 붕괴기의 가치투자

여러 증거로 볼 때 버블 붕괴 후에 주식에서 한발 물러나 시장 지표의 상승을 기다리는 것이 시장 관점에서는 합리적일지 모르지만, 가치투자 관점에서는 그렇지 않았다. 이를 잘 보여주는 것이 〈Figure 7.3〉에서 〈Figure 7.5〉까지다.

〈Figure 7.3〉은 버블 붕괴 후 일본의 매수·보유 전략투자자(시장투자자)들이 기록한 수익률이다. 썩 좋은 결과는 아니다. 자산으로서 주식을 매수 및 보유하는 것과 관련해 더 전술적인 접근이 필요해 보인다.

〈Figure 7.4〉는 〈Figure 7.3〉에 PBR 기준으로 가장 싼 주식(가치주)의 수익률을 추가한 것이다. 당시 일본에서 가치투자 전략을 취한 사람들은 시장 타이밍을 걱정할 필요도 없었다. 이들은 시장 타이밍을 걱정하지 않았기에 시장투자자들보다 훨씬 느긋했고, 단순히 가장 싼 주식만 계속 매수하면 그만이었다.

1990~2007년 시장수익률은 연간 -4%였던 데 반해, 이 전략은 연간 3%의 수

| Figure 7.3 | 일본 주식에 대한 매수·보유 전략의 수익률(달러, 1990=100)

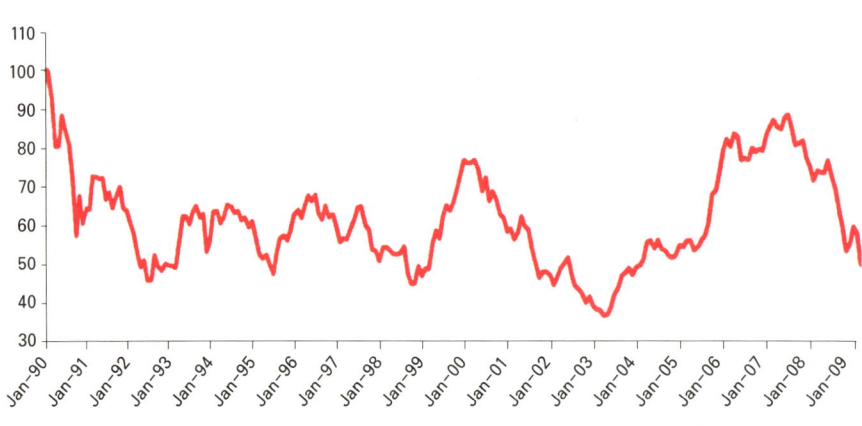

출처 : SG Global Strategy.

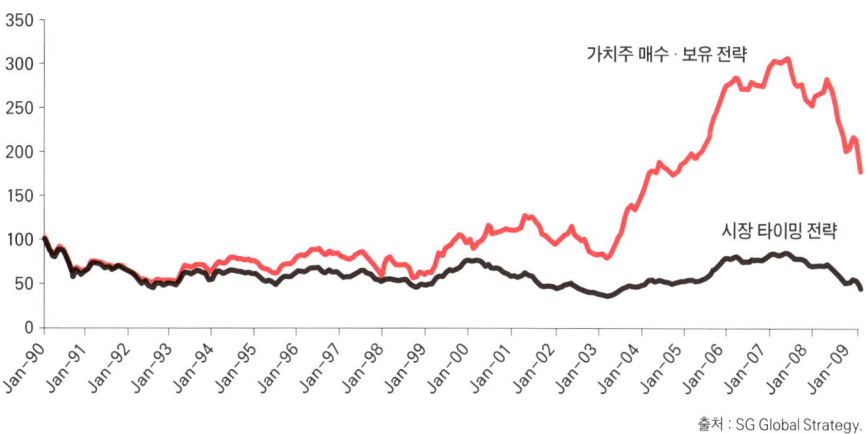

| Figure 7.4 | 수익률 ; 가치투자 전략과 시장 타이밍 전략(일본, 달러, 1990=100)

출처 : SG Global Strategy.

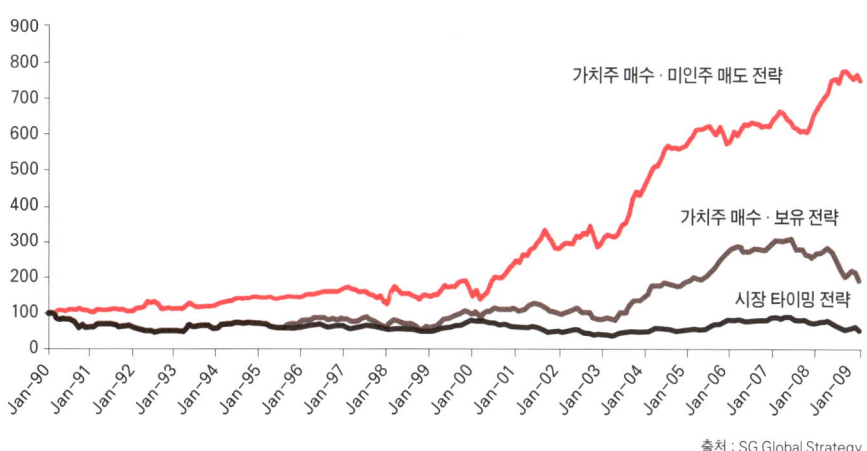

| Figure 7.5 | 매도 전략의 이점(달러, 1990=100)

출처 : SG Global Strategy.

익률을 기록했다.

    공매도 능력을 가진 사람의 수익률은 훨씬 높았다. 〈Figure 7.5〉는 버블 붕괴기에 매수·매도 전략이 얼마나 유리한지를 잘 보여주고 있다. 버블 붕괴기 일본에서

'가치주 매수·미인주성장주 매도' 전략의 수익률은 연간 무려 12%였다. 결국 당시 전체 일본 주식시장 실적이 저조했던 이유는 미인주 실적이 떨어진 데 따른 것임을 알 수 있다. 즉 미인주가 시장 평균을 낮춘 것이다.

: 미국 대공황기의 가치투자

가치투자 전략에 대한 검토로 우리는 미국 대공황기의 상황도 분석했다. 〈Figure 7.6〉은 이 문제를 연구한 켄 프렌치의 웹사이트에서 가져온 것이다. 그림에서 확인할 수 있듯이 대공황기에는 가치투자 전략도, 성장투자 전략도, 시장투자 전략도 전부 좋은 전략이 아니었다.

이때의 핵심은 **'명목 GDP가 반토막 날 때는 주식을 보유하지 않는 게 좋다'**로 요약

| Figure 7.6 | 불황기에는 주식을 보유하지 마라(미국, 1929년 12월=100)

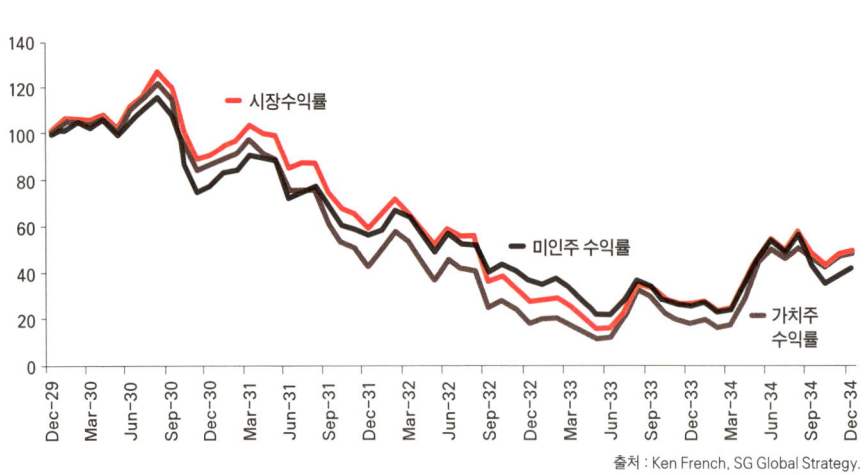

출처 : Ken French, SG Global Strategy.

할 수 있다.

어떤 전략이든 미국 대공황기의 주식수익률이 모두 형편없었다는 사실은, 브리지워터 어소시에이츠 연구 결과에서도 확인됐다. 해당 연구를 수행한 연구진들은 이렇게 설명했다.

개별 기업과 산업의 이익 실적이 크게 다른 상황에서 주식 실적에 가장 큰 영향을 미친 것은 부채 축소와 관련한 리스크 프리미엄이 확대됐다는 것이다.

이익의 경우 가장 좋은 실적을 낸 20개 대기업은 불황을 비교적 잘 견뎠다. 이 기업들의 이익은 1929년 고점에서 1933년 저점까지 큰 변동이 없었다. 반면 최악의 실적을 낸 20개 대기업은 과거 이익을 모두 상쇄해 버릴 정도로 큰 손실을 입었다.

이익 실적의 커다란 차이에도 불구하고 최상위 20개 기업과 최하위 20개 기업의 주가는 가장 양호한 경우 −80%, 최악의 경우 −96%로 거의 비슷한 수준까지 떨어졌다.

: 일본 버블 붕괴기와 미국 대공황기의 차이

대공황은 경제적 아마겟돈이었다. 미국의 산업 생산은 고점에서 50% 하락했고, 대공황기 첫 3년 동안 도매 물가는 연간 10%, 소비자 물가는 연간 9% 하락했다. 이런 상황에서 사람들은 당연히 주식 보유를 꺼렸다.

반면 일본의 버블 붕괴기 상황은 대공황기보다 훨씬 나았다. 버블이 붕괴된 이후 인플레이션은 평균 0%에 가까웠다. 2008년 말 이후 나타난 일본의 산업 생산량 하락 추세를 제외하고, 지난 20년의 버블 붕괴기에 일본 내 산업 생산에는 큰 변화가 없었다.

매우 다른 두 경제 환경은 가치투자에도 서로 다른 영향을 미쳤다. 가치투자는 일본의 경험과 유사한 장기적 구조조정 과정에서는 그나마 효과적이지만, 대공황과 같은 상황에서는 다른 모든 전략과 마찬가지로 효과가 없었다. 이를 고려해서 쉽게 생각해볼 수 있는 시나리오는 모두 세 가지다.

① 낙관적인 상황으로, 정부의 경기 부양책이 효과를 내고 중앙은행이 인플레이션 상황을 만들어내는 경우다. 이때는 가치투자로 효과를 볼 수 있다.
② 일본 버블 붕괴기 상황으로, 저성장·저인플레이션과 더불어 구조조정이 장기화하는 경우다. 이때에도 가치투자는 효과적인데, 특히 '가치주 매수·성장주 매도' 전략이 좋다.
③ 미국 대공황과 같은 상황으로, 경제와 금융 아마겟돈이 시장을 덮친 경우다. 이때에는 주식투자 자체가 좋지 않다.

나로서는 경제와 시장이 이 세 가지 시나리오 중 어떤 상황으로 가게 될지 알 수 없다. 다만 대부분 사람이 모두 그렇듯 마지막 상황으로만 가지 않기를 바랄 뿐이다. 정책 결정자들이 금본위제를 유지하고자 금리를 인상한 1930년대 실수에서 교훈을 얻었으리라는 사실에서, 다소 안심할 수 있을지는 모르겠다.

그러나 미국 금융 당국이 일본의 경험에서 교훈을 얻었는지에 대해서는 전혀 알 수가 없다. 왜냐하면 현재 금융 정책이 너무 즉흥적으로 시행되는 듯 보이기 때문이다. 심지어 내 지인 중 한 사람은 "우린 지금 즉흥적인 위원회 공화국에 살고 있어!"라고 말하기도 했다.

일본의 사례를 깊이 연구한 경제학자 애덤 포센은 이렇게 설명했다.

2008년 미국 정부가 은행에 제공한 〈지급 보증 및 부실자산 완화 프로그램〉에 따라 정부 통제나 적절한 조건 없이 시행된 불충분한 자본 투입은, 1990년대 중반 일본 정부가 실패나 손실을 회계에 반영할 의무를 부과하지 않은 채 주요 은행들로 하여금 영업을 계속하게 한 조처와 매우 닮았다.

은행 경영진은 납세자에게 손실을 전가하고, 조금이라도 이익이 발생하면 경영진 인센티브와 주주 배당금으로 현금을 소모하고 있다. 이 때문에 은행은 여전히 자본이 부족한 상태다.

현재 규제를 목적으로 부실자산의 가치를 실제보다 높게 평가하는 것은 규제 당국자를 제외하고는 그 누구도 납득시키지 못한다. 이런 조처는 은행이 돈을 소모하도록 더 많은 세금을 투입하는 셈이고, 시장의 신용경색을 장기화하는 것이다.

부실 은행을 시장 규율에 따라 퇴출하지 않고 시장에 남게 하는 이 같은 조처는 1992~1998년 버블 붕괴기에 일본 재무성이 취한 것과 매우 유사하다. 이 기간 일본에 발생한 비용은 GDP의 5%에서 20%로 무려 4배 증가했다.

일본 관료들이 말하는 이른바 호송(Convoy, 護送) 체계는 자본금 사정과 경영 여건이 조금이라도 나은 은행에는 되레 징벌적 효과를 초래했다. 시장에서는 우량 은행을 부실 은행과 구별하기 어렵기 때문이다. 부실 은행의 외관상 능력을 과장하면 이 같은 참사가 벌어진다. 그 결과 더 우량하고 경쟁력 있는 은행들마저 건전한 금융활동을 추구할 동기를 잃고 정부의 보호에 의존하게 됐다.

그렇더라도 일본의 경험에서 투자자들이 올바른 교훈을 얻는다면, 정부의 경기부양책과 중앙은행의 정책 대응이 효과를 낸다면, 가치투자자들은 별로 두려워할 것이 없다.

궁극적으로 미래에 대한 질문을 받았을 때 할 수 있는 대답은 케인스의 말처럼

"우리는 미래를 전혀 알 수 없다."는 것이다. 앞서 언급한 세 가지 상황 중에서 어떤 쪽으로 가게 될지 나는 모르겠다. 다만 **미래를 알지 못하는 상황일 때는 시장이 기회를 제공할 때마다 천천히 그리고 꾸준히, 가치주를 매수하는 가치주 분할 매수 전략이 가장 합리적이라 말하고 싶다.**

내게 이와 같은 분할 매수 전략은 일종의 리스크 최소화 전략이라고 할 수 있다. 물론 제2의 대공황이 닥치면 분할 매수 전략도 쓸모없다. 하지만 경기 부양책이 효과를 보거나 일본의 버블 붕괴기와 같은 상황이 전개된다면 주의해야 한다. 제러미 그랜섬이 말했듯, 가치보다 가격이 낮아 주식이 매력적일 때 매수하지 않고 시장을 떠나는 사람은 바보 같은 사람이 아니라 진짜 바보다.

PART II

행태 기반의 가치투자

Chapter 08

개를 사랑하고 미인을 멀리하라

성장에 대한 약속은 그리스 신화 세이렌의 노래처럼 늘 유혹적으로 다가온다. 그러나 쉬운 투자가 보상을 주는 법은 거의 없다. 예를 들어 과거 성장과 미래 성장 전망이 모두 좋은 인기주는 과거 성장과 미래 성장 전망이 모두 낮은 개 Dogs, 인기주와 정반대 주식보다 6%나 낮은 실적을 보였다.

어떤 주식에 대해 좋은 말을 들으면, 기분은 좋을지 몰라도 그것이 적절한 투자 과정으로 이끌어주지는 않는다.

투자자들은 개를 사랑하고 미인을 멀리해야 한다. 시장에서 몰아치는 미인주에 대한 사랑은 성장의 희망에 비싼 값을 지불하게 될 또 하나의 본보기가 될 수 있다.

- 효율적 시장 가설 지지자들은 가치주가 성장주보다 좋은 실적을 내는 이유를 가치주의 리스크가 더 크기 때문이라고 주장한다. 하지만 행태주의 진영에 있는 우리는 투자자들이 성장의 희망에 비싼 값을 지불하고 있어서라고 본다. 앞에서 우리는 리스크에 기반해 가치주 프리미엄을 설명하는 것이 틀렸음을 증명했다. 한편 행태주의 진영의 증거는 더욱 강력하다. 하지만 나 또한 편향된 측면이 있다.

- 투자자들이 계속 성장의 희망에 비싼 값을 지불하는 이상, 과거 성장과 미래 성장 전망이 모두 높은 주식인 인기주는 과거 성장과 미래 성장 전망이 모두 낮은 주식인 개보다 낮은 실적을 내기 마련이다. 자료를 분석하면 정확히 그런 패턴을 발견할 수 있다. 일반적으로 개는 인기주보다 연간 6% 수익률이 높았다. 섬세한 가치 평가를 하지 않은 채 단순히 예상성장률만으로 인기주와 개를 살펴봐도 이 같은 결과가 나온다는 것은 많은 점을 시사한다.

- 내가 애널리스트들의 장기 성장 전망을 분석에 사용한 것이 이례적으로 보일 수도 있겠다. 그렇지만 나는 분해 공학적 '배당 할인 모델'로 추정한 내재성장률이 애널리스트들의 장기 예상성장률과 비슷하다는 사실을 발견하곤 했다. 애널리스트들은 자신의 목표가와 매매 추천을 정당화하기 위해 장기 성장 전망 수치를 사용하므로, 그리 놀랍지는 않다. 다만 이상한 것은 목표가와 시장가가 서로 밀접하게 관련된 경우가 많다는 점이다. 이로 볼 때 애널리스트들이 '단기 모멘텀을 노리는 게 아닌가' 하는 의구심이 든다.

- 성장에 너무 비싼 값을 지불하고 있다는 사실은 섬세한 가치 평가를 하게 되면 더 명확해진다. 예컨대 애널리스트들은 가치주가 장기적으로 연평균 9%의 성장을 보이리

라고 예측한다. 좋은 소식은 가치주가 실제로 그와 비슷한 이익을 낸다는 것이다. 한편으로 애널리스트들은 성장주가 장기적으로 연간 16% 성장하리라고 예측하지만, 성장주의 실제 연간성장률은 5%에 불과하다.

- 오늘날 성장의 희망에 비싼 비용을 지불하고 있는 종목은 자원 채광 분야다. 현재 이 종목의 이익률은 매우 높은 수준인데, 애널리스트들은 미래에도 지금과 같은 수준으로 계속 증가한다고 보고 있다. 내재적 영구성장률 모델로 보면 현재 광산주의 주가 수준을 정당화하기 위해서는, 자원 채광 부문이 앞으로 영원히 경제 성장 속도보다 2배 이상 빠르게 성장해야 한다. 말도 안 되는 소리다. 투자자와 애널리스트는 '이번에는 다르다'고 믿는 듯하다. 그러나 불행히도 '이번에는 다르다'는 성장의 희망에 비싼 값을 치른다는 것과 같은 의미다.

＊＊

내가 여러 콘퍼런스에서 발표한 내용을 조금이라도 접한 사람이라면, 내가 성장의 희망에 비싼 비용을 들이는 투자자들의 고질적 오류에 대해 비판적 관점을 취하고 있음을 알 것이다. 나는 이 오류를 주식 차원에서 살펴본 뒤, 현재의 시장 상황에서 벌어지고 있는 이 오류의 또 다른 사례를 제시하고자 한다.

이번 챕터는 가치주가 상대적으로 좋은 실적을 내는 이유에 대한 행태주의적 설명으로 봐도 무방하다. 따라서 이번 챕터는 가치주 프리미엄에 대한 리스크 중심 설명이, 효율적 시장 가설의 다른 설명만큼 무의미하고 쓸모없다는 사실을 밝힌 Chaper 6 〈가치는 성장보다 위험한가?〉와 한 쌍이다.

: 개와 인기주에 관하여

투자자들이 성장에 과도한 희망을 걸고 있다는 사실을 보여주는 증거부터 살펴보자. J. 스코트 등은 과거성장률과 미래 예상성장률을 기준으로 주식을 단순하게 분류했는데, 〈Table 8.1〉과 〈Table 8.2〉가 그것이다.

여기에서 우리의 관심사는 〈Table 8.1〉과 〈Table 8.2〉에서 제시된 네 가지 종목의 주식이다. 인기주는 과거성장률지난 5년간 매출액증가율로 측정과 미래 예상성장률IBES가 조사한 애널리스트들의 장기 예상성장률로 측정이 모두 높은 주식이다. 한마디로 인기주는

| Table 8.1 | 개와 인기주의 분포(전체 주식 수 대비 비율, %)

		예상성장률	
		낮음	높음
과거성장률	낮음	개 미국 : 7% 유럽 : 5%	회춘한 늙은 개 미국 : 4% 유럽 : 6%
	높음	추락 천사 미국 : 1.5% 유럽 : 7%	인기주 미국 : 11% 유럽 : 9%

출처 : SG Global Strategy Research.

| Table 8.2 | 수익률(연간, %) (미국 1985~2007, 시장수익률=연간 13.4% : 유럽 1988~2007, 시장수익률=연간 14.3%)

		예상성장률	
		낮음	높음
과거성장률	낮음	개 미국 : 14.9% 유럽 : 19.5%	회춘한 늙은 개 미국 : 13.2% 유럽 : 14.9%
	높음	추락 천사 미국 : 13.2% 유럽 : 12.2%	인기주 미국 : 9.9% 유럽 : 12.4%

출처 : SG Global Strategy Research.

현재 시장에서 가장 많은 사랑을 받는 주식이다.

개는 인기주와 정반대의 주식을 말한다. 과거성장률이 낮고 미래 예상성장률도 낮아서 모두가 포기한 주식이다. 일반적인 생각으로는 정신이 제대로 박힌 사람이라면 절대로 매수하지 않는 주식이다.

대부분 주식이 개에서 인기주로 이어진 대각선 근처에 위치하지만, 이 대각선에서 멀리 벗어난 곳에 두 가지 범주의 주식이 있는데, 그 가운데 하나가 '새로운 재주가 생긴 늙은 개過거성장률은 낮지만 미래 예상성장률은 높은 주식'고, 하나는 '추락 천사과거성장률은 높지만 미래 예상성장률은 낮은 주식'다.

〈Table 8.1〉은 미국과 유럽의 전체 주식 수에서 각 범주에 속한 주식들이 차지하는 비중을 나타낸 것이다.

만약 투자자들이 주기적으로 성장에 비싼 값을 지불하면, 인기주가 개와 시장보다 낮은 실적을 내게 된다. 우리가 확인하려는 게 바로 이것이다. 〈Table 8.2〉는 이 네 가지 범주에 속하는 주식들의 연간수익률을 나타낸 것인데, 그 결과는 투자자들이 성장의 희망에 과도한 비용을 지불한다는 주장과 일치했다.

인기주의 수익률은 개와 시장 모두에 비해서 낮았다개보다는 6%, 시장보다는 3%. 각 주식에 대한 섬세한 가치 평가 없이 과거성장률과 미래 예상성장률만으로 주식을 분류해 살펴본 결과치고는 많은 부분을 시사하는 결과라고 할 수 있다.

: 애널리스트들의 예상성장률과 내재성장률

나와 같이 애널리스트들의 예측 능력을 노골적으로 비판하는 사람이, 왜 이들의 장기 예상성장률Expected growth rate 을 분석에 이용하는지 의구심을 가질 수 있을 것이다.

그 대답은 애널리스트들이 예측한 장기 예상성장률이 분해 공학적 배당 할인 모델로 계산한 내재성장률Implied growth rate, 현재 주가와 예상 연간 배당금을 기준으로 요구수익률을 올리기 위해 필요한 성장률을 말하며, 시장이 현실적으로 기대하는 성장률과 비슷해서다.

예를 들어 애널리스트들은 2008년 5월 기준으로 블랙베리 제조사 RIMM의 장기 예상성장률을 연간 약 33%로 예측하는데, 내가 분해 공학적 배당 할인 모델을 사용해 계산한 장기 내재성장률은 35%였다. 영국 건축회사 퍼시몬의 경우, 애널리스트들은 장기 예상성장률을 연간 –3%로 예측했으며, 내가 분해 공학적 배당 할인 모델로 계산한 장기 내재성장률은 –1%였다.

장기 예상성장률이 마이너스인 주식을 발견하기란 하늘의 별 따기와 같다. 패트릭 쿠사티스와 J. R. 울리지는 애널리스트들의 장기 예상성장률을 여러 각도에서 분석했다. 이들의 연구에서 지금의 논의와 특별히 관련 있는 부분은 애널리스트가 장기 성장률을 마이너스로 예측하는 법은 거의 없다는 것이다.

쿠사티스와 울리지는 미국 기업을 대상으로 한 표본 기업들 가운데 약 31%가 1984~2008년 마이너스 장기 성장률을 기록했지만, 같은 기간 동안 애널리스트들이 마이너스 성장률을 기록하리라고 예측한 기업은 동일 표본 기업 중 0.17%에 불과했다.

사실 나는 예상성장률과 내재성장률이 거의 비슷하게 나타난다는 사실에 그다지 놀라지도 않았다. **예상성장률과 내재성장률이 이처럼 비슷하게 나오는 이유는 애널리스트들이 자신이 제시한 목표가와 매매 추천을 정당화하기 위해 장기 예상성장률을 이용하기 때문이다.**

이상하게도 목표가와 시장가가 긴밀히 관련된 경우가 많은데, 이 때문에 S. E. 스티켈은 애널리스트들이 사실은 '단기 모멘텀을 노리는 게 아닌가?' 하는 의문이

| Figure 8.1 | 애널리스트들의 장기 예상성장률과 분해 공학적 배당 할인 모델로 계산한 내재성장률

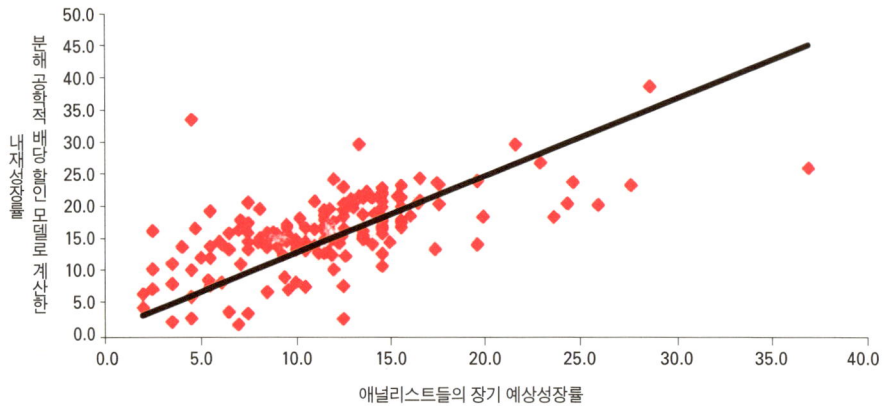

출처 : SG Global Strategy Research.

든다고 피력했다. 나도 《행동 투자론》에서 이와 같은 견해를 뒷받침하는 논의를 한 바 있다. 장기 예상성장률과 내재성장률 사이의 밀접한 관계는 상대적으로 긴밀한 것일 수도 있다.

〈Figure 8.1〉은 S&P 500에서 무작위로 추출한 200개 종목을 통해 이를 논증한 것이다. 3단계 배당 할인 모델을 사용해 분해 공학적 장기 내재성장률을 구한 다음, 이를 현재의 애널리스트들이 대체로 합의한 장기 예상성장률대각선에 대해 점으로 표시했다.

그 결과 내재성장률과 예상성장률이 상관 계수 0.6 이상의 밀접한 상관관계를 보였다상관 계수가 1이면 같이 움직이며, -1이면 반대로 움직인다. 그러므로 내재성장률을 나타내는 간단한 지표로 애널리스트들의 장기 예상성장률을 사용해도 큰 문제가 없다고 할 수 있다.

: 가치 평가

지금까지 우리는 성장률을 통한 암묵적인 가치 평가를 한 경우만 살펴봤다. 이제 정식으로 가치 평가를 분석에 포함해보자. 이를 위해 PBR을 기준으로 포트폴리오를 만들었다. 다른 가치 평가 기준을 적용해도 이 결과는 바뀌지 않았다.

미국에서 PBR 기준 가장 싼 주식으로 구성한 포트폴리오(Figure 8.2)의 가치주 는 애널리스트들이 연간 10% 정도의 성장률을 예상한 종목이다. 10%의 성장률은 그 이전 5년 동안 이 포트폴리오가 실제로 기록한 평균 이익증가율 7%보다 높은 예상치다. 그런데 이 포트폴리오의 실제 연간성장률은 9%를 조금 상회했다. 이는 애널리스트들의 전망치와 통계적으로 그리 다른 결과는 아니다.

그러나 스펙트럼의 반대편에 있는 성장주의 경우 매우 다른 양상을 보였다. 애널리스트들은 성장주가 연간 17%의 성장률을 보이리라 예측했다. 그 이전 5년 동안 실제로 기록한 성장률은 연간 16%였다. 하지만 이 성장주들이 기록한 실제 연간

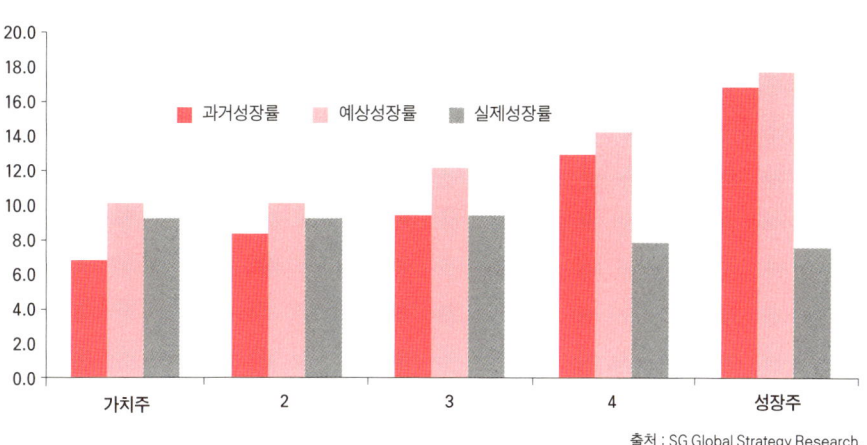

| Figure 8.2 | 성장률 ; 과거, 전망, 실제(성장률 기준 5분위로 분류, 미국 1985~2007)

출처 : SG Global Strategy Research.

| Figure 8.3 | 성장률 : 과거, 전망, 실제(성장률 기준 5분위로 분류, 유럽 1985~2007)

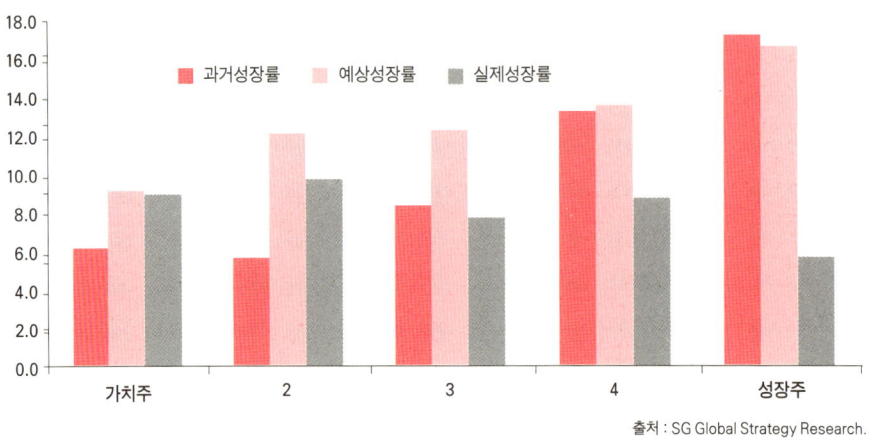

출처 : SG Global Strategy Research.

이익증가율은 평균 7%에 불과했다. 이는 투자자들이 성장의 희망에 값비싼 비용을 지불했음을 보여주는 분명한 증거다.

여기에 더해 과거성장률과 예상성장률 사이에는 0.98의 상관관계를, 예상성장률과 실제성장률 사이에는 -0.9의 상관관계를 보인다는 사실에 주목할 필요가 있다. 앞서 여러 번 지적했듯이, 이는 애널리스트가 장기 성장률을 예측할 때 '대표성 휴리스틱어떤 사건이 전체를 대표한다고 보고 이를 통해 빈도와 확률을 판단하는 것. '하나를 보면 열을 안다'라는 속담이 좋은 예다'을 따르는 경향이 있음을 보여준다.

유럽의 경우에도 매우 유사하다〈Figure 8.3〉 참조. 애널리스트들은 가장 싼 포트폴리오의 주식들이 장기적으로 연간 9%의 성장률을 보일 것으로 예측했다. 이 또한 이전 5년 동안 기록한 평균 성장률 6%보다 높은 수치다. 이 가치주들의 실제 이익 성장률은 애널리스트들의 예측과 동일한 연간 9%였다.

반면 성장주의 경우에는 매우 다른 양상을 보였다. 애널리스트는 성장주가 연간 16%의 성장률을 보이리라고 예측했다역대 이익증가율 17%와 매우 가까운 수치다. 그러나 자본주의 체제는 수학 논리와 결합해 이런 방식의 성장 기대는 망상에 불과하다는 사실을 확인해줬다. 성장주 대부분의 장기적인 실제 이익증가율은 연간 5%에 그쳤기 때문이다.

미국과 마찬가지로 유럽의 애널리스트들이 전망한 예상성장률은 역대성장률과 강한 상관관계를 보였다 0.88. 하지만 이들의 예상성장률은 실제성장률과 마이너스 상관관계를 보였다 –0.77. 결국 유럽 애널리스트들이 가장 낙관한 주식은 가장 잘못 예측한 주식임이 드러났다.

∶ 성장의 희망에 과도하게 지불한 사례, 광산주

2008년 5월을 기준으로 투자자들이 성장에 과도한 비용을 지불하고 있다는 것을 보여주는 단적인 사례는 광산주다. 나는 2006년 2월부터 이 부문에 대한 주의를 당부해왔다. 내가 광산주와 관련해 쓴 가장 마지막 글에는 "버블은 모든 사람이 기대한 것보다 늘 오래 간다."는 구절이 있다. 광산주 버블도 내가 상상한 것보다 오래 갔다.

그러나 광산주가 성장의 희망에 과도한 비용을 지불하고 있는 대표적 사례라는 당시의 내 결론은 지금도 유효하다. 그 증거를 살펴보자.

〈Figure 8.4〉는 전 세계 광산업의 이익과 난순 성장 추세를 나타낸 것이다. 과거 광산업은 장기적으로 연간 약 5% 성장해왔다. 그런데 현재 광산업은 엄청난 이익을 기록하고 있다.

상황을 더욱 분명히 보여주는 것이 추세로부터의 이탈 비율을 보여주는 〈Figure 8.5〉다. 광산업 이익이 지금 정도의 추세 이탈을 보인 것은 1970년대 말과 1980년

| Figure 8.4 | 전 세계 광산업의 이익과 성장 추세

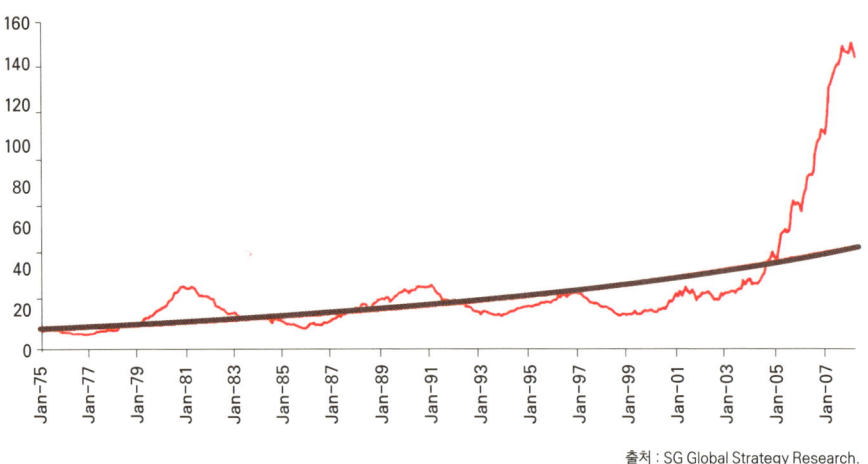

출처 : SG Global Strategy Research.

| Figure 8.5 | 전 세계 광산업의 이익 : 추세에서 이탈한 비율(%)

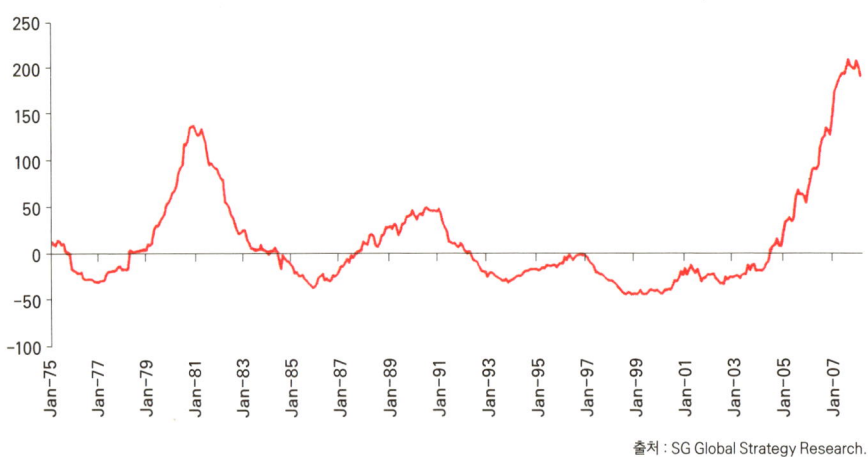

출처 : SG Global Strategy Research.

대 초뿐이었다. 그러나 현재는 추세에서 거의 200% 이탈한 수준으로 그때보다 이탈 정도가 훨씬 크다.

이 정도 이탈은 '슈퍼 주기' 논쟁이 가능한 수준이다. 다시 말해 광산업 이익이 현재 수준에서 안정될지, 아니면 평상시 수준으로 돌아갈지를 둘러싼 논쟁이 가능하다. 그런데 애널리스트들의 답은 현재 수준에서 안정도 아니고, 평상시 수준으로의 회귀도 아니었다. 이들은 오히려 광산업 이익이 현 수준을 넘어 계속 기하급수적으로 증가한다고 예측했다.

〈Figure 8.6〉은 과거의 실적 데이터를 근거로 애널리스트들이 예측한 광산업의 미래성장률을 나타낸 것이다. IBES 자료에 따르면 애널리스트들은 향후 첫 2년 동안 매년 약 27%의 높은 성장률을 예측했고, 장기적으로는 연간 15%의 이익증가율을 예측했다.

미래 첫 2년Year 1과 Year 2의 이익 예상치가 비슷하다는 데 관심이 끌린다. 일반적으로 애널리스트들은 기초 상품 가격의 추세로 수익률을 예측하는 매우 신중한 집단이다. 그래서 Year 2의 이익 예상치가 Year 1의 예상치보다 낮은 경우가 많다. Year 2의 이익 예상치가 Year 1의 예상치보다 높았던 마지막 시기는 2002~2003

| Figure 8.6 | 전 세계 광산업의 이익 ; 애널리스트들의 예측

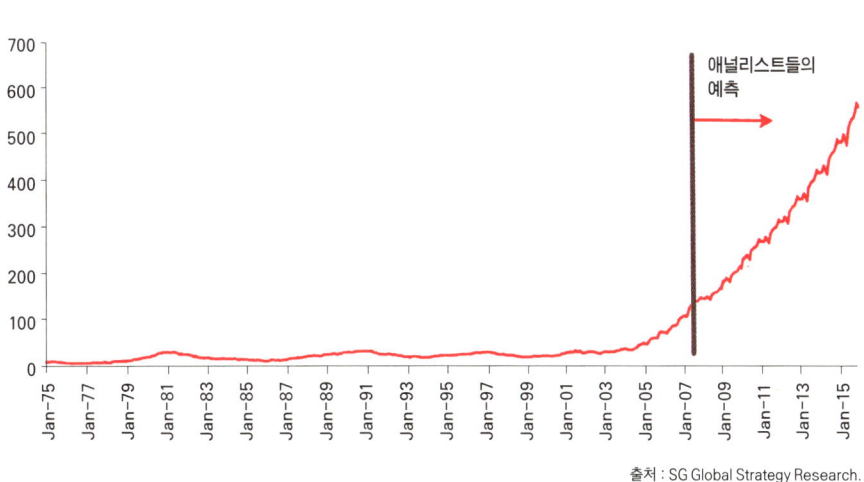

출처 : SG Global Strategy Research.

| Figure 8.7 | 미래 첫 번째 해(Year 1)와 두 번째 해(Year 2) 애널리스트들의 이익 예상치 : 광산업

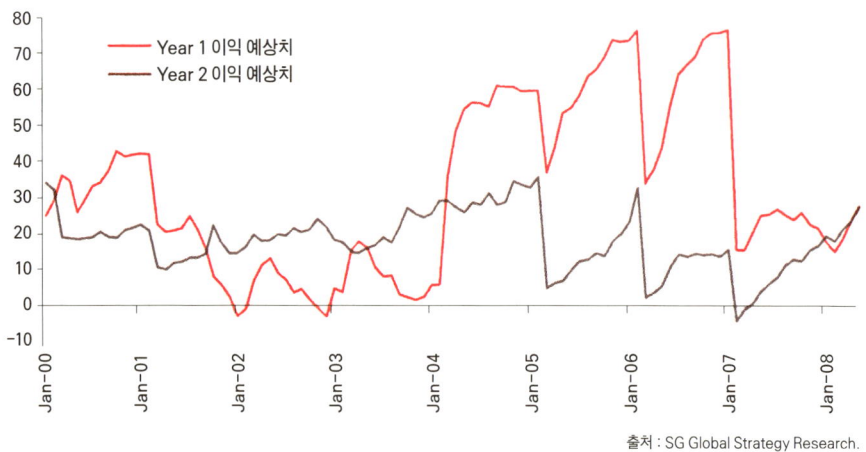

출처 : SG Global Strategy Research.

년이었는데, 이때는 광산업의 이익이 그 추세를 밑돌던 때였다.

〈Figure 8.7〉은 현재 광산업이 기록하는 이익은 예외적이라는 사실을 보여주고 있으며, '이번에는 다르다'에 베팅한 애널리스트들에게 많은 것들을 시사한다.

앞에서 말했듯이 애널리스트들은 광산업이 장기적으로 연간 15%의 성장률을 보일 것으로 예측했다. 그런데 3단계 분해 공학적 배당 할인 모델을 사용하면, 현재의 광산주 주가 수준은 향후 10년 동안 연간 20%의 성장률을 보여야 가능한 수준이다.

시장이 이와 같은 비현실적 이익 전망에 근거해 광산주 주가를 높은 수준으로 유지하는 것은 중국 및 다른 지역의 광산업이 현재 수준에서 발전하지 않을 것으로 보는 셈이다. 그렇지만 향후 중국 및 다른 지역에서 광산업이 발전한다면 경쟁 때문에 기존 광산업의 이익과 주가는 하락할 수밖에 없지 않을까?

애널리스트들의 관점에서 내재 영구성장률을 계산해보면 광산업은 앞으로 영원히 연간 12%의 성장률을 보이게 된다. 이는 광산주 성장률이 계속해서 전체 경제

성장률의 2배가 된다는 것을 의미한다. 비현실적인 전망이지 않은가?

가치 평가의 관점에서 보면 광산주는 성장주로서 가격이 책정된 게 분명하다. 위에서 제시한 추세 이익 자료를 기반으로 '주기 조정 PERCyclically adjusted PER'로 볼

| Figure 8.8 | 주기 조정 PER ; 광산주

출처 : SG Global Strategy Research.

| Figure 8.9 | 허스먼 PER ; 광산주

출처 : SG Global Strategy Research.

PART 2 | 행태 기반의 가치투자 155

때, 시장 평균 PER은 16배인 데 비해 광산주의 PER은 무려 60배에 이르고 있다 〈Figure 8.8〉 참조.

예전에 내가 사용한 또 다른 가치 평가 지표는 '허스먼 PER Hussman PER'이다. 허스먼 PER은 현재 주가를 가장 최근의 이익 고점과 대비한 배수다. 이익 추세를 측정하는 여러 가지 방법 가운데 하나지만, 이익을 고점으로 측정하기에 시작점과 끝점을 선택하는 데 유용한 지표다.

〈Figure 8.9〉의 허스먼 PER로 보면, 시장 평균 PER은 11배인 데 비해 광산주의 PER은 19배에 이른다.

광산주에 대한 이와 같은 고평가와 유별난 성장 기대치는 투자자들이 여전히 '이번에는 다르다'에 베팅하고 있음을 명확히 보여주는 증거다. 그러나 불행하게도 지금까지 경험으로 볼 때 '이번에는 다르다'에 베팅하는 것은 헛된 성장의 희망에 값비싼 비용을 지불하는 것과 마찬가지다.

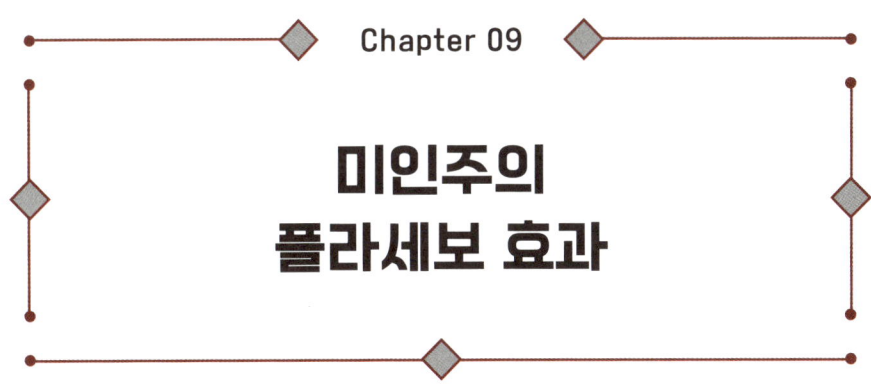

Chapter 09

미인주의 플라세보 효과

값싼 진통제를 구입했는데, 그 약이 비싸고 유명한 진통제보다 효과가 없다고 생각한 적이 있는가? 만약 그런 적이 있다면 여러분의 뇌가 여러분을 속인 것이다.

우리는 무의식적으로 싼 것을 무시하는 경향이 있다. "주식시장에서 염가 판매를 좋아하는 사람은 아무도 없다."는 말이 있다. 싼 것에 대한 이와 같은 편견이 가치주 프리미엄의 원천이 될 수는 없을까?

합리적으로 생각하면 이런 편견을 역이용할 수 있을 것이다. 하지만 모두가 이성을 잃은 상황에서는, 이런 편견을 이용하려는 합리적 사고를 유지하기가 매우 어렵다.

- 사람들은 가격과 품질을 동일시하는 경향이 있다. 실제로 많은 경우에서 가격이 품질과 비례하긴 하지만, 이런 타성에 젖어서 합리적인 판단을 하지 못하는 때도 있다.

- 똑같은 진통제가 두 알 있는데 한 알은 2.5달러고, 한 알은 할인가로 10센트라고 가정해보자. 합리적 판단으로 두 진통제의 약효는 같다사실은 둘 다 진짜 진통제가 아니라 설탕으로 만든 가짜 약이었다. 그런데 댄 애리얼리 등의 연구에 따르면 대부분 사람은 이 두 진통제 가운데 비싼 쪽이 훨씬 효과적이라고 응답했다.

- 술을 좋아한다면 이런 경우를 생각해보자. 여러분이 와인 한 잔을 시음했는데, 판매자로부터 해당 와인이 병당 10달러라는 말을 들었다고 해보자. 그리고 다른 와인도 시음했는데, 이번에는 병당 90달러라면서 10달러짜리 와인보다 2배 높은 등급이라고 했다. 여기에서도 마찬가지로 사실 두 와인은 완전히 같은 제품이다. 이 경우에는 싼 것에 대한 편견이 어떤 식으로 나타날까?

- 주식시장에서도 비슷한 일이 벌어지고 있는 것은 아닐까? 투자자들도 주식 가격과 질을 동일시하는 일이 적지 않다. "주식시장에서 염가 판매를 좋아하는 사람은 아무도 없다."는 말이 그냥 나온 게 아니다. 메이어 스태트먼 등의 연구에 따르면 가장 높은 평가를 받는 주식들은 과거 실적이 좋고 상대적으로 비싼 주식이었으며, 가장 낮은 평가를 받는 주식들은 과거 실적이 형편없고 상대적으로 싼 주식이었다.

- 그렇다면 어떤 주식이 더 좋은 실적을 냈을까? 이상하게도 가장 낮은 평가를 받던 주식들이 이후 더 좋은 실적을 냈다. 시장, 규모, 스타일, 모멘텀 등을 통제하고 살펴도 가장 낮은 평가를 받던 주식들의 연간 알파는 약 2%에 이르렀다.

- 싼 것에 대한 편견을 줄이려면 어떻게 해야 할까? 합리적으로만 생각하면 비싼 것에 대한 망상을 깨뜨릴 수 있다. 가격과 질의 관계에 대해 주의깊게 살피면 편견과 망상에 저항할 수 있다. 하지만 모두가 이성을 잃고 행동할 때, 나 혼자만 합리적인 생각을 유지하기란 쉬운 일이 아니다.

* * *

값싼 진통제를 사서 복용한 적이 있는데, 그 약이 유명 상표의 진통제보다 효과가 떨어진다고 생각한 적이 있는가? 만약 그런 적이 있다면 여러분의 뇌가 여러분을 속인 것이다. 어떤 사람의 자신감을 보고 그 사람의 능력을 판단하는 것처럼, 우리에게는 가격을 보고 품질을 판단하는 경향이 있다.

사실 '가격=품질'인 경우가 많다. 유명 디자이너의 비싼 청바지가 월마트의 싼 청바지보다 멋지고 품질도 좋다. 그렇더라도 언제나 가격이 품질을 보장하는 것은 아니다.

⋮ 진통제와 플라세보 효과 그리고 가격

댄 애리얼리는 인간의 의사결성 방식을 밝히는 일린의 연구 결과를 묶어 《상식 밖의 경제학》이라는 책으로 출간했다. 내가 인용하려는 부분은 두통약의 효과 인식에 가격이 미치는 영향에 관한 대목이다.

댄 애리얼리 연구팀은 고통을 유발하고자 실험 참가자들에게 전기 자극을 줬다. 처음에는 따끔거리는 정도의 약한 자극을 주다가, 실험을 진행하면서 더 강한 자극을 줬다. 마지막에는 심장이 뛰고 눈이 확 뜨일 정도의 강력한 자극이었다.

본격적인 자극을 주기 전에 연구팀은 실험 참가자들에게 복용할 진통제 벨라돈-Rx에 관한 설명 자료를 읽게 했다. 이 자료에는 '벨라돈-Rx는 오피오이드 계열의 새로운 획기적인 진통제로, 임상시험 결과 복용 환자의 92%가 10분 이내에 상당한 통증 감소 효과를 보였고 약효는 8시간 동안 지속됐다'는 정보가 들어 있었다. 자료에는 가격도 나왔는데, 실험 참가자 일부에 제공한 자료에는 한 알에 2.5달러라고 표기돼 있었으며, 다른 사람들에게 준 자료에는 할인가 10센트라고 쓰여 있었다.

첫 번째 자극을 준 뒤 연구팀은 실험 참가자들에게 각각 물 한 컵과 벨라돈-Rx 한 알을 줬다. 그런데 벨라돈-Rx라고 건넨 약은 사실 설탕으로 만든 가짜 약이었다. 어쨌든 실험 참가자들이 약위약을 복용하고 15분 뒤 연구팀은 두 번째 전기 자극을 준 다음 약효가 어떤지 물었다.

| Figure 9.1 | 실험 참가자들의 약효 체감 비율

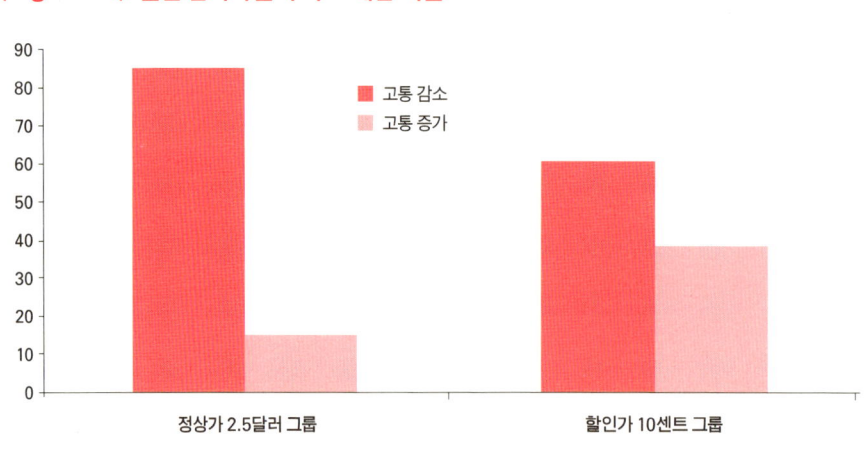

출처 : Waber et al.

댄 애리얼리가 밝힌 결과가 〈Figure 9.1〉이다. 벨라돈-Rx의 한 알 가격을 2.5달러로 알고 있는 실험 참가자들은 85%가 진통 효과를 봤다고 응답했다. 반면 10센트로 알고 있는 실험 참가자들은 61%만 약효를 느꼈다고 말했다.

실험 참가자들에게 준 것은 가짜 약이었기에, 댄 애리얼리의 연구는 '플라세보 효과Placebo effect'는 확실히 있다는 사실을 증명했다. **동시에 실험 참가자들은 가격에 따라 플라세보 효과가 달라진다는 사실도 보여줬다. 가격이 비쌀수록 효과가 있다고 느끼는 것이다.**

이 연구가 건강관리에 유의미한 의미가 있다는 것은 분명하다. 현대 의학은 오랫동안 플라세보 효과를 증명해왔다. 어떤 경우 수년 동안 플라세보 효과를 이용해 환자를 치료하기도 했다.

예를 들어 일반적으로 의사는 인후염 환자에게 박테리아세균를 죽이는 항생제를 처방한다. 그런데 사실 인후염의 $\frac{1}{3}$ 정도는 박테리아가 아닌 바이러스 때문에 생긴다. 이 경우 항생제는 아무런 효과도 없지만 그래도 의사는 항생제를 처방한다. 그 결과 우리는 너무 많은 항생제를 먹게 돼서 항생제에 내성이 있는 박테리아가 생겨났다. 앞으로 바이러스 감염 환자에게 항생제 대신 비싼 가짜 약을 처방하는 편이 낫지 않을까?

: 비싼 와인이 맛도 더 좋을까?

다음 사례는 힐케 플라스만 등의 뛰어난 연구에서 가져온 것이다. 플라스만과 연구팀은 실험 참가자들에게 시음용 와인 다섯 병을 제공한 뒤 각각의 와인에 대한 품평을 요청했다. 다섯 병의 와인은 모두 카베르네 소비뇽 품종의 포도로 제조

| Table 9.1 | 와인 가격과 실제 와인

알려준 와인 가격	실제 와인
5달러 와인	와인 ①
10달러 와인	와인 ②
35달러 와인	와인 ③
45달러 와인	와인 ①
90달러 와인	와인 ②

출처 : Plassmann et al.

된 것이었는데, 사실 실험에 쓰인 와인은 세 종류였다.

연구팀은 실험 참가자들에게 와인 가격도 거짓으로 알려줬다. 예컨대 와인 ②를 어떤 그룹에는 90달러라고 하고 어떤 그룹에는 10달러라고 소개했다〈Table 9.1〉 참조.

〈Figure 9.2〉는 1점형편없다에서 6점정말 좋다까지 실험 참가자들이 각각의 와인에

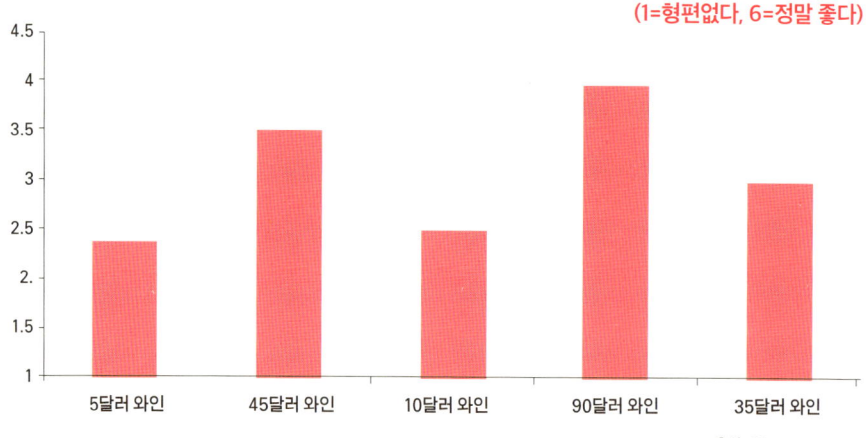

| Figure 9.2 | 가격 정보를 제공했을 때 와인에 대한 평균 평가 점수
(1=형편없다, 6=정말 좋다)

출처 : Plassmann et al.

부여한 점수를 나타낸 것이다. 10달러라고 말한 와인 ②에 대한 평균 점수는 2.4점에 불과했으나, 같은 와인인데도 90달러라고 소개한 와인 ②에 대한 평균 점수는 4점이었다. 사실 와인 ②의 실제 가격은 90달러였다.

와인 ①의 경우에도 비슷한 결과가 나왔다. 가격이 높으면 평가 점수도 50~60% 높게 나왔다.

이런 차이를 낳은 이유가 가격이라는 점을 재확인하고자 플라스만 연구팀은 다른 실험을 했는데, 이번에는 가격을 공개하지 않았다. 이 실험 결과가 〈Figure 9.3〉이다. 가격을 모를 때 실험 참가자들은 같은 와인에 대해 모두 같은 점수를 줬다.

〈Figure 9.2〉와 〈Figure 9.3〉의 와인은 서로 비교가 가능한 것들이다. **결국 가격 정보를 확보했을 때 사람들은 싼 와인에 대해서는 낮게 평가하고, 비싼 와인은 상당히 높게 평가한다는 사실을 알 수 있다.**

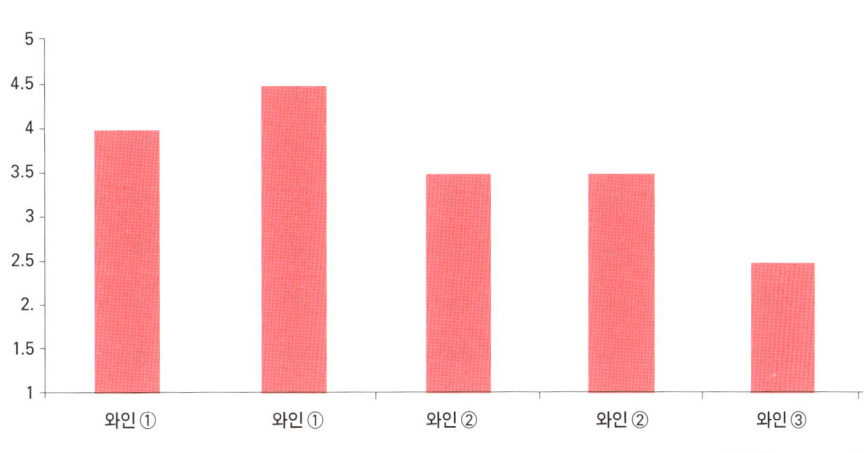

| Figure 9.3 | 가격 정보를 제공하지 않았을 때 와인에 대한 평균 평가 점수

출처 : Plassmann et al.

: 미인주의 경우

투자의 세계에서도 이와 비슷한 일이 벌어질 수 있을까? 진통제나 와인에 대한 사람들의 생각과 마찬가지로 투자자들도 가격이 질을 나타낸다고 여길까? 그래서 상대적으로 싼 주식보다 비싼 주식이 더 좋다고 생각할까? 싼 주식은 투자자들이 싫어할까?

최근의 연구는 실제로 그런 경향이 있음을 보여준다. 메이어 스태트먼 등은 1982에서 2006년까지의 〈포춘〉 연간 기업 주식 평가 데이터 가운데 장기투자 가치 측면에서 가장 높은 평가를 받은 주식과 가장 낮은 평가를 받은 주식의 특징 및 실적을 분석했다.

〈Table 9.2〉는 고평가 주식과 저평가 주식의 주요 특징을 나타낸 것이다. 고평가 주식은 확실히 우량 기업들이었다. 과거 2년 동안 이들 기업의 연평균 매출액증

| Table 9.2 | 고평가 기업과 저평가 기업의 특징

주요 특징	고평가 기업	저평가 기업
주가수익비율(PER)	15.0	12.6
주가순자산비율(PBR)	2.0	1.3
주가현금흐름비율(PCR)	9.7	7.3
매출액증가율(지난 2년)	10.0%	3.5%
이익증가율(지난 2년)	12.7%	5.2%
자산수익률(ROA)	15.8%	12.5%
12개월 수익률	21.5%	11.0%
36개월 수익률	81.2%	38.4%

출처 : Statman et al.

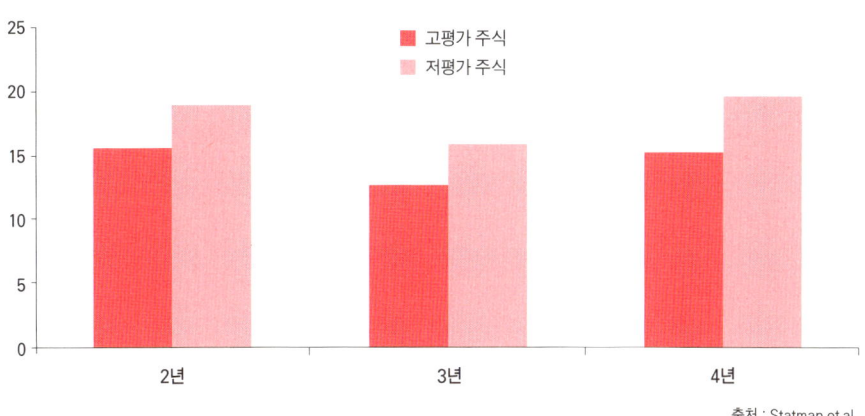

| Figure 9.4 | 고평가 주식과 저평가 주식의 실적(%, 연간, 4대 요인 재조정 후)

출처 : Statman et al.

가율은 10%로, 저평가 기업들이 기록한 3.5%보다 높았다. 단기 1년과 중기 3년의 수익률에서도 인기주 포트폴리오의 실적이 현저히 좋았다.

아울러 고평가 주식은 '현금흐름 대비 주가비율주가현금흐름비율, PCR'이 9.7배로 저평가 주식의 7.3배에 비해 더 비쌌다. 이와 유사한 패턴이 애널리스트들의 종목 추천에서도 발견된다.

이렇게 주식을 분류한 다음 스테트먼 연구팀은 시간 경과에 따른 실적을 살폈는데, 그 결과가 〈Figure 9.4〉다. 이에 따르면 저평가 주식들의 실적이 고평가 주식들의 실적보다 훨씬 나았다.

이 같은 결과는 시장, 규모, 스타일, 모멘텀 등 4개 요인을 통제해 수익률을 조정한 뒤에도 마찬가지였다. 예를 들어 4년 후에도 저평가 주식들의 4대 요인 재조정 후 알파는 2%를 넘은 반면, 고평가 주식들의 알파는 마이너스를 기록했다.

: 편견을 깨라

가격과 질을 본능적으로 동일시하는 이런 편견은 역으로 이용할 수 있다. 이를 보여주고자 나는 바버 쉬브의 연구 결과를 살폈다. 쉬브 연구팀은 '정신 에너지' 증강 음료수가 '애너그램Anagram, 철자 배열을 바꿔 다른 단어나 문장을 만드는 것' 능력에 미치는 영향을 연구했다.

이때 연구팀은 실험 참가자들에게 음료수 비용은 추후 청구된다고 말했다. 한 그룹에는 정상가인 1.89달러가 청구된다고 했고정상가 그룹, 다른 그룹에는 실험 용도로 정상가 1.89달러에서 할인을 받아 0.89달러로 구입했으니 이 가격이 청구된다고 말했다할인가 그룹.

〈Figure 9.5〉는 쉬브 연구팀이 진행한 실험 결과를 나타낸 것이다. 비교를 보다 명확히 하기 위해, 어떤 그룹에는 음료수를 주지 않고 애너그램 퍼즐을 풀게 했다통제 그룹. 여기에서 우리는 할인가 그룹의 점수가 상당히 낮다는 데 특별히 주목할

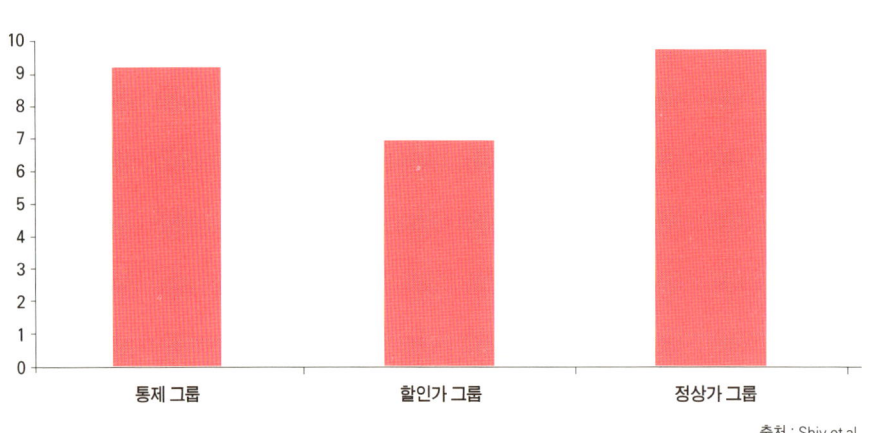

| Figure 9.5 | 해결한 퍼즐의 수

출처 : Shiv et al.

166

필요가 있다. 이들이 해결한 퍼즐의 개수는 통제 그룹이나 정상가 그룹보다 3개 정도 적었다.

이 실험을 통해 쉬브 연구팀은 '역Negative 플라세보 효과'가 존재한다는 강력한 증거를 발견했지만 싼 가격이 성과에 악영향을 미쳤으므로, 정상가 음료수를 마셔도 점수는 나아지지 않았다.

두 번째 실험에서 쉬브 연구팀은 실험 참가자들에게 다음 두 문장을 차례로 읽고, 음료수를 평가해달라고 요청했다. 이후 연구팀은 그 결과로 가격-효능 연관성을 분석했다.

"내게 청구될 소베SoBe, 음료수 이름 값을 고려할 때, 나는 소베가 정신력 향상에 가격 대비 효능이 '매우 나쁘다1점'·'매우 좋다7점'고 느낀다."

"내게 청구될 소베 값을 고려할 때, 나는 소베가 집중력 향상에 가격 대비 효능이 '매우 나쁘다1점'·'매우 좋다7점'고 느낀다."

이 두 번째 실험 결과를 나타낸 것이 〈Figure 9.6〉이다. 이때는 청구될 가격과 관

| Figure 9.6 | 해결한 퍼즐의 수

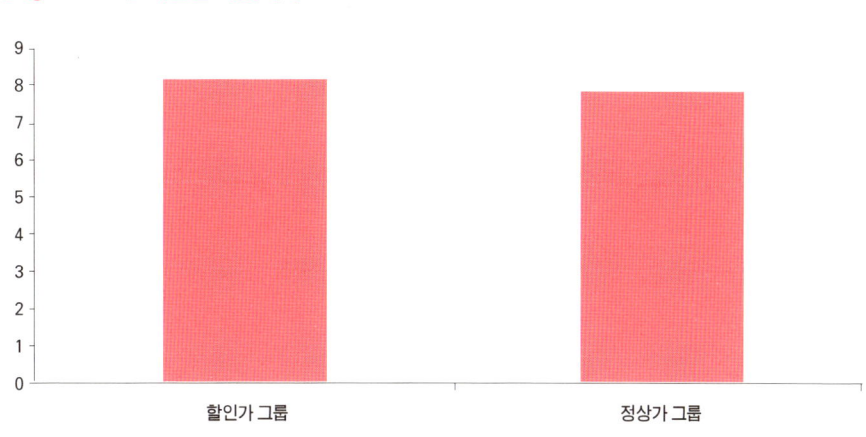

출처 : Shiv et al.

계없이 참가자들이 해결한 문제 수에는 차이가 없었다. 실험 참가자들에게 가격과 효능 간의 연관성또는 연관성의 부족을 잠시나마 인식하게 한 것만으로도 결과가 향상됐다. 이는 가격과 질을 자동적으로 연관시키는 것이 어떤 무의식적 정신활동의 산물임을 말해준다.

    가치투자자가 무의식에 따라 자연스럽게 연상되는 '가격=질'이라는 편견을 극복할 수 있을까?

    현명한 가치투자자라면 자신감과 같은 감정이 아니라, 합리적 사고로 주식의 내재가치를 분석하는 데 많은 공을 들여야 할 것이다.

자다가도 눈물 흘릴 성장투자

나는 '가치주 VS 성장주'를 주제로 글을 쓸 때마다 성장주를 가치주의 반대로 분류하곤 했다. 성장주 포트폴리오 매니저들은 이런 분류가 공정하지 않다고 비판한다. 그래서 공정하게 이 주제를 다루고자 이번 챕터에서는 가치 평가를 전혀 고려하지 않은 채 성장주에 투자하는 '성장투자'의 실제 데이터로만 살폈다. 그런데도 결과에는 변함이 없었다. 성장투자는 여전히 비극으로 끝날 가능성이 컸다.

- 사람들에게는 자신의 가치관과 의견에 맞는 정보를 찾으려는 경향이 있다. 이것이 '확증 편향'이다. 이 편견을 극복하려면 자신이 틀렸다는 사실을 보여주는 정보를 찾는 것이 좋다. 수년 동안 나는 가치주가 시장 평균을 상회하는 실적을 낸다는 사실

을 증명하고자 많은 글을 써왔다. 그리고 그런 글을 쓸 때마다 성장주를 가치 평가의 관점에서 가치주와 반대되는 주식으로 정의하곤 했다. 그렇지만 성장주에 대한 이같은 정의가 매우 정확하다고 할 수는 없을 것이다.

- 그렇다면 우리는 성장주를 어떻게 정의해야 할까? 성공한 기업에 관한 책을 살펴보면 단서를 찾을 수 있을지도 모르겠다. 유명한 책 《성공하는 기업들의 8가지 습관》에서 짐 콜린스와 제리 포라스는 '비전 기업'과 '비교 기업'을 정의한 바 있다. 비전 기업은 '일류 중의 일류'로 업계 1위인 기업을 말하며, 비교 기업은 업계 2~3위 기업으로 비전 기업보다는 못하나 그래도 상당히 '좋은Good' 기업을 말한다. 하지만 불행하게도 이 책이 출간된 이후 이른바 비교 기업들이 비전 기업보다 훨씬 좋은 실적을 냈다.

- 해마다 〈포춘〉이 선정하는 '가장 존경받는 기업'을 조사하면 성장주를 정의하는 데 더 나은 통찰력을 얻을지 모르겠다. 데니스 앤기너 등은 〈포춘〉의 평가에서 가장 높은 점수를 받은 기업고평가 주식과 가장 낮은 평가를 받은 기업저평가 주식으로 구성된 포트폴리오를 검증했다. 그 결과 저평가 주식 포트폴리오가 고평가 주식 포트폴리오보다 연간 2.5% 높은 수익을 냈다는 사실을 발견했다. 이때에도 사람들이 정말 좋은 주식을 선택했다는 증거는 없었다.

- S. 테일러와 M. 부처의 연구는 비록 다른 분야이긴 하지만 데니스 앤기너 등의 연구와 유사하다고 할 수 있다. 이들은 모의재판에서 못생긴 피고인이 잘생긴 피고인보다 유죄 선고를 받을 가능성이 높을 뿐만 아니라, 형량도 무겁게 받을 가능성이 더 크다는 사실을 증명했다. 여기에서 가치주는 못생긴 피고에 해당하며, 성장주는 잘생긴 피고라고 볼 수 있다.

- 금융 애널리스트 수천 명의 통찰력을 이용하는 것이 성장주를 찾는 가장 논리적인 방법일 수 있다. 예전에 나는 성장주가 기대에 보답하지 못한다는 것을 보여주고자 애널리스트들의 1년 성장률 전망치를 사용한 적이 있다. 그때 일부 성장주 포트폴리오 매니저들은 1년 성장률 전망치는 잘못된 시간 지평을 사용한 것이라고 주장했다. 그래서 애널리스트들의 5년 성장률 전망치를 살폈다. 하지만 그때에도 성장률 전망치가 가장 높았던 주식들의 실적이 가장 낮았고, 성장률 전망치가 가장 낮았던 주식들의 실적이 가장 높았다.

- 이런 끔찍한 결과가 나온 까닭은 애널리스트가 성장률을 전망할 때 기업의 과거 성장 실적에 과도한 가중치를 두기 때문이다. 비정상적 이익이 발생하면 곧이어 경쟁이 격화하고, 그러면 이익 잠식으로 이어지는 자본주의 체제의 냉정한 논리를 고려하지 못한 탓이다. 수익성은 평균회귀 경향이 강하다는 사실을 보여주는 자료는 널렸다. 예컨대 'ROA'의 경우 연간 40% 정도의 시장 평균으로 회귀하는 경향이 있다.

- 따라서 가치 평가를 하지 않고 여러 다른 개념으로 성장주를 정의한 경우에도 성장 투자는 결국 자다가도 눈물을 흘리게 만들 것이라는 슬픈 결론을 내릴 수밖에 없다.

* * *

내가 수행한 거의 모든 경험적 연구에서는 가치 평가를 통해 해당 주식을 가치주 또는 성장주로 분류한다. 이런 분류가 지나치게 단순하지는 않더라도, 어느 정도는 단순한 관점에 따른 것은 분명하다.

：성공하는 기업들의 8가지 습관

그렇기에 나는 정확성을 기하고자 가치 평가를 배제한 채 성장주에 대한 다른 정의를 찾기로 했다. 그렇다면 어디에서부터 시작해야 할까?

나는 경영서들의 엉터리 기업 분석의 실체를 폭로한 필 로젠츠바이크의 역작 《헤일로 이펙트》를 읽고 커다란 영감을 받았다. 그래서 짐 콜린스와 제리 포라스의 《성공하는 기업들의 8가지 습관》이 말하는 '비전 기업'이 성장주의 대안적 정의를 찾는 적절한 출발점이 될 수 있으리라고 생각했다.

콜린스와 포라스가 이 책을 쓴 목적은 시대를 막론하고 모든 기업에 적용할 가장 기본적이고 근본적인 원칙과 패턴을 밝히기 위해서였다. 이들은 우선 다양한 업종에 걸쳐 200개 대표 기업을 선정했다. 그런 뒤 200개 대표 기업 가운데 업종별 1위 기업, 그야말로 일류 중의 일류 기업 18개를 선택한 다음 '비전 기업'이라고 이름 붙였다.

이와 더불어 비전 기업들이 활동하는 업종별로 '비교 기업'도 선정했다. 앞서 설명했듯이 비교 기업은 최고는 아니지만 상당히 좋은 실적을 내는 기업을 의미한다. 예를 들어 프록터&갬블P&G이 업계 1위의 비전 기업이라면, 같은 업종에서 상당히 좋은 실적을 내고 있는 콜게이트-팜올리브는 비교 기업이다.

필 로젠츠바이크가 《헤일로 이펙트》에서 지적하고 있듯이, 콜린스와 포라스는 기업 선정 과정에서 자신들이 얼마나 많은 조사를 했는지 자세히 밝혔다.

"이들은 100권 이상의 책과 3,000개 이상의 논문을 읽었다. 이들이 참고한 자료는 사람 키의 거의 3배에 이르는 캐비닛 3개, 4개의 서가, 20MB의 컴퓨터 디스크를 가득 채웠다."

콜린스와 포라스가 선정한 18개 비전 기업 가운데 14개 기업은 지금도 여전히 일류 기업이다. 콜린스와 포라스의 연구가 1990년에 끝났다는 것을 고려할 때 이 결과는 그들의 연구가 나쁘지 않았다는 사실을 보여준다. 따라서 《성공하는 기업들의 8가지 습관》은 연구서로서 상당히 훌륭한 책이라고 할 수 있다. 그렇지만 비전 기업들의 주식이 투자 대상으로서도 좋은 종목이었을까?

그런 것 같지는 않다. 〈Figure 10.1〉은 다양한 연도에서 S&P 500의 총수익률을 초과한 비전 기업 비율을 나타낸 것이다. 비전 기업 중 71%는 콜린스와 포라스의 연구가 끝나기 전 10년1980~1990년 동안에는 S&P 500의 수익률을 앞섰다. 그 10년 동안 비전 기업의 평균수익률은 연간 약 21%로, S&P 500의 연간수익률 17.5%를 상회했다.

그러나 뒤로 갈수록 실적이 별로 좋지 않다. 《성공하는 기업들의 8가지 습관》이 출간되고 5년 동안 비전 기업 가운데 50%만 S&P 500의 수익률을 앞섰다. 이 기간 비전 기업들의 평균수익률은 연간 25%로, S&P 500의 수익률 24%와 큰 차이가 없었다. 기간을 1991~2007년으로 확대하면 평균수익률은 연간 13%로, S&P

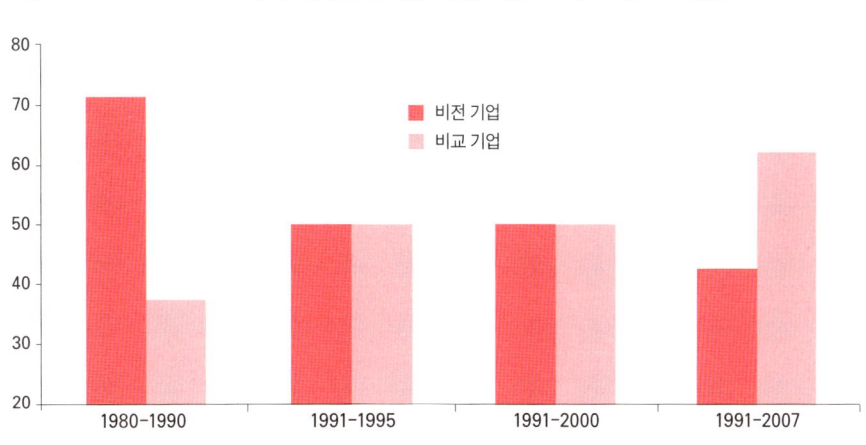

| Figure 10.1 | S&P 500의 수익률을 넘어선 비전 기업과 비교 기업의 비율

출처 : Dresdner Kleinwort Marco Research.

| Figure 10.2 | 비전 기업과 비교 기업의 주식시장 실적(1991=100)

출처 : Dresdner Kleinwort Marco Research.

500의 수익률 13.5%보다 오히려 낮았다.

요컨대 사실상 비전 기업들의 평균수익률은 S&P 500보다 나을 것이 없었다 〈Figure 10.2〉 참조.

한편 콜린스와 포라스가 연구를 진행하던 10년 동안1980~1990년 비교 기업의 수익률은 비전 기업보다 나빴다. 이 기간 비교 기업들의 평균수익률은 연간 12%로, S&P 500의 수익률 17.5%보다 낮았다. 그렇지만 콜린스와 포라스의 연구가 끝난 뒤부터는 비교 기업들의 수익률이 개선되기 시작했다.

《성공하는 기업들의 8가지 습관》이 출간되고 5년 동안 비교 기업들의 평균수익률은 연간 25%로, S&P 500의 수익률 24%를 넘어섰다. 더욱이 1991~2007년으로 기간을 확대하면 비교 기업들의 평균수익률은 연간 14.6%로, S&P 500의 수익률 13.5%를 상회했다. 이 기간 비전 기업들의 평균수익률은 연간 13%에 불과했다. 그런데 비교 기업 중 과반수 이상은 시장수익률을 넘어선 것이다.

결론을 말해보자. **콜린스와 포라스의 연구에서 사용한 선정 기준은 성장주와 관련해 좋은 투자 종목을 고르는 데 전혀 쓸모가 없었다.** 필 로젠츠바이크의 《헤일로 이펙트》는 좋은 기업들에 관한 여러 논의와 분석을 아주 날카롭게 비판한 책이다. 일독하기를 권한다.

∶ 고평가 주식인가, 저평가 주식인가

성장투자의 결과를 확인하기 위해 관심을 가질 만한 것이 또 있을까? 데니스 앤기너, 케에스 피셔, 메이어 스태트먼은 〈포춘〉이 선정한 가장 존경받는 기업_{고평가 주식}과 가장 경멸받는 기업_{저평가 주식}의 수익률을 조사했다.

1983년 이래 매년 〈포춘〉은 기업의 임원 및 관리자와 금융 애널리스트들에게 경영진, 인력, 기업자산의 활용, 장기투자 가치 등 8가지 항목에서 각자가 속한 업종별로 10대 기업을 평가하도록 한 뒤, 그 결과를 발표해왔다.

앤기너 등은 이 기업들이 받은 총점을 기준으로 연도별 가장 높은 평가를 받은 기업으로 구성된 고평가 포트폴리오와 가장 낮은 평가를 받은 기업으로 구성된 저평가 포트폴리오를 만들었다.

그 결과 1983년에서 2006년까지 23년 동안 저평가 포트폴리오의 연평균수익률은 17.5%로, 고평가 포트폴리오의 연평균수익률보다 2%가량 높았다. 수익률을 업종별로 조정하면 이 차이는 더욱 커서 저평가 포트폴리오의 연평균수익률은 고평가 포트폴리오의 연평균수익률보다 약 2.5% 높았다_{〈Figure 10.3〉 참조}.

〈Table 10.1〉은 고평가 포트폴리오와 저평가 포트폴리오에 속한 주식들의 평균적 특징을 나타낸 것이다. 고평가 포트폴리오 주식은 과거 실적, 특히 3~5년 전

| Figure 10.3 | 고평가 주식과 저평가 주식의 수익률(업종별 조정 후, 연간 %, 1983~2006)

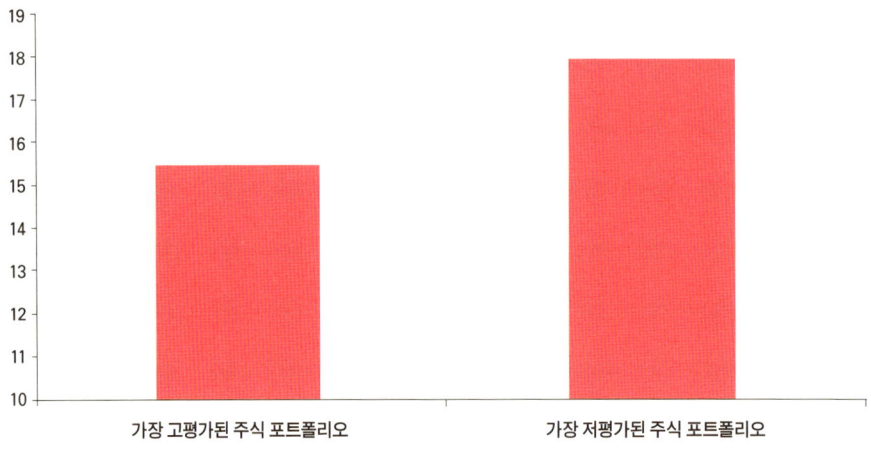

출처 : Dresdner Kleinwort Marco Research.

실적이 우수한 경향을 보였다. 아울러 PBR과 현금흐름 대비 PCR주가현금흐름비율로 볼 때 비싼 경향이 있었다. 반면 저평가 포트폴리오 주식은 과거 실적이 상대적으로 낮고상세한 가치 평가를 하지 않았는데도, 대체로 가치주가 가진 특징을 보였다.

: 못생긴 피고는 되지 마라

성장의 희망과 관련한 또 다른 증거도 살펴보자. 한 심리학 연구도 우리의 논의에 비춰 흥미로운 내용을 담고 있다. S. 테일러와 M. 부처는 실험에 참여한 96명의 학생에게 노상강도를 당한 한 할머니의 사건을 설명했다. 그런 뒤 각기 다른 4명의 피고인 사진을 나눠줬는데, 이때 학생들은 각각 1명의 피고인 사진만 받았다. 4명의 피고인 사진 중 2명은 다른 외부 그룹에 의해 '매우 잘생겼다'는 평가를 받았고,

| Table 10.1 | 포트폴리오별 주식의 특징

	저평가 포트폴리오	고평가 포트폴리오
지난해 수익률	11.8	21.0
지난 3년 수익률	35.8	80.3
지난 5년 수익률	81.4	176.3
PBR	1.3	2.1
PER	15.2	16.7
PCR	6.7	9.2
매출액증가율	6.3	10.5

출처 : Anginer et al.

나머지 2명은 '정말 못생겼다'는 평가를 받았다.

이후 테일러와 부처는 실험 참가자들에게 각자 받은 사진 속 피고인이 유죄 판결을 받을 가능성을 0~5점으로 평가해달라고 요청했다. 그 결과 잘생긴 피고인들은 평균 2.3점을 받았고, 못생긴 피고인들은 평균 4.4점을 받았다. 그저 외모만으로 유죄 판결을 받을 가능성이 2배나 차이가 난 것이다.

이번에는 실험 참여 학생들에게 형량을 제안해달라고 요청했다. 최고 형량은 10개월로 제한했다. 그 결과 학생들은 못생긴 피고에게는 평균 7개월, 잘생긴 피고에게는 평균 4개월의 형량만 제안했다〈Figure 10.4〉 참조.

매력적인 피고는 성장주에 해당한다고 할 수 있다. 앞서 설명한 〈포춘〉 선정 기업 목록에서 가장 높은 평가를 받은 기업의 주식을 매수하는 것은 쉬운 일이다. 하지만 다행히 최종 형벌을 내릴 때 주식시장은 위 실험의 학생 배심원들보다는 좀 더 나았다.

| Figure 10.4 | 못생긴 피고는 되지 마라

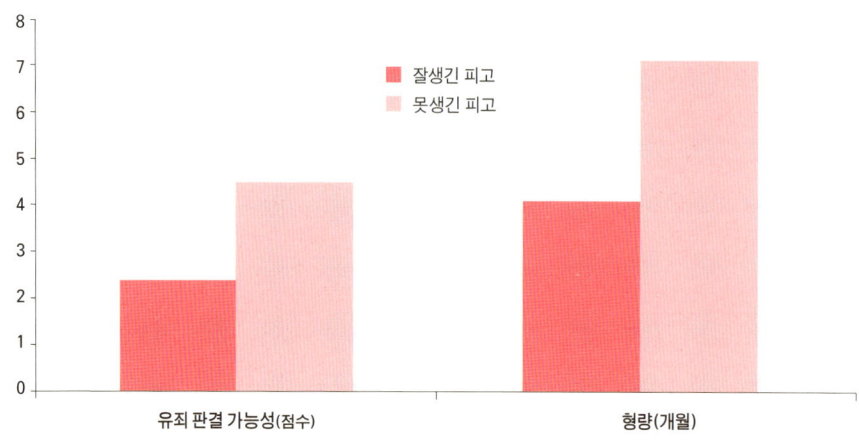

출처 : Taylor and Butcher.

: 성장주에 대한 애널리스트의 관점

성장투자자들이 희망을 거는 또 다른 원천인 애널리스트들의 전망으로 관심을 돌려보자. 예전에 나는 성장투자를 평가하고자 애널리스트들의 1년 성장률 전망치를 사용했다. 그때 성장주 포트폴리오 매니저들은 1년 전망치는 너무 짧다고 하면서 내 평가 방식이 불공정하다고 주장했다. 그래서 애널리스트들의 장기 이익증가율 전망치, 즉 5년 이익증가율 전망치를 사용했다.

R. 라포르타는 애널리스트들이 이익증가율 전망치를 가장 높게 잡은 주식들의 수익률이 가장 낮다는 사실을 보여준 바 있다. G. 포사이스가 라포르타의 연구를 업데이트했는데, 결과는 마찬가지였다.

1982~2006년을 분석 기간으로 3,200개의 종목을 분석했다. 그랬더니 애널리스트들의 이익증가율 전망치가 가장 높았던 주식들의 연간수익률은 11.5%였고,

| Figure 10.5 | 이익증가율 전망치에 따른 수익률(연간 %, 1982~2006, 미국)

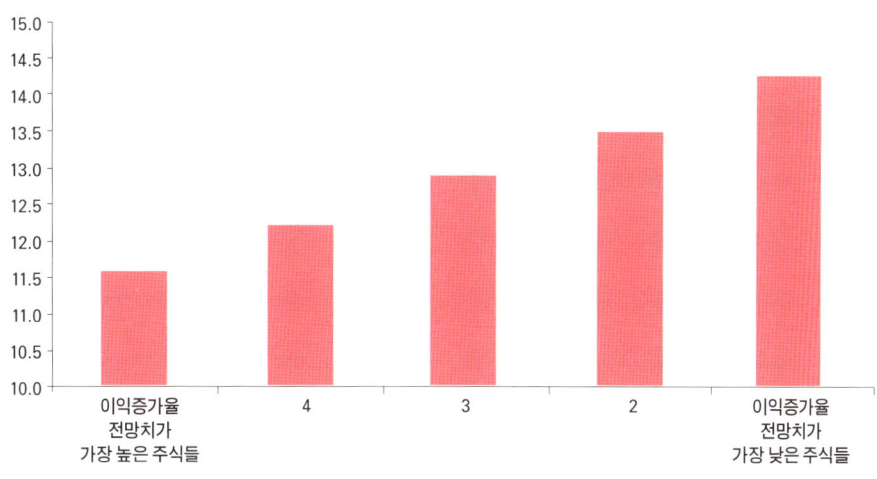

출처 : Forsythe.

| Figure 10.6 | 이익증가율 전망치별 리스크 조정 후 수익률(연간 %, 1981~2006)

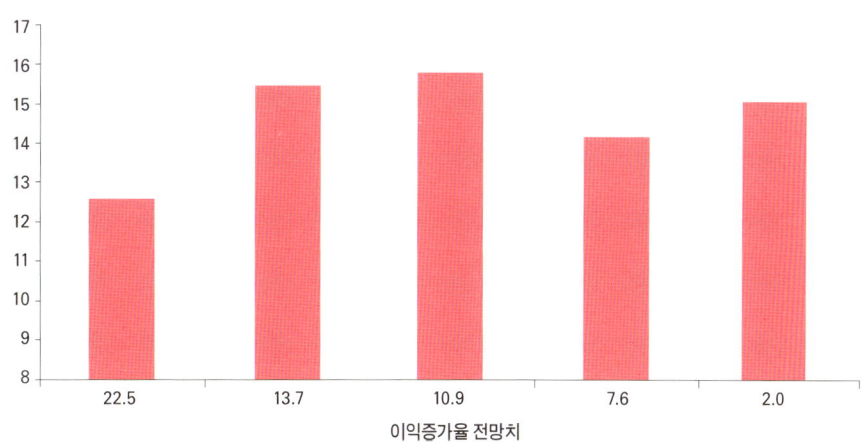

출처 : Dresdner Kleinwort Marco Research.

전망치가 가장 낮았던 주식들은 14.5%였다(Figure 10.5) 참조.

나는 MSCI 지수 편입 종목들의 양상을 확인했다. 그 결과도 미국의 경우와 비슷했다. 〈Figure 10.6〉은 MSCI 지수 편입 종목을 대상으로 장기 이익증가율 전망

| Figure 10.7 | 장기 이익증가율 ; 과거, 전망, 실제(1982~2005)

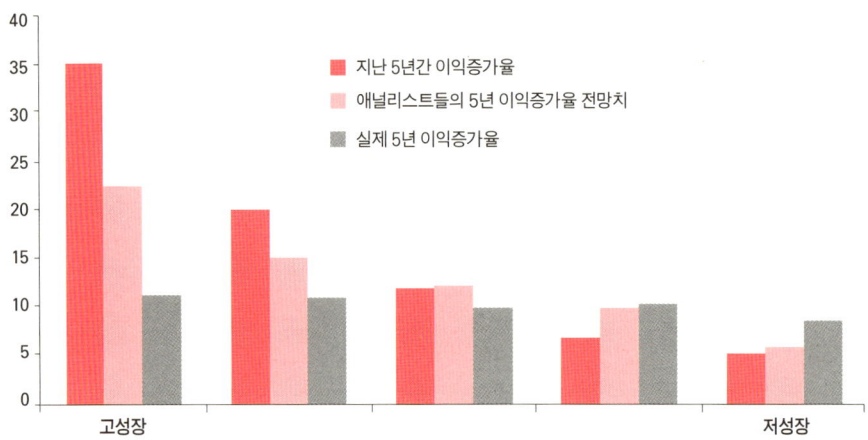

출처 : Dresdner Kleinwort Marco Research.

치별 리스크 조정 후 수익률을 나타낸 것이다.

장기 이익증가율전망치가 가장 높은 주식들의 수익률이 가장 낮은 반면, 반대로 장기 이익증가율 전망치가 가장 낮은 주식들의 수익률은 상대적으로 더 높게 나타난다는 사실을 확인할 수 있다.

애널리스트들의 장기 이익증가율 전망치가 쓸모없는 까닭은 무엇일까? 내가 생각하는 답이 〈Figure 10.7〉에 나와 있다. 〈Figure 10.7〉은 애널리스트들의 5년 이익증가율 전망치를 나타낸 것이다 중간 막대. 이 그림에는 5년 후 실제 이익증가율도 함께 표시했다 세 번째 막대.

이 그림이 보여주는 결과는 애널리스트들에게는 매우 유감스러운 소식이 아닐 수 없다. 애널리스트들이 고성장을 예측한 그룹의 실제성장률과 저성장을 예측한 그룹의 실제성장률 사이에는 통계적 차이가 거의 없다. 틀린 예언에 대한 고대 스키타이족의 처벌 제도를 부활해야 하는 것은 아닐까? 고대 스키타이족은 예언이 틀린 예언자는 화형에 처했다.

애널리스트들에게 유감스러운 소식은 또 있다. ⟨Figure 10.7⟩에는 애널리스트들의 예측 전 지난 5년간 이익증가율도 함께 표시돼 있다첫 번째 막대. 그런데 이상하게도 과거 5년간 실제 이익증가율이 높은 주식들은 이후 애널리스트들의 이익증가율 전망치가 높았고, 과거 5년간 이익증가율이 낮은 주식들은 애널리스트들의 이익증가율 전망치가 낮았다.

이것이 무엇을 의미할까? 애널리스트들에게 과거성장률로 미래성장률을 예측하는 경향이 있다는 의미다. 이런 경향은 주식이 실제로 어떻게 될지가 아니라 어떻게 보이는지로 판단하는 '대표성 휴리스틱'에서 기인한 것으로 보인다. 이들은 최근 빠르게 성장하는 기업을 보고 이들 기업이 앞으로도 고성장하리라 단정했고, 최근 느리게 성장하는 기업에 대해서는 앞으로도 저성장하리라 단정했다.

이 과정에서 애널리스트들은 좋은 실적 이후에는 상대적으로 부진할 수 있고, 나쁜 실적 이후에는 상대적으로 호전될 수 있는 이른바 '기저율Base rate'을 무시해 버렸다.

이는 치명적 오류다. 자본주의 체제의 중요한 메커니즘 중 하나는 어떤 기업이 비정상적으로 큰 수익을 올리면 이후 경쟁에 시달리게 돼서, 결국 수익률이 낮아진다는 것이다. 지금까지 수많은 연구가 이 메커니즘이 분명하게 작동한다는 사실을 거듭 확인했다.

루이스 찬 등은 시간이 흐르면서 평균 이상의 성장률을 유지하는 기업의 비율을 연구했다. ⟨Figure 10.8⟩은 해가 지남에 따라 평균 이상의 성장률을 유지하는 기업 비율이 어떻게 변하는지 보여준다.

이론적 무작위 분포와 함께 루이스 찬 연구팀이 발견한 실제 분포도 함께 표시돼 있다. 이론적 분포와 실제 분포 사이에 큰 차이는 보이지 않았지만, 실제 분포가 이론적 분포 아래에 위치하는 모습을 볼 수 있다. 우연의 세계보다 실제 세계가 훨씬 더 어려운 법이다.

유진 파마와 K. R. 프렌치는 총자산 대비 이익, 즉 'ROA자산수익률'가 연간 약 40%의 평균으로 회귀하는 현상에 주목했다. 이들은 또한 ROA가 평균보다 높든 낮든 평균에서 괴리가 심할수록 평균회귀율은 높아지며, 특히 ROA가 평균보다 낮을 때 상대적으로 평균회귀율이 더 높다는 사실도 발견했다.

로버트 위긴스와 티모시 루플리는 메타 분석을 통해 파마와 프렌치의 발견이 매우 일반적인 현상임을 증명했다. 대부분 연구는 ROA가 연간 30~50%의 평균으로 회귀한다는 것을 보여주고 있었다. 위긴스와 루플리는 **비정상적으로 높은 ROA일수록 평균으로 회귀하는 속도가 빨라진다는 사실을 발견했다.**

마이클 쉴의 연구도 관심을 가질 만하다. 그는 꼭 예측해야 한다면 환상보다 이성에 근거해서 예측할 것을 주장하는 훌륭한 논문을 쓴 바 있다. 그의 연구에는 ROA 평균회귀에 관한 주제도 포함돼 있었다. 그는 1994~2004년 모든 상장 기업

| Figure 10.8 | 시간이 지나면서 평균 이상의 성장률을 유지한 기업의 비율

출처 : Chan et al, Dresdner Kleinwort Marco Research.

을 현재 ROA 기준 5개 그룹으로 분류했다. 그런 뒤 쉴은 다음 3년 동안 각 그룹 기업에서 어떤 일이 벌어졌는지 추적 조사했다.

쉴의 추적 조사에 따르면 ROA가 높은 그룹에 속한 기업들의 수익률은 이후 3년간 '하락해' 평균으로 회귀하는 모습을 보였다. 반면 ROA가 낮은 그룹에 속했던 기업들의 수익률은 이후 3년간 '회복해' 평균으로 회귀했다.

쉴은 우리가 앞서 논의한 예측 문제에 관한 실험 결과도 소개했다. 쉴과 연구팀은 경영대학원 과정 1년 차 학생 300명에게 1980~2000년 중 어느 한 해의 기업 한 곳을 무작위 배정했다. 일테면 1980년의 A기업, 1990년의 B기업, 2000년의 C기업 식으로 각각의 학생들에게 배정했다.

그런 뒤 쉴은 학생들에게 배정받은 기업의 이후 3년간 매출액증가율을 예측하게 했다. 이때 쉴은 학생들이 배정받은 기업의 업종(기업명은 공개하지 않았다), 해당 기업의 이전 3년간 매출액증가율 및 영업이익률, 해당 업종의 이전 3년간 평균 매출액

| Figure 10.9 | 매출액증가율 ; 실제 결과와 예측치

출처 : Schill.

증가율 및 영업이익률, 실질 GNP성장률_{국민총생산 증가율}, 인플레이션율, 이자율 등의 자료를 추가로 제공했다.

이 실험에서 학생들이 예측한 매출액증가율 중앙값과 실제 매출액증가율을 나타낸 것이 〈Figure 10.9〉다. 이상하게도 학생들의 예측치는 매우 과하게 낙관적이었다.

이 실험에서 쉴은 학생들에게 배정받은 기업의 3년 차 매출액증가율이 높은 경우와 낮은 경우도 예측하도록 했다. 높은 경우는 $\frac{80}{100}$ 수준_{최고 성장률의 80% 이상 성장률}으로, 낮은 경우는 $\frac{20}{100}$ 수준_{최고 성장률의 20% 이하 성장률}으로 정의했다.

〈Figure 10.10〉은 기본 사례로 제시된 학생들이 예측한 매출액증가율 중앙값, 예상 매출액증가율이 높은 경우와 낮은 경우, 그리고 실제 매출액증가율이 높은 경우와 낮은 경우를 나타낸 것이다.

3년 차 예상 매출액증가율이 높은 경우는 학생들이 예측한 매출액증가율보다

| Figure 10.10 | 매출액증가율 : 실제 분산과 예측치 분산

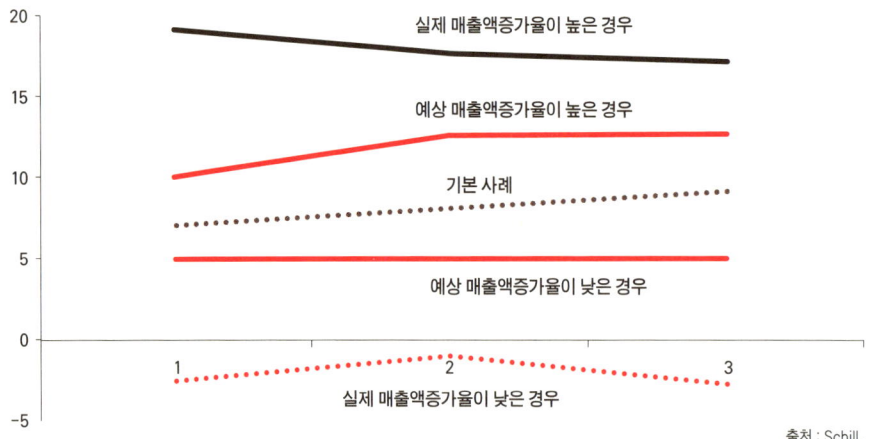

출처 : Schill.

4%p 높았고, 예상 매출액증가율이 낮은 경우는 4%p 낮았다. 실제 매출액증가율이 높은 경우는 학생들이 예측한 매출액증가율보다 8%p 높았으며, 실제 매출액증가율이 낮은 경우는 12%p 낮았다.

이는 확증 편향의 명확한 사례라고 할 수 있다. 예상 매출액증가율이 높은 경우와 낮은 경우의 분산은 실제 매출액증가율이 높은 경우와 낮은 경우의 분산보다 훨씬 적었다. 학생들은 자신의 예측을 너무 과신한 것이다.

제이슨 츠바이크는 《투자의 비밀》에서 듀크 대학교 스콧 휴텔의 연구를 집중 조명했다. 이 연구는 사건의 반복과 두뇌의 예측에 관한 것이었다.

휴텔 연구팀은 실험 참가자들에게 사각형과 원을 무작위로 보여준다고 설명한 뒤, 사각형과 원을 무작위로 보여주고 다음에 무엇이 나올지 예측하게 했다. 실험 참가자들은 처음 하나의 사각형■이나 하나의 원●을 봤을 때는 그다음에 무엇을 보게 될지 예측하지 못했다. 그런데 두 번 연속해서 사각형■■을 봤을 때는 그다음에도 사각형■이 나온다고 예측했고, 두 번 연속 원●●을 봤을 때는 그다음에도 원●이 나온다고 예측했다. 연구팀이 설명하기를 사각형과 원을 '무작위'로 보여준다고 했는 데도 말이다.

이 실험을 통해 알 수 있는 사실은 일반적으로 사람은 가장 단순한 패턴으로 예측하는 경향이 강하다는 것이다. 그 패턴이 무작위라는 사실을 알 때조차 어쩔 수 없이 그렇게 되는 듯 보였다.

'확증 편향'은 사람들이 저지르는 일반적인 실수 중 하나다. 가치투자가 올바른지 확인하려면, 성장투자가 옳다는 주장의 증거가 불합리하다는 사실을 확인해야 한다. 성장주를 정의하는 것은 매우 까다로운 일이다. 그렇지만 이 챕터에서 살펴본 성장주의 여러 개념 가운데 무엇을 적용하더라도 성장투자가 실망스러운 결과를 가져오지 않은 경우를 찾을 수 없었다.

게다가 성장주 개념을 살피면서 나는 가치 평가를 애써 배제했다. 그렇기에 이 챕터에서 말한 성장주는 가치주의 반대 개념이 아니었다. 이처럼 가치주의 반대 개념이 아닌 다른 개념으로 성장주를 살폈는데도, 성장투자가 옳은 전략이라는 증거는 전혀 발견할 수 없었다.

성장주를 따라다니는 환상적인 이야기가 매혹적일지 몰라도, 그 결과는 극히 실망스러울 가능성이 크다. 지금까지 살펴본 여러 자료만 봐도 성장투자는 투자자들을 하여금 자다가도 눈물 흘리게 만들 것이 분명하다.

Chapter 11
가치투자를 위협하는 삼위일체 리스크

리스크는 금융계에서 가장 많이 쓰는 용어라고 해도 과언이 아니지만, 여전히 가장 잘못 이해되고 있는 개념이기도 하다. 리스크는 숫자가 아니라 개념 또는 관념이다.

내 관점에서 리스크는 벤저민 그레이엄이 말한 '영구적 자본 손실'과 같은 말이다. 영구적 자본 손실을 초래할 수 있는 주요 근원은 세 가지며 서로 긴밀히 연결돼 있다. 이른바 '삼위일체Trinity' 리스크다. '가치 평가 리스크', '사업·이익 리스크', '대차대조표·재무 리스크', 이 3대 리스크가 바로 삼위일체를 이룬다.

투자자들은 '리스크관리'라는 유사과학에 빠지지 말고, 이 3대 리스크의 본질을 제대로 이해하는 데 집중해야 한다.

- 가치투자는 내가 아는 한 리스크를 다룰 수 있는 유일한 투자법이다. 벤저민 그레이엄은 표준편차에 사로잡힌 현대 금융산업에 매우 비판적이었다 확신컨대 그가 만약 '최대 예상 손실액(VaR)' 지표를 봤다면 어이없는 웃음을 터뜨렸을 것이다. 벤저민 그레이엄은 투자자들이 영구적 자본 손실 위험에 관심을 기울여야 한다고 강조했다.

- 벤저민 그레이엄은 영구적 자본 손실을 초래할 수 있는 3대 리스크를 제시했는데, 이를 '가치 평가 리스크', '사업·이익 리스크', '대차대조표·재무 리스크'라는 용어로 정리할 수 있다. '가치 평가 리스크'는 가치에 비해 비싸거나 안전마진이 없는 자산주식을 매수하는 경우를 말하며, 3대 리스크 중 가장 명확히 이해할 수 있는 리스크다. 비싼 주식을 샀다는 것은 해당 주식과 관련한 모든 정보를 신뢰했다는 뜻인데, 이런 주식에는 사실상 안전마진이 존재하지 않는다.

- 어떤 시장은 다른 시장보다 가치 평가 리스크가 크다. 예를 들면 영국 주식시장의 PER은 11이고 그레이엄-도드가 상한으로 설정한 PER 16배를 넘는 주식은 30%에 불과하다. 반면 미국 주식시장의 PER은 16이고 그레이엄-도드의 PER 16배를 넘는 주식은 52%에 이른다. 그렇지만 이것도 가치 평가 리스크 차원에서 볼 때는 2007~2008년보다 훨씬 양호해졌다고 할 수 있다.

- '사업·이익 리스크'는 현재 시점에서 더욱 우려되는 리스크다. 그레이엄의 설명처럼 리스크는 경제 변화나 경영 악화로 기업의 역량과 수익력이 약화하는 것을 말한다. 오늘날 시장 상황은 사업·이익 리스크가 높다는 것을 보여준다. 배당금 스와프 Dividend swap 시장을 보면 유럽의 배당금은 50%, 영국의 배당금은 40%, 미국의 배당금은 21% 감소했다. 이런 상황에서 투자자들이 수행해야 할 과제는 기업의 수익

력 변화가 일시적인지, 영구적인지를 판단하는 일이다. 일시적 수익력 약화는 기회를 제공하지만, 영구적 수익력 약화는 투자자들의 발목을 잡는 덫이 될 수 있다.

- '대차대조표·재무 리스크'는 삼위일체 리스크 가운데 마지막이다. 기업의 대차대조표를 분석하는 목적은 해당 종목의 투자 매력을 떨어뜨릴 수 있는 재무적 약점이 있는지 확인하기 위해서다. 그런데 일반적으로 시장 상황이 좋을 때는 대부분 투자자가 이 리스크를 무시하는 경향이 있다. 하지만 신용경색 상황이 오면 갑자기 대차대조표·재무 리스크가 전면에 부각한다. 그러므로 이 리스크에 대한 무시와 집착 사이를 오락가락하기보다는 일관된 태도와 접근법을 유지하는 것이 좋다.

* * *

가치투자는 리스크를 다룰 수 있는 유일한 투자법이다. 가치투자에서 말하는 안전마진이란 실수나 불운에 대비하는 일종의 리스크관리다.

벤저민 그레이엄은 리스크는 쉽게 측정할 수 없다고 경고했다. 그는 리스크와 표준편차를 동일시하지 않았으며, 최대 예상 손실액 따위를 계산하려고 시간을 낭비하지도 않았을 것이다. 대신 그레이엄은 영구적 자본 손실을 진정한 리스크라고 봤다.

몇 년 동안 나는 영구적 자본 손실 위험은 삼위일체 리스크인 '가치 평가 리스크', '사업·이익 리스크', '대차대조표·재무 리스크' 세 가지로 나뉜다고 주장했다. 이제 3대 리스크를 하나씩 살펴보고, 각각의 리스크가 현재 상황에 어떻게 적용되는지 확인해볼 것이다.

∶ 가치 평가 리스크

첫 번째 리스크는 '가치 평가 리스크'다. 벤저민 그레이엄이 말했듯 성장주의 위험은 통상적으로, 해당 종목의 미래 이익에 대한 보수적 전망만으로는 제대로 보호받을 수 없는 만큼 주가가 높게 설정된다는 데 있다. 달리 말하자면 비싼 주식을 사면 실망할 가능성이 커진다 Chapter 8 〈개를 사랑하고 미인을 멀리하라〉 참조.

물론 2008년 주식시장이 하락한 양상을 고려할 때 2009년 1월 시점에서 가치 평가 리스크는 과거보다는 작은 이슈다. 물론 그렇다고 해서 가치 평가 리스크가 없다는 이야기는 아니다.

〈Figure 11.1〉에서 볼 수 있듯이 미국 주식시장은 적정가 바로 아래에 있다. 그런데 아직 완전히 바닥은 아니다. 나로서는 현재의 주식시장 침체가 진정한 저평가 국면까지 가게 될지는 알 수 없다. 하지만 과거의 경험으로 보면 주가가 10년 이동평균 이익의 10배 정도에서 거래되면, 심각한 약세장이 끝났다고 봐도 된다. 주가

| Figure 11.1 | S&P 500의 PER

출처 : SG Global Strategy Research.

가 10년 이동 평균 이익의 10배 정도 되는 수준은 S&P 500 지수가 500일 때와도 일치한다.

2008년 11월 말에 나는 미국 주식시장이 적정가 하단에서 거래되고 있다고 주장할 수 있었다. 그러나 2008년 11월 말에서 그해 연말까지 주식시장이 25% 상승한 것은 단기 시장 양상이 때로는 장기 시장 양상을 모방할 수 있다는 사실을 보여준다.

거시경제적 관점에서 다른 시장들은 미국 주식시장보다 저평가된 양상을 계속 보이고 있다. 예를 들어 2009년 1월 영국과 유럽 주식시장의 PER은 미국보다 훨씬 매력적이다. 〈Figure 11.2〉에서처럼 영국 주식시장의 PER은 불과 11배에 불과하다.

그레이엄-도드의 PER 16배보다 높은 PER에서 거래되는 주식의 비율을 살피는 것도 이와 같은 거시적인 가치 평가에 도움이 된다. 그런데 기준이 되는 PER이 왜 16배인가 의문이 들 수 있을 것이다. 그 대답은 벤저민 그레이엄의 설명에서 확인할 수 있다.

| Figure 11.2 | 영국 주식시장의 PER

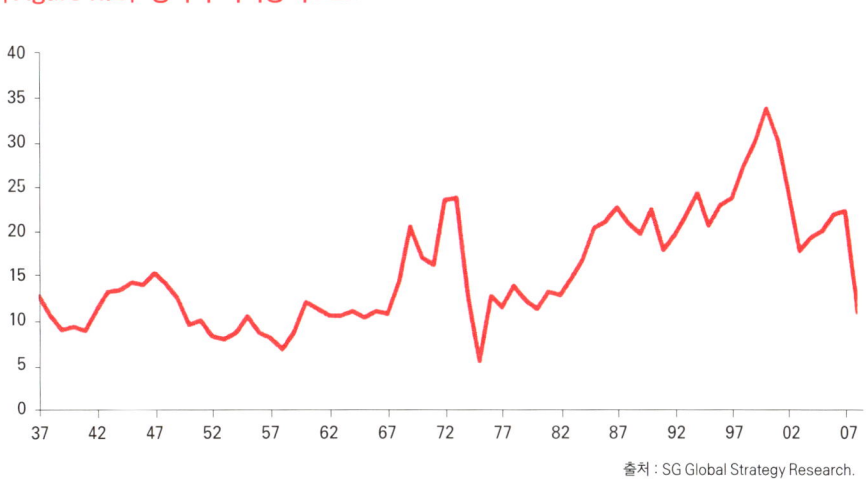

출처 : SG Global Strategy Research.

| Figure 11.3 | PER 16배 이상 주식들의 비율

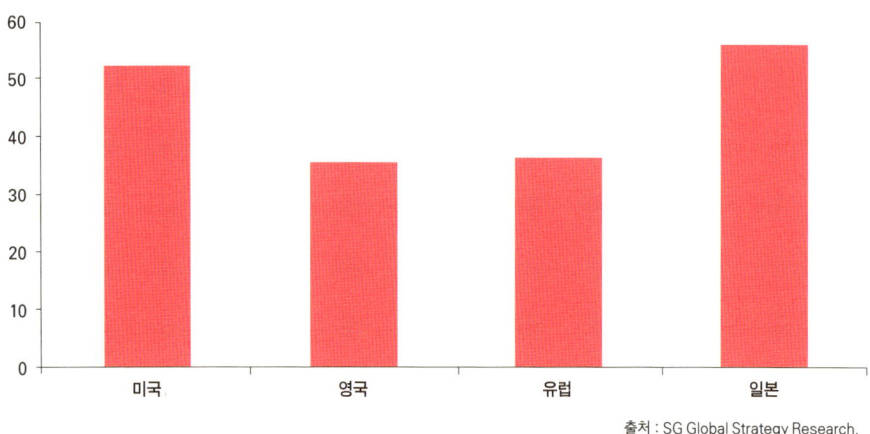

출처 : SG Global Strategy Research.

"보통주 매수 시 우리가 제안하는 최고가는 16배다. 이런 원칙이 그 본질에서 자의적일 수밖에 없긴 하지만, 그렇다고 완전히 자의적인 것만은 아니다. 기본적으로 투자는 투자 대상 자산의 가치를 전제로 이뤄진다. 일반적인 보통주의 가치는 평균 수익력으로 입증된다. 그렇지만 주가의 약 6%($\frac{1}{16}$)보다 적은 평균 이익을 내는 주식, 다시 말해 PER이 16배 이상인 주식이 그 가격을 유지하기란 매우 어렵다."

〈Figure 11.3〉은 PER 16배 이상인 주식들의 비율을 나타낸 것이다. 미국에서는 여전히 50% 이상의 주식들이 16배 이상으로 거래된다. 반면 영국과 유럽에서 16배 이상의 가격으로 거래되는 주식은 $\frac{1}{3}$ 정도다. 가치투자 차원에서 미국보다 낫다고 할 수 있다. 흥미로운 시장은 일본이다. 16배 이상 가격에 거래되는 주식 비율이 미국보다 높은 57%에 달했다.

이처럼 시장 하락에도 가치 평가 리스크는 여전히 존재하고 있다. 따라서 당분간은 가치투자 기회를 노리면서 단계적으로만 자금을 투입해야 하는 듯하다.

: 사업·이익 리스크

가치투자의 관점에서 **두 번째 리스크는 '사업·이익 리스크'다.** 벤저민 그레이엄은 이렇게 말했다.

"실제 투자 리스크는 일정 기간 시장 대비 주식의 주가 하락 비율이 아닌, 경제 변화나 경영 악화로 기업의 역량과 수익력이 약화할 위험으로 측정한다."

벤저민 그레이엄은 시장이 장기적 평균 이익보다 현재 이익에 더 많이 지배된다고 경고한 바 있다. 늘 그렇지는 않지만 대체로 이런 이유로, 이익 변화에 따라 주가가 크게 요동친다. 이와 관련해 그레이엄은 다음과 같이 설명했다.

"분명히 주식시장은 비합리적이다. 그래서 한 기업이 보고한 일시적 이익 변화에 맞춰 그 회사에 대한 가치 평가가 달라진다. 그런데 비상장 기업의 경우를 보면, 호황일 때 이들 기업은 불황일 때보다 두 배 이익을 올리기도 한다. 하지만 기업의 이익이 두 배가 되거나 절반으로 줄었다고 해서, 해당 기업의 소유주가 자신의 투자 자산 가치를 두 배로 올리거나 절반으로 내리지는 않는다."

이런 상황에서 투자자들이 수행해야 할 과제는 해당 기업의 수익력 변화가 일시적인지, 영구적인지를 판단하는 일이다. 수익력 약화가 일시적이라면 투자자에게 또 다른 기회가 되지만, 수익력 변화가 영구적이라면 투자자를 곤경에 몰아넣는 가치의 덫이 될 수 있다.

또 10년 평균 'EPS_{주당순이익}' 대비 현재 EPS 비율에도 관심을 가져야 한다. 평균 이익이 아니라 현재 이익의 관점에서 봤을 때 싼 듯 보이는 주식은 특히 조심해야 한다. 이런 주식은 가격이 오르기보다는 '이익 하락_{이익의 평균회귀}'으로 싼 것처럼 보였던 매력이 곧 사라질 주식일 수도 있다.

〈Figure 11.4〉는 대형주 가운데 현재 EPS가 10년 평균 EPS의 두 배가 넘는 주식

| Figure 11.4 | 현재 EPS가 10년 평균 EPS의 두 배 이상인 주식 비율

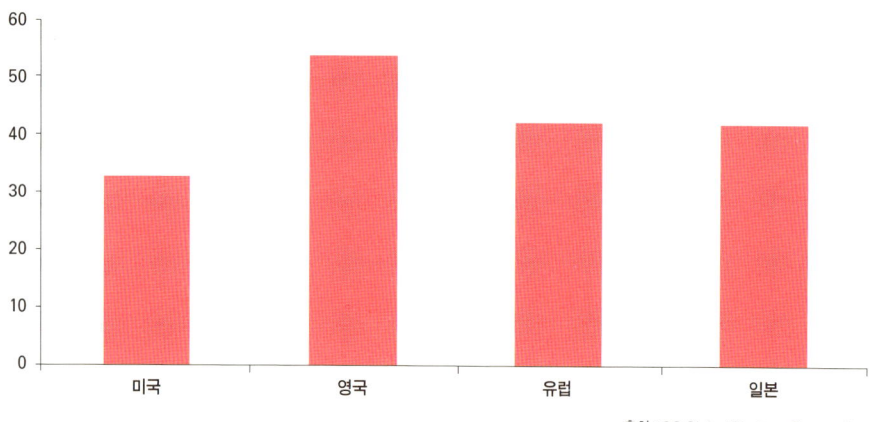

출처 : SG Global Strategy Research.

의 비율을 나타낸 것이다. 이것으로 이익 리스크를 살필 수 있다. 미국의 경우 여기에 해당하는 주식은 $\frac{1}{3}$에 불과했다 2008년 금융위기의 당사국이니 당연한 결과다. 영국은 54%로 가장 많았고, 유럽과 일본은 42%였다.

영국, 유럽, 일본 주식시장의 경우 '사업·이익 리스크'가 훨씬 낮은 것처럼 보일 수 있다. 더욱이 긍정적인 부분은 앞서 살펴본 가치 평가가 낮은 영국과 유럽 시장은 이와 같은 현재 이익이 부분적으로 이미 할인돼 있다는 것이다.

: 대차대조표·재무 리스크

세 번째 리스크는 '대차대조표·재무 리스크'다. 벤저민 그레이엄의 말처럼 대차대조표 분석의 목적은 해당 종목의 투자 매력을 떨어뜨릴 수 있는 재무적 약점을 찾아내는 데 있다.

경기 호황이 절정에 이르면 투자자들은 대차대조표·재무 리스크를 무시하는 경향이 있다. 기업의 이익에 현혹돼 기업들의 높은 이익으로 이자 비용을 상쇄할 수 있다고 생각하기 쉽다. 투자자들은 이익이 낮아지기 시작할 때 비로소 대차대조표에 관심을 갖는다. 비슷한 맥락에서 경기가 호황일 때는 차입 등을 이용한 레버리지를 통해 적은 이익을 큰 이익으로 전환시킬 수 있으나, 경기가 하락세에 들어서면 레버리지가 더 큰 손실 요인이 된다는 사실을 망각하는 것 같다.

대차대조표·재무 리스크를 판단하는 방법은 많이 있다. GMO 금융 분석팀은 오래전부터 로버트 머튼의 '부도 거리Distance to defaul, 기업이 부도에 이를 위험 수준과 현재 자산 가치의 거리를 표준편차 단위로 나타낸 지표' 모델이 이와 같은 리스크를 판단하는 데 유용한 도구라고 주장해왔다. 하지만 나는 단순하고 구식을 선호하기 때문에 재무 스트레스 시기에 유용하게 사용한 에드워드 앨트먼의 'Z-스코어' 모델에 더 관심이 있다.

1968년 에드워드 앨트먼이 공개한 Z-스코어는 5개의 간단한 비율을 통해 기업의 부도 가능성을 예측하는 모델이다. Z-스코어는 다음과 같이 계산한다.

$$Z = 1.2X_1 + 1.4X_2 + 3.3X_3 + 0.6X_4 + 0.999X_5$$

X_1 = 운전자본 ÷ 총자산 : 회사 규모 대비 유동자산을 나타내는 지표.

X_2 = 이익 잉여금 ÷ 총자산 : 회사의 연수와 수익력을 반영한 수익성 지표.

X_3 = 이자 및 세전 영업이익(EBIT) ÷ 총자산 : 영입 효율성을 나타낸 지표로, 영업이익이 장기적인 생존 능력에 중요하다고 본 것.

X_4 = 자기자본의 시장 가치 ÷ 총부채의 장부 가치 : 주가 변동성이 위험 요인임을 보일 수 있도록 시장 요인을 고려한 지표.

X_5 = 매출액 ÷ 총자산 : 총자산 회전율을 보여주는 기본 지표.

| Figure 11.5 | Z-스코어가 1.8 미만인 주식 비율

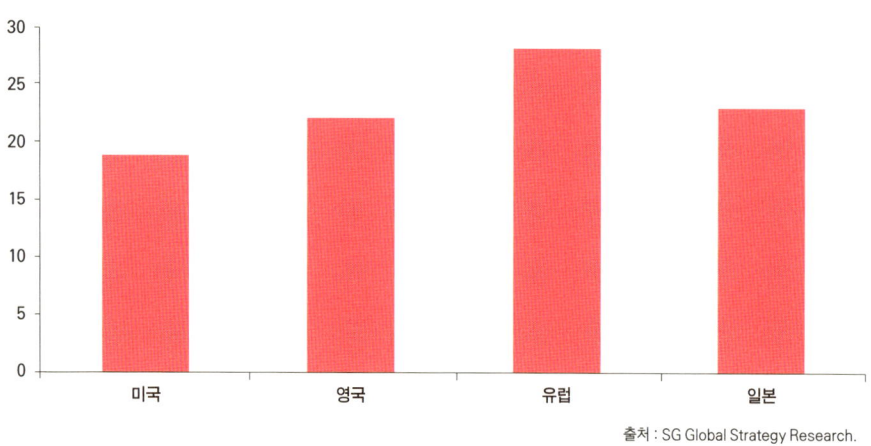

출처 : SG Global Strategy Research.

　Z-스코어가 1.8 미만이면 기업의 미래에 문제부도 가능성가 있다는 의미다. Z-스코어가 가장 기초적인 지표이긴 하지만, 잠재적 문제를 알려주므로 매우 유용하다. 〈Figure 11.5〉는 Z-스코어가 1.8 미만인 대형주 기업들의 비율을 나타낸 것이다. 금융회사와 공공 사업체의 경우에는 Z-스코어가 적용되지 않기 때문에 제외했다.

　국가별로 비슷한 수준의 대차대조표·재무 리스크를 확인할 수 있다. 20~25%의 기업에서 1.8 미만의 Z-스코어가 나왔는데, 이는 해당 기업들이 재무 문제에 직면할 가능성이 매우 크다는 사실을 뜻한다.

　위의 세 가지 삼위일체 리스크는 모두 영구적 자본 손실을 초래할 수 있다. **내가 강조하고 싶은 것은 리스크는 개념 또는 관념이지 숫자가 아니라는 사실이다.** 리스크 관리라는 이름의 유사과학들은 오랫동안 호들갑을 떨고 있지만, 투자자들에게는 지뢰밭이나 다름없다.

Chapter 12
사전 조치 전략으로 투자하라

우리는 감정적인 시간 여행에 익숙하지 않다. 냉철한 이성이 살아있을 때라도 흥분한 상태에서 어떻게 행동할지 예측하지 못한다. 존 템플턴 경은 "극단적 비관론이 마음을 지배할 때가 최적의 매수 타이밍이다."고 말했다. 하지만 모두가 낙담해 매도를 이어 갈 때 혼자서만 매수한다는 것은 쉬운 일이 아니다.

이 문제를 해결할 방법은 이른바 '사전 조치'를 해두는 것이다. 자유 의지를 제거하면 두려움에 맞서야 하지만, 이렇게 하면 감정 때문에 합리적 판단을 내리지 못하는 문제를 극복할 수 있다. 존 템플턴 경은 냉철한 이성이 살아있을 때 내재 가치를 분석했다. 그런 다음 시장 가격보다 충분히 낮은 가격일 때 사전에 매수 주문을 해놓고, 주가가 매수 주문 가격까지 떨어지기를 기다렸다.

- 여러 심리학 연구에 따르면 인간은 미래에 느낄 감정을 제대로 예측하지 못한다. 예를 들어 만족스러운 식사를 하고 나서는 다음 배가 고플 때의 느낌을 상상하지 못한다. 마찬가지로 배고플 때는 포만감을 떠올리지 못한다. 냉철하고 합리적인 상태에 있을 때는 앞으로도 계속해서 냉철하게 행동하리라고 생각한다. 그렇지만 격렬한 감정 상태에 빠지게 되면 언제 그랬냐는 듯 냉철할 때 세웠던 계획을 완전히 잊는다.

- 여러분이 10개 논문을 교정하는 교정 책임자로 일한다고 가정해보자. 원고별로 순서대로 마감일을 정해 하나씩 작업한 뒤 차례대로 넘길 수도 있고, 최종 마감일을 정한 뒤 마지막에 한꺼번에 몰아서 넘기는 방식을 취할 수도 있다. 아니면 편집장이나 발행인이 정해준 마감일에 맞춰 교정 작업을 수행할 수도 있을 것이다. 그런데 실제 이 실험에서 대부분 사람은 최종 마감일에 맞춰 모든 원고를 한꺼번에 작업하다가 마지막에 몰아서 넘기는 방식을 택했다. 자신의 페이스로 작업할 수 있고 마지막 마감일에 문제없이 넘길 수 있다고 생각한 것이다. 그러나 결국 정해준 마감일을 받아 작업한 사람이 더 많은 오탈자를 바로잡고, 더 정확히 작업하는 것으로 드러났다. 스스로 정한 마감일에 맞춰 일하거나 마지막에 몰아서 원고를 넘기는 작업 방식을 택한 사람들은 분명히 늑장 부리는 습관을 갖고 있었을 것이다. 결과적으로 '사전 조치'를 해두는 전략이 냉철한 상태와 흥분한 상태의 '감정 간극'과 늑장 부리는 습관을 극복하는 데 유용하다.

- 강조한 대로 존 템플턴 경은 극단적 비관론이 지배할 때 매수 주문을 해두는 일종의 '사전 조치' 전략을 사용했다. 존 템플턴 경은 평온하고 침착한 마음 상태일 때 계산해둔 내재 가치 대비 낮은 가격에 주식을 매수하기로 사전 조치를 함으로써, 두려움에 사로잡히지 않고 침착할 수 있었다.

- 실적 경고는 사전 조치의 이점을 보여주는 또 다른 예다. 여러분이 만약 단기 지향적 투자자라면, 어떤 주식이 실적을 경고할 때는 그 주식을 매도해야 한다. 여러 증거에 따르면 실적을 경고하는 주식은 적어도 1년 동안 실적이 부진하다. 추가로 실적 경고가 나타나기도 한다. 그러므로 실적 경고 때는 반드시 매도해야 한다. 그런데 대개의 사람은 그렇게 하지 않는다. 늑장을 부리다가 결국 아무런 조치도 취하지 못하는 경우가 태반이다. 실적 경고가 있을 때 반드시 매도하겠다는 '사전 조치'를 해두면 이런 실수를 피할 수 있다.

- 일반적으로 사람들이 매도에 관심 두는 때가 최적의 매수 타이밍인 경우도 적지 않다. 여러 증거에 따르면 실적 경고가 있고 나서 1년 후에는 주식을 매수하는 것이 좋다. 그렇지만 1년 동안 실적이 형편없어 투자자들의 신뢰를 잃어버린 주식을 매수하는 일은 미친 짓처럼 느껴질 수 있다. 그러므로 실적 경고가 있은 지 1년 후 매수한다는 것을 사전에 조치해두면 부정적인 감정을 극복할 수 있다.

*　*　*

　엄청나게 배고플 때는 배부를 때의 느낌을 상상할 수 없고, 배가 부르고 나면 배고플 때의 느낌을 떠올릴 수 없는 까닭은 무엇일까? 그 이유는 다름 아닌 미래의 감정을 제대로 예측할 수 없기 때문이다.

　특히 흥분 상태일 때는 감정이 미치는 영향을 예측하기 어렵다. 감정이 격해지는 상황과 맞닥뜨리면 냉철할 때의 생각은 온데간데없이 사라진다. 이것이 '감정 간극'이다. 감정 간극은 투자에서 굉장히 중요한 문제다.

： 감정 간극

내가 자주 예로 드는 감정 간극의 사례는 댄 애리얼리와 조지 로웬스틴의 실험이다. 이들은 캘리포니아 주립 대학교 남학생 35명을 대상으로 실험을 진행했다.

실험에서 35명의 학생은 각각 노트북 한 대를 받고 거기에 저장된 야한 동영상의 자극성에 대해 평가해달라는 요청을 받았다. 먼저 실시된 공개 실험에서는, 즉 냉철한 정신 상태에서 학생들은 각각의 동영상이 얼마나 자극적인지를 평가했다. 그런 뒤 이번에는 노트북을 집으로 가져가 혼자 있는 공간, 즉 흥분된 감정 상태에서 자위를 즐기며 야한 동영상을 평가하도록 했다.

〈Figure 12.1〉은 이 두 가지 조건에서 야한 동영상의 자극성을 평가한 점수의 평균치를 나타낸 것이다. 냉철한 상태에서 평균 점수는 35점이었다. 반면 흥분된 상태에서 점수는 52점까지 올라갔다. 평균 점수가 17점이나 상승한 것이다.

| Figure 12.1 | 흥분 상태에서의 자극 효과(점수)

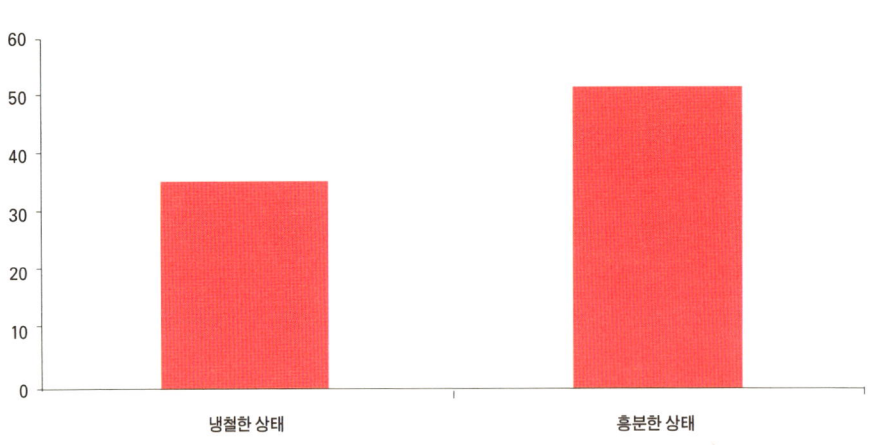

출처 : SG Global Strategy Research, Ariely and Loewenstein.

: 감정 간극과 늑장 부리는 습관을 방지하는 방법

여러분이 논문 10개를 묶은 논문집의 교정 책임자로 일한다고 생각해보자. 여러분은 각 논문을 순서대로 마감일을 정해 하나씩 작업해서 넘기거나, 최종 마감일을 정한 뒤 한꺼번에 10개 원고를 넘기거나, 편집장 또는 발행인이 정해준 논문별 마감일에 맞춰 교정 작업을 진행하는 방식 중 하나를 선택할 수 있다. 여러분은 이 세 가지 방식 중 어느 것을 택하겠는가?

대부분 사람은 마지막에 모든 원고를 넘기는 방식을 택했다. 자기 방식대로 페이스를 유지하며 작업할 수 있고, 자기가 원하는 시점에 모든 원고를 넘길 수 있다고 생각한 것이다. 그러나 이들은 일을 제대로 마무리하지 못했다. 자신의 늑장 부리는 습관을 무시한 결과였다.

저마다 나름대로 작업 시간을 할애하고 꾸준히 일해서 제날짜에 원고를 넘기겠다는 계획을 세운 뒤 작업을 시작하지만, 얄궂게도 중간에 반드시 다른 일이 벌어지고 늑장을 부리다 보면 처음의 계획은 어그러진다. 결국 마감일을 코앞에 두고 벼락치기 하듯 일을 몰아서 하게 된다. 그렇게 해서는 일정을 맞추기도 어렵고 결과물도 좋을 리 없다.

댄 애리얼리와 클라우스 베르텐브로흐는 이를 직접 검증해보기로 했다. 이들은 앞서 묘사한 세 가지 상황에 무작위로 실험 대상자들을 배치했다. 그 결과를 나타낸 것이 〈Figure 12.2〉다.

정해진 마감일에 맞춰 교정 작업을 진행한 그룹이 가장 많은 오탈자를 발견했고, 마감일을 어기는 경우도 가장 적었다. 논문별로 마감일을 정해 일한 그룹은 앞의 그룹에 비해 오탈자를 더 적게 발견했으며, 원고도 늦게 제출했다. 가장 형편없는 결과를 낸 그룹은 마지막에 몰아서 내기로 한 사람들이었다. 이들은 앞의 두 그룹보다 오탈자를 훨씬 적게 발견했고, 처음 그룹보다 거의 세 배 늦게 최종 원고를 제출했다〈Figure 12.3〉 참조.

이 실험 결과가 시사하는 바는 감정 간극과 늑장 부리는 습관을 극복하는 데

| Figure 12.2 | 발견한 오탈자 수

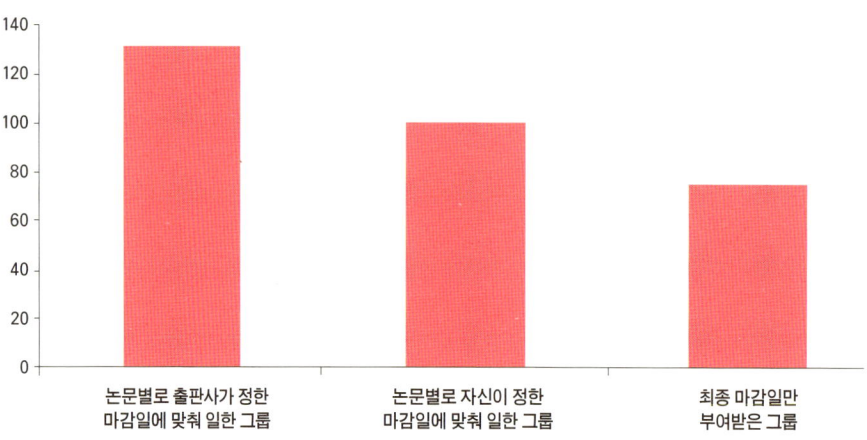

출처 : SG Global Strategy Research, Ariely and Wortenbroch.

| Figure 12.3 | 교정 원고 제출 지연일

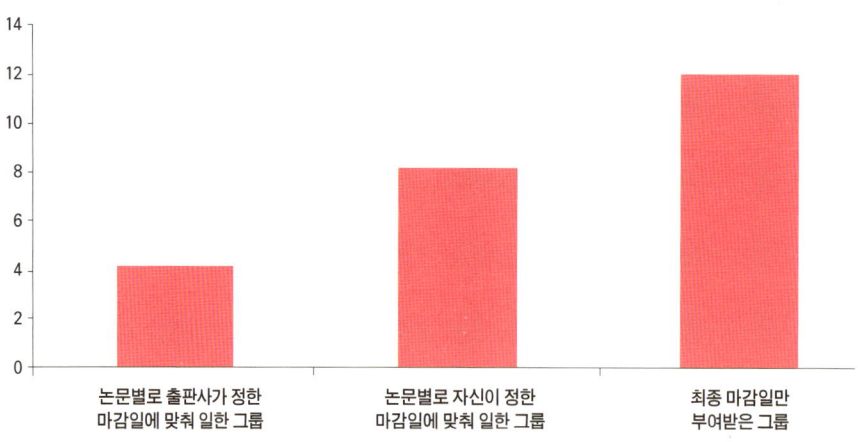

출처 : SG Global Strategy Research, Ariely and Wortenbroch.

'사전 조치'가 매우 효과적이라는 사실이다. 이와 관련한 사례를 이제 금융에서 살펴보기로 하자.

⋮ 극단적 감정 상태에서의 주식 매매

계속 강조하지만 존 템플턴 경은 극단적 비관론이 만연할 때가 매수 타이밍이며, 극단적 낙관론이 만연할 때가 매도 타이밍이라고 말했다. 이 말이 틀렸다고 할 사람은 없을 것이다. 그렇지만 모든 사람이 낙담해 매도에 나서는 분위기 속에서 혼자서만 추세를 거스르고 매수하기란 결코 쉽지 않다. 다름 아닌 '감정 간극' 때문이다.

존 템플턴 경의 조카 로렌 템플턴이 집필한 《존 템플턴의 가치투자 전략》에 다음과 같은 구절이 나온다.

"급격한 대량 매도가 진행 중일 때 냉철한 이성을 유지하기란 심리적으로 분명히 어려운 일이다. 이때 존 템플턴이 사용한 방법은 대량 매도가 발생하기 훨씬 이전에 이미 매수 결정을 내려놓는 것이다. 템플턴 펀드를 운용하던 시절에 존 템플턴은 비록 내용은 좋으나 주가가 너무 비싸다고 판단한 관심 종목 리스트를 보유하고 있었다. 그리고 어느 순간 시장에서 이 종목들의 대량 매도가 일어나 주가가 하락하면, 이를 자동 매수하도록 사전에 증권사와 매매 약정을 해놓았다."

바로 이와 같은 **사전 매매 결정이 감정 간극을 극복하기 위한 '사전 조치' 전략의 대표적 사례라고 할 수 있다.** 시장가를 훨씬 밑돌게 될 때 미리 매수 주문을 해두면, 설사 투매가 있다고 해도 쉽게 매수할 수 있다. 감정은 철저히 배제된다.

: 실적 경고

사전 조치로 성과를 높일 수 있는 또 다른 예는 '실적 경고'다. 단기 성과에 초점을 맞추는 투자자들에게 실적 경고는 우려할 상황이다. 그러나 실적 경고가 있을 때 투자자들은 해당 기업에 유리한 무언가를 찾으려고 한다. 그래서 경영진에게 실적 경고가 발생한 이유를 물으면 재고 확충이나 예기치 못한 마진 압박 때문이고, 다음 분기에는 모두 정상화될 것으로 설명한다.

그러면 투자자들은 안심하고 다음 실적 경고가 나올 때까지도 별다른 조치를 하지 않는다. 그저 늑장을 부리는 것이다.

〈Figure 12.4〉는 실적 경고가 있으면 해당 주식을 즉시 매도하는 것이 좋다는 사실을 보여준다. 조지 벌클리 등은 영국 주식시장의 1997~1999년 455건에 이르는 실적 경고 사례를 조사했다. 실적 경고가 발표된 당일, 평균적으로 주가는 17%

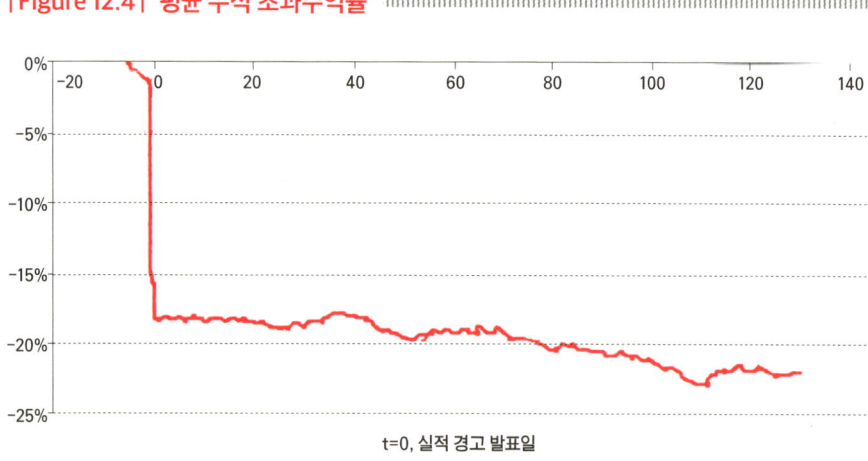

| Figure 12.4 | 평균 누적 초과수익률

t=0, 실적 경고 발표일

출처 : Bulkley et al, SG Global Strategy Research.

가량 하락했다. 하지만 이후부터 주가가 계속 지지부진했다는 점을 유념해야 한다. 이는 실적 경고가 있으면 곧바로 매도해야 한다는 원칙에 부합한다.

앞서 지적했듯이 사람들은 기존 관점을 고수하고 늑장을 부리다가 잘못된 타이밍에 매도하는 경향이 있다. 〈Figure 12.5〉는 역발상투자가 바람직하다는 사실을 보여주는 증거다. 실적 경고가 있고 나서 약 12개월 뒤, 달리 말해 투자자들이 참다 못해 결국 손절매에 나서는 시점에서 상황이 변하기 시작한다.

투자자들이 손절매를 한다는 것은 어떤 기업의 단기적 문제를 미래의 계속되는 문제로 본다는 사실을 말해준다. 그렇지만 장기투자자에게 실적 경고는 근본적으로 일시적 노이즈에 불과하다.

이때도 사전 조치가 감정 간극을 제거하는 데 도움이 된다. 어떤 주식이 12개월 동안 매우 저조한 실적을 보이고 실적 경고에 대한 실망이 계속되면, 해당 주식을 매수하려는 투자자는 극소수가 된다. 그러나 〈Figure 12.5〉에서와 같이 이때 해당

| Figure 12.5 | 평균 누적 초과수익률

t=0, 실적 경고 발표일

출처 : Bulkley et al, SG Global Strategy Research.

주식을 사면 분명히 수익을 낼 수 있다. 따라서 실적 경고가 있은 지 12개월 후에 주식을 매수하는 것이 유용한 투자 전략이 될 수 있다.

: 락인 전략

사전 조치를 투자에 응용하는 것과 관련해 마지막으로 살펴본 전략은 고객을 묶어두는 '락인 Lock-in**'이다.** 합리적인 헤지 펀드의 특징 중 하나가 바로 락인 전략이다.

펀드매니저로서 장기 전략을 구사한다면, 사전에 설정한 약정에 따라 자금 운용을 펀드에 위임하도록 고객을 설득함으로써, 펀드 실적이 나쁠 때 투자금을 바로 상환하는 일을 방지할 수 있다. 락인 전략은 감정 간극을 제거하는 수단으로 매우 유용한 전략이다.

감정적 압박을 받을 때 어떻게 행동할지 예측하기란 매우 어려운 일이다. 그렇기에 감정 간극을 최대한 없앨 수 있는 최선의 방안은 냉철하고 합리적인 이성이 살아있을 때, 즉 감정의 영향을 받기 훨씬 이전에 미리 계획을 세우고 무조건 따르기로 하는 것이다.

이것이 사전 조치 전략이다. 이렇게 해두면 어느 순간 감정이 휘몰아치는 때와 맞닥뜨려도 사전 조치대로 행동하게 되므로 감정이 개입할 여지가 사라진다.

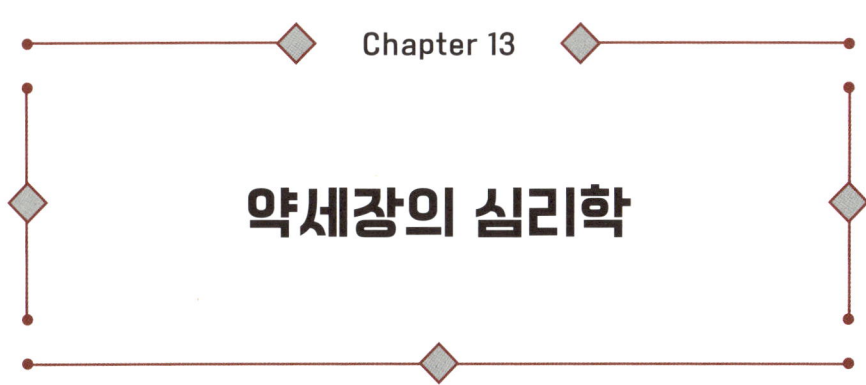

약세장의 심리학

약세장에서 현명한 판단을 방해하는 심리적 걸림돌은 강세장에서 합리적 선택을 저해하는 요인만큼이나 다양하고 복잡하다. 감정의 부작용은 약세장에서 특히 두드러지는데, 약세장에서의 투자자들이 느끼는 두려움과 충격이 논리적인 분석을 가로막기 때문이다.

여러 실험에 따르면 두려움을 느끼지 않는 투자자는 손실 위험에 직면해도 합리적으로 행동한다. "이 또한 곧 지나가리라."는 솔로몬의 지혜에 주의를 기울일 수만 있다면, 행복감이나 혐오감을 느낄 때 저지를 극단적 행동을 방지할 수 있다.

- 시장이 공포와 탐욕에 의해 지배된다는 말은 흔히 하는 말이면서도 진리에 가까운 말이다. 내가 지난 10년 동안 강세장의 심리를 연구한 후에 다시 약세장의 심리를 연구하게 된 것은 신선한 변화다.

- 약세장을 지배하는 심리의 중심에는 두려움이 있다. 감정은 언제나 이성보다 우세해 보인다. 인간의 뇌는 서로 연결돼 있으면서도 서로 다른 두 가지 시스템으로 이뤄져 있다. 하나는 투박하지만 신속한 결정 시스템인 'X-시스템'이고, 하나는 논리적이지만 느린 'C-시스템'이다.

- 그런데 X-시스템의 결과를 C-시스템으로 검토하지 않는 경우가 많다. 또는 검토는 하더라도 너무 늦는 때가 많다. 예컨대 뱀이 한 마리 들어 있는 유리 상자를 사람들 앞에 두고 가까이 오라고 하면, 사람들은 뱀이 안전한 상자 안에 있기에 가까이 다가섰다가도 뱀이 몸을 곤추세우기라도 하면 본능적으로 급히 물러날 것이다. 그 이유는 위협을 인지한 뇌의 X-시스템이 그 위협에 반응하도록 몸에 명령을 내렸기 때문이다. 이 과정은 뇌의 C-시스템이 유리 상자 덕분에 안전하다는 사실을 지적하기 전에 일어난다. 진화론적 관점에서 우리가 두려움에 즉시 반응하는 까닭은 이렇다. 일테면 위양성False positive, 암이 아닌데 암이라고 잘못 진단한 경우이라고 해도, 위음성False negative, 암인데 암이 아니라고 잘못 진단한 경우일 때 초래할 수 있는 치명적 비용에 비해 매우 적은 비용만 들기 때문이다.

- 그렇다고는 하나 이런 태도는 우리의 목숨은 살릴지 몰라도 투자에 도움이 되지는 않는다. 쉬브 연구팀이 실시한 흥미로운 실험에서, 리스크를 감수하면 보상을 받는 게임에서 뇌의 특정 부위가 손상돼 두려움을 느끼지 못하는 사람은 다른 사람들보

다 훨씬 좋은 성과를 냈다. 아울러 게임이 오래 계속될수록 다른 사람들의 성과는 더 나빠졌다.

- 쉬브 연구팀 실험에서의 게임을 약세장에 비교할 수 있다. 투자자들은 과거에 손실을 본 경험이 있으면 어떤 주식의 가격이 하락해도 두려움 때문에 그 주식을 무시한다. 이러한 두려움을 느끼는 시간이 길수록, 의사결정은 점점 더 비합리적이고 비효율적으로 흘러간다.

- 투자자라면 시간을 바라보는 불교적 관점을 진지하게 고려할 만하다. 과거는 이미 지나갔음으로 바꿀 수 없고, 미래는 아직 오지 않았기에 알 수 없으므로, 우리는 오직 현재에 초점을 맞춰야 한다. 모든 투자 결정은 과거의 경험이나 미래에 대한 희망이 아닌 현재 상황, 즉 현재 분석한 가치를 근거로 이뤄져야 한다. 모쪼록 솔로몬의 "이 또한 지나가리라."는 지혜를 늘 기억하자.

* * *

강세장에서의 투자 심리를 연구하던 내가 약세장 심리에 대해 관심을 두게 된 것은 나로서도 신선한 변화였다. 시장 상황이 좋을 때 투자자들을 낙관적으로 만드는 그 편견이, 시장 상황이 나쁠 때는 투자자들을 비관적으로 만든다. 솔로몬의 지혜를 자주 잊고 사는 것 같다.

에이브러햄 링컨은 솔로몬의 지혜에 관해 다음과 같이 말한 바 있다.

"솔로몬 왕은 현명한 신하들에게 언제 어느 상황에서건 진리인 문장을 만들라고 명했다. 그러자 신하들은 '이 또한 지나가리라'는 문장을 왕에게 올렸다. 이 얼마나 멋지고 우아한 문장인가!"

그렇지만 불행하게도 우리가 가진 수많은 편견은 X-시스템에서 유래한 듯 보인다. 이와 같은 편견은 우리 뇌의 의식적으로 인식하는 기능 밖에 존재하며, 논리적인 C-시스템으로는 검토되거나 통제되지 않는 경우가 많다.

∶ 두려움과 약세장

약세장을 고려할 때 염두에 둘 만한 연구로 앞서 잠깐 언급한 쉬브 연구팀의 실험이 있다. 연구팀은 동전 던지기를 응용한 게임을 고안해 실험을 진행했다. 연구팀은 게임을 시작하기 전 실험 대상자들에게 게임에 사용할 20달러를 각각 지급하고 게임은 20회 진행된다고 설명한다.

게임을 시작할 때 실험 대상자들은 참가 여부를 결정할 수 있으며, 게임에 참가하기로 결정했다면 참가비로 1달러를 내야 한다. 이제 동전을 던진다. 앞면이 나오면 2.5달러를 받고, 뒷면이 나오면 참가비로 낸 1달러를 잃게 된다.

이 게임에 대해 알아야 할 사항은 두 가지다. 하나는 게임 참가비보다 보상이 비대칭적으로 크기에 20회 모두 참가하는 것이 최상의 선택이라는 점이다. 각각의 게임에서 딸 수 있는 금액은 확률적으로 1.25달러며, 20회 모두 참가할 경우 25달러가 된다. 게임에 전혀 참가하지 않는 대가로 유지할 수 있는 20달러보다 낮은 금액을 딸 확률은 13%에 지나지 않는다.

다른 하나는 참가자가 다음 게임 참가 여부를 결정할 때 이전 게임의 결과가 아무런 영향을 미치지 않는다는 사실이다. 동전은 기억력이 없는 사물이므로 앞선 게임에서 어떤 결과가 나오든 간에 다음 게임에는 영향을 미치지 않는다.

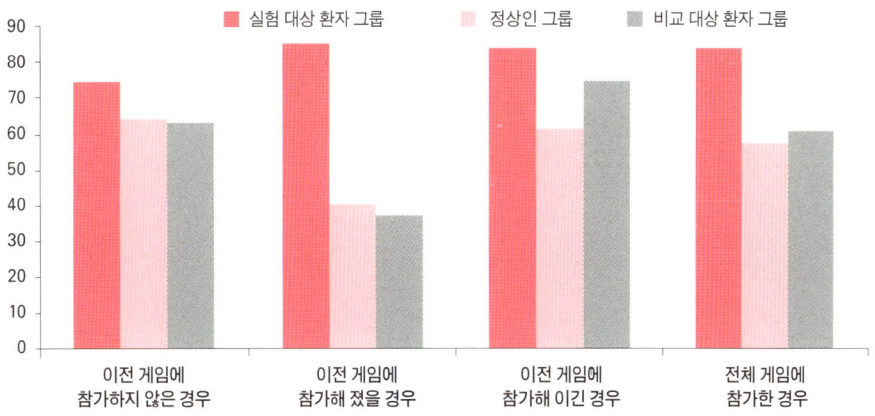

| Figure 13.1 | 이전 게임의 결과에 따라 다음 게임에 참가하기로 결정한 비율

출처 : Shiv et al.

그러면 이제 〈Figure 13.1〉을 보자. 실험 참가자들이 이전 게임 결과에 따라 다음 게임에 참가하기로 결정한 횟수를 비율로 나타낸 것이다. 이 실험에는 세 그룹이 참여했다. 세 개의 그래프 중에서 왼쪽 막대는 매우 특이한 그룹이다. 이들은 X-시스템의 감정 처리와 관련된 뇌 부위에 손상을 입어 두려움을 느끼지 못하는 사람들이다. 가운데 막대는 뇌 손상이 없는 정상인이다. 오른쪽 막대는 비교 그룹으로서, 감정 처리와 관련 없는 뇌 부위에 손상을 입은 사람들이다.

여기에서 주목할 부분은 실험 참가자들이 게임에서 진 뒤, 다음 게임에 참가하기로 한 횟수의 비율이다. **두려움을 느끼지 못하는 그룹은 이전 게임에서 지고도 다음 게임에 참가한 비율이 약 85%였다. 결과적으로 가장 합리적인 선택을 했다.**

반면 나머지 두 그룹은 최상의 선택과 거리가 먼 행태를 보였다. 이들에게는 돈을 잃는 두려움을 느낀 것이 나쁜 경험으로 작용해, 이전 게임에서 지고 다음 게임에 참여하는 비율이 채 40%도 되지 않았다.

∶ 두려움과 시간

게임을 진행함에 따라 정상인 그룹과 비교 그룹이 보여준 행태를 살펴보면 학습 효과가 전혀 없다는 사실을 확인할 수 있다. 〈Figure 13.2〉는 5회의 게임을 진행하는 동안 이전 4회의 게임까지 세 그룹이 다음 게임에 참여하기로 한 횟수의 비율을 나타낸 것이다.

실험 대상자들이 합리적이고, 이전 게임을 통해 배운 것이 있다면, 이 그림의 선들은 우상향하는 모습을 보여야 한다. 다시 말해 게임이 진행될수록 참가 비율이 높아져야 한다. 하지만 정상인 그룹과 비교 그룹의 경우 오히려 우하향했다. 즉 게임이 진행될수록 게임에 참가하는 횟수가 줄어들었다. 시간이 지날수록 더 나쁜 선택을 한 것이다.

이 같은 행태는 약세장에서 투자자들이 보이는 행태와 유사하다. 쉬브 연구팀의

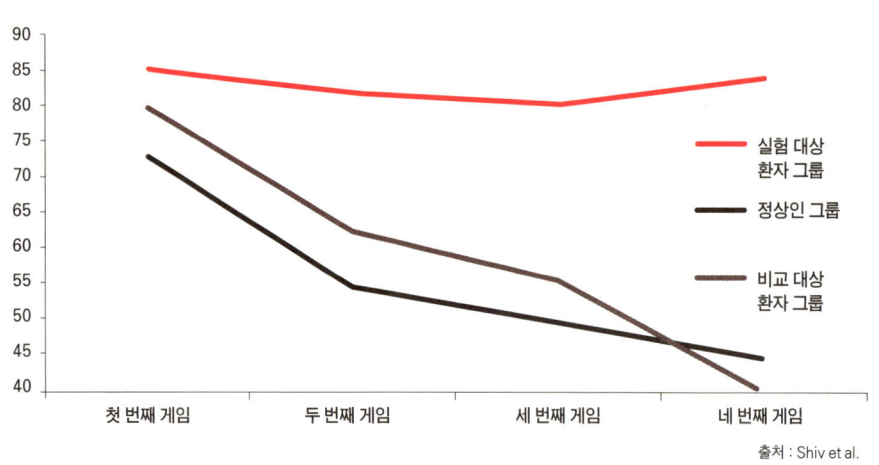

| Figure 13.2 | 시간 경과에 따른 게임 참가 비율

출처 : Shiv et al.

실험은 주가가 하락했는데도 이를 무시하는 행태가 이전에 경험한 손실에 대한 두려움 때문임을 잘 보여준다. 더욱이 두려움을 느끼는 시간이 길수록 의사결정은 더욱 나빠진다.

쉬브 연구팀의 게임은 리스크를 부담하면 좋은 성과를 낼 수 있도록 고안한 것이다. 만약 이와 반대로 리스크를 부담하면 나쁜 성과가 나오는 게임이었다면, 정상인 그룹이 두려움을 느끼지 못하는 그룹보다 더 좋은 실적을 냈을 것이다. 그런데 현재 주식시장과는 전자와 같은 게임이 더욱 부합하는 것처럼 보인다. **약세장에서는 미래에 높은 수익을 올릴 가능성이 커진다. 투자자들의 두려움을 초래하는 모든 나쁜 소식이 주식시장을 잠식하고 있을 뿐이다.**

⋮ 자기 통제력 상실의 대가

시간이 갈수록 합리적으로 생각하는 능력이 소진된다는 사실은 자기 통제력에 관한 많은 연구 결과와 일치한다. 로이 바우마이스터는 감정을 통제하는 자기 통제력은 근육과 유사해 너무 많이 사용하면 소진된다고 주장했다. 바우마이스터는 다음과 같이 결론 내렸다.

"사람들은 자부심이 손상되면 자기 통제력을 상실한다. 자기 통제가 되지 않으면 보상을 기다리기보다 즉각적인 쾌락에 탐닉하는 등의 다양한 형태로 나타나고, 시간이 갈수록 자포자기한다. 자기 통제력은 체력과 에너지처럼 제한된 자원에 의존하기에 그 정도도 제한적일 수밖에 없다."

자기 통제력은 사람마다 다르다. 예전에 나는 사람들의 X-시스템 극복을 측정하고자 일종의 '인식 반응 시험 Cognitive reflection test, CRT'을 실시한 적이 있다. 이 시험은 MIT의 셰인 프레데릭이 처음 고안했다.

시험은 세 가지 문제로 구성된다.

① 야구방망이 1개와 야구공 1개를 합한 가격은 1.10달러다. 야구방망이는 야구공보다 1달러 비싸다. 야구방망이와 야구공의 가격은 각각 얼마인가?
② 5대의 기계로 5개의 부품을 만드는 데 5분이 걸린다. 100대의 기계로 100개의 부품을 만드는 데는 얼마의 시간이 걸리는가?
③ 어떤 연못에 연꽃밭이 있다. 이 연꽃밭은 매일 두 배 크기가 된다. 연꽃밭이 호수 전체를 덮는 데 48일이 걸린다면, 연꽃밭이 호수의 반을 덮는 데는 며칠이 걸리는가?

각각의 문제에 대해서 간단하지만 틀린 답X-시스템이 반응한 결과이 있으며, 간단하지 않지만 정확한 답C-시스템이 반응한 결과이 있다.

X-시스템은 최선보다 만족을 추구하는 시스템이기에 대략 맞을 것 같은 답을 찾는다. 이때 그 답을 C-시스템으로 검토하지 않으면, X-시스템은 그 답을 정답으로 제시한다. 그런데 우리가 자기 통제를 하게 되면, C-시스템이 활성화해 결과를 검토하고 필요한 경우 결과를 뒤집는다.

나는 수년에 걸쳐 700명 이상의 펀드매니저와 애널리스트들에게 이 세 가지 문제를 냈다. 〈Figure 13.3〉은 이들 가운데 몇 %가 몇 개의 문제를 맞혔는지를 나타낸 것이다. 세 문제를 모두 맞힌 펀드매니저와 애널리스트는 40%에 불과했다. 나머지 60%는 자기 통제력을 충분히 발휘하지 못한 것이다.

궁금해할 것 같아서 답을 알려주자면 **①번 문제의 정답은 야구방망이 1.05달러, 야구공 0.5달러다. ②번은 5분이고, ③번의 답은 47일이다.**

| Figure 13.3 | 정답을 맞힌 펀드매니저와 애널리스트들의 비율

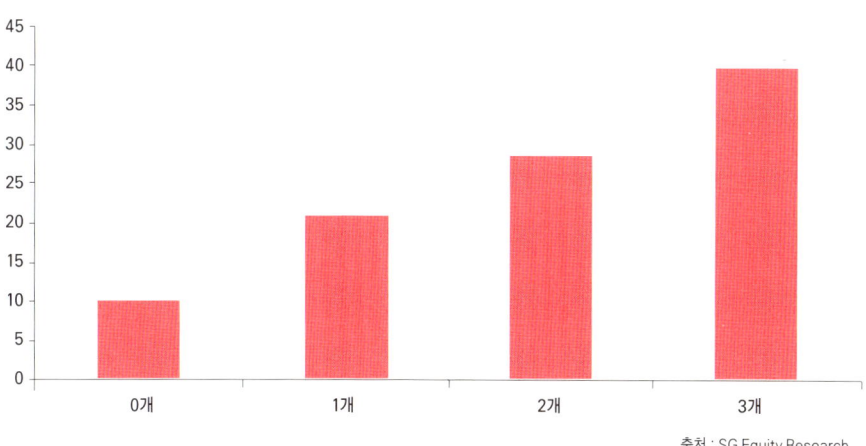

출처 : SG Equity Research.

스티븐 스웰든과 연구팀도 쉬브의 동전 던지기 게임과 동일한 게임을 연구했는데, 이 연구에서 스웰든은 실험 참가자들이 X-시스템에 얼마나 의존하는지를 측정했다. '나는 행동 지침으로 감정을 사용하는 경향이 있다', '나는 직관적 인상에 의존하는 것을 선호한다', '나는 직관력이 그리 좋지 않다'를 포함한 8개의 문항에 실험 참가자들이 어느 정도 동의하는지 자가 보고를 받았다. 그다음 그 내용을 기반으로 X-시스템 의존도를 측정했다.

제한된 자원의 소진으로 나쁜 결정을 내리게 된다면, 자기 통제력을 소모해 X-시스템에 더 많이 의존할수록 더 나쁜 결정을 내려야 할 것이다. 연구팀은 이를 확인하고자 한 그룹의 실험 참가자들에게 '스트룹Stroop' 검사를 실시했다.

스트룹 검사는 단어를 읽는 게 아니라 해당 단어의 색깔을 말하게 하는 검사다. 일테면 파란색 잉크로 '빨강'이라는 단어를 써놓았다면 '빨강'이 아닌 '파랑'이라고 글자 색깔을 말해야 정답이 된다. 두뇌 훈련 게임을 좋아하는 사람들은, 그 명칭은

| Figure 13.4 | 인식 스타일과 스트룹 검사 여부에 따른 게임 참가 횟수 비율

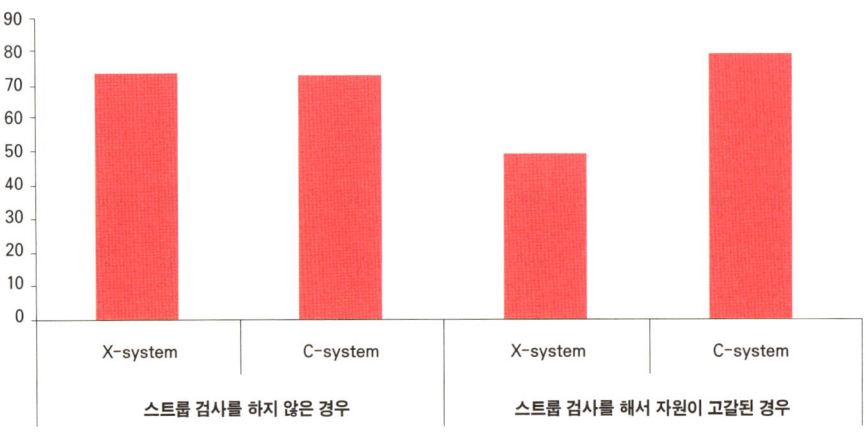

출처 : De Langhe et al.

몰랐어도 스트룹 검사 같은 게임을 한 번쯤은 해봤을 것이다. 이 스트룹 검사를 제대로 받으려면 상당한 집중력과 의지력이 필요하다.

〈Figure 13.4〉는 사람들의 인식 스타일과 스트룹 검사를 했느냐의 여부에 따라, 다음 동전 던지기 게임에 참여한 횟수의 전체 비율을 나타낸 것이다. 스트룹 검사를 하지 않은 경우_{통제 상황}, 인식 스타일에서 X-시스템과 C-시스템에 의존하는 사람들 모두 같은 결과를 보였다. 이들이 다음 게임에 참여한 횟수의 비율은 약 70%였다.

반면 스트룹 검사를 해서 자기 통제력 자원이 소진됐을 때의 결과는 매우 달랐다. **자원이 소진됐어도 C-시스템에 많이 의존하는 사람들은 계속 좋은 결과를 보였다. 이들이 다음 게임에 참여한 횟수의 비율은 78%에 이르렀다. 그러나 X-시스템에 많이 의존하는 사람들은 자원이 소진된 경우 매우 나쁜 결과를 보였다. 이들이 다음 게임에 참여한 횟수의 비율은 49%에 그쳤다.**

이미 설명했듯이 이 동전 던지기 게임에서는 모든 게임에 전부 참가하는 것이 최상의 선택이다.

펀드매니저 가운데 X-시스템에 의존하는 행태를 보이는 사람이 60%에 이른다는 사실을 고려하면, 수많은 전문투자자가 주식시장이 제공하는 기회를 잡으려고 하지 않는 것도 그리 놀라운 일은 아니다.

: 현재에 집중하라

투자자들은 시간에 대한 불교적 관점을 받아들이는 것이 좋다. 과거는 이미 지나갔으므로 바꿀 수 없고, 미래는 아직 오지 않았기에 알 수 없으므로, 우리는 오직 현재에 초점을 맞춰야 한다. 모든 투자 결정은 과거의 경험 또는 미래에 대한 희망이 아니라, 현재 시장에서 분석되는 가치의 정도에 근거해 이뤄져야 한다.

그렇지만 이와 같은 마음을 갖는 것은 정신적으로 매우 어렵다. 인간의 뇌는 단기에 초점을 맞추고 극단적으로 손실을 두려워하기 때문이다. 이런 까닭으로 약세장에서 합리적인 투자 결정을 내리기가 쉽지 않지만, 부단히 노력해야 하겠다.

가치투자를 방해하는 것들

장기적으로 볼 때 결국 가치주가 이긴다는 사실은 새로운 뉴스가 아니다. 그런데도 여전히 진정한 가치투자자는 많지 않다. 이 챕터에서는 투자자들의 진정한 가치투자를 방해하는 행태적·심리적 걸림돌에 관해 살펴본다.

가치투자를 위해 극복해야 할 대표적 걸림돌로는 '손실 혐오', '단기 편향', '군중 심리', '나쁜 이야기', '자기 과신', '지루함'이 있다.

- 심리학자들의 주장에 따르면 지식과 실제 행동이 늘 일치하는 것은 아니라고 한다. 분명히 잘못인 줄 알면서도 그렇게 행동하는 경우가 적지 않다는 것이다. 예를 들면 콘돔이 에이즈 감염률을 감소시킨다는 사실을 알고 있지만, 그렇다고 사람들이 언제나 콘돔을 사용하는 것은 아니다. 다른 경우도 마찬가지다. 장기적으로 가치주가

시장을 이긴다는 사실을 안다고 해서, 모든 투자자가 가치투자자가 되는 것은 결코 아니다.

- 이와 같은 문제 말고 다른 여러 가지 행태적 걸림돌도 가치투자를 방해한다. 많은 투자자가 이른바 투자의 성배, 즉 절대로 돈을 잃지 않는 전략을 찾고자 애쓴다. 하지만 투자의 성배란 애초에 존재하지 않는다. 투자는 어디까지나 확률이며, 그렇기에 손실도 발생할 수 있다. 그러나 투자자 대부분이 이익을 좋아하는 것 이상으로 손실을 싫어하는 '손실 혐오' 성향을 갖고 있다는 점을 고려할 때, 가치투자처럼 때로는 단기적 손실을 감수해야 하는 전략을 시행하기란 그리 쉽지 않다.

- 가치투자에는 장기적 관점이 절대적으로 필요하다. 그렇지만 이런 관점은 인간의 본성상 썩 자연스러운 일이 아니다. 단기 이익의 가능성이 가시화할 때 투자자들은 장기적인 것은 망각한다. 그래서 존 메이너드 케인스는 장기적 관점에 근거한 투자는 매우 어려워서, 이를 실제로 실천하는 경우가 드물다고 말했다.

- 신경과학자들은 인간이 육체적 고통을 느끼는 뇌 부위와 동일한 부위에서 사회적 고통을 느낀다는 사실을 발견했다. 가치투자를 하다 보면 군중과 반대로 행동해야 하는 때가 자주 생기는데, 이 경우 '군중 심리'에 반하게 되므로 사회적 고통을 느끼게 된다. 이런 측면에서 가치투자자는 금융계의 마조히스트라고도 할 수 있다.

- 대체로 가치주에 관한 이야기와 뉴스는 긍정적이지 않다. 투자자들이 어떤 주식들을 선호하지 않는 데는 여러 이유가 있을 것이다. 그렇기에 무작정 '나쁜 이야기'를 거부하고, 그것들이 주가에 반영돼 있는지에만 초점을 맞추는 것은 정말 어렵다.

- 항상 그렇듯 '자기 과신'도 가치투자를 방해한다. 단순한 규칙이 복잡한 인간보다 낫다는 것을 인정하기란 쉽지 않다. 대개의 투자자는 규칙이나 모델보다 자신이 주식을 더 잘 평가하고 선택할 수 있다고 믿는다. 그러나 여러 증거로 볼 때 이는 자기 과신이며 잘못된 생각이다.

- 물론 대부분의 투자자는 모두 좋은 의도를 갖고 투자한다. 하지만 심리학자들의 연구에 따르면 사람들은 미래의 행동을 예측할 때 현재의 의도를 지나치게 중시한다. 훌륭한 가치투자자가 될 것이라고 말하면 말할수록, 오히려 그렇게 될 가능성은 생각보다 훨씬 작아진다.

* * *

: 지식과 행동의 불일치

옳은 것이 무엇인지 알고 있다고 해서 언제나 옳은 행동을 하는 것은 아니다. 마찬가지로 가치주가 장기적으로 결국 시장을 이긴다는 것을 알더라도, 모든 투자자가 가치투자자가 되는 것은 결코 아니다.

타린 딘켈먼의 연구팀은 지식과 행동을 명료하게 구분했다. 이들은 에이즈 및 에이즈 예방에 대한 지식과 실제 성행위 사이의 차이를 연구했다〈Figure 14.1〉 참조. 조사 대상 남성 응답자의 91%가 콘돔 사용으로 에이즈 감염을 막을 수 있다는 사실을 알고 있었다.

그런데도 성행위 시 콘돔을 사용한 비율은 70%에 그쳤다. 여성의 경우에는 상

| Figure 14.1 | 에이즈에 대한 지식과 콘돔 사용 : 응답자들의 비율

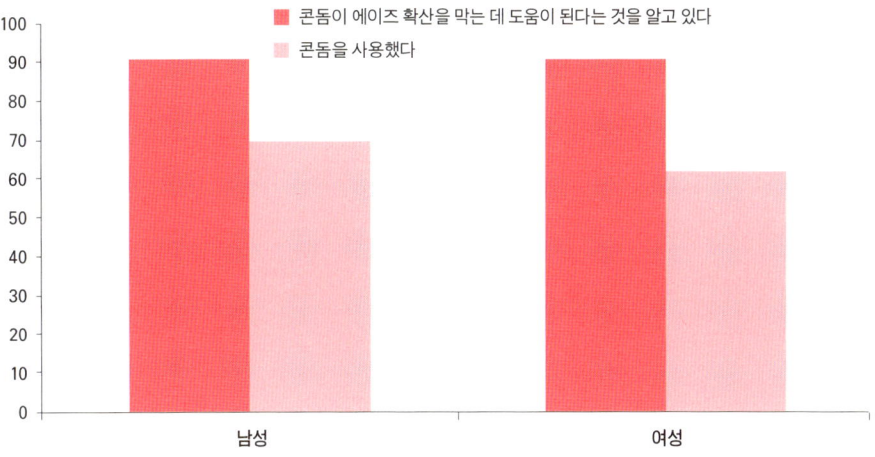

출처 : Dinkelman et al, DrKW Macro Research.

황이 더 좋지 않았다. 여성 응답자의 92%가 콘돔이 에이즈 예방에 유용하다는 사실을 알았지만, 이들 가운데 콘돔을 사용한 비율은 63%에 불과했다.

에이즈와 같이 치명적 질병에서도 지식이 행동을 바꾸지 못하는데, 상대적으로 하찮은 투자의 세계에서는 오죽하겠는가?

: 손실 혐오

사람들은 늘 돈을 벌게 해주는 투자의 성배 같은 전략을 찾으려고 애쓰지만, 그런 것은 애당초 존재하지 않는다. 그러므로 투자의 성배를 찾아 헤매는 일은 무의미하다. 마치 그런 전략이 있다는 듯 말하는 것도 잘못이며 사기라고 할 수 있다. 투자의 본질은 확률이기에 투자는 근본적으로 불확실하다. 따라서 손실 없이 수

| Figure 14.2 | 가치투자로 플러스 수익률을 낸 연도의 비율

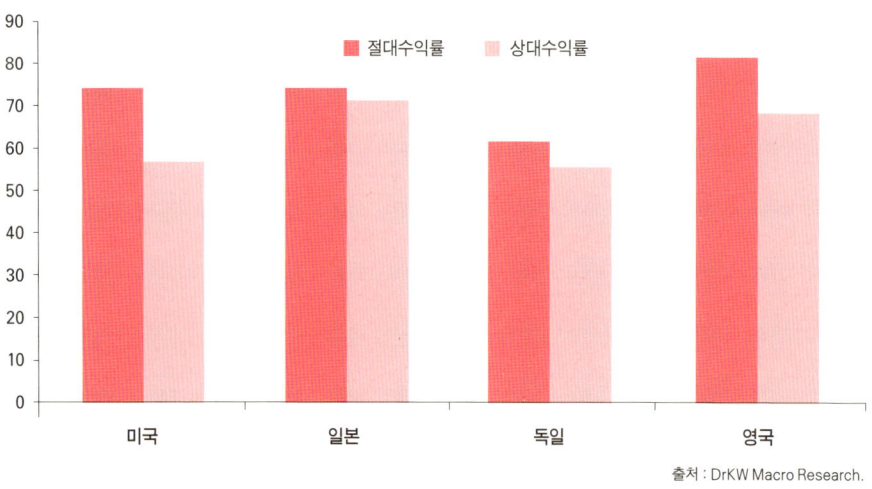

출처 : DrKW Macro Research.

익만 가져다주는 전략은 없다.

〈Figure 14.2〉는 가치투자를 통해 시장 평균을 상회하는 수익률을 낸 연도의 비율을 나타낸 것이다. MSCI 지수를 기준으로 가치투자를 통해 1975~2006년 약 70%에 해당하는 기간에 플러스 절대수익률을 기록했다.

이는 10년 중 3년은 마이너스 수익률을 기록했음을 의미하는데, 많은 투자자가 가치투자를 하지 않는 까닭이 바로 이 3년의 마이너스 수익률 때문이다. 이익의 쾌감보다 손실에 대한 혐오가 훨씬 큰 것이다.

여러 연구에 따르면 투자자들이 손실을 혐오하는 정도는 이익을 즐기는 정도보다 최소한 두 배 컸다. 이런 경우를 떠올려보자. 동전 던지기 게임에서 질 경우 100 파운드를 잃는다고 할 때, 여러분이라면 이겼을 때 최소한 얼마를 받아야 게임에 참여하겠는가?

450명 이상의 펀드매니저를 대상으로 조사한 결과, 평균 190파운드는 받아

| Figure 14.3 | 펀드매니저들도 손실을 혐오한다(빈도, %)

출처 : DrKW Macro Research.

야 게임에 참여하겠다고 응답했다. 펀드매니저들도 손실을 혐오하고 있는 것이다 〈Figure 14.3〉 참조.

조엘 그린블라트는 그의 또 다른 명저 《주식시장을 이기는 작은 책》에서 투자자들이 자신이 제시한 '마술 공식'을 받아들이지 못하게 만드는 손실 혐오의 역할을 다음과 같이 설명했다.

"여러 달, 심지어 여러 해 동안 시장 평균을 밑도는 실적의 주식들을 매일 같이 살펴고 있다고 생각해보라. 검증 결과 내 마술 공식에 따른 포트폴리오는 12개월 중 5개월은 시장 평균보다 낮은 실적을 냈다. 연간으로 따지면 4년 중 1년은 시장 평균을 넘지 못했다."

가치투자를 할 때 단기적으로 일정 기간 감수해야 할 손실을 참을 수 없기 때문에, 많은 투자자가 결국 가치투자자가 되지 못하는 것이다.

: 지연된 만족과 단기 편향

가치투자는 단기적으로 효과를 내지 못할 수 있다. 이는 효과를 내는 데 시간이 걸린다는 뜻이다. 그렇지만 장기적으로는 결국 시장을 이긴다. 가치투자 전략을 실천할 경우 그 보상은 두 가지 방식으로 제공된다.

하나는 매우 저평가된 주식을 매수했는데 다른 사람들도 그 주식이 정말 싸다고 생각해 매수할 때다. 그러면 해당 주식의 가격은 곧바로 상승한다_{자본 차익}.

또 하나는 그 주식이 저평가된 상태를 유지하더라도 계속 높은 배당수익률을 제공함으로써 장기적으로 더 높은 수익을 내는 것이 가능하다_{배당수익}. 그리고 이 두 가지 경우가 모두 가능할 수도 있다. 그러나 가치투자 전략을 실행하지 않으면 어떤 방법으로 그와 같은 수익을 거둘지 미리 알 수 없다.

요컨대 가치투자자는 장기적 관점을 가져야 한다는 것이다. 나는 한 주식의 보유 기간이 뉴욕증권거래소에서는 평균 11개월에 불과했으나, 가치투자자들의 경우 평균 5년이라는 사실을 발견했다⟨Figure 14.4⟩ 및 ⟨Figure 14.5⟩ 참조.

그렇기는 하지만 장기적 관점은 자연스럽게 형성되지 않는다. 보상받을 가능성이 있을 때 우리의 뇌는 도파민을 분비한다. 도파민은 기분을 좋게 만들고, 자신감을 느끼게 하며, 흥분시킨다. 도파민 수용체는 대부분 X-시스템과 연관된 뇌 부위에 위치한다. 금전적 보상을 받을 가능성이 있으면 음식을 즐기거나 마약을 복용할 때와 마찬가지로 도파민 분비가 촉진된다는 연구 결과가 있다.

새뮤얼 맥클루어 등은 '지연된 만족'과 관련한 결정에 영향을 미치는 신경 시스템을 연구했다. 사람들은 현재와 관련해서는 참을성이 없지만, 미래와 관련해서는 참을성 있게 행동하는 경향이 있다. 예컨대 오늘 10파운드를 받을지 내일 11파운드를 받을지 선택하라고 하면, 많은 사람이 오늘 10파운드를 받는 쪽을 택했다. 그

| Figure 14.4 | 뉴욕증권거래소 평균 주식 보유 기간(년)

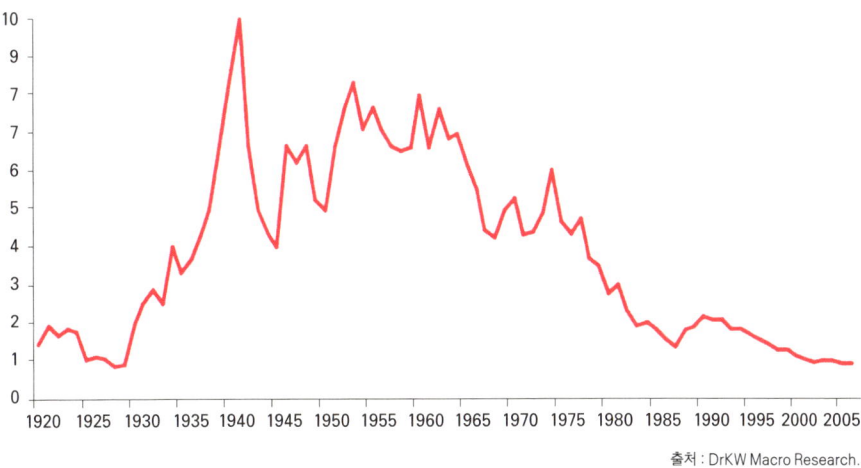

출처 : DrKW Macro Research.

| Figure 14.5 | 런던증권거래소 평균 주식 보유 기간(년)

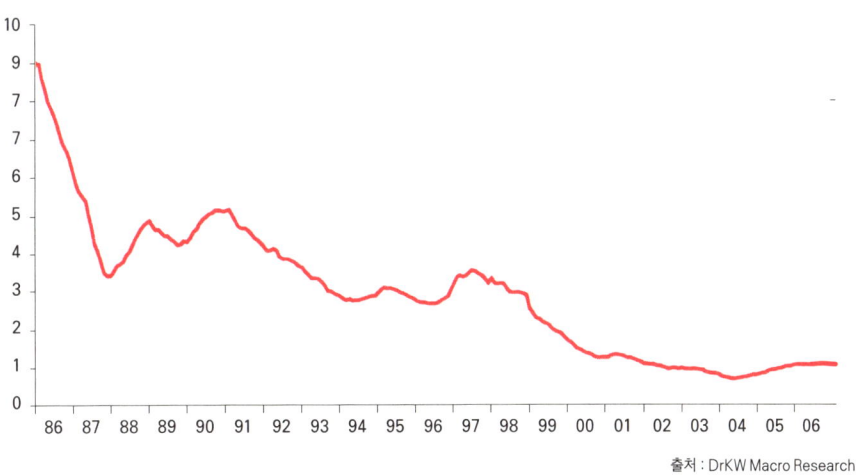

출처 : DrKW Macro Research.

런데 1년 후에 10파운드를 받을지 1년 하루 뒤에 11파운드를 받을지 선택하라고 했을 때, 앞선 선택에서는 즉각적인 보상인 10파운드를 택한 사람 대부분이 1년 하루 뒤에 11파운드를 받는 것을 택했다.

맥클루어 등은 이와 같은 선택 상황에 뇌에서 벌어지는 일을 살펴보기 위해 빠른 금전적 보상과 지연된 금전적 보상 사이에서 선택해야 할 때 사람들의 뇌의 활성화 정도를 측정했다. 한 가지는 오늘과 내일 같은 즉각적인 두 보상 사이의 선택으로, 또 한 가지는 1년 후와 1년 하루 뒤와 같은 지연된 두 보상 사이의 선택으로 실험을 설계했다.

맥클루어 연구팀은 '오늘과 내일 같은' 즉각적인 두 보상 사이의 선택을 하는 경우에는 대뇌 기저핵 일부인 복측 선조체Ventral striatum, 내측 안와전두피질Orbitofrontal cortex, 내측 전전두피질Medial prefrontal cortex 등이 활성화하는 것을 발견했다. 그런데 이 부위는 모두 X-시스템과 연관된 부분이다. 맥클루어 연구팀은 이 부위들이 중뇌 도파민 시스템과도 연계돼 있다고 지적하면서, 이런 뇌 구조는 지속해서 충동적인 행동에 관여한다고 설명했다.

'1년 후와 1년 하루 뒤와 같은' 지연된 보상 사이의 선택에는 전전두피질과 두정엽Parietal lobe이 관여했다. 이 두 부위는 C-시스템과 관련된 부분이다. 선택이 어려울수록 이 부위가 더 많이 활성화했다. 그런데 우리가 X-시스템을 무시하기는 매우 어렵다. C-시스템이 문제를 검토할 기회를 갖기 전에 X-시스템이 먼저 반응하는 경우가 많기 때문이다.

결국 대개의 경우 우리는 단기적인 것에 얽매이게 될 가능성이 크다. 그래서 케인스는 **장기적 관점에 근거한 투자는 매우 어려워서, 이를 실제로 실천하는 경우가 드물다고 말한 바 있다. 인내는 가치투자 최고의 미덕이다.**

투자에서 손실 혐오와 시간 지평은 서로 별개의 문제가 아니다. 포트폴리오를 많이 확인할수록 손실을 확인할 가능성도 커진다. 뛰어난 펀드매니저가 3년 연속 손실을 내는 경우도 있다. 나는 모든 펀드매니저가 3% 알파와 6% 추적 오차를 기

| Figure 14.6 | 연속해서 시장 평균 이하의 실적을 낸 연수의 빈도

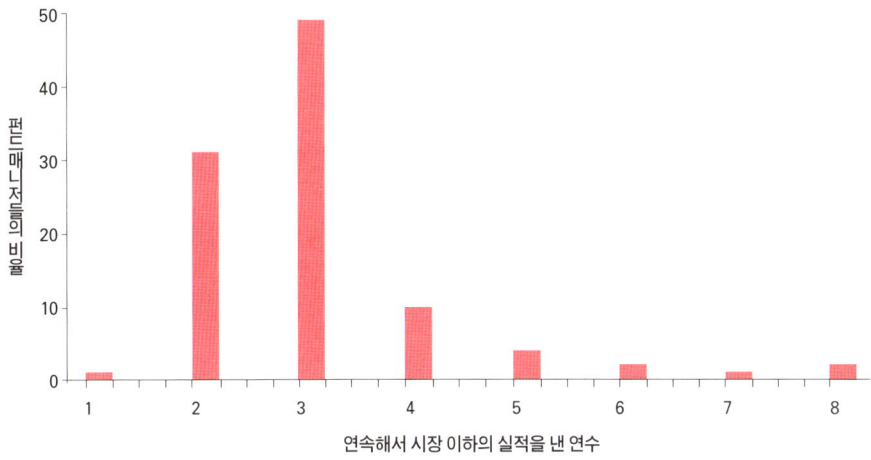

출처 : DrKW Macro Research.

록한 가상의 세계를 상정한 뒤, 가상의 펀드매니저들에게 50년 동안 자금을 운용하도록 시뮬레이션해봤다.

〈Figure 14.6〉은 이 가상의 펀드매니저들이 연속해서 시장 이하의 실적을 거둔 연수의 비율을 나타낸 것인데, 약 70%가 3년 이상 시장 평균 이하의 실적을 내는 것으로 나왔다.

아미트 고얄과 수닐 와할은 우리가 고객들에게 투자 위험을 지금보다 훨씬 상세하게 설명해야 하는 이유를 증명했다〈Figure 14.7〉 참조. 모든 연기금 신탁회사는 이들의 연구 결과에 주목할 필요가 있다.

이들은 1993~2003년 연기금 신탁회사들의 펀드매니저 고용 및 해고와 관련한 400건 이상의 의사결정을 조사했다. 이들이 발견한 결과는 수익을 추구하는 행태의 고전적 특징을 잘 보여줬다. 연기금 신탁회사들이 고용한 펀드매니저들은 고용되기 3년 전에는 시장보다 평균 약 14% 높은 수익률을 냈다. 하지만 고용된 이후

| Figure 14.7 | 고용 및 해고 결정이 있기 전후 펀드매니저의 실적(%)

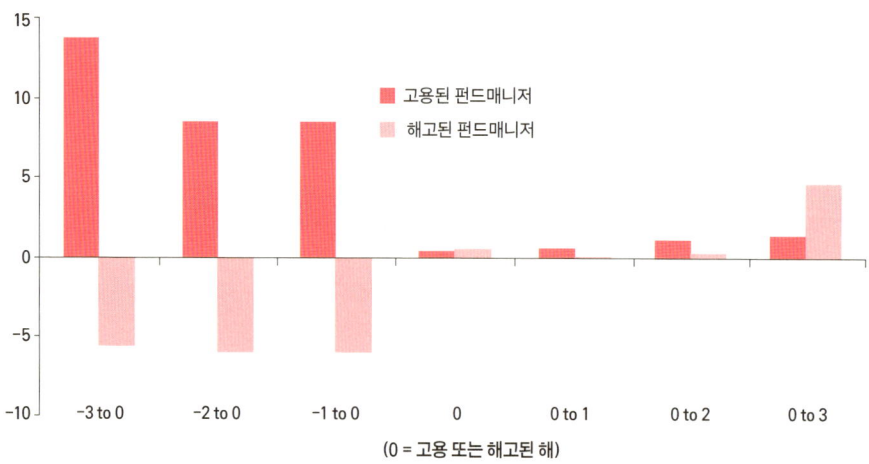

출처 : Goyal and Wahal, DrKW Macro Research.

에는 통계적으로 유의미한 수익을 내지 못했다.

한편으로 실적 때문에 해고된 펀드매니저들은 해고되기 3년 전에는 시장보다 평균 약 6% 낮은 수익률을 냈지만, 해고되고 3년 후에는 시장보다 평균 약 5% 높은 수익률을 올렸다. 이 결과를 통해 우리는 시간 지평을 확대해야 한다는 중요한 교훈을 얻을 수 있다.

사회적 고통과 군중 심리

여러 신경과학적 증거는 실제 고통과 사회적 고통을 느끼는 뇌 영역이 동일하다고 말한다. 나오미 아이젠버거와 매튜 리버먼은 실험 참가자들에게 컴퓨터 게임을 플레이하게 했다. 실험 참가자들은 자신이 다른 두 사람의 플레이어와 함께 공을 던지고 받는 컴퓨터 게임을 하는 것으로 생각했다.

그런데 사실 다른 두 플레이어는 실제 사람이 아니라 컴퓨터 인공지능이었다. 한동안 삼각 게임을 하다가 다른 두 플레이어_{인공지능}는 실험 참가자들을 빼고 자기들끼리만 공을 던지고 받았다.

사회적으로 배척됐다고 생각하자 실험 참가자들의 대뇌피질_{Cerebrum cortex}과 뇌섬엽_{Insular lobe}이 활성화했다. 이 두 부위는 모두 육체적 고통을 겪을 때 반응하는 영역이다.

역발상투자 전략은 사회적 고통을 감수하는 투자 전략이다. 이 전략을 실행하기 위해서는 다른 사람들이 모두 매도할 때 매수해야 하고, 다른 사람들이 매수하려고 달려들 때 매도해야 한다. 이는 당연히 사회적 고통을 유발한다.

아이젠버거와 리버먼의 연구 결과에 따르면 **역발상투자 전략을 실행하는 고통은 스스로 자신의 팔을 부러뜨리는 고통과 같다.** 그다지 유쾌한 일은 아닐 것이다. 그럼에도 불구하고 가치투자자라면 다음의 격언을 늘 염두에 둬야 할 것이다.

다른 사람들이 낙담해 팔 때 사고, 다른 사람들이 탐욕스럽게 살 때 파는 것은 불굴의 의지가 필요하다. 하지만 결국에는 커다란 보상을 안겨준다.

_존 템플턴 경

공공의 이익을 가장 많이 촉진하면서 실제로는 비난을 뒤집어쓰는 사람이 바로 장기투자자다. 일반인의 눈에 장기투자자의 행동은 이상하고, 비상식적이며, 무모하게 보이기 때문이다.

_존 메이너드 케인스

세속적인 가르침에 따르면 관습적으로 실패하는 것이 비관습적으로 성공하는 것보다 평판에 더 좋다.

_존 메이너드 케인스

﹕ 나쁜 이야기

주식 스크린 투자 종목 선택 과정을 수행하면 일련의 주식 리스트가 만들어진다. 대부분은 이와 같은 주식 리스트를 만든 뒤 각각의 주식과 관련한 시장 요인들을 분석한다. 일테면 "이 주식은 호재가 없어서 살 수 없겠군." 하는 식의 분석을 한다.

그런데 이때 해당 주식과 관련해 선입견 가득한 뉴스나 이야기가 개입하기 시작한다. 미인주에 엄청난 미래 성장 전망 같은 매혹적인 이야기가 따라붙듯이, 가치주가 싼 데에도 수많은 뉴스와 이야기가 있다. 이 때문에 투자자들이 주식 스크린의 제안을 따르지 못하는 경우가 많다. 차라리 모르는 게 약이 될 수 있다.

이야기는 군중의 입에 오르내리기 때문에 강력한 힘을 갖는다. 인간의 마음은 컴퓨터와 달라서 한계가 있다. 인식하는 정보에 의해 구속된다. 사람의 기억은 그림엽서나 사진처럼 작동한다고 하지만, 불행하게도 기업에 대한 기억은 그런 식으로 작동하지 않는다.

진실은 수많은 요소 중 하나에 불과하다. 예컨대 사람들에게 "미국에서 상어의 공격과 벼락 중에서 죽을 가능성이 더 높은 것은?"이라고 물으면, 해마다 벼락으로 사망하는 사람이 30배나 많은데도 상당수가 상어의 공격을 꼽는다. 이런 오류가 발생하는 이유는 나쁜 이야기 때문이다. 영화 〈죠스〉의 기억에 더해 플로리다나 하와이 해변에서 상어의 공격을 당했다는 뉴스가 항상 사람들 귀에 들려오기 때문이다.

주식시장도 마찬가지다. 기업 공개가 있을 때면 해당 주식에 성장 가능성과 같은 멋진 이야기가 곁들여진다. 그러면 '성장'은 상어가 벼락보다 죽음 원인으로 더 많이 인식되는 것처럼 해당 주식의 매력을 극대화한다. '가치'와 같은 사항은 제대로 고려되지 않는다.

가치주의 경우에는 반대 현상이 일어난다. 주가가 낮으면 해당 주식이 계속 쌀 수밖에 없는 수많은 나쁜 이야기가 따라붙는다. **그런 나쁜 이야기는 그 주식이 가치에 비해 저평가돼 있다는 사실을 완전히 압도한다.**

: 자기 과신

투자자들이 올바른 금융 분석 모델들을 사용하지 않는 주된 이유 가운데 '자기 과신'이 있다. 사람들은 자신의 능력을 과신한다. 이는 가치투자에도 똑같이 적용된다. MSCI 편입 종목 중 PER이 하위 20%인 주식에 투자하라는 등의 간단한 규칙을 따르는 대신 직접 주식을 고르는 경우가 많다.

스스로 통제할 수 있고 자신도 잘 알고 있다는 이른바 통제 및 지식의 망상이 이와 같은 자기 과신을 야기한다. 지식의 망상은 많이 알수록 더 나은 결정을 내릴 수 있다는 확신으로 연결된다. 직관적으로 더 많은 정보를 알면 더 나은 결정을 할 수 있는 것처럼 보이기도 한다.

그러나 그것이 틀렸음을 보여주는 증거가 매우 많다. 실제 현실은 더 많은 정보가 더 좋은 정보는 아니라는 사실을 잘 보여준다. 많은 경우에서 투자자들은 이른바 신호 추출 문제에도 시달린다. 범람하는 수많은 노이즈 가운데 의미 있는 정보를 추출하느라 애쓰는 것이다.

통제의 망상도 자기 과신에 한몫한다. 인간은 영향을 미칠 수 없는 것에 영향을 미쳤다고 믿는 '마술적 사고Magical thinking'의 전문가다. 에밀리 프로닌 등이 이와 관련한 연구를 진행한 적이 있다. 이들은 실험 참가자들에게 부두교에 관해 연구하고 있다고 설명했다.

실험 참가자들은 두 사람씩 짝을 이뤘는데, 그중 한 명은 연구에 은밀히 협조하는 사람으로서 성격이 유쾌하거나 아니면 까칠한 사람이었다. 실험에서 이들 연구 협조자들은 희생자로 선택됐고, 실제 관찰 대상자는 부두 인형에 침을 꽂는 주술사 역할을 하게 됐다.

본격적인 실험이 진행되기 전 주술사 역할을 하게 된 관찰 대상자들은 희생자 역할의 파트너유쾌하거나 까칠한와 얼마간 시간을 함께 보냈다. 그런 뒤 에밀리 연구팀은 이들 주술사들에게 자신의 파트너에 대해 구체적으로 떠올려보라면서, 그 모습을 소리 내어 말하지는 말라고 했다. 그다음에는 부두 인형에 침을 꽂도록 했다.

그리고 나서 연구팀은 희생자인 연구 협조자들에게 실제로 고통을 느꼈는지 물었다. 이들은 이 실험의 협조자이자 공모자로서 미리 짠 각본대로 "약간의 두통을 느꼈다."고 말했다. 이후 연구팀은 주술사 역할의 관찰 대상자들에게 희생자의 고통에 어느 정도 책임을 느꼈는지 물었다.

그러자 주술사 역할을 한 관찰 대상자로부터 흥미로운 결과가 나왔다. 유쾌한 파트너 쪽 주술사보다 까칠한 파트너 쪽 주술사가 희생자의 고통에 더 큰 책임을 느낀다고 응답했다. 그 이유는 까칠한 파트너 쪽 주술사가 부두 인형에 침을 꽂는 과정에서 더 많은 분노를 느꼈기 때문이었다.

이어서 프로닌 연구팀은 몇 가지 후속 실험을 진행했다. 두 사람씩 짝을 이뤄 한 사람은 눈가리개를 하고 다른 한 사람은 농구 골대를 향해 슛하도록 했다. 눈가리개를 한 사람들에게는 슛하기로 한 파트너가 슛하거나 아니면 그냥 슛하는 시늉을 하는 상상을 해보라고 했다. 그 결과 파트너가 슛하는 상상을 한 실험 대상자들이 슛 성공 여부에 훨씬 많은 책임을 느꼈다.

연구팀은 마지막으로 실제 농구 경기를 열고 실험 대상자 각자에게 파트너가 얼마나 왜 중요한지 말하게 하거나, 그저 단순히 파트너의 체격을 묘사하도록 했다. 그렇게 경기를 마친 후 실험 대상자들에게 팀의 성적에 책임을 얼마나 느끼는지 물었다. 그러자 파트너의 중요성을 말하도록 한 실험 대상자들이 팀 성적에 훨씬 많은 책임을 느낀다고 응답했다(Figure 14.8) 참조.

세 가지 실험에서 관건이 되는 문제까칠한 파트너, 슛하는 모습, 파트너의 중요성에 대해 미리 생각한 사람들은 영향을 미칠 수 없는 것에 영향을 미쳤다고 믿는 '마술적 사고'가 훨씬 강했다.

이 심리는 투자에도 그대로 적용된다. 투자자들도 자신이 선택하는 주식에 대해 생

| Figure 14.8 | 책임감의 정도(1=전혀 책임감 느끼지 않음, 7=전적으로 책임감 느낌)

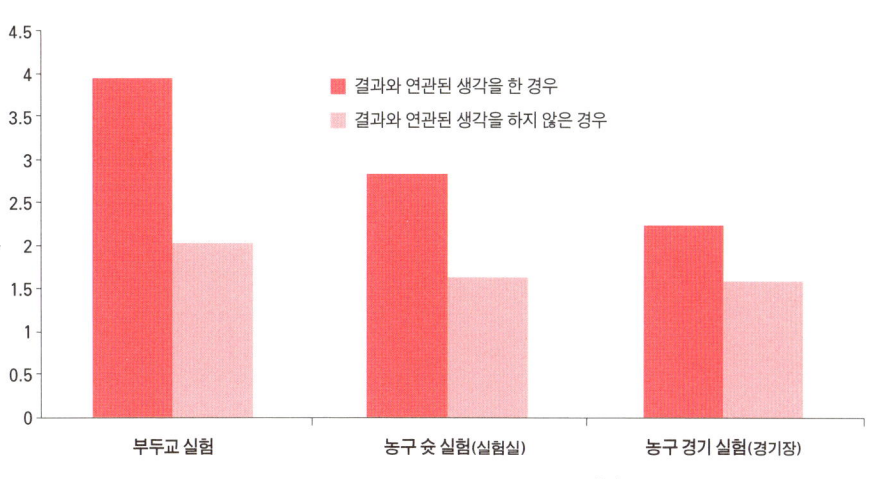

출처 : Pronin et al, DrKW Marco Research.

각한다. 그렇기에 실제로는 자신이 영향을 미칠 수 없는 결과에 책임을 느끼는 통제의 망상, 즉 마술적 사고에 빠지게 된다.

: 지루함

이제 가치투자의 마지막 걸림돌인 '지루함'에 대해 살펴보자. 존 메이너드 케인스는 "전문적인 투자 게임은 도박 본능이 전혀 없는 사람에게는 참을 수 없을 정도로 지루하고 힘든 일인 반면, 도박 본능이 있는 사람이 뛰어들면 그 도박 본능 때문에 적절한 대가를 치르게 된다."고 말했다.

단순한 규칙과 절차를 따르는 것은 사실 재미있는 일은 아니다. 반면 매일 기업과 만나고 애널리스트들과 대화를 나누는 것은 재미있는 일이 될 수도 있다. 그러나 이런 일을 재미 삼는 이들에게는 내가 할 수 있는 것 이상의 많은 도움이 필요하다. 폴 새뮤얼슨은 "투자는 지루해야지 재미있어서는 안 된다. 투자는 마치 페인트가 마르는 모습 또는 잔디가 자라는 모습을 지켜보는 것과 같아야 한다."고 말했다. 재미를 원한다면 800달러를 들고 라스베이거스에 가는 게 낫다.

중요한 것은 의도가 아니라 실천이다. 마지막 충고를 던지면서 이 챕터를 마무리하고자 한다. 우리는 모두 비록 선의로 시작하지만, "지옥으로 가는 게 선의로 포장돼 있다."는 격언도 있음을 잊어서는 안 된다.

데릭 퀼러와 코니 푼이 이를 완벽하게 증명해냈다. 이들은 실험 참가자들에게 헌혈의 날에 헌혈하는 문제에 대해 설문 조사를 실시했다. 이들은 실험 참가자들에게 헌혈할 의도가 어느 정도인지 응답해달라고 요청했다. "헌혈에 대해 생각한 결과, 나는 오는 7월 14~22일의 헌혈의 날에 반드시 헌혈하겠다."와 같은 문장에 1점

| Figure 14.9 | 현재 의도의 강도에 따라 예상되는 헌혈 가능성과 실제 헌혈 결과

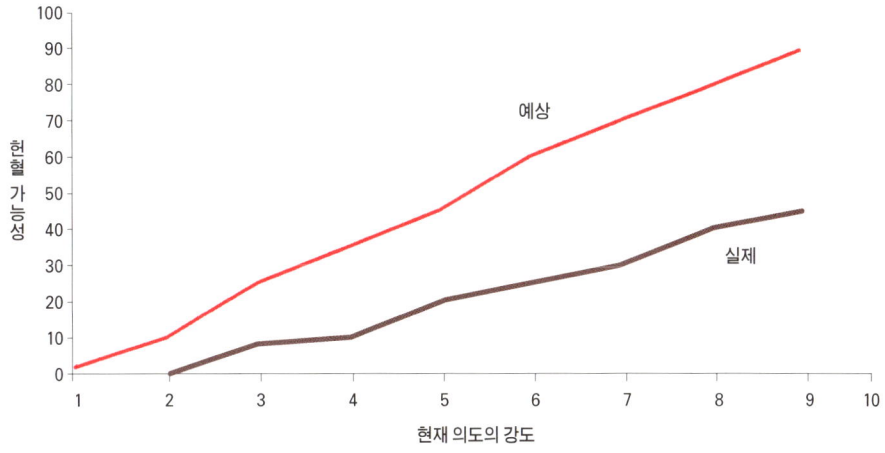

출처 : Koehler and Poon, DrKW Marco Research.

절대로 안 함에서 9점반드시 함까지 점수를 부여하게 했다. 실험 대상자들의 현재 의도의 강도가 어느 수준인지 측정하기 위함이었다.

〈Figure 14.9〉는 현재 의도의 강도에 따라 실험 대상자에게 예상되는 헌혈 가능성과 실제 헌혈 결과를 나타낸 것이다. 실험 참가자들은 대체로 자신의 헌혈 가능성에 대해서는 매우 낙관적이었다. 헌혈 가능성이 실제 헌혈 결과보다 평균 30%p 높다는 것이 이를 잘 보여준다. 현재 의도의 강도가 클수록 헌혈 가능성은 실제 헌혈 결과보다 훨씬 더 높아졌다. 이는 현재의 의도가 행동 그 자체가 아니라 행동 가능성에만 전반적으로 영향을 미친다는 것을 의미한다.

이런 것들로 미뤄볼 때 **"이제부터 나는 가치투자자가 되겠다."**고 말하는 것은 쉽지만, 그것이 실제 '가치투자자가 되는지 아닌지'에는 큰 영향을 주지 못한다. 늘 중요한 것은 의도가 아닌 실천인 것이다.

군중 심리나
외부 자극에 흔들리지 않는
굳건한 가치 지향적 태도와
그에 걸맞은 기질을 지닌 사람만이
장기투자에 성공한다.

저자는 투자자들이 흔히 빠지는
마인드의 오류를 짚어내며,
투자 과정을
어떻게 개선해야 하는지에 대해
깊이 있는 통찰을 제공한다!

- 마이클 J. 모부신, 《운과 실력의 성공 방정식》 저자
컬럼비아 대학교 경영대학원 교수

PART III

가치투자의 철학

Chapter 15

가치투자를 위한 10가지 원칙

지난 수년 동안 나는 수차례에 걸쳐 나만의 투자 원칙이 무엇이냐는 질문을 받았다. 이 챕터에서 나는 가치투자에 관한 내 믿음을 밝히고자 한다. 그리고 그 믿음의 근거도 제시할 것이다.

그런데 나의 투자 원칙을 제시하기 전 한 가지 질문을 던져야겠다. 그 질문은 다름 아닌 "투자의 목적은 무엇인가?"다. 이 질문의 대답이 모든 것을 포함하게 될 것이다. 나는 "<u>모든 장기투자자의 유일한 투자 목적은 세후 총수익 최대화다.</u>"는 존 템플턴 경의 말이 가장 좋은 해답이라고 믿는다. 이것 말고는 아무것도 중요하지 않다. 그렇다면 두 번째 질문이 가능할 것이다.

"이 목적을 달성하려면 어떻게 투자해야 하는가?"

- 원칙 ① 가치, 가치, 가치, 언제나 가치가 가장 중요하다 : 가치투자는 내가 아는 한 유일하게 안전을 지향하는 투자법이다. 가치투자는 투자 과정의 핵심으로 안전마진을 강조함으로써, 성장의 희망에 대한 과도한 비용을 지불할 투자 리스크를 효과적으로 최소화한다.

- 원칙 ② 역발상투자자가 된다 : 일찍이 존 템플턴 경은 "다수와 다르게 행동하지 않는 한 우수한 성과를 내는 것은 불가능하다."고 말했다.

- 원칙 ③ 인내한다 : 주가가 충분히 하락할 때까지 기다리는 것에서부터 너무 일찍 매도하는 '가치투자의 저주'를 다루는 일에 이르기까지, 인내는 모든 측면에서 가치투자에 필수다.

- 원칙 ④ 구속받지 않는다 : 주식시장에서 아무리 정리와 분류가 유행하더라도 투자에는 도움이 되지 않는다. 기회가 생기면 언제든지 자유롭게 그 기회를 이용할 수 있어야 한다.

- 원칙 ⑤ 예측하지 않는다 : 심각한 결함이 있고, 사실상 불가능한 예측에 의존하지 말고 보다 과학적인 투자법을 찾아야 한다.

- 원칙 ⑥ 주기를 활용한다 : 하워드 마크스가 말했듯이 예측할 수는 없어도 준비할 수는 있다. 경제, 신용, 감정 주기를 알면 가치투자에 큰 도움이 된다. 투자자들이 반드시 알아야 할 두 가지 중요한 개념은 다름 아닌 '가치'와 '주기'다.

- 원칙 ⑦ 과거에서 배운다 : '이번에는 다르다'는 생각은 투자에서 가장 위험하다. 과거와 맥락을 알면 과거의 실수를 되풀이하지 않게 된다.

- 원칙 ⑧ 의심하고 또 의심한다 : 나의 투자 영웅 중 한 사람은 "맹목적 믿음은 너를 죽일 것이다."고 말했다. 장기적 성공과 생존을 위해서는 다른 사람들의 말을 의심하고 비판적 사고력을 키워야 한다.

- 원칙 ⑨ 거시적 접근과 미시적 접근을 병행한다 : 2007년 서브프라임 모기지 사태에서 얻을 수 있는 한 가지 중요한 교훈은 거시적 관점과 미시적 관점이 모두 중요하다는 사실이다. 이 두 가지 관점 가운데 어느 하나에만 독점적 통찰력이 있는 게 아니다. 두 가지 관점을 결합해 투자에 접근해야 한다.

- 원칙 ⑩ 내가 대접받고 싶은 만큼 고객을 대한다 : 고객을 대신해 어떤 종목에 투자할 때 항상 스스로에게 던져야 할 질문이 있다. "내 돈이라면 이렇게 투자하겠는가?"

* * *

지난 수년 동안 나는 수차례에 걸쳐 "나만의 투자법이 무엇이냐?"는 질문을 받아 왔지만, 지금까지는 그 질문에 대해 대답하지 않았다. 그러나 이제 나의 투자 원칙을 밝혀야 할 때가 된 것 같다. 이 챕터에서는 나의 투자 원칙을 제시할 것이다. 하지만 그 전에 가장 중요한 질문을 되새기고 정리해야 한다.

"투자의 목적은 무엇인가?"

: 투자의 목적

"투자의 목적은 무엇인가?"라는 질문은 사실 끊임없이 던져야 할 질문이다. 내가 생각하기에 그에 대한 가장 명확한 해답은 **"모든 장기투자자의 유일한 투자 목적은 세후 총수익 최대화다."**는 존 템플턴 경의 말이다.

그리고 존 메이너드 케인스의 **"보유 자금에 대해 상당한 이자를 받는 동시에, 보유 자금의 가치가 심각하게 하락할 위험을 최소화하는 것이다."**는 말도 좋은 해답이 될 것이다.

투자의 목적에 관한 이와 같은 정의는 우리에게 많은 것을 시사한다. 물론 오늘날처럼 상대 실적 경쟁이 팽배한 금융계에서는 '세후 총수익' 같은 단순한 개념이 부각하는 경우는 많지 않다. 그러나 분명한 사실은 어떤 투자든 간에 궁극적으로 추구해야 할 목표는 '실질수익률'이라는 것이다.

실질수익률의 관점에서 바라보면 알파와 베타에 집착하는 현대 금융산업의 오류에 빠질 가능성을 줄일 수 있다. Chapter 2 〈자본자산 가격결정 모델을 버려라〉에서 말했듯이, 나는 경험적 차원과 이론적 차원 모두에서 자본자산 가격결정 모델을 거부한다.

자본자산 가격결정 모델을 거부하면 알파와 베타 같은 개념은 아무런 의미가 없어지고, 알파나 베타를 확인하려고 시간을 허비하는 대신 수익 창출에 초점을 맞출 수 있다.

투자의 목적이 총수익_{실질수익률} 극대화라는 데 동의했다면, 이제는 이 목적을 달성할 수 있는 투자 철학에 관심을 가져야 할 필요가 있다. 다음은 나의 10가지 투자 원칙이다. 이 10가지는 가치투자에 대한 내 믿음을 정리한 것이다.

ː 원칙 ① 가치, 가치, 가치, 언제나 가치가 가장 중요하다

내 투자 방법론의 중심에는 "매수 가격이 수익률을 결정한다."는 믿음이 있다. 투자 대상으로 늘 좋거나 늘 나쁜 자산이란 애초에 존재하지 않는다. 자산은 가격에 따라 투자 대상이 될 수도 있고, 되지 않을 수도 있다.

가치와 가격을 구분하는 것이 관건이며, 근본적으로 이와 같은 접근법은 가격이 가치와 동일하다는 시장 효율성을 거부한다. 워런 버핏의 말처럼 가격도 내가 지불하며, 가치도 내가 갖는다. 그렇지만 적정 가치에 매수하면 제대로 된 투자가 아니다. 평균수익률밖에 얻지 못하기 때문이다.

제대로 된 가치투자는 적정 가치에 일정한 안전마진을 두고 매수하는 것이다. 적정 가치 추정치가 정확히 들어맞는 경우는 운이 좋을 때뿐이다. 그러므로 적정 가치 추정치에서 상당히 할인된 가격에 매수해야 잘못될 경우를 대비한 보호 장치를 마련할 수 있다.

벤저민 그레이엄이 설명했듯이 안전마진이란 적정 가치를 잘못 계산했을 경우, 또는 평균보다 운이 나빴을 경우를 대비하기 위한 것이다.

가치투자는 내가 아는 한 유일하게 안전을 지향하는 투자법이다. 가치투자의 핵심은 리스크관리다. 그런데 **여기서 말하는 리스크관리란 금융 애널리스트들이 애지중지하는 현대 금융 이론의 리스크관리가 아니다. 영구적 자본 손실이라는 리스크를 방지하려는 것을 말한다.**

가치투자자들은 가치에 비해 과도한 가격을 지불하는 '가치 리스크'를 줄여야 하며, 자신이 직면한 '사업·이익 리스크'와 '대차대조표·재무 리스크' 정도를 이해하고자 노력해야 한다 Chapter 11 〈가치투자를 위협하는 삼위일체 리스크〉 참조.

아울러 **가치란 절대적인 개념이지 상대적 개념이 아니다.** 어떤 주식이 비슷한 종목

| **Figure 15.1** | 세계적으로 나타난 가치투자의 효과(1985~2008, 연간수익률, %)

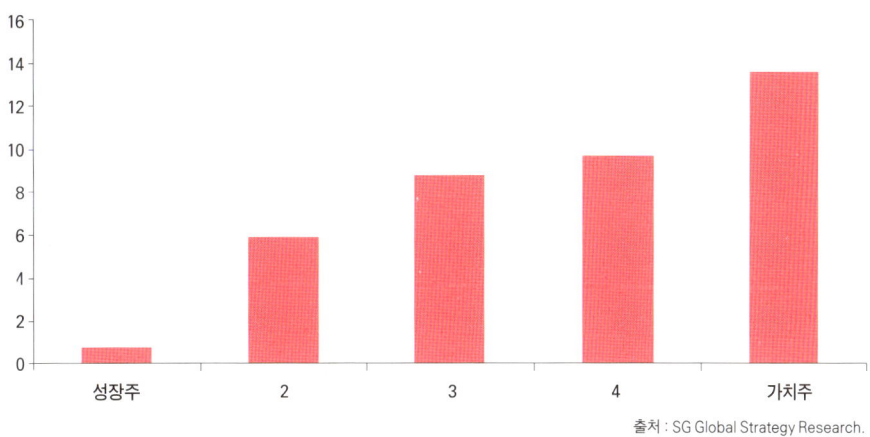

출처 : SG Global Strategy Research.

의 다른 주식보다 단순히 싸다고 해서 그 주식을 매력적이라고 생각하면 재앙을 불러오게 된다. 적정 가치 대비 가격 비율만이 가치투자자가 중시해야 할 유일한 중요 지표다.

여기서 가치투자가 제공하는 이점에 대한 모든 경험적 증거를 살펴볼 수는 없을 것이다. 그렇지만 그 일부 증거를 〈Figure 15.1〉에서 〈Figure 15.3〉까지의 세 그림에서 확인할 수 있다. 이 그림들은 가치의 역할을 세 가지 다른 맥락에서 나타낸 것이다.

〈Figure 15.1〉은 전 세계 주식을 다른 조건을 배제하고 가치를 기준으로만 선택했을 때의 실적을 나타낸 것이다. 이를 통해 가치투자가 주는 이점을 분명히 확인할 수 있다. 그러나 시점이나 업종별로 투자자산을 배분하는 자산 배분투자자Asset allocator라고 해도 가치를 무시해서는 안 된다. 〈Figure 15.2〉는 PER을 기준으로 나눈 매수 시점별 10년 수익률을 나타낸 것이다.

전반적으로 시장이 쌀 때 자금을 투자할 경우 얻을 수 있는 이점을 보여주고 있

| Figure 15.2 | 매수 PER별 그후 10년간 실질수익률(연간수익률, %, 1871~2008)

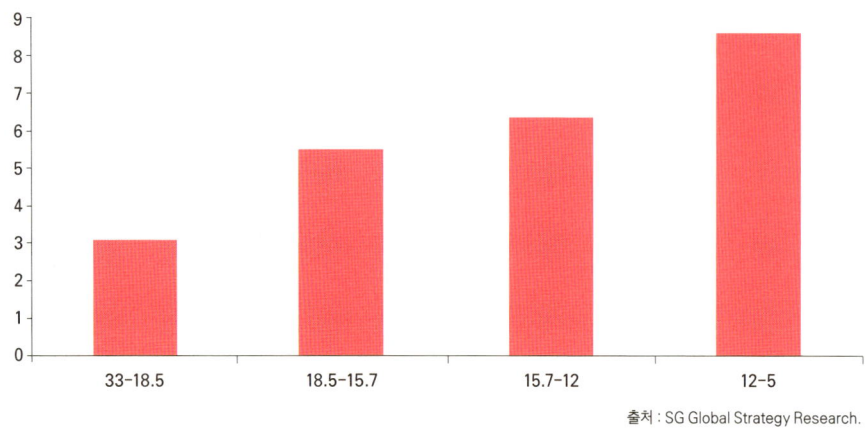

출처 : SG Global Strategy Research.

| Figure 15.3 | PBR 10분위별 채권의 3년 회사채수익률(연평균수익률로 환산, 1990~2007)

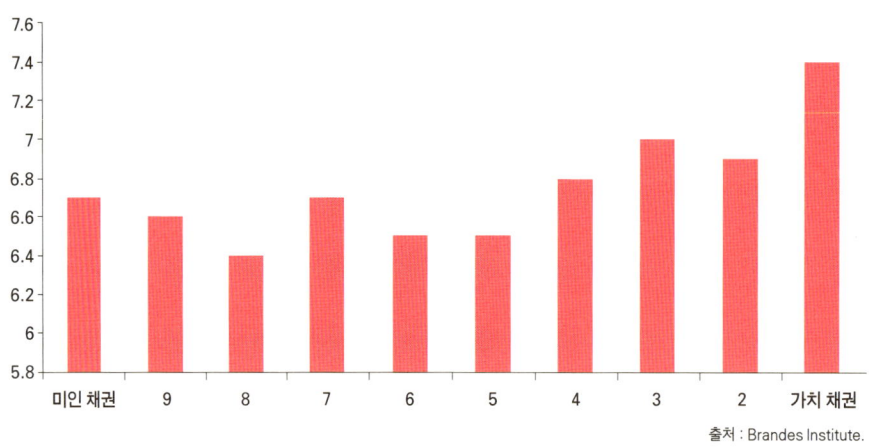

출처 : Brandes Institute.

다. 가치는 주식을 선택할 때만이 아니라 자산 배분에서도 일정 역할을 수행한다.

채권투자자들도 가치를 무시하면 바보가 된다. 브랜디스연구소의 내 동료들이 미인 채권PBR이 높은 회사의 채권과 가치 채권PBR이 낮은 회사의 채권의 실적에 관한 흥미로운 연구를 진행한 적이 있다.

연구 결과, 가치 채권이 미인 채권보다 좋은 실적을 내고 있다는 사실을 발견했다. 가치의 힘이 여실히 드러나는 장면이다<Figure 15.3> 참조.

: 원칙 ② 역발상투자자가 된다

존 메이너드 케인스의 말처럼 투자의 핵심 원칙은 다른 이들의 의견과 반대로 가는 것이다. 어떤 투자자산을 모든 사람이 좋다고 여기면 그 자산은 비싸질 수밖에 없고, 그러면 매력을 잃어버린다. 이와 관련해 존 템플턴 경은 "다수와 다르게 행동하지 않는 한 우수한 성과를 내는 것은 불가능하다."고 말한 바 있다. 가치투자법을 따르면 다른 투자자들과 반대로 가야 한다. 그들이 좋아하지 않는 자산은 매수하고, 그들이 좋아하는 자산은 매각해야 하기 때문이다.

나는 시장의 투자 의견에 대한 조사 결과에 관심을 두기보다, 자산 가격을 보고 다른 투자자들이나 애널리스트들이 실제로 어떤 투자 의견을 갖는지 추론하는 것을 더 좋아한다. 그 이유는 불신 때문이다. 미국 TV 드라마 〈하우스〉의 괴팍한 주인공 닥터 하우스가 거짓말을 한다는 이유로 환자와 대화하지 않으려는 것처럼, 나 또한 투자 의견 조사에 대한 응답자들의 대답을 신뢰하지 않는 편이다. 나는 그들의 대답이 실제로 사람들이 속해있는 곳이 아닌, 자신들이 속하고 싶어 하는 곳을 나타낸다고 생각한다.

역발상투자법의 위력은 다스굽타 등의 연구 결과로 이미 증명된 바 있다. 이 연구에 따르면 기관 펀드매니저들이 열심히 매수한 주식의 실적은 열심히 매도한 주식보다 못했다. 다스굽타 연구팀은 1983~2004년 미국 펀드 운용사들의 분기 보고서를 검토하면서, 기관의 순매매 지속 기간순매수 혹은 순매도를 연속해서 기록한 분기의 수에 따라 주식들을 서로 다른 포트폴리오로 분류했다.

예를 들어 -5 포트폴리오에는 최소한 5분기 동안 매도한 모든 주식을, 0 포트폴리오에는 현재 매수하거나 매도한 주식을, 5 포트폴리오에는 최소한 5분기 동안 매수한 모든 주식을 포함했다.

〈Figure 15.4〉는 2년 동안 각 포트폴리오의 시장 조정 미래 수익률을 나타낸 것이다. 얼핏 보기만 해도 **기관의 매수 및 매도와 그에 상응하는 수익률은 서로 반비례한다는 것을 알 수 있다.** 이 기간 기관이 매도한 주식은 시장보다 약 11% 높은 수익률을 냈고, 기관이 매수한 주식은 시장보다 약 6% 낮은 수익률을 내서 매매에 따른 수익률 차이가 17%에 달했다.

아울러 다스굽타 연구팀은 펀드매니저들이 장기간 연속해서 매수한 주식의 특징 몇 가지를 확인했다. 이와 같은 주식들은 모멘텀이 크고 PBR이 높은 성장주였다. 반대로 펀드매니저들이 매도한 주식은 일반적으로 유동성이 낮고 매도 전 수익

| Figure 15.4 | 매수 지속 기간별 2년간의 초과수익률(%)

출처 : Dasgupta et al.

률이 나쁜 가치주였다.

　다스굽타 등의 연구에서 주목해야 할 것이 하나 더 있다. 이들은 각 펀드매니저가 매매를 서로 따라 할 가능성이 얼마나 되는지 계산해 이를 '양떼 지수'라고 이름 붙였다. 이에 대해 연구팀은 "장기간 연속해서 매매하는 주식들의 경우 약 $\frac{3}{4}$의 기관들이 서로 비슷한 매매 패턴을 보였고, 다수의 펀드매니저들이 플러스 양떼 지수를 나타내는 것으로 볼 때 서로 따라 하는 경향이 만연해있다."고 결론 내렸다.

: 원칙 ③ 인내한다

　인내는 가치투자에 필수적인 태도다. 벤저민 그레이엄이 말했듯이 무시와 편견으로 초래된 저평가가 불편하게 오랫동안 지속할 수 있다. 이와 마찬가지로 과도한 열광이나 인위적 자극 때문에 부풀려진 가격도 오래 계속될 수 있다.

　어떤 포지션을 취할 때마다 그것이 효과를 낼지, 못 낼지 결코 확신할 수 없다. 싼 주식을 매수하는 것은 장기적 수익을 올리는 데 도움이 될 수 있지만, 단기적으로는 어떻게 될지 전혀 알 수 없다. 단기적으로는 싼 주식도 더 떨어질 수 있으며, 비싼 주식도 더 오를 수 있다. 그러므로 인내가 필요하다. 주식에서 가치 포지션을 취하면, 다음 중에서 한 가지 결과가 나올 수 있다.

　① 시장이 저평가 상태를 조정해 주가가 오를 수 있다.
　② 계속 저평가 상태지만 배당금이 많아져 수익을 창출할 수 있다.
　③ 주가가 영영 회복되지 못할 수도 있다(가치 함정의 경우).

이 세 가지 중 ①과 ②에 해당하는 주식을 보유하고 있다면 인내해야 한다. 문제는 ③에 해당하는 주식을 갖고 있는 경우다. 〈Figure 15.5〉는 가치투자에 인내가 필요하다는 사실을 보여준다.

첫해에 가치투자 전략은 시장보다 약 7% 높은 실적을 낸다. 이후 팔지 않고 1년을 더 보유하면 시장보다 13% 높은 실적을 낸다. 이보다 더 오래 갖고 있으면 말 그대로 대박의 기회가 온다. 3년째에는 시장보다 25% 높은 실적을 내며, 4년째에는 33% 더 높은 실적을 올리게 된다.

성공한 장기 가치투자자의 평균 보유 기간을 조사한 결과도 이를 뒷받침하는 증거다. 이들의 평균 보유 기간은 약 5년이었다. 이는 일반적인 뮤추얼 펀드가 과도한 회전 매매로 보유 기간이 짧은 것과 비교해 현저한 차이다.

수익 창출을 견인하는 요인으로서도 장기 보유가 합리적인 판단이다. 예를 들어 1년 시간 지평_{보유 기간}의 경우 총수익의 60%가 우리로서 알 수 없는 무작위적인

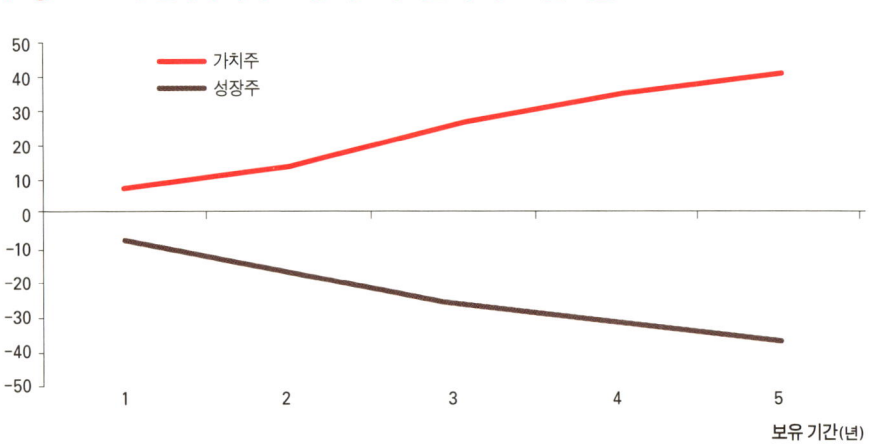

| Figure 15.5 | 인내의 미덕 ; 보유 기간에 따른 누적 초과수익률

출처 : SG Global Strategy Research.

주가 변동에서 온다. 그런데 시간 지평을 확대하면 매수가에 따른 배당수익률과 기업 이익에 따른 실제 배당금 증가가 훨씬 더 중요해지기 시작한다.

따라서 5년 시간 지평의 경우에는 실질수익률의 약 80%가 내가 매수한 가격배당수익률과 해당 기업의 성장실제 배당금 증가으로 발생한다〈Figure 15.6〉 참조.

그러나 인내심을 가진 장기투자자는 점점 멸종해 가는 듯 보인다. 케인스의 말처럼 과거 투자자들과 비교할 때 현대 투자자들은 보유한 주식의 연간, 분기, 심지어 월간 가격 그리고 주가 상승에 따른 평가 차익에 과도하게 집중한다. 반면 직접 관련된 배당수익, 실제 배당금 증가, 적정 가치에는 관심을 보이지 않는다.

〈Figure 15.7〉에서 볼 수 있듯이, 일반적인 투자자들은 만성 '주의력 결핍 과잉행동 장애'에 시달리고 있는 것 같다. 뉴욕증권거래소에서 한 주식의 평균 보유 기간은 고작 6개월에 불과하다. 이런 시간 지평에서 투자자들의 유일한 관심사는 '다음 분기에는 어떤 일이 생길까?' 하는 것뿐이다.

| Figure 15.6 | 시간 지평에 따른 실질수익률에 대한 기여도(1871년 이후 미국 자료)

출처 : SG Global Strategy Research.

| Figure 15.7 | 뉴욕증권거래소 평균 주식 보유 기간(년)

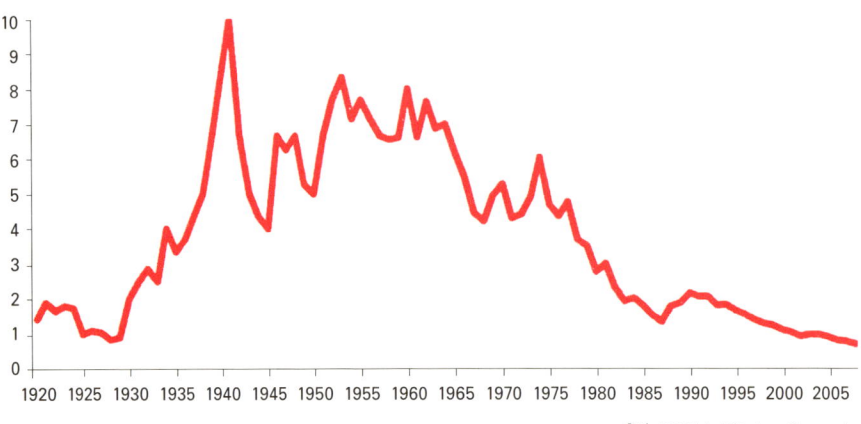

출처 : SG Global Strategy Research.

케인스가 말했듯이 오늘날 시장에서 벌어지고 있는 상황을 보면 매우 심각한 이유를 제외하고는 영구적 투자자산을 매수하는 것이 문제를 해결할 가장 효과적인 처방일지도 모르겠다. 그러면 투자자들이 장기적 전망에 관심을 기울일 것이기 때문이다.

물론 **일반투자자들의 단기 성향은 장기투자자들에게는 기회로 작용한다. 대부분 투자자가 3개월 전망에 근거해 자산 가격을 평가하고 있다면, 그렇게 매겨진 가격은 장기적으로는 잘못된 가격일 가능성이 크다. 따라서 그렇게 되면 장기 보유한 가치 투자자에게는 기간 차익 거래 기회가 생긴다.** 그렇지만 안타깝게도 케인스의 말처럼 장기적 관점에 기반을 둔 투자는 매우 어려워서, 실제로 실행되는 경우는 거의 없다.

그렇더라도 가치투자가 시장 상황에 전혀 영향을 받지 않는 투자법이라는 뜻은 아니다. 가치 함정에 빠질 경우 인내는 오히려 독이 될 수 있다. 그럴 가능성을 방지하려면 생각보다 나쁜 모습을 보이는 종목을 검토하는 데 더 많은 시간을 들여야 한다.

일테면 한 종목의 상황이 악화할 때 즉각적으로 검토해야 한다. 백지상태에서 다시 평가해 어떤 조치를 취해야 할지 확인하기 위해서다. 검토한 결과 펀더멘털에 변화가 없다면예컨대 가격 변동성이 펀더멘털 변동성보다 한 자릿수는 더 큰 경우, 그 종목은 다시 상승할 수 있다. 반대로 펀더멘털에 중요한 변화가 있다면, 그 종목은 포트폴리오에서 배제해야 한다.

인내의 중요성을 인정한다는 것은 차입에 의한 투자나 신용 매수와 같은 레버리지를 피해야 함을 의미한다. 레버리지는 투자자가 기존 포지션을 유지할 힘을 저해하기 때문에 피해야 한다. 케인스가 말한 것처럼 단기 시장 변동성을 무시하려는 투자자는 안전을 확보하는 데 더 많은 신경을 써야 한다. 그렇기에 많은 자금을 빌려 투자해서는 안 된다.

시기상조의 저주라고도 할 수 있는 가치투자의 저주는 매수와 매도에서 모두 너무 일찍 나서는 것이다. 따라서 이 저주를 다루는 데도 인내가 필요하다. 단기적으로는 너무 일찍 나서면 쓰디쓴 고배를 마실 수 있다.

가치투자자들은 어떤 주식이 터무니없이 과대평가될 때가 아닌, 비싸 보이기 시작할 때 해당 주식을 매도하는 경향이 있다. 그간의 내 연구는 이와 같은 시기상조의 문제를 설명한 것이다. 1995년에 태국을 제2의 멕시코라고 한 것, 1997년에 주식시장이 마지막 축제를 즐기고 있다고 한 것, 2005년에 미국 주택 및 상품시장 모두에서 버블이 발견됐다고 지적한 것, 2006년에 광산주 부문에 버블이 끼었다고 한 것 등이 그런 예다.

내게 선견지명이 있었다면 시장 붕괴 직전 모두 매도하고 바닥에서 다시 매수했을 것이다. 하지만 내게는 미래를 알려주는 수정 구슬이 없기 때문에, 계속 인내하면서 조심스럽게 행동할 수밖에 없었다. 더 큰 수익은 올리지 못했지만 큰 실패는 막을 수 있었다. 어쨌든 주식 포지션은 장기간에 걸쳐 천천히 구축해야 한다.

가치에 대한 펀더멘털 분석으로 투자 대상을 찾지 못했을 때도 인내가 필요하다. 대부분 투자자는 가만히 있지 못하고 무엇이라도 하고 싶어 하는 '행동 편향 Action bias'에 시달린다 Chapter 17 〈액션맨을 조심하라〉에서 다시 살펴볼 것이다. 나는 '오랫동안 아무것도 하지 않는 것의 가치를 절대로 과소평가하지 말라'는 곰돌이 푸의 교훈을 지켜 왔다. 투자할 대상이 없다면 현금을 쥐고 가만히 있는 게 상책이다.

워런 버핏은 '팻 피치Fat pitch, 야구에서 타자가 치기 좋도록 느리면서 가운데로 오는 공'을 기다리는 것이 중요하다고 여러 차례 말한 바 있다. 주식시장에서 팻 피치란 다름 아닌 저평가된 가치주다. 워런 버핏은 이렇게 설명했다.

"내가 투자를 세상에서 가장 멋진 일이라고 부르는 까닭은 무턱대고 스윙할 필요가 없기 때문입니다. 여러분이 타석에 서 있다고 상상해봅시다. 투수는 여러분에게 GM을 47달러, US스틸을 39달러에 던집니다. 스트라이크 판정을 내리는 심판이 없으니 날아드는 공을 흘려보내도 기회를 잃는 것 말고는 어떤 불이익도 없습니다. 그렇게 여러분은 하루 온종일이라도 원하는 공을 기다릴 수 있습니다. 그러다가 수비수들이 지치면 자세를 잡고 원하는 공을 힘껏 치면 됩니다."

그렇지만 대부분의 기관투자가는 5만 명의 팬과 구단주가 "쳐, 이 멍청이야!"라고 외치는 가운데 타석에 등장한 베이브 루스처럼 행동한다. 이들은 투수가 고의 사구로 흘려보내려고 하는데도 다음 공에서 치지 않으면 구단주가 "옷 벗어!"라고 할 것을 알고 있다. 그래서 팻 피치를 기다리지 못한다.

어릴 때부터 야구광이었던 워런 버핏은 보스턴 레드삭스의 전설적 타자 테드 윌리엄스가 쓴 《타격의 과학》을 자주 언급하곤 했다. 이 책에서 윌리엄스는 통산 타율 3할 4푼이라는 경이로운 기록을 세울 수 있던 비밀을 밝히고 있다. 그런데 윌리엄스의 놀라운 기록 이면에 숨겨진 타격의 과학은 최고의 이론들이 그렇듯 알고 보면 매우 단순했다.

그는 스트라이크 존을 야구공 크기의 77개 공간으로 나눴다. 그런 다음 공이 스트라이크 존에 들어올 때가 아닌 자신이 가장 좋아하는 곳으로 들어올 때만 방망이를 휘두른다는 원칙을 세웠다. 만약 자신이 원하는 코스가 아니면 스트라이크를 당한다 해도 치지 않고 다음 투구를 기다렸다.

테드 윌리엄스처럼 투자자들도 최고의 공을 기다려야 한다. 펀더멘털 분석으로도 투자 대상을 찾지 못한다면 현금을 쥔 채 기다린다. 워런 버핏도 인정했듯이 현금을 쥐고만 있는 것은 힘든 일이지만, 쓰디쓴 고배를 마시는 것보다 힘든 일은 아니다.

: 원칙 ④ 구속받지 않는다

오늘날 금융산업의 문제 가운데 하나는 펀드매니저들을 분야별로 분류하는 경향이 지나치다는 것이다. 사실 이는 바보 같은 짓이다. 뛰어난 펀드매니저가 있다면 자유롭게 투자하도록 내버려두는 게 맞다.

나는 지난 5개월 동안 3개 테마로 자산 포트폴리오를 구성했다. 하나는 디플레이션 대비 헤지 수단으로서의 현금, 또 하나는 채권 및 주식 대상 가치투자, 다른 하나는 물가연동 채권TIPS · 금 · 배당금 스와프 같은 저렴한 보험자산이었다.

요즘 대부분의 펀드매니저는 분야별 전문가로 활동해야 하며, 이로 인해 자산 배분 결정은 최종적으로 고객에게 남겨 주게 된다. 그렇기 때문에 투자자인 고객은 자신들 앞에 놓인 모든 기회를 활용하지 못한다. 많은 투자자는 내가 방금 설명한 포트폴리오 같은 것을 생각할 수 없다. 이런 포트폴리오를 구성하려면 자기 분야에 구속된 펀드매니저가 아니라 다양한 기회를 포착하고 활용할 수 있는 자유로운 펀드매니저가 필요하다.

이와 비슷한 사례로 2007년 애널리스트들이 순매도 포지션을 유지하는 게 최선이라던 때가 생각난다. 2007년 초 종목 스크린을 했더니, 그 어느 때보다 매도 포지션을 취해야 할 종목들이 많았다. 반면 매수 쪽은 잠재적 기회가 훨씬 적었다. 이는 분명히 매도 쪽이 유리하다는 신호였다. 하지만 대부분의 펀드매니저는 투자 자산을 유지하고 있어야 했다.

펀드매니저를 인위적으로 구속하는 행태는 레드 제플린의 보컬 로버트 플랜트더러 자장가만 부르라고 하는 것과 같다. 워런 버핏의 용어를 빌리자면 '능력의 범위' 내에서 투자 기회를 발견한다면 자유롭게 그 기회를 활용해야 한다.

: 원칙 ⑤ 예측하지 않는다

내가 이 책에서 계속 강조하고 있듯이 예측은 어리석은 짓이다. 나는 그토록 많은 투자자가 예측이라는 불가능하고 쓸모없는 일에 시간을 낭비하는지 도무지 이해할 수 없다.

여러분이 경제와 금리를 예측한 뒤, 그와 같은 경제와 금리 환경에 유리한 업종을 예측하고, 그다음에 해당 업종에서 좋은 실적을 낼 수 있는 주식을 예측해 투자한다고 가정해보자. 그리고 여러분이 이런 예측에 능숙해서 네 가지 종목을 예측했을 때, 예측대로 들어맞을 확률이 70%라고 해보자_{매우 높은 확률이다}. 그런데 네 가지 예측 각각을 서로 독립해서 따져보면, 네 가지 종목의 예측을 모두 맞출 확률은 24%에 불과하다.

여기에 일반적으로 분석 모델에 포함시키는 예측은 얼마나 될지 생각해보자. 매출액 예측, 원가 예측, 세금 예측 등 그 수가 엄청나게 많다. 이렇게 보면 애널리스트들의 예측이 잘 들어맞지 않는 것도 이상한 일이 아니다.

설사 어떤 기적 같은 일이 일어나 여러분의 예측이 맞았다는 게 증명되더라도, 그것을 통해 돈을 벌 수 있는 상황은 여러분의 예측이 다른 투자자들의 예측과 다를 때뿐이다. 이는 또 다른 복잡한 문제니 넘어가자.

스타마인과 같은 금융 리서치회사는 그해에 가장 정확히 예측한 애널리스트 리스트를 자랑스럽게 발표한다. 하지만 역대 수상자 리스트를 훑어보면 일관성이 없고 해마다 다른 애널리스트가 수상한다는 사실을 알게 된다. 이는 좀 심하게 표현하면 운 좋은 바보가 특이한 예측으로 수상했다는 이야기다. 그리고 **또 한 가지 속지 말아야 할 것은 매년 누군가는 가장 정확한 애널리스트로 선정돼야 한다는 점이다. 이 말은 수상자가 실제로 옳았다는 것이 아니라 다른 애널리스트들보다 덜 틀렸다는 것을 의미한다.**

예측의 어리석음에 관한 증거는 차고 넘치지만, 여기에서는 예측이 실제로 얼마나 형편없는지를 보여주는 몇 가지 지표를 살펴보기로 하자.

우선 이코노미스트들의 예측을 살펴보자. 사실 이들이 예측이라는 행위를 하고는 있는지도 모르겠다. 솔직히 말해서 경제에 무슨 일이 벌어질지 예측하는 데 이들 거시경제 예언가보다 세 마리 눈먼 생쥐가 더 믿을 만하다. 〈Figure 15.8〉은 이코노미스트들이 경제가 불황에 빠질 때까지도 불황을 예측하는 데 계속 실패했다는 것을 보여주고 있다.

애널리스트들도 별반 다르지 않다. 이들의 예측 기록은 장기와 단기 모두 끔찍했다. GMO 금융 분석팀 루이 안투네스가 애널리스트들의 예측 정확성을 분석한 바 있다. 안투네스는 과거 내가 진행한 방식과 달리 총체적 수준이 아닌 개별 주식

| Figure 15.8 | 미국 GDP ; 이코노미스트들의 예상치와 실제 결과(%)

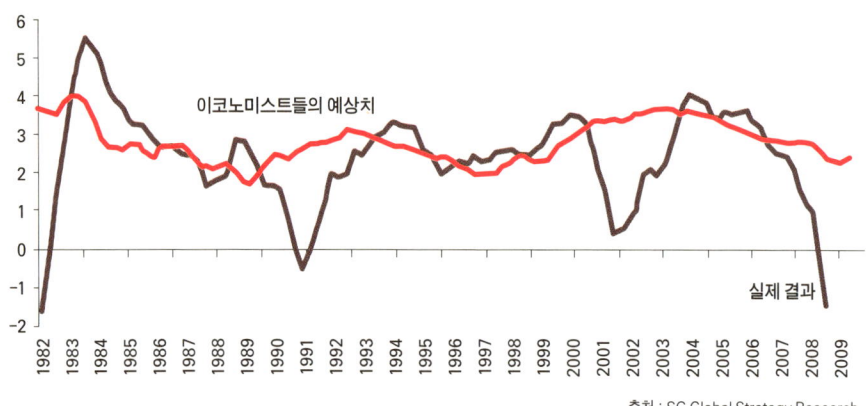

출처 : SG Global Strategy Research.

수준에서 애널리스트들의 예측 오류를 조사했다.

〈Figure 15.9〉는 시간 경과에 따라 나타난 애널리스트들의 예측 오류 평균치를 나타낸 것이다. 2001~2006년 미국에서 애널리스트들의 24개월 평균 예측 오류는 93%였고, 12개월 평균 예측 오류는 47%였다. 유럽의 경우에도 큰 차이가 없었다. 24개월 평균 예측 오류는 95%였으며, 12개월 평균 예측 오류는 43%였다. 애널리스트들이 미래 이익을 제대로 예측했다고 할 수 없다.

더 장기적인, 즉 더 먼 미래에 대한 애널리스트들의 예측 역시 단기 예측과 본질적으로 큰 차이가 없었다. 〈Figure 15.10〉은 애널리스트들이 예측한 5년 예상성장률과 실제성장률을 나타낸 것이다. 성장 전망치에 따라 5분위로 나타낸 주식 중 5는 애널리스트들이 빠르게 성장한다고 예측한 종목이고, 1은 느리게 성장한다고 예측한 종목이다.

언뜻 봐도 실제성장률은 5개 종목 모두에서 비슷하다. 결국 애널리스트들의 장기 성장 예측은 전혀 의미가 없는 것이다.

| Figure 15.9 | 시간 경과에 따른 애널리스트들의 예측 오류 ; 미국과 유럽 시장(%, 2001~2006)

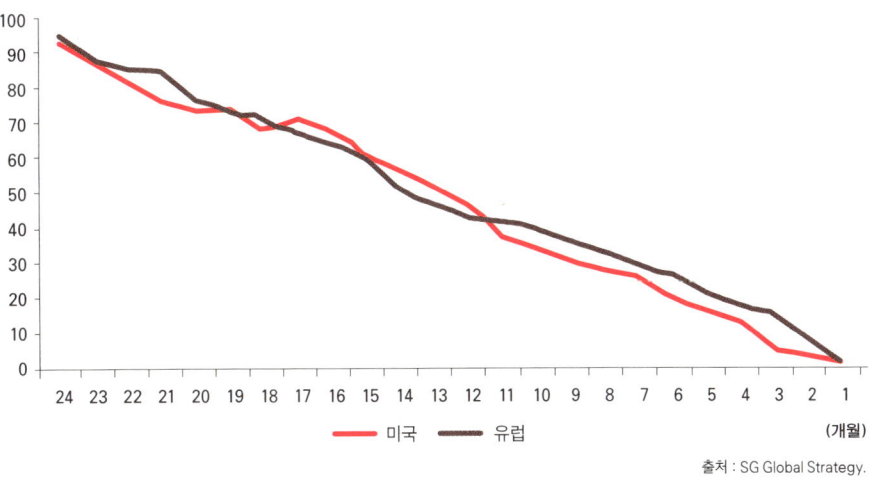

출처 : SG Global Strategy.

| Figure 15.10 | 장기 예상성장률과 실제성장률(미국, 1982~2008, %)

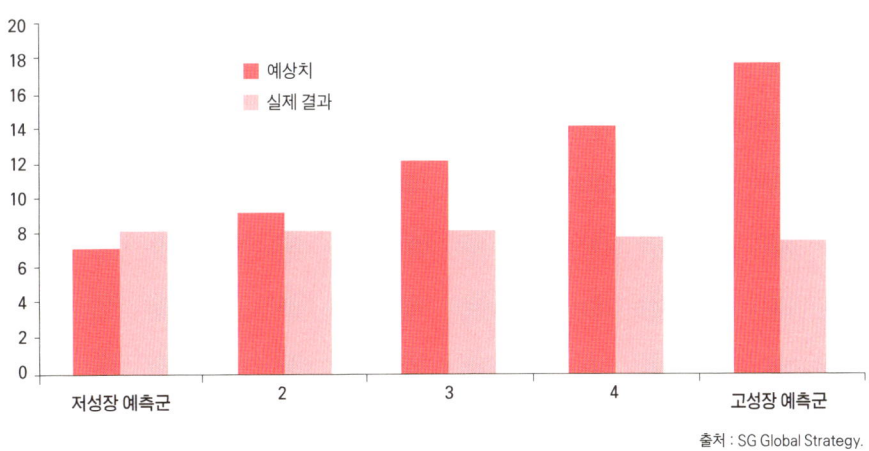

출처 : SG Global Strategy.

예측의 어리석음을 논의할 때 주식의 목표가도 빼놓을 수 없다. 애널리스트들은 왜 계속해서 주가를 예측하려고 할까? 벤저민 그레이엄이 말했듯이 주식 가격을 예측하는 것은 올바른 증권 분석에 속하는 일이 아니다.

〈Figure 15.11〉은 목표가와 관련해 애널리스트들이 기록한 당혹스러운 실적을 나타낸 것이다. 매년 나는 연초 실제 주가, 연초 애널리스트들의 목표가, 연말 실제 주가를 검토한다. 연초 애널리스트들의 목표가는 1년 후 형성돼야 할 주가로 가정했다.

평균적으로 애널리스트들은 연말에 이르면 주가가 연초 목표가보다 25% 더 상승하리라고 예측했다. 이 애널리스트들의 예측치인 목표가를 연말 실제 주가와 비교한 결과, 애당초 목표가를 왜 제시했는지 이해할 수 없는 수준의 결과가 나왔다. 애널리스트들은 9년 중 4년은 가격 변동의 방향조차 가늠하지 못했다. 평균 예측 오류 절대치는 25%였다.

예측 실패에 대한 이와 같은 증거들이 시사하는 바는, **예측에 근거해 투자하는 것은 어리석은 행위라는 것이다.** 미래에 대한 질문을 받으면 그저 모른다고 대답하라던 존 메이너드 케인스의 말만 따라도 투자는 훨씬 나아질 수 있다.

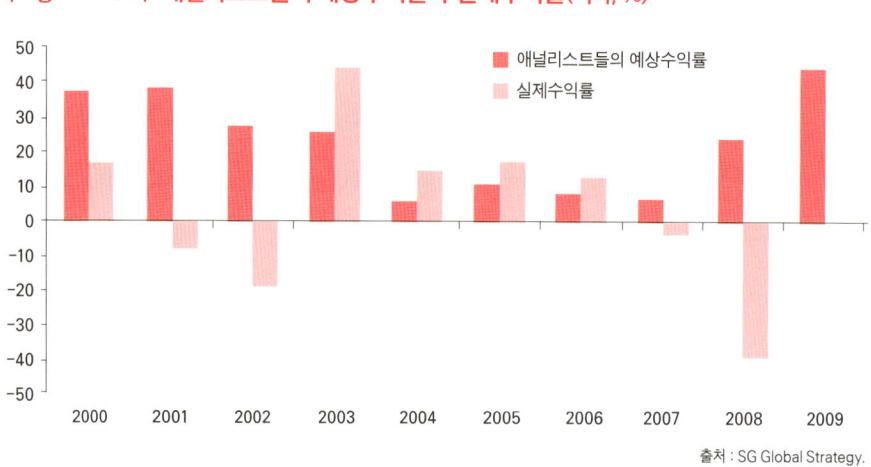

| Figure 15.11 | 애널리스트들의 예상수익률과 실제수익률(미국, %)

출처 : SG Global Strategy.

원칙 ⑥ 주기를 활용한다

여섯 번째 원칙은 장기투자자라고 해도 주기를 활용하라는 것이다. 하워드 마크스가 지적했듯이 예측할 수는 없어도 준비할 수는 있다. 주기에는 경제 주기, 신용 주기, 감정 주기를 포함해 많은 종류가 있다.

"시장은 공포와 탐욕에 의해 움직인다."는 격언이 있다. 그런데 공포와 탐욕은 동시에 나타나지 않고 번갈아 등장한다. 시장 분위기는 비합리적 과열에서 깊은 절망 사이를 오간다. 시장은 조울증 환자라고 할 수 있다. 이에 대해 하워드 마크스는 다음과 같이 설명했다.

"내가 생각하기에 투자자들이 반드시 알아야 할 두 가지 중요한 개념이 있다. 다름 아닌 '가치'와 '주기'다. 어떤 자산에 투자를 고려할 경우 투자자는 그 자산의 내재 가치를 분명히 알아야 한다. 그래서 가격이 내재 가치보다 낮으면 매수하고, 높으면 매도해야 한다. 간단히 말하면 바로 이것이 가치투자다."

그러나 가치는 고정된 것이 아니다. 경제 환경의 변화에 따라 움직인다. 따라서 주기가 자산의 현재 가치에 영향을 미친다. 예컨대 가치는 이익에 따라 달라지고, 이익은 경제 주기와 금융 비용의 영향을 받는다. 나아가 주식 가격은 투자자의 행동에 큰 영향을 받는다. 따라서 시장 주기에서 우리의 위치가 어디에 있는지를 이해하면 안전한 투자에 큰 도움이 된다.

다른 투자자의 심리는 어떤지, 그에 따라 단기적으로 어떻게 행동해야 하는지 등을 알아야 한다. 대부분 투자자는 가격이 매력적일 때 사고 싶어 한다. 하지만 다른 투자자들이 흥분 상태에 있고 낙관론이 만연할 경우, 더 좋은 매수 기회는 지금이 아니라 나중에 온다고 생각해야 한다.

우리의 위치를 나타낸 것 가운데 하나가 〈Figure 15.12〉다. 행복의 절정과 절망

| Figure 15.12 | 우리의 공포와 탐욕 지수

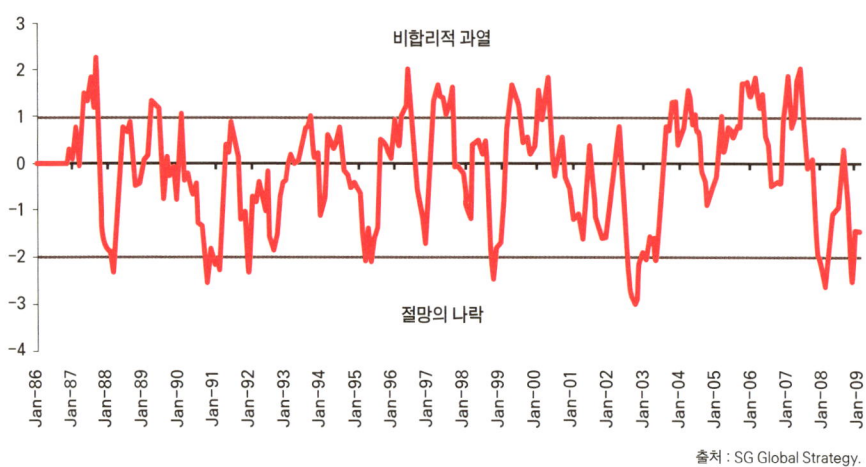

출처 : SG Global Strategy.

의 나락 사이에서 우리가 어떻게 움직였는지를 진동으로 나타낸 것이다. 이 진동이 앞으로 어떻게 전개될지 예측하기란 불가능하다. 하지만 진동의 변화에는 대비할 수 있으며, 그런 변화로 생겨날 기회를 활용할 수 있다. 절망의 나락에서는 천천히 단계적으로 자금을 집어넣고, 비합리적 과열 상태에서는 천천히 단계적으로 자금을 빼내야 한다.

이는 부분적으로 '원칙 ② 역발상투자자가 된다'와 밀접한 관련이 있다. 존 템플턴 경의 말처럼 다른 사람들이 낙담해 팔 때 사고, 다른 사람들이 탐욕스럽게 살 때 파는 것은 불굴의 의지를 필요로 한다. 하지만 결국에는 커다란 보상을 안겨준다. 세스 클라먼은 《안전마진》에서 이렇게 말했다.

"기업 가치의 변화 요인은 많다. 일테면 신용을 이용할 수 있는 환경이 좋아졌다 나빠졌다 하는 '신용 주기'도 요인 중 하나인데, 신용 주기에 따라 돈을 빌릴 수 있는 조건과 비용이 달라지기 때문이다. 신용 주기에 따라 돈을 빌릴 수 있는 조건과 비용이 달라지면, 투자자가 해당 주식을 매수할 때 지불하는 PER도 달라진다. 요컨대 투자자들은 기업이 낮은 이자율의 비소구 금융Non-recourse financing, 기업에 상환 청구를 할 수 없는 금융이더라도 이를 차입하면, 그 기업이 차입하지 않았을 때보다 높은 PER을 지불하게 된다."

주기가 발생한다는 사실을 늘 염두에 둬야 한다. 그래야만 비싸졌을 때 팔고, 싸졌을 때 살 수 있기 때문이다. 아울러 주기가 지나기 전에는 우리가 어느 위치, 즉 주기의 정점에 있는지 바닥에 있는지 알 수 없다. 그러므로 주기가 있다는 사실을 염두에 두고 있으면, 포지션을 천천히 구축해야 할 필요성도 더 크게 느낄 수 있다.

: 원칙 ⑦ 과거에서 배운다

존 템플턴 경은 '이번에는 다르다'가 투자에서 가장 위험한 생각이라고 했다. 이와 관련해 존 케네스 갤브레이스는 다음과 같이 설명했다.

"시장의 기억력은 매우 짧다. 그래서 금융 재앙이 발생하더라도 금세 잊어버린다. 때로 불과 몇 년 만에 같거나 유사한 상황이 재발해도, 이를 금융계와 경제계의 혁신적인 새로운 현상이라며 환영한다. 금융처럼 역사를 하찮게 간주하는 분야도 없을 것이다."

금융계의 역사 인식 부족 문제에 대해 여러 석학이 한마디씩 했지만, 그 가운데 내가 가장 좋아하는 말은 "위기에서 투자자들은 무엇을 배울 수 있습니까?"라는 질문에 대한 제러미 그랜섬의 대답이다.

"단기적으로는 많은 것을 배울 겁니다. 중기적으로는 약간의 교훈만 기억할 겁니다. 그러나 장기적으로는 아무런 교훈도 기억하지 못할 겁니다. 역사적 전례가 그렇습니다."

금융계는 과거에 벌어진 일을 제대로 평가하고 있지 못하다. 나는 금융산업에 종사하는 사람들이 블랙-숄즈 모델과 이토 렘마의 복잡하고 어려운 수학을 공부하는 대신, 과거 금융시장에서 벌어졌던 일을 공부했다면 투자자들에게 더 좋은 서비스를 제공했으리라고 생각한다.

이상하게도 CFA가 되려면 현금흐름 할인 모델에 정통해야 하고 최대 예상 손실액에 능숙해야 하지만, 금융 역사가 제공한 교훈에 대해서는 전혀 몰라도 된다. 그러나 벤저민 그레이엄이 지적한 것처럼 **투자자들은 주식시장의 역사, 특히 주요 시장 변동에 대해 알고 있어야 한다. 그래야 시장의 매력 및 위험을 제대로 판단할 수 있다.**

금융 역사를 살필 때 버블을 이해하는 것이 가장 중요하다. 앞서 언급했듯이 버블을 분석할 때 오랫동안 민스키-킨들버거 모델을 사용했다. 이 모델은 버블의 형성과 붕괴를 다음의 다섯 단계로 나눈다.

ⓐ 변위 → ⓑ 신용 팽창 → ⓒ 행복감 → ⓓ 중요 국면·금융 압박 → ⓔ 급락

'ⓐ 변위'는 일부 부문에서는 수익 가능성을 차단하지만, 다른 부문에서는 수익 기회를 창출하는 '외부 충격'을 지칭한다. 창출된 수익 기회가 차단된 수익 가능성보다 크면 투자와 생산은 이 기회를 이용하고자 한다. 그러면 금융 및 물리자산에 대한 투자가 발생할 가능성이 커진다. 붐이 탄생하는 단계라고 할 수 있다.

'ⓑ 신용 팽창'은 버블이 형성되는 단계다. 불을 붙이는 데 산소가 필요하듯 붐에도 유동성이 필요하다. 민스키는 통화 팽창과 신용 창출은 시스템 내적으로 발생한다고 주장했다. 요컨대 이 단계에서는 기존 은행들뿐 아니라 새로 등장한 은행, 새로 개발된 신용 수단, 그리고 은행 시스템 외부에 존재하는 개인 신용의 팽창으로도 통화가 창출되며 이로써 버블이 형성된다.

'ⓒ 행복감' 단계에서는 모든 사람이 매수에 나선다. 계속해서 가격이 상승하리라는 믿음이 확고해지고, 전통적인 가치 평가 기준은 무시되며, 현행 가격을 정당화하는 새로운 지표가 도입된다. 과도한 낙관론과 과신의 물결이 넘쳐흐른다. 그 결과 기대감이 더욱 커지고, 리스크를 과소평가하며, 상황을 얼마든지 통제할 수 있다고 여기게 된다.

'ⓓ 중요. 국면·금융 압박' 단계에 이르면 내부자들은 현금을 챙겨 빠져나가기 시작한다. 곧바로 금융 압박이 닥쳐 붐 기간 동안 창출된 과도한 레버리지가 주요 문제로 대두한다. 금융 부정 사건이 발생하기도 한다.

'ⓔ 급락'은 거품의 마지막 단계다. 사람들은 자신이 투자한 시장에 공포를 느껴서 더는 뛰어들지 못한다. 매수가 일어나지 않으므로 자산 가격은 밑바닥까지 떨어진다.

〈Table 15.1〉에서 볼 수 있듯이 버블의 핵심적인 특징은 거의 비슷하다. 각 버블의 구체적 내용은 다르지만 전체적 패턴은 본질에서 동일하다. 그렇기에 버블의 단계별 특징을 분명히 파악해두는 것이 좋다.

⦂ 원칙 ⑧ 의심하고 또 의심한다

원칙 ①의 '가치'처럼 원칙 ⑧의 '의심'도 아무리 강조해도 지나치지 않기에 중복해서 표현했다. 내가 좋아하는 가수 브루스 스프링스틴은 "맹목적 믿음은 당신을 죽일 수도 있다."고 말한 바 있다. 비판적 사고의 부재라는 위험한 현상과 관련해 그의 말에 전적으로 동의한다.

수년 동안 나는 투자 결정과 그 결과라는 측면에서 최고의 투자자들을 알 기회

| Table 15.1 | 역대 버블의 패턴

사건	사우시스 버블 (1710~1720)	제1차 영국 철도 붐 (1845)	1873년 미국의 철도 붐	1920년대 미국의 주식 거품
변위	• 영국 국채의 사우스시 주식 전환 • 스페인령 아메리카 대륙과의 무역 독점으로 수익 발생	• 불경기 종료 • 새로운 수송 수단	• 남북전쟁 종료	• 10년 동안의 고속 성장 • 제1차 세계대전의 종료 • 대량생산의 빠른 확산
스마트 머니의 반응	• 내부자들은 국채의 주식 전환에 앞서 미리 국채를 매입함	• 철도의 건설	• 정부 지원의 철도 건설	• 신주 공급의 확대 • 새로운 폐쇄형 펀드의 등장
거품의 지속	• 투기를 위한 커피하우스 네트워크 발달	?	• 추가 철도 건설	• 지역 거래소 등장 • 신용계좌와 브로커론의 증가
권위의 개입	• 정부의 사업 승인 • 왕실의 개입	• 각 철도 건설에 대한 정부의 승인	• 헨리 바넘 푸어와 프란시스 아담스의 지지	• 쿨리지, 후버, 멜론, 어빙 피셔 등의 지지
사기와 부정	• 폰지 사기	• 조지 허디슨은 자본금에서 배당금 지급(폰지 사기)	?	• 러셀 스나이더와 사무엘 인슬의 사기 사건
정치적 대응	• 사우스시 이사진에 대한 처벌 • 기업 형태 사용 제한	• 회계 기준의 개혁 • 자본금이 아니라 이익에서 배당금을 지급해야 한다는 규정 도입	?	• 그래스-스티걸법 제정 • 미국증권거래위원회 설립 • 지주회사제 도입 등

사건	1960년대 기업 합병 붐	1980년대 일본의 토지와 주식 거품	TMT 거품	신용·리스크 거품
변위	• 20년간의 주식시장 상승 • 성장투자의 기쁨	• 금융자유화 • 통화 완화 정책	• 광범위한 인터넷 보급 • 강력한 성장 • 통화 완화 정책	• 저금리 • 주택 가격 상승 • 대완화
스마트 머니의 반응	• 전문 대기업집단의 등장	• 자이텍(금융 투기)	• 적극적인 성장 펀드 • 주식 옵션 • IPO 붐	• 모든 종류의 레버리지
거품의 지속	• 뚜렷하고 지속 가능한 이익 성장을 창출하기 위한 주식 스와프	• 교차주주 • 잠재적 자산가치 • 1987년의 PKO	• 추정 이익 • 새로운 가치평가 지표 • 자사주 매입	• 새로운 파생 상품 : CDO, CDO 스퀘어드, 새로운 모기지 상품, 자사주 매입
권위의 개입	• 맥조지 번디의 지지	?	• 그린스펀 연준 의장의 지지	• 그린스펀, 버냉키, 부시 대통령의 지지
사기와 부정	• 내셔널 스튜던트 마케팅사 사건	• 리쿠르트 사건 • 버블 레이디 사건	• 엘론 사건 • 월드컴 사건 • 타이코 사건 등	• 모델가 평가 · 임의 평가 • 버나드 메이도프 사기 사건 • 앨런 스탠포드 사기 사건
정치적 대응	• 회계 업무 관행과 윌리엄스법의 개혁	?	• 사베인스-옥슬리법	?

출처 : SG Global Strategy Research.

가 있었다. 이들의 공통된 특징이 바로 건전한 회의주의다. 이 최고의 투자자들은 투자에서 대다수 펀드매니저와 전혀 다른 관점을 취하고 있다. 이들의 관점은 이른바 '무소유'다. 단순히 소유하지 않는다가 아니라 투자자산의 장점에 확신이 있을 때라야 투자에 나선다.

이들의 투자 전략에는 근본적으로 회의주의가 깔려 있다. 이들은 사물을 액면 그대로 받아들이지 않는다. 잠재적 리스크를 이해하기에 잘될 경우를 기대하기보다 잘못될 경우에 초점을 맞춘다.

그러나 대부분의 펀드매니저, 특히 상대 실적 경쟁에 매몰된 이들은 의심하기보다는 추적 오차에 더 관심을 둔다. 이들의 기본 관점은 '내가 왜 이 투자를 하면 안 되는데?'이므로 최고의 투자자들과 달리 의문을 제기하는 경우가 많지 않다.

회의주의는 공매도 전략을 자주 구사하는 투자자들에게도 필수적이다. '원칙 ④ 구속받지 않는다'에서 언급했듯이 기회가 있다면 순매도 포지션도 취할 수 있어야 한다. 사실 나는 공매도를 불법화하기보다는 권장해야 한다고 생각한다. 내가 아는 공매도 투자자들 대부분은 펀더멘털 분석에 매우 충실했다.

공매도 투자자들이 매우 분석적일 수밖에 없는 이유는, 그들의 하방 리스크가 사실상 무한대기 때문이다. **독립적 사고, 엄격한 분석, 건전한 회의주의를 대체할 수 있는 것은 없다.**

: 원칙 ⑨ 거시적 접근과 미시적 접근을 병행한다

내 금융계 경력은 이코노미스트로 시작됐다. 나는 이 사실을 자주 공개하지는 않는다. 그리고 더 정확히 표현하자면 나는 훨씬 문제가 많을 수 있는 계량 이코노미스트였다. 하지만 당시 나는 거시적 접근법과 미시적 접근법은 가치와 성장처럼 서로 분리할 수 있는 것이 아니라는 사실을 깨달았다.

마티 휘트먼은 "그레이엄과 도드는 거시적 요인들을 증권 분석에 매우 중요하다고 봤지만, 오늘날의 가치투자자들은 거시적 요인이 증권 분석과 별다른 관계가 없다고 믿는다."고 말했다. 그렇다면 나는 그레이엄-도드의 전통을 따르는 정통 가치투자자다.

미시적 접근법이 주식 선택에 가장 좋은 방법이더라도 거시적 접근법을 무시하면 그에 따른 대가를 치르게 된다. 2007년은 거시적 접근법을 이해하면 많은 혜택을 볼 수 있고, 미시적 접근법에서도 유용한 정보를 얻을 수 있음을 보여준 사례였다. 2007년은 가치투자자들에게는 특별한 해라고 할 수 있다. 정상적 상황에서는 동질적이던 가치투자 진영이 두 가지 대립적 진영으로 갈라졌기 때문이다.

그중 하나는 리처드 프제나로 대표되는 '낙관적·미시적' 접근법 진영이었다. 다음은 프제나가 발표한 2008년 1분기 보고서의 일부다.

전통적인 투자 사상에 새로운 공포가 스며들었다. 최근 대규모 레버리지는 그 정도가 너무 심했으며, 글로벌 금융 시스템의 발목을 잡을 것이라는 시각을 야기했다. 이 관점은 미국의 서브프라임 모기지 대출기관과 일부 해외 금융기관뿐 아니라, 다른 수많은 금융기관을 강타할 거대한 파도가 밀려오고 있다고 주장한다. 베어스턴스(미국의 대형 투자은행, 2008년 글로벌 금융위기로 JP모건 체이스에 인수되었다)도 그와 같은 파도의 희생양이었다는 것이다. 나아가 이 관점은 살아남은 금융기관의 수익력도 영구적으로 훼손된다고 보고 있다.

그런데 여기에서 제기할 의문은 이 극단적인 시나리오와 반대되는 시나리오, 다시 말해 '현재의 위기는 전형적인 신용 주기 중 하나기 때문에 살아남은 금융기관의 장기 ROE(자기자본이익률)에는 큰 문제가 없다는 시나리오' 가운데 어느 쪽이 더 논리적이냐는 것이다. 우리는 후자가 더 논리적이라고 믿는다.

'낙관적·미시적' 진영과 대립하는 견해는 '비관적·거시적' 진영이며, 이를 자산운용사 FPS의 스티븐 로믹이 잘 정리했다. 다음은 〈밸류인베스터인사이트〉와 로믹과의 인터뷰 일부다.

VII : 금융주에 대한 기존의 부정적 의견을 유지하는지요?
로믹 : 우리는 평균회귀를 믿습니다. 정상적일 때의 이익과 비교해 저가로 거래되는 좋은 주식을 찾았다면, 불황에 빠진 업종에 투자하는 것은 적절한 행동일 수 있습니다. 그런데 최근 이런 전략을 구사한 많은 투자자는 너무 일찍 금융주에 뛰어든 셈이 됐습니다. 가치의 저주에 빠진 것이지요. 2006년까지 10년 동안 금융기관의 영업이익과 자본수익률은 비현실적으로 높았습니다. 더 강한 규제 및 감독, 더 낮은 레버리지(더 적은 대출용 자금), 더 많은 자금 조달 비용, 더 엄격한 인수 기준, 더 적은 수요, 그리고 덜 난해하고 수익성이 작은 상품 등으로 특징 지을 수 있는 환경이 오리라는 점을 감안할 때 금융기관들의 정상적 수익력과 PER은 그들이 2006년까지 10년간 기록한 수준을 회복하지는 못할 것입니다.

이 두 진영의 차이는 근본적으로 신용 버블 붕괴 여파를 다르게 보는 데 있다. 신용 버블 붕괴의 충격을 이해한 '비관적·거시적' 진영 투자자들은 금융주 근처에도 가지 않는 반면, '낙관적·미시적' 접근법에 초점을 둔 사람들은 금융주 가격이 싸다는 것에만 초점을 뒀다.

"환경이 부정적으로 바뀔 가능성이 얼마나 낮은지가 아니라, 환경이 부정적으로 바

뀔 경우 벌어질 결과가 더 중요한 때가 있다."는 장-마리 이베이야르의 말을 기억하면 도움이 될 것이다.

앞서 말했듯이 우리는 예측할 수는 없지만, 다행히 준비할 수는 있다. 신용 버블이 블랙 스완은 아니다. 비록 신용 버블이 언제 붕괴될지 예측할 수 없을지는 몰라도, 금융주나 건설주 같은 신용 버블 관련 주식을 멀리함으로써 그러한 위험에 대비할 수는 있다.

미시적 접근법은 거시적 접근법에 유용한 정보를 제공해줄 수도 있다. 벤저민 그레이엄이 지적했듯이 강세장에서 진정한 저가 주식은 찾기 어렵다. 운전자본 가치 이하에서 거래되는 주식 수를 세어보면 시장 수준이 너무 높은지 또는 낮은지 판단할 수 있다. 그와 같은 진정한 저가주에 대한 투자 기회가 사라지면 투자자들은 주식에서 나와 국채에 뛰어들어야 한다.

거시적 접근법과 미시적 접근법이 서로 보완관계임을 보여주는 또 다른 사례는 세스 클라먼이 제시했다. 클라먼은 《안전마진》에서 인플레이션 환경이 가치투자자들에게 극적인 결과를 가져다줄 수 있다는 사실을 이렇게 지적했다.

인플레이션이나 디플레이션도 기업 가치를 변화시킨다. 가치투자는 인플레이션 환경에서 매우 효과적일 수 있다. 50센트로 1달러 가치의 자산을 사두면, 인플레이션으로 해당 자산 가치가 상승할 때 1달러 이상을 현금화할 수 있다.

그렇지만 인플레이션 환경에서 투자자들은 다소 부주의해지기도 한다. 자산 가치가 상승하는 한 50센트가 아닌 70센트나 80센트로 1달러 가치의 자산을 사는 것도 매력적으로 보일 수 있다. 그러나 대부분 투자자가 인플레이션을 예상하면 이런 느슨한 태도는 값비싼 대가를 치르게 된다. 인플레이션이 잦아들면 가격이 폭락할 수 있기 때문이다.

디플레이션 환경에서 자산 가치는 하락하는 경향을 보인다. 자산 가치가 하락하고 있다면 50센트로 1달러 가치의 자산을 사는 것도 저가 매수가 아닐 수 있다. 역사적으로 투자자들은 과잉 적립된 연금, 시장 가격보다 적게 장부에 계상된 부동산, 상당한 차익을 내고 팔 수 있는 금융사를 자회사로 보유한 기업에서 매력적인 기회를 발견했다.

하지만 기업과 자산 가치가 광범위하게 하락하는 동안 일부 숨겨진 자산 가치가 떨어질 수도 있고, 어떤 경우에는 숨겨진 부채가 될 수도 있다. 아울러 주식시장 하락은 기업이 적립한 연금자산 가치도 감소시킬 수 있다. 과거에는 과잉 적립이었더라도 디플레이션 때문에 과소 적립 상황으로 전환될 수 있기 때문이다. 원가로 대차대조표에 계상한 부동산도 과소평가된 것이 아니게 될 수 있다. 한때 숨겨진 보석이던 자회사도 그 빛을 잃을 수 있다.

기업 가치가 지속해서 하락할 가능성은 가치투자에 치명적인 위협이며, 다른 투자 전략에도 좋은 소식은 아니다. 가치투자자들은 주식 가치를 평가한 뒤 평가된 가치에서 할인된 가격에 매수한다는 원칙을 굳게 따른다. 그런데 만약 가치가 상당히 잠식될 것이라면 어느 정도의 할인이 충분한 수준이 될까?

투자자들은 기업 가치가 하락할 가능성을 우려해야 할까? 반드시 그래야 한다. 기업 가치가 하락할 가능성이 있을 때 투자자들은 어떻게 대응해야 할까? 그 대응에는 세 가지가 있다.

첫째, 투자자들은 가치가 언제 오르거나 내릴지 예측할 수 없으므로, 최악의 경우 청산 가치를 염두에 두는 등 보수적인 가치 평가를 해야 한다.

둘째, 디플레이션이 염려되는 투자자들은 가격과 가치 사이에 평소보다 높은 할인율을 적용해 신규 투자를 하거나 기존 투자를 유지할 수 있다.

셋째, 자산 디플레이션이 우려될 경우 투자의 시간 계획과 가치의 현금화를 중시해야 한다. 디플레이션 환경에서 가치를 현금화해야 할지 말아야 할지, 또는 언제 현금화해야 할지 모르겠다면 그냥 가만히 있을 수도 있다. 그러나 가치가 주주 이익에 맞게 단기간에 현금화된다면, 가치를 감소시킬 수 있는 장기적 힘은 사라진다.

그러므로 거시적 접근법과 미시적 접근법 중 어느 한쪽에 독점적 통찰력이 있는 것은 아니다. 두 가지 관점 모두 투자자에게 유익할 수 있다.

⋮ 원칙 ⑩ 내가 대접받고 싶은 만큼 고객을 대한다

마지막 원칙은 다시 한 바퀴 돌아 투자의 목적으로 돌아간다. 내가 생각하기에 펀드매니저들이 스스로에게 던져야 할 좋은 질문 중 하나는 "내 돈이라면 이렇게 투자하겠는가?"다. 고객으로부터 자금관리를 위임받은 사람들은 잘못된 행동을 해도 되는 면허라도 받은 듯 생각하는 것 같다. 이는 펀드매니저와 금융회사 경영진 모두에게 해당하는 말이다.

존 보글의 "우리 업종이 더이상 직업이 아닌 사업이 됐다."는 말이 이를 잘 지적한 것이다. 참으로 슬픈 일이다. 마케팅 담당자가 투자회사를 운영하면 잘못된 때에 잘못된 투자를 하는 결과를 초래할 것이다.

1990년대 말 기술주 펀드나 최근 상품 펀드가 대표적인 사례다. 나는 금융계에도 "누구에게도 피해를 끼치지 않겠습니다."와 같은 일종의 히포크라테스 선서가 필요하다고 주장해왔다. 그렇지 않아도 폴 월멋과 이매뉴얼 더먼이 최근 이른바 '모델 이론가의 히포크라테스 선서'를 제안한 바 있다.

- 나는 내가 세상을 만들지 않았으며, 세상이 내 방정식대로 돌아가지 않는다는 사실을 명심하겠다.
- 나는 가치를 평가하고자 모델을 과감히 사용하더라도 지나치게 수학에 의존하지는 않겠다.
- 나는 내 모델을 사용하는 사람들에게 모델이 정확하다는 잘못된 정보로 안심시키지 않겠다. 그 대신 내 모델의 가정과 간과한 부분을 분명히 밝히겠다.
- 나는 내 연구가 내가 온전히 이해하지 못하는 사회와 경제에 엄청난 영향을 미칠 수 있다는 사실을 명심하겠다.

최고의 투자자 중 다수는 운용자산을 극대화하고자 애쓰는 대신, 자신의 수익 창출 능력이 감쇄하지 않도록 의도적으로 자신의 펀드 규모를 제한하기도 한다. 물론 이와 같은 행동은 펀드 슈퍼마켓에는 금기 사항이다. 그렇지만 내가 볼 때 이는 투자에 현명하게 접근하는 방법이다. 장-마리 이베이야르는 "고객 돈 절반을 잃느니 차라리 고객의 절반을 잃겠다."고 말했다.

펀드매니저나 애널리스트들에게 너무 쉽게 인센티브를 줘서는 안 된다. 예를 들어 매수 측 애널리스트들에게는 펀드의 3년 실적을 기준으로 인센티브를 줘야 한다. 그래야 이들이 포트폴리오 매니저를 압박해 포트폴리오에 포지션을 유지하라고 주장하는 일을 막을 수 있다.

애널리스트들은 전문가보다 일반 이론가가 돼야 한다. 그러면 일관된 분석 틀을 갖고 다른 영역의 다른 기회를 유연하게 평가할 수 있다.

나는 내가 투자할 펀드의 담당 펀드매니저도 해당 펀드에 상당한 지분을 갖고 있다는 사실을 알게 될 때 매우 행복한 마음으로 투자한다. 펀드매니저가 자기 돈처럼 소중하게 펀드를 다룰 것이기 때문이다.

원칙 ⑩을 따르는 펀드매니저는 고객을 신중하게 고를 필요도 있다. 자신의 투자법을 잘 이해하는 고객을 선택하는 것이 중요하다. 펀드가 잘못된 상황에 빠지면 인내하는 수동적 전략은 별로 소용이 없다. 이런 맥락에서 '락인 전략' 같은 사전 조치 기제를 사용하는 것이 합리적이다 Chapter 12 〈사전 조치 전략으로 투자하라〉 참조.

지금까지 가치투자 원칙에 대한 내 믿음과 개인적 의견을 피력했다. 하지만 투자 과정에 관한 논의는 피했는데, 그것이 중요하지 않아서가 아니라 여기에서는 가치투자의 철학에 대해서만 말하고 싶었기 때문이다.

한 개인이 자신의 믿음을 드러내는 것은 위험한 일일 수 있다. 그러나 햇볕이 최고의 살균제이듯 비판을 감수하고라도 내 믿음을 드러내는 것이 책임 있는 태도라고 생각한다. 공개적이고 정직한 논쟁이 훌륭한 결과를 만들어낼 수도 있다.

내 투자 원칙을 설명한 이유에는 이와 같은 의도도 있다. 이것이 문제에 접근하는 유일한 방법은 아니더라도 내게는 가장 의미 있는 방법이다.

Chapter 16

도박과 스포츠 그리고 투자

"금메달을 딸 것으로 예상했습니까?"

올림픽에서 금메달을 딴 선수와 인터뷰하면서 기자들이 하는 상투적인 질문이다. 그러면 선수는 으레 결과보다는 과정에 집중했다고 상투적으로 대답한다. 그럼에도 불구하고 좋은 자세다. 투자자의 자세도 마땅히 그래야 한다.

우리는 절대로 결과를 통제할 수 없다. 그렇지만 과정은 얼마든지 통제할 수 있다. 물론 결과가 중요하다. 그러나 과정에 집중해야 좋은 결과를 낼 가능성도 커지는 법이다.

- 실화에 바탕을 둔 영화 〈머니볼〉에서 피터 브랜드라는 이름으로 나오는 실재 인물 폴 디포디스타가 라스베이거스에서 카드 게임 블랙잭을 할 때의 일화를 이야기한 적이

있다. 블랙잭은 패를 더한 수가 21에 가까운 사람이 이기는 게임이다. 그런데 그 사내가 처음 두 장의 카드로 17이 됐다. 나를 포함해 함께 게임하던 사람들 모두가 동작을 멈췄다. 딜러도 재차 확인하고는 다음 카드를 받을지 그의 선택을 기다렸다. 사내는 카드를 한 장 더 달라는 표현으로 고개를 끄덕였다. 딜러가 의외라는 듯 잠시 그를 바라보더니 물었다. "정말인가요, 선생님?" 그는 그렇다고 했고 딜러는 다음 카드를 줬다. 그런데 놀랍게도 그 카드는 4였다. 대박이 터진 것이다. 테이블에 앉아 있던 사람들이 일제히 환호성을 질렀다. 그런데 그때 딜러가 그에게 뭐라고 했는지 아는가? 딜러는 아주 공손하게 "나이스 히트."라고 말했다. 나는 생각했다. '나이스 히트라고? 카지노에서는 그런 식으로 베팅하기를 바랐겠지만, 그 사내에게는 정말이지 아슬아슬하고 위험한 히트였어. 결과가 좋았다고 히트 결정이 정당화되는 것은 아니야!'

- 심리학자들은 오래전부터 결과에 근거해 결정을 평가하는 이른바 '결과 편향_{Outcome bias}'에 관해 연구해왔다. 예를 들면 의사가 수술을 결정했을 때, 그 수술 결과로 환자가 사망하면 잘못된 결정이고 살아나면 잘한 결정으로 평가한다. 수술 결과를 미리 알 수 없기에 의사의 결정이 옳은지 그른지는 수술 결과로 판단할 수밖에 없다.

- 그러나 이처럼 과정이 아닌 결과를 강조하는 것은 매우 위험한 생각이다. 여러 증거에 따르면 사람들에게 결과를 책임지도록 하면 ① 관련된 리스크가 같더라도 덜 모호한 것을 선호하고, ② 정보의 수집과 활용이 증가하고, ③ 절충안을 선호하면서 평균적 특징을 가진 상품을 선택하는 경향이 증가하고, ④ 손실 혐오의 정도가 커진다. 이를 투자의 관점에서 표현하면 펀드매니저는 불확실성을 피하고, 노이즈_{쓸데없으면서 많은 정보}를 추구하며, 대세에 따르게 된다. 그렇다고 좋은 실적을 보장하지는 않는다.

- 반면 사람들에게 과정에 집중하라고 하면, 그리고 결과가 아니라 과정으로 평가하겠다고 하면, 훨씬 좋은 결정을 하게 된다. 과정에 초점을 맞추면 위에서 말한 리스크 대부분이 완화한다. 투자에서 우리는 결과를 통제할 수 없다. 우리가 통제할 수 있는 것은 과정뿐이다. 따라서 과정에 집중하는 것이 옳다.

- 실적이 저조할 때는 과정을 바꾸라는 압력이 증대된다. 그러나 나쁜 과정이 좋은 결과를 가져올 수도 있고 좋은 과정이 나쁜 결과를 낳을 수도 있다. "자신의 투자법에 대해 깊이 성찰해야 할 때는 실수했을 때가 아니라 성공했을 때다."는 존 템플턴 경의 말을 기억해두면 좋을 것이다.

* * *

폴 디포디스타가 자신의 블로그에 올린 글을 읽은 적이 있다. 마이클 루이스의 《머니볼》을 읽었거나 동명의 영화로 본 사람은 폴 디포디스타가 누구인지 알 것이다. 만약 모르겠다면 위키피디아에서 검색해보기 바란다.

몇 년 전 어느 토요일 밤, 나는 라스베이거스의 한 카지노에서 블랙잭을 하고 있었다. 나는 세 번째 자리에 앉았는데, 첫 번째 자리에 앉은 사내는 정말이지 지독하게도 게임을 못했다. 그는 무료 음료만 마셔댔고, 20분이 지나면 가진 칩을 모두 잃고는 새로 칩을 바꿔 왔다.
그런데 그 사내가 처음 두 장의 카드로 17이 됐다. 나를 포함해 함께 게임하던 사람들 모두가 동작을 멈췄다. 딜러도 재차 확인하고는 다음 카드를 받을지 그의 선택을 기다렸다. 사내는 카드를 한 장 더 달라는 표현으로 고개를 끄덕였다. 딜러가 의외라는 듯 잠시 그를 바라보더니 물었다.

"정말인가요, 선생님?"

그는 그렇다고 했고 딜러는 다음 카드를 줬다. 그런데 놀랍게도 그 카드는 4였다. 대박이 터진 것이다. 테이블에 앉아 있던 사람들이 일제히 환호성을 질렀다. 그런데 그때 딜러가 그에게 뭐라고 했는지 아는가? 아주 공손하게 "나이스 히트."라고 말했다. 나는 생각했다.

'나이스 히트라고? 카지노에서는 그런 식으로 베팅하기를 바랐겠지만, 그 사내에게는 정말이지 아슬아슬하고 위험한 히트였어. 결과가 좋았다고 히트 결정이 정당화되는 것은 아니야!'

어쨌든 나는 블랙잭으로 가진 돈을 전부 잃었기 때문에, 남은 주말 동안 카지노를 어슬렁거리면서 여러 다른 게임과 운영 방식을 살펴봤다. 사실 모든 카지노 게임은 카지노에 유리하게 설정된 확률을 갖고 있다. 물론 카지노가 모든 게임에서 이기는 것은 아니지만 훨씬 자주 이기게끔 돼 있다.

그렇다고 카지노가 결과에는 관심이 없다고 말하려는 것은 아니다. 오히려 카지노는 절대적으로 결과에 관심을 둔다. 그렇지만 좋은 결과를 얻기 위해 카지노는 전적으로 과정에 집중한다.

야구도 같은 관점에서 볼 수 있다. 야구는 분명히 결과가 중요한 게임이다. 매년 162회(가끔은 163회)의 게임에서 그 결과에 책임을 져야 한다. 그런데 우리는 모든 게임에서 이길 수 없다는 사실을 안다. 그해 60%의 승률을 올리면 대성공이다. 카지노처럼 야구도 결과가 전부처럼 보인다.

그러나 단 한 게임 또는 단 한 번의 타석이라도, 그 안에서 벌어지는 과정은 결코 간단하지 않다.

수년 전 이 문제에 관해 컬럼비아 대학교 경영대학원 교수 마이클 모부신과 토론했을 때, 그는 내게 이 개념을 다룬 《이기는 결정》의 공저자 에드워드 루소와 폴 슈메이커가 제시한 간단한 표를 보여줬다.

	좋은 결과	나쁜 결과
좋은 과정	당연한 성공	불운
나쁜 과정	억센 행운	인과응보

우리는 모두 좋은 과정을 거쳐 성공하기를 바란다. 이는 일반적으로 카지노에서 추구하는 것이기도 하다. 나는 포스트 시즌의 오클랜드 애슬레틱스와 샌디에이고 파드리스도 여기에 속한다고 생각하고 싶다. 하지만 불운은 불확실성이 지배하는 세상의 우리 모두가 직면하게 되는 힘든 현실이다.

현실 세계에서는 좋은 과정도 나쁜 결과를 낳을 수 있다. 사실 이런 일은 늘 발생한다. 17을 만들고도 히트를 원했던 사내가 결국 승자가 됐을 때 카지노에 닥친 일이 바로 이런 경우다. 나는 이런 일이 포스트 시즌에 오클랜드 애슬레틱스와 샌디에이고 파드리스에도 벌어졌다고 믿고 싶다.

<u>좋은 과정과 나쁜 결과의 조합이 어려운 경우이긴 하지만, 정말 어려운 경우는 나쁜 과정과 좋은 결과의 조합이다.</u> 한 번 정도는 이런 일이 벌어질 수 있어도, 계속해서 이런 행운이 찾아올 가능성은 거의 없다. 17에서 다음 카드로 4를 받는 일은 한 번 이상 벌어지기 어렵다. 나쁜 과정으로 좋은 결과를 거둔 뒤 스스로 돌아보고 운이 좋았음을 인정하기란 더더욱 어렵다.

그러나 운이 좋았다는 사실을 인정하지 않으면 다시 나쁜 과정이 계속될 것이고, 어쩌다 한 번 발생한 좋은 결과는 다시 맛보기 힘들 것이다. 솔직히 말해서 오클랜드 애슬레틱스의 빌리 빈 단장이 멋졌던 것은 운 덕분에 좋은 결과를 얻었음을 즉시 인

지하고 자아도취에 빠지지 않았다는 것이다.

우리는 모든 게임에 이기고 싶고 모든 선수가 옳은 결정을 내리기를 원한다. 하지만 우리는 그런 일이 벌어지지 않을 것임을 잘 알고 있다. 통제할 수 없는 불확실성이 너무 많기 때문이다. 그래도 우리는 과정은 통제할 수 있다.

챔피언팀이 나쁜 과정으로 좋은 결과를 거두는 경우가 종종 있다. 그렇지만 챔피언 구단은 전적으로 좋은 과정만 추구한다. 좋은 과정을 추구해도 나쁜 결과를 얻는 해가 있겠지만, 대부분은 좋은 결과를 얻게 된다.

애틀랜타 브레이브스는 무려 14년 동안 승리를 누렸다. 그런데도 이는 프로 스포츠팀이 성취한 업적 가운데 가장 저평가된 것이다. 요컨대 우리는 많은 챔피언팀을 만들어내는 챔피언 구단이 되고 싶다.

나는 내일쯤 우리 구단의 드래프트 지명에 대해 자세히 밝힐 예정이다. 나는 우리의 드래프트 지명 과정이 자랑스럽고, 그 과정이 매우 원칙 있게 수행돼 왔다고 말할 수 있다. 그런데 그 과정이 좋은 결과를 낳을까?

우리가 지명한 선수들에 대한 확신은 있지만 결과는 알 수 없다. 분명한 사실은 우리 구단의 드래프트 지명 과정이 매년 더 나아질 것이고, 내년에도 더 나아질 것이라는 점이다.

내가 볼 때 이는 투자에도 고스란히 적용된다. 금융은 우리가 통제할 수 없는 결과에 집착하는 산업이다. 그러나 우리는 투자 과정을 통제할 수 있고 또 통제해야 한다.

우리가 초점을 맞춰야 하는 것은 과정이다. 수익을 통제하는 것은 불가능하고 리스크를 관리하는 것은 망상이지만, 과정에는 영향을 미칠 수 있다.

: 과정의 심리학, 결과 편향

투자에서는 결과보다 과정에 초점을 맞추는 게 중요하다. 우리 세계에서 결과는 시간을 적분해야 하기에 매우 불안정하다. 5년은 맞고 6개월은 틀리거나 아니면 그 반대의 경우도 얼마든지 벌어진다.

사람들은 과거의 결정을 당시 알려진 것들을 고려해 내린 결정의 질이 아니라 결과로 판단하는 경우가 많다. 이것이 '결과 편향'이다. 예를 들어 영국 의회는 자동차 운전 중 휴대전화를 사용하다가 적발된 사람과, 자동차 운전 중 휴대전화를 사용하다가 사고를 내 사람을 죽인 사람에게 다른 형량을 부과하는 법령을 공표했다.

조너선 바론과 존 허쉬는 광범위한 실험을 통해 결과 편향을 밝혀냈다. 이들은 실험 참가자들에게 다음과 같은 사례를 제시한 뒤, 결과가 아니라 의사결정 과정이 얼마나 건전했는지 평가해달라고 요청했다.

심장이 좋지 않은 55세의 중년 남성이 있었다. 그는 가슴 통증 때문에 일을 그만둬야 했지만, 워낙 일을 좋아했기 때문에 그만두고 싶지 않았다. 그는 가슴 통증 때문에 여행이나 여가도 즐기지 못했다. 그의 경우 심혈관 우회술을 받으면 고통이 줄어들고, 기대 수명도 65세에서 70세까지 늘어날 수 있었다.

그런데 이 수술을 받은 사람 가운데 8%가 수술로 사망했다. 그의 담당 의사는 수술을 결정했고, 다행히 수술은 성공적이었다.

의사의 수술 결정을 다음 점수에 따라 평가하라.

3 : 아주 옳은 결정이다. 반대 결정은 용납할 수 없었을 것이다.
2 : 모든 것을 고려했을 때 옳은 결정이다.

1 : 옳은 결정이다. 그러나 반대 결정도 이해할 수는 있다.

0 : 이 결정도 옳고, 반대 결정도 옳다.

−1 : 옳지 않은 결정이다. 그러나 이해할 수 없는 것은 아니다.

−2 : 모든 것을 고려했을 때, 옳지 않은 결정이다.

−3 : 절대 용서할 수 없는 옳지 않은 결정이다.

이후 실험 참가자들은 수술이 실패해 환자가 사망한 경우의 수술 결정도 평가했다. 물론 의사가 수술 결과를 미리 알 수 없기 때문에 의사의 결정이 옳은지 수술 결과로 판단할 수는 없다.

그러나 〈Figure 16.1〉에서와 같이 의사의 수술 결정에 대한 평가는 결과에 큰 영향을 받았다.

바론과 허쉬가 제공한 또 다른 사례는 도박과 관련한 것이다. 다음 사례를 살펴보자.

| Figure 16.1 | 의사의 수술 결정에 대한 평가(평균)

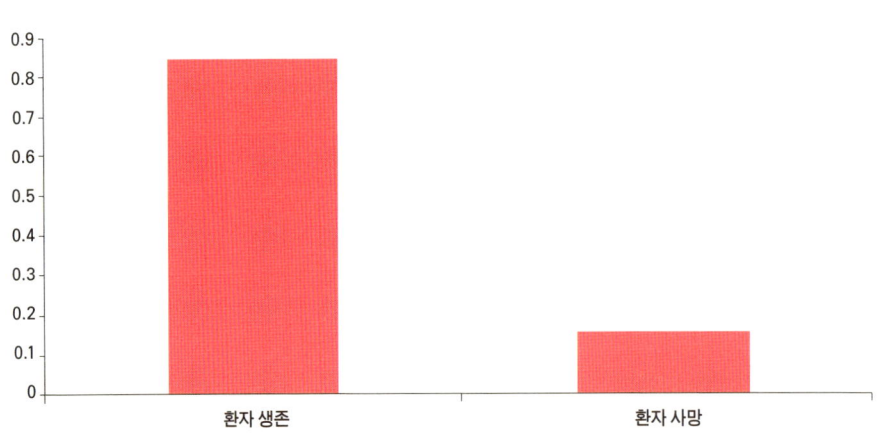

출처 : Baron and Hershy, SG Equity Research.

직업을 가진 25세의 청년이 있다. 그는 한 부동산회사로부터 전원주택 마을 초청장을 받았다. 그는 그곳의 주택 한 채를 구입할까, 고민하고 있었다. 부동산회사는 방문하면 다음 중 하나를 경품으로 주겠다고 약속했다.

옵션 ① : 현금 200달러
옵션 ② : 확률 80%로 300달러를 받거나, 확률 20%로 한 푼도 못 받는 경품권

단, 그는 우편으로 어떤 선택을 할지 미리 부동산회사에 알려야 했다. 그리고 옵션 ②를 선택하지 않아도 옵션 ②의 추첨 결과를 통보받을 예정이었다.

합리적인 사고로는 도박성 짙은 옵션 ②를 선택해야 한다. 기대할 수 있는 결과가 더 높기 때문이다. 물론 옵션 ②를 선택한 결과가 어떻게 나오든, 그 결과는 이 청년의 결정 과정을 평가하는 데 영향을 미쳐서는 안 된다.

| Figure 16.2 | **청년의 결정에 대한 평가**(평균)

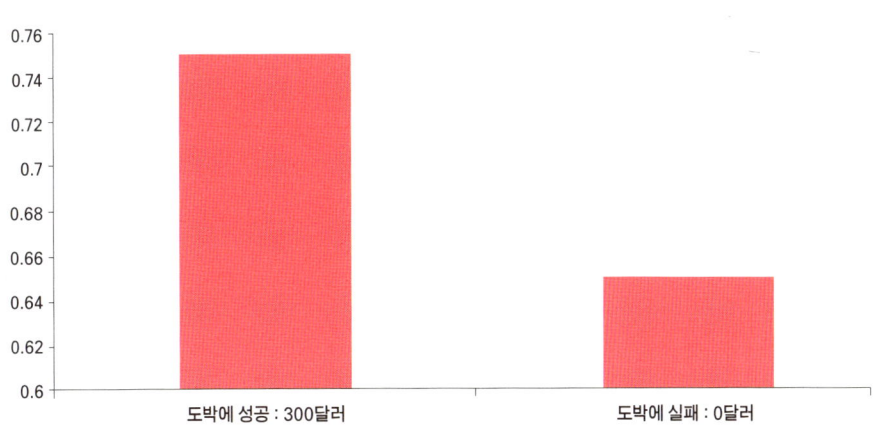

출처 : Baron and Hershy, SG Equity Research.

그렇지만 〈Figure 16.2〉에서 보듯이 실험 참가자들은 청년이 옵션 ②를 선택했지만 확률 20%에 걸려 한 푼도 못 받는 결과일 때보다, 300달러에 당첨됐을 때를 더 옳은 결정이라고 평가했다. 결과 편향은 우리의 세상 깊숙이 퍼져 있다.

⋮ 과정의 심리학, 결과 책임

더욱이 결과에 초점을 맞추면 온갖 불필요한 행동을 하게 된다. 예컨대 단기 실적이 전부인 세계에서, 펀드매니저는 최고의 기회가 있는 주식보다는 고객들에게 정당화하기 쉬운 주식을 매수하기 쉽다.

책임성에 관한 연구에서 제니퍼 러너와 필립 테트록은 사람들에게 결과를 책임지도록 하면 다음과 같은 현상이 나타난다는 사실을 발견했다.

① 모호함에 대한 혐오가 증가한다. 관련된 리스크가 같더라도 덜 모호한 쪽을 선호하는 경향이 커진다.
② 유용하든 유용하지 않든, 정보의 수집과 활용 빈도가 높아진다.
③ 절충안을 선호하는 경향이 증가하고, 복잡한 특징보다 평균적인 특징을 가진 상품을 선택하는 경향이 증가한다. 즉 두 가지 좋은 특징과 두 가지 나쁜 특징을 가진 상품보다, 네 가지 특징이 모두 평균적인 상품을 선택한다.
④ 손실 혐오의 정도가 커진다.

이와 같은 현상 가운데 어느 것도 투자자에게 도움이 되지는 않을 것이다. **모든 결정이 결과로 평가되면 펀드매니저들은 불확실성을 피하고, 노이즈**쓸데없으면서 많은 정보를 추구하며, 대세에 따르게 된다. 특히 현대 금융계에서 이런 현상이 많이 나타나는 듯 보인다.

: 과정의 심리학, 과정 책임

그러나 초점을 결과에서 과정으로 바꾸면 상황은 개선된다. 이타마르 사이먼슨과 배리 스토는 결과에 초점을 맞추는 것보다 과정에 초점을 맞춰야 좋은 결정을 하게 된다는 증거를 제시했다.

이들은 실험에 참가한 학생들에게 무알코올 맥주와 저알코올 맥주를 유럽에 수출하려는 한 미국 맥주회사를 소개했다. 그리고 학생들에게 테스트 기간 중 두 제품 모두 비슷한 호평을 받았다는 자료를 나눠줬다.

그런 뒤 학생들에게 추가로 300만 달러를 투자한다면 두 제품 중 어느 제품에 투자해야 더 큰 이익을 볼 수 있는지 결정해달라고 요청했다. 학생들은 자신의 결정 이유를 글로 적어 설명했다.

이후 학생들은 다음과 같은 내용의 자료를 받았다.

맥주회사 CEO는 300만 달러를 A(무알코올 맥주와 저알코올 맥주 중 학생이 선택한 것)에 투자하는 것이 좋다는 당신의 결정을 수락하고 실행했습니다. 그러나 다음 페이지에서와 같이 그 결과는 다소 실망스러웠습니다.

이어진 다음 페이지에는 해당 학생이 선택한 제품의 매출과 이익이 처음에는 좋았지만, 곧 감소하기 시작해 낮은 수준에서 고정됐다는 자료가 제시됐다.

동시에 실험 참가자가 선택하지 않은 제품의 매출과 이익에 관한 자료도 함께 제시됐다. 실험 참가자가 선택하지 않은 제품의 매출과 이익은 선택한 제품과 마찬가지로 처음에는 좋았다가 곧 감소하기 시작했지만, 마지막에는 선택한 제품보다 높은 수준에서 고정된 것으로 나타났다.

그 뒤 학생들에게 맥주회사가 추가로 1,000만 달러를 더 투자하기로 했는데, 이번에는 두 맥주에 투자 자금을 배분하기로 결정했다고 전했다. 그러고는 학생들에게 1,000만 달러를 두 맥주에 적절히 배분해달라고 요청했다.

이때 학생들은 다음 세 가지 중 한 가지 사안에 대해 들었다.

① 여러분에게 제공한 자료는 경영대 학생이라면 좋은 결정을 내리기에 충분한 정보입니다(기준 그룹).

② 여러분의 좋은 결정 또는 나쁜 결정의 성과는 다른 학생들과 조교들에게 공개됩니다. 성과는 여러분이 내린 결정의 결과에 따라 판단됩니다(결과 책임 그룹).

| Figure 16.3 | 처음 선택한 맥주에 할당한 금액(100만 달러)

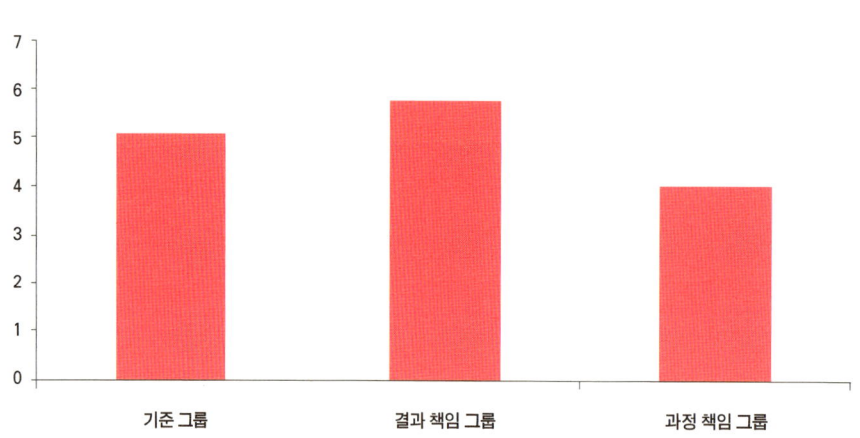

출처 : Simonson and Straw, SG Equity Research.

③ 여러분의 결정에 대한 평가는 결정의 결과가 아닌 얼마나 효과적인 결정 과정(전략)을 사용했느냐에 따라 평가될 것입니다. 여러분의 좋은 결정 과정 또는 나쁜 결정 과정은 다른 학생들과 조교들에게 공개됩니다(과정 책임 그룹).

〈Figure 16.3〉과 같이 각 그룹의 자금 배분에는 현격한 차이가 있었다. 결정의 결과에 초점에 맞춘 결과 책임 그룹은 평균 580만 달러를 그들이 처음 선택한 제품에 배분하기로 결정했다. 이는 **'매몰 비용 오류**Sunk cost fallacy**'의 전형이다. 매몰 비용 오류란 성과를 거두지 못한 기존 결정이 아쉬워서 계속 비합리적으로 집착하는 현상을 말한다.**

반면 기준 그룹은 자금을 거의 균등하게 배분해 자신의 기존 선택에 510만 달러를 배분했다. 결과적으로 과정 책임 그룹이 더 나은 결정을 했다. 이들은 400만 달러만 처음 선택한 맥주에 배분했고, 나머지는 더 인기 있는 맥주에 배분했다.

'실적이 저조하면 과정을 바꿔야 하는 것 아닌가?' 하는 의문이 들게 마련이다. 그러나 나쁜 과정이 좋은 결과를 가져올 수 있는 것처럼, 좋은 과정도 나쁜 결과를 낳을 수 있다.

"자신의 투자법에 대해 깊이 성찰해야 할 때는 실수했을 때가 아니라 성공했을 때다."는 존 템플턴 경의 말과, "가치투자는 본질적으로 건전하므로 원칙에 충실하고, 원칙을 고수하면 잘못된 길로 빠지지 않을 것이다."는 벤저민 그레이엄의 말을 유념하는 것이 바람직하다.

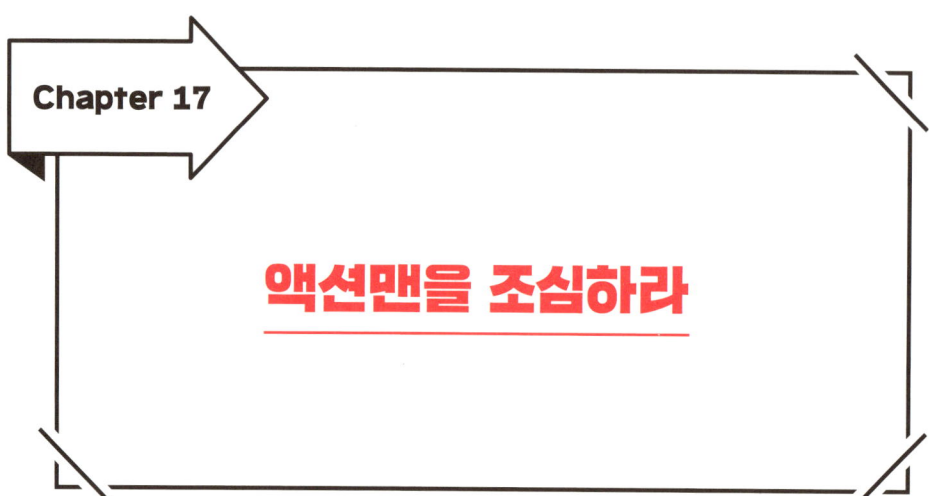

Chapter 17

액션맨을 조심하라

페널티킥을 막아내야 하는 골키퍼와 투자자의 공통점은 무엇일까? 대답은 가만히 있지 않고 행동하려고 한다는 것이다. 이들은 무엇인가 해야만 한다고 느낀다.

그렇지만 행동하지 않고 가만히 있는 것도 하나의 투자 전략이다. 현금을 그냥 보유하고 있는 게 최상의 선택일 때가 있지만, 펀드매니저 대부분에게 이는 일종의 금기다.

"투자는 지루해야지 재미있어서는 안 된다. 투자는 마치 페인트가 마르는 모습 또는 잔디가 자라는 모습을 지켜보는 것과 같아야 한다."는 폴 새뮤얼슨의 충고를 되새길 필요가 있다.

- 페널티킥을 막아내야 하는 골키퍼가 있다고 해보자. 공이 어느 쪽으로 올지 골키퍼는 알 수가 없다. 골키퍼는 키커가 공을 차는 순간 방향을 결정해야 한다. 왼쪽으로 점프해야 할까, 오른쪽으로 뛰어야 할까, 아니면 중앙에서 기다리고 있어야 할까? 이는 골키퍼가 직면하는 중요한 선택의 순간이다.

- 통계적으로 대부분의 프로 골키퍼는 오른쪽이나 왼쪽으로 뛰어든다. 94%는 두 방향 중 한쪽으로 점프한다. 그런데 이는 최상의 선택이 아니다. 성공한 페널티킥 비율을 보면 중앙에서 기다리는 것이 가장 좋은 전략이다. 그런데도 골키퍼들은 오른쪽 아니면 왼쪽으로 뛰어든다. '행동 편향' 때문이다.

- 실험에 따르면 투자자들도 이와 같은 행동 편향을 분명히 드러낸다. 실험을 위해 펀더멘털 가치를 계산하기 쉽게 일정 기간 주식의 전매를 금지하는 인위적인 시장을 만들었다. 일정 기간 주식의 전매를 금지하면 투기 거래보다는 기업 가치를 따져서 합리적 매매를 하리라고 예상했다. 왜냐하면 이런 시장에서는 펀더멘털 가치 이상에서 매매가 이뤄지면 안 되기 때문이다. 하지만 실험을 반복해도 펀더멘털 가치 이상에서 대량 매매가 이뤄졌다. 이는 분명히 매우 비합리적인 현상이다. 주식의 전매를 금지했기 때문에 자신보다 우매한 사람을 이용할 목적으로 매매를 한 것도 아니었다. 사람들은 그저 가만히 있기가 지루해서 매매한 것이었다. 이 또한 행동 편향이 작용한 결과다.

- 워런 버핏은 "투자는 볼과 스트라이크를 따지는 심판이 없는 멋진 야구 게임과 같다."고 말했다. 투자자는 타석에서 팻 피치, 즉 자신이 원하는 좋은 공이 올 때까지 수많은 공을 흘려보내며 기다릴 수 있다. 그러나 세스 클라먼의 지적처럼 대부분 기

관투자자는 공을 거르지 않는다. 거의 모든 공에 방망이를 휘둘러야 한다는 강박을 갖는 것이다.

- 밥 커비는 주식을 사서 묻어두는 이른바 '커피 캔 포트폴리오'를 운용해야 한다고 말한 바 있다. 그는 이를 '수동적으로 적극적인' 전략이라고 표현했다. 그러면서도 커비는 이 전략이 "금융산업의 구조를 급격히 바꾸고, 금융계에 종사하면서 호화스러운 생활 방식을 유지하려는 사람들의 수를 줄이게 될 것이기에 널리 채택될 가능성은 없다."고 말했다. 하지만 내가 볼 때는 좋은 전략인 것 같다.

* * *

혹시 잘 모를까 봐 설명하자면 '액션맨'은 내가 어릴 적 아이들에게 굉장히 인기가 많았던 병사 인형이다. 액션맨은 마초의 전형과도 같았는데, 어느 날 학교에서 돌아오니 여동생이 내 액션맨을 유괴해 자기 바비 인형과 가족 놀이를 하고 있었다. 마초의 화신 근육질 액션맨이 그렇게 전락한 모습을 보고, 엄청 충격을 받았었다.

하지만 어쨌든 투자에서도 액션맨 같은 존재가 포트폴리오를 운용하기를 원하는지 모르겠다.

: 액션맨으로서의 골키퍼

'행동 편향' 측면에서 골키퍼는 일반적으로는 액션맨이 아니지만, 페널티킥의 순간만큼은 액션맨이 된다.

마이클 바-엘리 등은 페널티킥을 막으려는 골키퍼의 행동에 매우 특이한 패턴이 있음을 밝혀냈다. 축구에서 페널티킥이 선언되면 골대 앞 11m 지점에 공을 놓고 키커와 골키퍼 사이의 단독 대결이 펼쳐진다. 골키퍼는 키커가 공을 차기 전에는 골라인에 선 채 움직이지 않는다.

축구에서 나오는 골이 평균 2.5골임을 고려하면 80% 골 성공률의 페널티킥은 경기 결과에 지대한 영향을 미친다고 할 수 있다. 따라서 다른 심리 실험과 달리 은밀하게 진행됐다.

바-엘리 연구팀은 유명 축구 리그와 세계선수권대회를 조사해 311회의 페널티킥 사례를 수집했다. 그런 다음 세 그룹의 평가단을 활용해 킥의 방향과 골키퍼가 점프한 방향을 분석했다. 혼란을 피하기 위해 방향_{왼쪽, 오른쪽}은 골키퍼를 기준으로 했다.

〈Table 17.1〉은 이 분석을 통해 킥과 골키퍼의 점프 방향을 나타낸 것이다. 킥의 방향은 왼쪽, 중앙, 오른쪽으로 각각 $\frac{1}{3}$씩 동일하게 분포했다. 반면 골키퍼는 94%가 왼쪽 또는 오른쪽으로 점프하는 행동 편향을 보였고, 중앙을 택한 경우는 거의 없었다.

| Table 17.1 | 킥과 점프의 분포

	점프 방향	왼쪽	중앙	오른쪽	합계
	왼쪽	18.9%	0.3%	12.9%	32.2%
킥 방향	중앙	14.3%	3.5%	10.8%	28.7%
	오른쪽	16.1%	2.4%	20.6%	39.2%
	합계	49.3%	6.3%	44.4%	100.0%

출처 : Bar-Eli et al.

| Table 17.2 | 페널티킥 방어율

	점프 방향	왼쪽	중앙	오른쪽	합계
킥 방향	왼쪽	29.6%	0.0%	0.0%	17.4%
	중앙	9.8%	60.0%	3.2%	13.4%
	오른쪽	0.0%	0.0%	25.4%	13.4%
	합계	14.2%	33.3%	12.5%	100.0%

출처 : Bar-Eli et al.

그러나 골키퍼에게 최적의 행동이 무엇인지 알기 위해서는 킥과 점프의 조합에 따라 골키퍼의 방어율이 어떤지 살펴야 한다. 이를 구체적으로 나타낸 것이 〈Table 17.2〉다. 이 표를 보면 골키퍼에게 최선의 전략은 중앙에 그냥 서 있는 것임을 명확히 알 수 있다.

중앙을 택한 골키퍼의 경우 약 60%를 막아냈다. 왼쪽이나 오른쪽으로 점프했을 때의 방어율보다 훨씬 높았다. 그런데도 골키퍼들이 최선의 전략인 중앙을 선택한 경우는 6.3%에 불과했다. 골키퍼들이 보인 행동 편향은 분명히 비합리적인 행동 패턴이다.

물론 골라인 중앙 사수가 최적의 전략이 된다는 것은 그동안 킥의 분포상 그렇다는 의미다. 만약 모든 골키퍼가 골라인 중앙을 선택하기 시작하면 키커들은 전략을 바꿔 왼쪽과 오른쪽으로만 슛하게 될 것이다.

이와 같은 **행동 편향이 생기는 이유는 그것이 일종의 규범처럼 작용하기 때문인 듯하다.** 골키퍼는 왼쪽이든 오른쪽이든 몸을 던져 점프해야 골을 막고자 노력했다고 느낀다. **중앙에 서 있다가 공이 왼쪽이나 오른쪽으로 날아들어 골인되면 심리적으로 고통스럽다.**

바-엘리 등은 일류 골키퍼들을 대상으로 실시한 설문 조사를 통해 골키퍼들에게 실제로 그런 심리가 있다는 사실을 확인했다.

: 투자자와 행동 편향

투자자들에게도 행동 편향이 있다. 이를 확인하기 위해 우선 실험경제학의 모델인 '실험 자산시장'을 살펴보자. 실험 자산시장은 여타 복잡한 변수를 고려할 것 없이 금융시장 행태를 조사하는 데 유용한 모델이다.

이 시장에는 단순히 하나의 자산과 현금만 존재한다. 자산은 일정 기간 한 번의 배당금을 지급하는 주식이다. 배당금은 네 가지 가능한 상황에 따라 지급되며, 각 상황의 비중은 동일하다. 다시 말해 일정 기간 각각의 상황이 발생할 확률은 정확히 25%다.

〈Table 17.3〉은 실험 자산시장에서의 배당금과 확률을 나타낸 것이다. 이 표로 기대 가치를 쉽게 계산할 수 있다. 배당금에 확률을 곱한 뒤 남은 기간을 곱하면

| Table 17.3 | 실험 자산시장의 확률과 배당금

확률	배당금
0.25	57.5
0.25	37.5
0.25	27.5
0.25	17.5

출처 : Lei et al.

| Figure 17.1 | 실험 자산시장 주식의 펀더멘털 가치

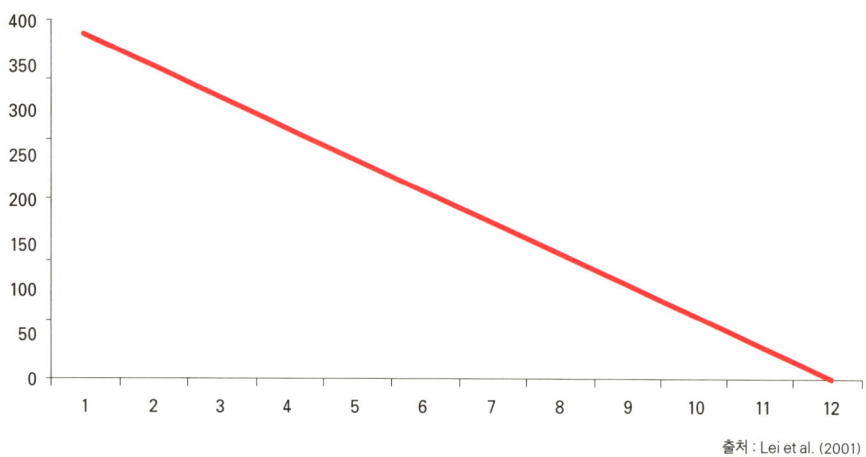

출처 : Lei et al. (2001)

된다.

〈Figure 17.1〉은 실험 자산시장에서 거래되는 주식의 펀더멘털 가치를 나타낸 것인데, 시간이 흐르면서 각각의 기간에 지급된 배당금만큼 그 가치가 감소하는 것을 볼 수 있다.

아마도 여러분은 가치가 분명한 주식을 매매하는 것이 간단한 일이라고 생각할 것이다. 하지만 실험을 통해 나타난 결과는 매우 달랐다.

〈Figure 17.2〉는 이런 실험 자산시장 중 한 곳에서 나타난 전형적인 결과를 나타낸 것이다. 처음에 자산은 펀더멘털 가치보다 상당히 낮은 수준에서 거래됐다. 적정 가치보다 훨씬 높은 수준까지 오르더니 다시 급락해, 마지막에는 펀더멘털 가치 수준까지 떨어졌다. 버블의 형성과 붕괴를 고스란히 보여준 것이다.

그렇다면 이와 같은 양상이 행동 편향과 무슨 관계가 있는 것일까? 〈Figure 17.2〉는 비비안 레이, 찰스 누세어, 찰스 플롯이 운용한 실험 자산시장 가운데 특히

| Figure 17.2 | 실험 자산시장에서 버블의 형성

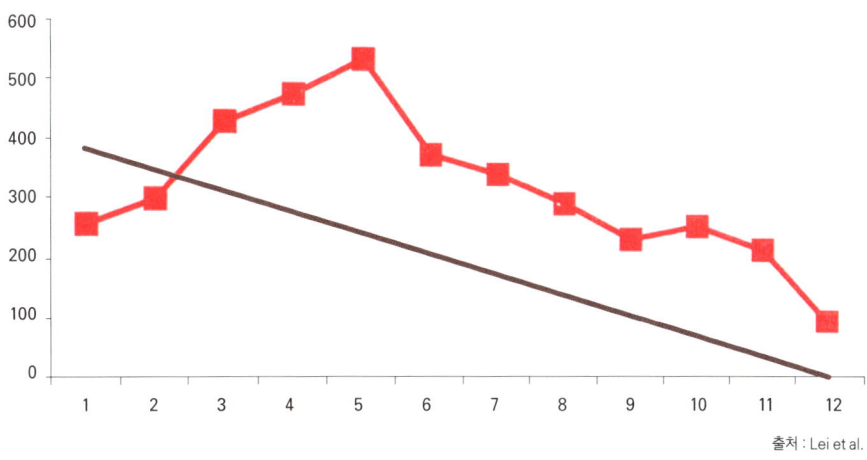

출처 : Lei et al.

흥미로운 경우를 나타낸 것이다.

이 시장에서는 일단 주식을 매수하면 전매가 금지됐다. 따라서 버블을 유발하는 '더 큰 바보 이론Greater fool theory, 자산의 내재 가치와 무관하게 비싸게 산 자산도 더 큰 바보가 나중에 더 비싼 값에 사줄 것이라는 믿음 아래 거래되는 현상'이 성립할 가능성은 전혀 없었다. 달리 말해 주식을 전매할 수 없기에 훨씬 큰 이익을 노리고 다른 누군가더 큰 바보에게 주식을 팔아넘길 요량으로, 적정 가치보다 높은 가격에 주식을 살 여지가 없었다는 것이다.

그런데도 이 시장에서 주가가 적정 가치보다 훨씬 높은 수준까지 상승했다는 것은 **사람들이 지루함을 이기지 못해 주식을 매매했음을 보여준다.** 따라서 투자자들도 행동 편향이 있음을 확인할 수 있다.

: 팻 피치를 기다리는 워런 버핏

이와 같은 행동 편향은 팻 피치Fat pitch, 야구에서 타자가 치기 좋도록 느리면서 가운데로 오는 공를 기다리라던 워런 버핏의 조언과 대조된다. 때때로 워런 버핏은 투자와 야구를 비교했는데 "투자는 볼과 스트라이크를 따지는 심판이 없는 멋진 야구 게임과 같다."고 했다. 그러므로 투자자는 타석에서 팻 피치가 올 때까지 무한정 기다릴 수 있다는 것이다. 그러나 세스 클라먼은 《안전마진》에서 이렇게 말했다.

"대부분 기관투자자는 공을 거르지 않는다. 거의 모든 공에 방망이를 휘둘러야 한다는 강박을 갖는 것이다. 이들은 심판이 볼과 스트라이크를 판정하고 있는 것처럼 행동한다. 그래서 공을 잘 골라야 한다는 사실을 무시하고, 거의 모든 공에 방망이를 휘둘러댄다."

: 저조한 실적 뒤에 두드러지는 행동 편향

행동 편향의 또 한 가지 특징은 저조한 실적손실을 기록한 뒤에 행동 편향이 더욱 두드러지게 나타난다는 것이다. 마르셀 질렌버그 등은 손실 프레임을 사용해 행동하지 않으려는 경향인 '부작위 편향Inaction bias'이 행동 편향으로 바뀌는 양상을 보여줬다.

질렌버그 연구팀은 실험을 위해 다음과 같은 예시문을 준비했다.

스틴랜드와 스트라토프는 둘 다 축구팀 감독이다. 스틴랜드는 블루-블랙 감독이고, 스트라토프는 E.D.O. 감독이다. 두 감독은 모두 지난번 게임에서 4 대 0으로 패했다.

이번 일요일 시합에서 스틴랜드는 무엇인가 하기로 결심했다. 그는 세 명의 새로운 선수를 투입해보기로 했다. 반면 스트라토프는 기존 팀을 유지하기로 했다.

그리고 일요일 시합에서 두 팀은 모두 3 대 0으로 패했다. 두 감독 중 누가 더 후회하겠는가?

질렌버그 연구팀은 첫 번째 그룹의 실험 참가자들에게는 위의 예시문 전체를 보여줬고_{이전 게임에서 패했다는 정보를 제공했다}, 두 번째 그룹에는 반만 보여줬으며_{이전 게임에서 패했다는 정보를 제공하지 않았다}, 세 번째 그룹에는 두 감독의 팀 모두 지난 게임에서는 승리했지만 이번에는 모두 패했다는 내용의 다른 예시문을 보여줬다. 이렇게 세 그룹으로 나누어 각기 다른 조건을 제시함으로써, 손실 프레임의 영향을 체계적으로 분석하고자 했다.

〈Figure 17.3〉은 이번 게임에서 패배한 두 감독 중 누가 더 후회하겠느냐는 질문

| Figure 17.3 | 더 후회할 감독은 누구인가(응답 비율)

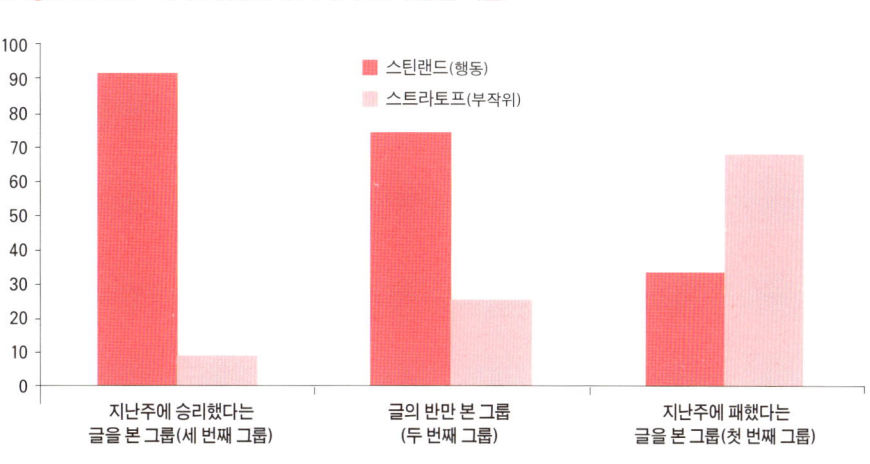

출처 : Zeelenberg et al.

에 대한 그룹별 응답 비율을 나타낸 것이다. 두 팀이 모두 지난 게임에서 승리했다는 다른 예시문을 본 세 번째 그룹의 경우, 응답자의 90%가 선수를 바꾸고도 패한 감독이 더 후회할 것이라고 답했다. 부작위 편향이 발동한 것이다.

그런데 두 팀이 이전 게임과 이번 게임에서 모두 패했다는 예시문을 본 첫 번째 그룹의 경우에는, 응답자의 약 70%가 아무런 행동도 하지 않은 감독이 더 후회할 것이라고 답했다. 행동 편향이 발동한 것이다.

이 실험 결과로 비춰볼 때 패배, 즉 손실에 대처할 때 행동하고자 하는 욕구가 특히 높아진다는 사실을 알 수 있다.

심리학의 여러 실험 결과로 볼 때 투자자들에게 행동 편향이 있음은 분명하다. 결국 투자자들은 적극적인 투자 운용을 하고 있는 셈이다. 그러나 **아무런 행동도 하지 않는 부작위도 일종의 결정임을 유념해야 한다.**

폴 새뮤얼슨의 말처럼 투자는 지루해야지 재미있어서는 안 된다. 투자는 마치 페인트가 마르는 모습 또는 잔디가 자라는 모습을 지켜보는 것과 같아야 한다. 재미를 원한다면 800달러를 들고 라스베이거스에 가는 게 낫다. 물론 라스베이거스 카지노나 처칠 다운스 경마장 또는 메릴린치 사무실에서 부자가 되는 게 결코 쉽지 않지만 말이다.

밥 커비는 주식을 묻어놓고 건드리지 않는, 이른바 '커피 캔 포트폴리오'에 관해 설명한 바 있다. 그는 이를 '수동적으로 적극적인' 전략이라고 묘사했다.

나는 이런 관념이 펀드매니저들 사이에서 인기 있으리라고는 생각하지 않는다. 만약 이 관념이 널리 채택된다면 금융산업의 구조를 급격히 바꾸고, 금융계에 종사하면서 호화스러운 생활 방식을 유지하려는 사람들의 수를 줄이게 될 것이기 때문이다.
'커피 캔 포트폴리오' 전략은 저 옛날 사람들이 돈을 커피 캔에 넣어 침대 밑에 보관하던 모습에서 착안한 것이다. 커피 캔에 거래비용이나 관리비용 같은 별도의 표시를 할 필요도 없었다. 이 전략은 성공 여부는 커피 캔에 넣을 주식을 고르는 데 필요한 지혜와 통찰력에 달렸다.

지금까지와 같은 행동을 하지 않는다면 펀드매니저들은 어떤 결과를 만들어낼까? 이에 대한 대답을 다른 질문을 통해 해보자. 우리는 중개인인가, 아니면 진정한 투자자인가?

훌륭한 펀드매니저들은 뼛속까지 투자자일 것이다. 그렇지만 금융 정보와 뉴스 그리고 일간 투자 결과를 보여주는 컴퓨터로 인해 중개인처럼 행동한다. <u>처음에는 장기 보유에 유망한 업종에 속한 매력적인 기업을 찾는 건전한 분석으로 시작하지만, 월간 기업 정보 등 온갖 소문에 휩쓸려 결국 1년 새 두세 번이나 처음에 자신이 찾은 기업의 주식을 샀다 팔았다 한다.</u>

"모든 인간의 불행은 조용한 방에 혼자 가만히 있지 못하는 것에서 비롯된다."는 블레즈 파스칼의 격언은 행동 편향의 문제를 잘 표현하고 있다.

Chapter 18

낙관론을 버리고 회의주의자가 되라

인간은 낙관적인 존재다. 펀드매니저의 약 74%는 자신이 평균 이상으로 일을 잘한다고 생각한다. 애널리스트의 70%도 자신이 다른 애널리스트보다 예측을 잘한다고 생각하며, 매도 추천을 하는 경우는 9%에 불과하다.

이와 같은 '낙관 편향Bullish bias'은 한편으로는 좋은 면을 보려는 본능에서, 다른 한편으로는 '자기본위 편향Self-serving bias'에 동기화한 추론에서 비롯된다. 낙관 편향의 유혹에 저항하는 최선의 방법은 '경험적 회의주의자Empirical sceptic'가 되는 것이다. 늘 현실에 비춰서 자신의 믿음을 검토해야 한다.

- 몬티 파이선 TV 코미디 시리즈의 또 다른 에피소드인 〈브라이언의 삶〉 마지막 부분에, 십자가에 매달린 사람들이 '언제나 인생의 밝은 면을 보라'며 노래를 부른다. 사

람들 대부분은 이와 같은 긍정적 세계관에 공감하는 것 같다. 나아가 사람들은 자신에게 나쁜 일보다 좋은 일이 더 많이 생긴다고 믿는 듯하다. 이러한 낙관적 편향은 인간의 기본적인 심리 성향 중 하나로 여겨진다.

- 낙관 편향의 원천은 무엇일까? 낙관 편향은 한편으로 자연스러운 경향이다. 인간은 낙관적으로 생각하도록 진화한 것 같다. 석기시대에 비관론자들은 잡을 수 없을 거라면서 매머드를 사냥하러 나서지 않았을 테고, 결국 굶어 죽었을 것이다. 따라서 살아남아 진화를 거듭한 인간 중에는 낙관론자가 더 많았을 것이다. 병에 걸렸을 때도 낙관적인 사람들은 비관적인 사람들보다 훨씬 잘 견딘다. 실제로 낙관 편향을 유발하는 뇌 부위는 논리적인 C-시스템보다, 진화론적으로 더 오래된 감정적인 X-시스템과 관련이 깊다.

- 자연스럽게 낙관론자가 되는 인간의 경향은 '자기본위 편향'에 동기화한 추론에 의해 더욱 견고해진다. 우리는 아침에 체중계로 몸무게를 쟀을 때 원하지 않던 수치가 나오면 고개를 갸우뚱거린 뒤 다시 체중계에 올라간다. 체중계에 제대로 오르지 못해 몸무게가 잘못 나온 게 아닌가 싶어서다. 물론 대개의 경우 몸무게는 변함이 없다. 그런데 만약 체중계가 생각했던 것보다 낮은 몸무게를 보이면 다시 재지 않고 그대로 내려와 콧노래를 부르며 샤워하러 간다. 자신이 원하는 정보는 쉽게 받아들이고, 그렇지 않은 정보에는 의문을 품는 경향이 강한 것이다.

- X-시스템에 뿌리를 둔 자기본위 편향에 동기화한 추론을 억제하는 가장 좋은 방법은 '경험적 회의론'을 이용하는 것이다. 어떤 정보가 진실이라는 믿음이 생기면, 그 믿음을 광범위한 경험적 데이터에 비춰 검증해야 한다. 예를 들면 여러분의 회사가

> 향후 10년 동안 연간 40%의 순이익증가율을 기록할 가능성이 어느 정도 되는지를 살펴보라.
>
> - 또 한 가지 주목할 논점은 우울증이 있는 사람은 세상을 있는 그대로 본다는 것이다. 이들은 자신의 능력, 자신의 우울증에 대해 아무런 망상도 갖고 있지 않다. 이런 측면에서 투자자들은 우울하게 세상을 있는 그대로 보거나, 망상에 빠져 행복을 느끼거나, 둘 중 하나를 선택해야 하는 난감한 처지에 있다. 내가 생각하기에 직장에서는 우울한 상태에서 일하고, 집에 돌아와서는 망상에 빠져 행복하게 사는 게 최고의 해법인 것 같다.

* * *

낙관론은 인간의 정신 깊이 뿌리내리고 있다. 전문 펀드매니저 500명을 대상으로 자신이 평균 이상으로 일을 잘한다고 생각하는 사람이 얼마나 되는지 조사한 적이 있다. 그 결과 74%가 자신의 능력이 평균 이상이라고 응답했다. "다른 펀드매니저들도 그렇게 생각하겠지만, 나는 정말로 평균 이상이다."는 식의 코멘트를 단 사람도 많았다.

이런 특성이 금융계에만 발견되는 것은 아니다. 나는 대학에서 강의할 때 80%의 학생이 자기가 평균 이상의 성적을 받으리라 믿고 있다는 사실을 발견했다. 히더 렌치와 피터 디토는 낙관적 결론에 이르는 인간의 경향에 관한 연구 결과를 발표했다.

첫 번째 실험에서 렌치와 디토는 실험 참가자들에게 미래에 닥칠 일련의 사건을 제시했다. 각각의 사건에는 실험 참가자들과 동년배 집단의 일반적 추세를 반영해,

그와 같은 사건이 발생할 확률을 표시했다실험 참가자들에게 그렇게 말했다. 그런 뒤 자신이 그런 사건을 겪게 될 가능성을 1점매우 낮음에서 9점매우 높음 사이로 평가해달라고 요청했다(Figure 18.1) 참조.

실험 참가자 중 절반은 단 한 번도 실업을 겪지 않는 사람이 60%, 첫 연봉이 6만 달러 이상인 비율이 40%, 90세 넘게 사는 사람의 비율이 15%라는 식의 낙관적 자료를 받았다. 나머지 절반의 실험 참가자들은 실업을 경험한 사람이 60%, 첫 연봉이 3만 달러 이하인 비율이 40%, 40세 이전에 사망한 사람의 비율이 15%라는 식의 부정적인 자료를 받았다.

실험 결과 발생 가능성 측면에서 실험 참가자들은 부정적 사건보다 긍정적 사건에 훨씬 높은 점수를 줌으로써 '낙관 편향'을 드러냈다. 이를 토대로 렌치와 디토는 낙관론이 인간의 자연스러운 성향이라고 주장했다.

인간의 뇌에는 신속한 의사결정을 돕는 여러 시스템이 있다. 낙관 편향 또한 그런 시스템과 관련이 있는지를 확인하고자, 렌치와 디토는 시간에 대한 다양한 압

| Figure 18.1 | 긍정적 사건과 부정적 사건의 발생 가능성에 대한 평가

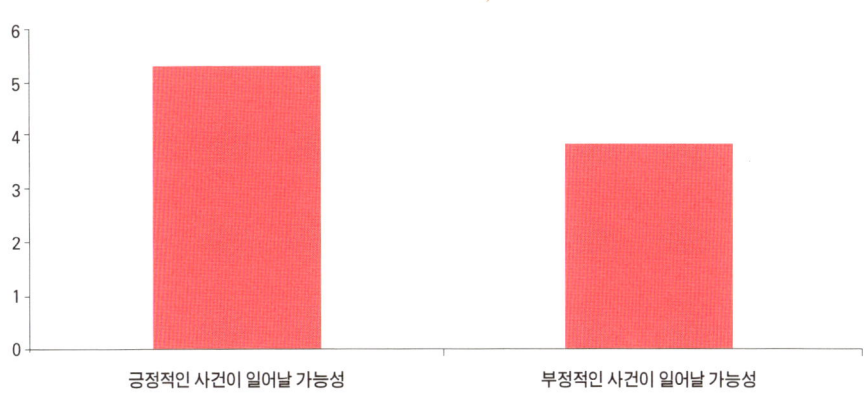

출처 : Lench and Ditto.

력을 부여한 실험을 진행했다. 일반적으로 시간에 대한 압력이 있는 상황에서는 X-시스템이 전면에 나오는 경향이 있다.

따라서 낙관 편향이 인간의 기본적인 성향이라면, 시간에 대한 압력이 높을 때 낙관 편향이 더 견고해질 가능성이 크다고 할 수 있었다.

이 실험에서 연구팀은 참가자들에게 컴퓨터 모니터 앞에 앉아 미래에 닥칠 일련의 사건에 대한 예시문을 보게 했다. 그리고 그런 사건이 자신에게 벌어질 가능성이 있다고 생각하면 '나'라고 표시된 키를 누르고, 아니면 '나는 아님'이라는 키를 누르도록 했다.

각 사건에는 기본 발생 빈도를 표시해 실험 참가자들이 볼 수 있게 했다. 컴퓨터 모니터에 사건에 관한 예시문이 나타나는 시간은 1초 또는 10초였으며, 6건의 긍정적 사건과 6건의 부정적 사건이 담겨 있었다. 이 실험의 결과가 〈Figure 18.2〉다.

사건을 생각할 시간적 여유가 있었을 때 10초 참가자들은 6건의 긍정적 사건 중 4건이 자신에게 일어나고, 부정적 사건은 2.7건만 일어날 것이라고 답했다. 반면 사

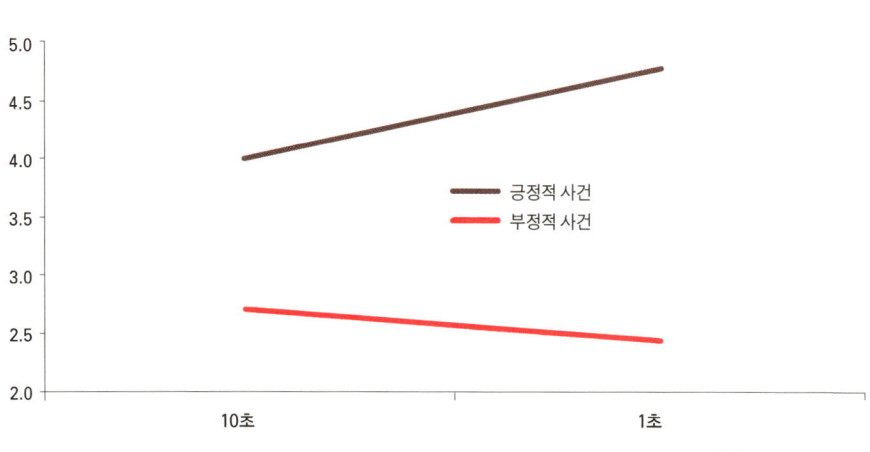

| Figure 18.2 | 시간 압력의 영향

출처 : Lench and Ditto.

건을 생각할 시간적 여유가 없는 상황1초에서는 자신이 겪을 긍정적 사건은 4.75건으로 늘었고, 부정적 사건은 2.4건으로 줄었다. 이런 패턴은 낙관론이 인간의 기본적 행태라는 관념과 일치하는 결과였다.

낙관 편향이 사람들 마음속에 깊이 자리잡고 있다는 사실을 보여주는 또 다른 증거는 리즈 펠프스 등이 수행한 연구에서 찾을 수 있다. 이들은 실험 참가자들에게 '과거와 미래의 좋은 일과 나쁜 일을 생각하라'고 한 다음 실험 참가자들의 뇌를 스캔했다.

그 결과 미래의 긍정적인 일을 상상할 때 부정적인 일을 상상할 때보다 전대상피질과 편도체, 두 부위가 더욱 활성화했다. 이 두 부위는 모두 감정 처리와 관련된 영역이며 X-시스템과 관련이 있다.

∶ 금융계의 낙관 편향

여러 증거에 따르면 금융계는 낙관 편향으로 가득 차 있다. 〈Figure 18.3〉은 매수, 보유, 매도 추천 비율을 나타낸 것이다. 놀랍게도 약 91%가 매수 아니면 보유 추천이었고, 매도 측 애널리스트들의 전망도 낙관 편향을 잘 보여주고 있다.

〈Figure 18.4〉는 애널리스트들의 5년 예상성장률 전망치를 기준으로 주식을 5개 그룹으로 나눠, 예상성장률과 실제성장률을 비교한 것이다. Q1은 성장률이 가장 낮은연간 6% 주식이며, Q5는 가장 높은연간 22% 이상 주식이다. 그리고 왼쪽 막대그래프는 애널리스트들의 예상성장률, 오른쪽 막대그래프는 5년 후 실제성장률을 나타낸 것이다.

애널리스트들의 성장률 전망치가 서로 달랐는데도, 각 그룹에 속한 주식의 실제

| Figure 18.3 | 주식 추천 비율

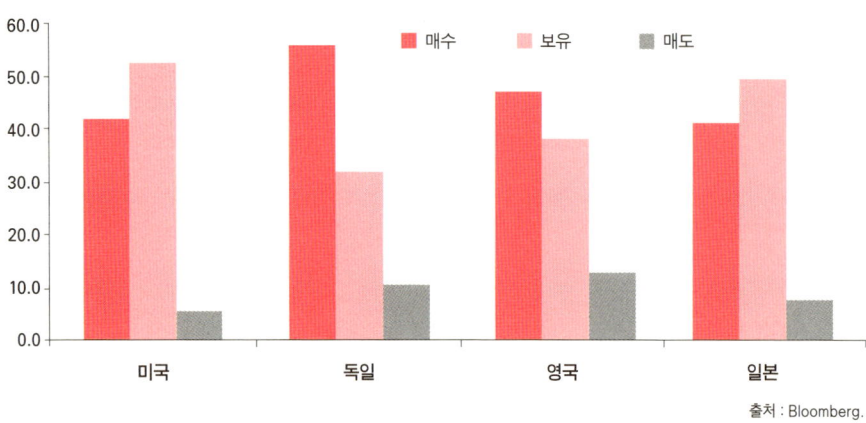

출처 : Bloomberg.

| Figure 18.4 | 장기 이익 예상성장률과 실제성장률(연평균, %)

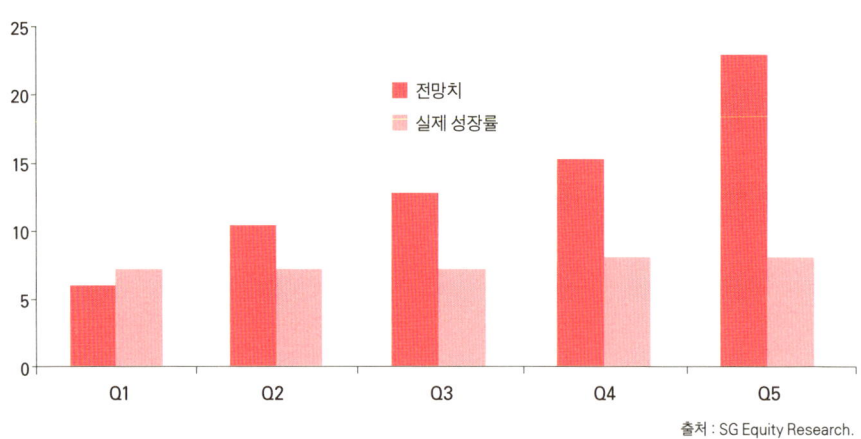

출처 : SG Equity Research.

성장률은 통계적으로 차이가 없었다.

　유념할 사항은 애널리스트들이 낙관적으로 전망한 주식이 가장 큰 실망을 안겨 줬다는 것이다. 이 주식들의 평균 장기 예상성장률은 연 13%였지만, 실제성장률은 연 8%였다. 예측 오차가 무려 500bps5%였다.

매수 측 애널리스트라고 해서 더 나은 전망을 하는 것도 아니었다. 2007년 보리스 그로이스버그 등의 매수 측 애널리스트와 매도 측 애널리스트의 실적 조사 연구 결과는 매우 충격적이었다.

일반적으로 매수 측 애널리스트가 매도 측 애널리스트보다 편견이 적다고 생각하기 쉽다. 왜냐하면 매수 측 애널리스트들은 기업 금융 업무와 이해 충돌할 여지가 거의 없는 데다, 자신들의 운용자산을 유인 동기로 활용해 기업 경영진과 만날 수 있으므로 기업 정보에 접근하는 데도 큰 어려움이 없기 때문이다. 더욱이 이들의 매매 추천은 기업 분석 목적이기에 일반 공개도 하지 않는다.

그래서 매수 측 애널리스트들은 주변의 영향을 덜 받고 독립적으로 매매를 추천할 수 있다. 최근 한 미팅에서 포트폴리오 포지션이 없는 애널리스트는 어떻게 다뤄야 하는지에 관한 주제가 나왔다. 그런데 자신이 추천한 주식을 포트폴리오에 포함하라고 포트폴리오 매니저를 압박하는 애널리스트에 대한 두려움은, 분명 무시할 수 있는 문제는 아니다.

그러나 **경험적 회의주의자라면 실제 증거를 보고 믿어야 한다.** 그로이스버그 등의 다른 연구에 그 증거가 있다. 그로이스버그 연구팀은 한 매수 측 회사의 애널리스트들을 대상으로 자료를 수집했다. 그런 뒤 매수 측 애널리스트들의 전망을 매도 측 애널리스트들의 합의된 전망과 비교했다.

한 곳의 매수 측 회사를 대상으로 했기에 표본이 적다는 문제는 있다. 그래도 증거가 전혀 없는 것보다는 낫다. 어쨌든 이 회사가 우수한 리서치를 수행하는 대형 매수 측 회사라는 그로이스버그의 말을 믿고 연구 결과를 살펴보자.

그로이스버그 연구팀은 예측 정확성을 나타내는 지표로 평균 절대 예측 오차를 사용했다. 이를 통해 1997~2004년 매수 측 애널리스트들과 매도 측 애널리스트들의 이익 전망 실적을 조사했다. 실적은 단기 0~3개월와 장기 18개월 이상의 두 가지

| Figure 18.5 | 평균 절대 예측 오차(%)

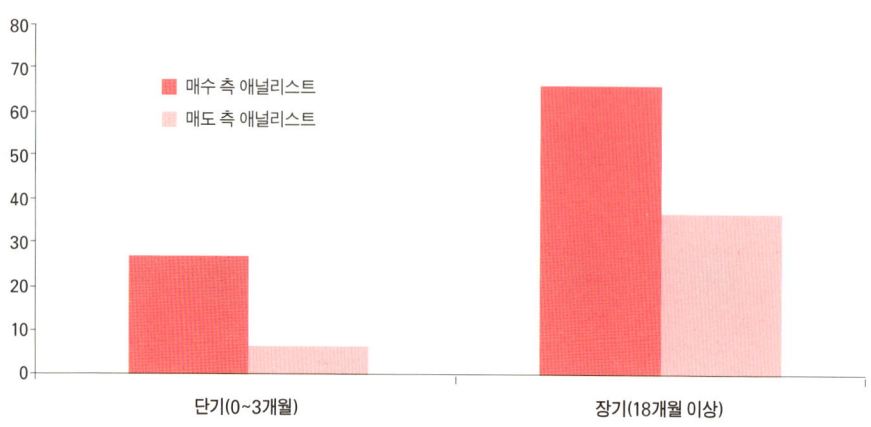

출처 : Groysberg et al.

시간 지평으로 나눠서 추적했다. 그 결과를 나타낸 것이 〈Figure 18.5〉이다.

단기 시간 지평에서 매도 측 애널리스트들은 평균 6%의 예측 오차를 보인 데 반해, 매수 측 애널리스트들은 평균 27%의 예측 오차를 보였다.

시간 지평을 확대하면 결과는 더 참혹해진다. 18개월 이상의 장기 시간 지평에서 매도 측 애널리스트들의 평균 예측 오차는 38%였고, 매수 측 애널리스트들의 평균 예측 오차는 68%에 달했다.

낙관 편향의 원천

선천적 원천 : 본능

낙관 편향의 원천은 선천적인 부분과 후천적인 부분으로 나뉜다. 먼저 선천적 원천인 '본능'을 살펴보자. 인간의 뇌는 진화를 거듭하면서 형성됐다. 그런데 진화는 매우 느리게 진행됐다. 그렇기 때문에 우리의 정신에는 지금과는 전혀 다른 15만 년 전 아프리카 사바나의 삶에 적합했던 부분도 남아 있다.

오늘날 우리가 가진 수많은 편견은 진화론적 이점을 갖고 있다. 그 가운데 일부는 스티븐 제이 굴드의 주장처럼 진화의 부산물일 수도 있다. 그렇다면 낙관론은 인간의 진화에 어떤 역할을 했을까?

라이오넬 타이거는《낙관론 : 희망의 생물학》에서 초기 인류가 안전한 숲을 떠나 초원의 사냥꾼이 된 이후에는 많은 수가 죽거나 다쳤다고 설명했다. 아울러 인간은 부정적 결과를 초래할 수 있는 일은 단념하는 경향이 있기에, 낙관적 생각을 발전시키는 것이 생물학적으로 더 적합했다고 주장했다.

비관론자라면 엄청난 용기가 필요한 매머드 사냥에 나서지 않았겠지만, 생존하고자 낙관적인 사고방식을 키워 매머드 사냥에 나선 인류가 지금까지 진화해왔다는 것이다. 그리고 우리는 그렇게 살아남은 인류의 후손이다.

라이오넬 타이거에 따르면 우리 몸은 다쳤을 때 엔도르핀을 분비한다. 엔도르핀은 진통 효과와 행복감을 유발한다. 그는 사냥 등에서 다쳤을 때 부정적 감정보다 긍정적 감정을 갖는 것이 생물학적으로 더 적합했다고도 강조했다. 그래야만 두려움을 떨치고 다시 사냥에 나설 수 있기 때문이다.

여러 진화론적 주장과 마찬가지로 타이거의 주장에는 러디어드 키플링의《바로 그런 이야기들》과 같은 요소가 있다. 《바로 그런 이야기들》은 동물이 지금과 같은 모습을 하게 된 사연을 아이들에게 들려주는 동화다. 과학적 근거가 있을 리 없다. 일테면 코끼리 코가 긴 이유를 "아기 코끼리가 엄마 말을 안 듣고 악어가 우글거리는 강에서 물을 마시다, 악어에게 코를 물리자 깜짝 놀라 몸을 뒤로 빼는 바람에 코가 늘어났다."는 식으로 설명한다.

1988년 셸리 테일러와 조너선 브라운은 병에 걸렸다는 이야기나 다른 안 좋은 소식을 들었을 때 낙관론자들이 훨씬 잘 대처하며, 더 오래 산다는 사실을 발견했다. 그러므로 **낙관론은 삶의 전략으로서는 훌륭하다고 할 수 있다. 하지만 투자에서는 훌륭한 것이 못 된다.**

후천적 원천 : 자기본위 편향에 동기화한 추론

일찍이 심리학자들은 인간이 사리사욕에 도움이 되는 쪽으로 행동하려는 이른바 '자기본위 편향'에 관해 많은 연구를 진행했다. 자기본위 편향의 대표적 연구 결과는 돈 무어 등의 실험에서 찾을 수 있다. 무어 연구팀은 139명의 전문 회계감사인을 대상으로 실험을 진행했다.

실험에 참가한 감사인들은 각기 다른 5건의 회계감사 사례를 받았다. 5건의 감사 사례에는 회계상 논란의 여지가 많은 문제가 포함돼 있었다. 예를 들어 한 사례는 무형자산 계상에, 또 한 사례는 수입 계상에, 다른 사례는 지출 비용 처리에 문제가 있었다.

| Figure 18.6 | 여러 회계 문제에 관용적인 태도를 보인 감사의 비율

출처 : Moore et al.

감사인들에게는 각 사례가 서로 관련이 없다고 설명했다. 그런 다음 감사들에게 해당 회사를 위해 일하거나, 아니면 해당 회사에 대한 투자를 고려하는 외부 투자자를 위해 일하도록 무작위로 역할을 할당했다⟨Figure 18.6⟩ 참조.

회사 측 감사인들은 여러 의심스러운 회계 처리에 대해 투자자 측 감사인들보다 31% 더 관용적인 태도를 보였다. 엔론 사태가 발생한 직후인데도 말이다.

슬프게도 이런 식의 동기화한 추론은 흔히 벌어진다. 아침에 체중계로 몸무게를 쟀을 때 원하지 않던 수치가 나오면 고개를 갸우뚱거린 뒤 다시 체중계에 올라간다. 체중계에 제대로 오르지 못해 몸무게가 잘못 나온 게 아닌가 싶어서다. 물론 대개의 경우 몸무게는 변함이 없다. 그런데 만약 체중계가 생각했던 것보다 낮은 몸무게를 보이면 다시 재지 않고 그대로 내려와 콧노래를 부르며 샤워하러 간다.

이상하리만치 이런 행태는 다른 삶의 영역에서도 발견된다. 피터 디토와 데이비드 로페즈가 이와 같은 행동을 연구하고자 매우 정교한 실험을 실시했다. 이들은 실험 참가자들에게 몸에 TAA 효소가 있는지 검사하겠다고 설명했다. 이때 일부 참가자에게는 TAA 효소가 건강에 좋다췌장암에 걸릴 확률이 10배 감소한다고 말하고, 다른 참가자에게는 해롭다췌장암에 걸릴 확률이 10배 증가한다고 말했다.

그럼 다음 절반의 실험 참가자에게는 검사 결과가 나오기 전에 질문지를 작성하도록 했고, 나머지 절반에게는 검사 결과가 나온 뒤 질문지에 답하게 했다. 질문지에는 두 가지 중요한 문항이 포함됐다.

첫 번째 문항은 수면 부족 등 몇 가지 생활 요인이 검사 결과에 영향을 미칠 수 있다고 밝히고, 검사 전에 그런 요인이 있었다면 빠짐없이 기입하라고 했다. 두 번째 문항은 TAA 효소 검사의 정확성을 0점전혀 신뢰할 수 없음에서 10점완벽함으로 평가해달라는 것이었다.

⟨Figure 18.7⟩과 ⟨Figure 18.8⟩은 이 실험 결과를 나타낸 것이다. 검사 결과를 받

| Figure 18.7 | 검사 결과에 영향을 미칠 것으로 보이는 생활 요인의 수

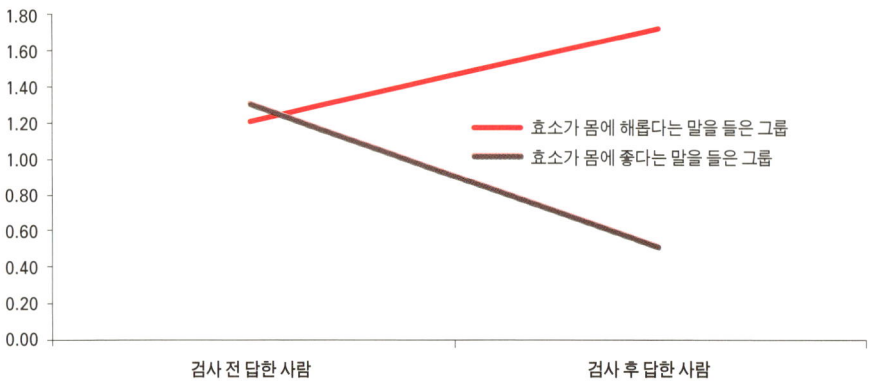

출처 : Ditto and Lopez.

| Figure 18.8 | TAA 효소 검사의 정확성에 대한 평가 점수

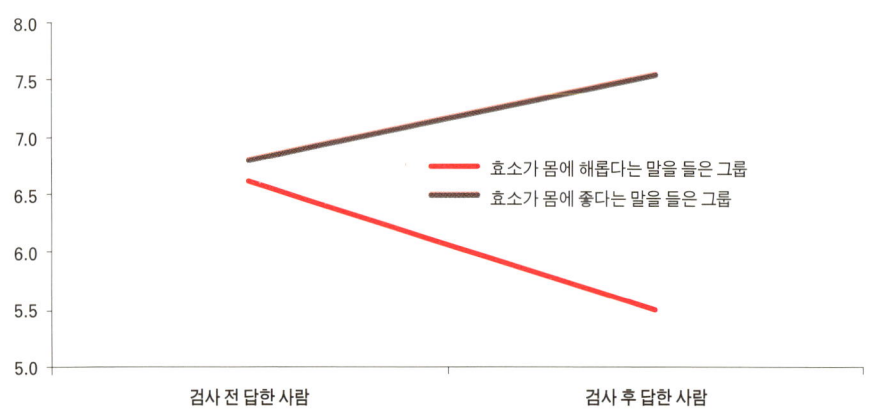

출처 : Ditto and Lopez.

기 전에 질문지를 작성한 경우, TAA 효소가 건강에 좋다는 설명을 들은 그룹과 해롭다는 말을 들은 그룹 모두가 두 가지 문항에 비슷하게 응답했다. 반면 검사 결과를 받은 뒤 질문지를 작성한 경우, 두 그룹의 답변은 큰 차이를 보였다.

TAA 효소가 건강에 좋다는 말을 들은 그룹의 경우를 보자. 검사 결과를 받은 뒤에 기입한 사람은 검사 전에 답한 사람보다 검사 결과에 영향을 미칠 생활 요인은 더 적었고, 검사의 신뢰도는 더 높았다고 응답했다.

반면 TAA 효소가 건강에 나쁘다는 말을 들은 그룹의 경우를 보자. 검사 결과를 받은 뒤에 답한 사람은 검사 전에 답한 사람보다 검사 결과에 영향을 미칠 생활 요인은 더 많았고, 검사의 신뢰도는 더 낮았다고 응답했다.

두 그룹 모두 앞서 아침에 체중을 잰 사례와 동일하게 행동했다. 이 결과로 미뤄 볼 때 사람들은 듣기 싫은 정보는 무시하고 반박하는 반면, 듣고 싶은 정보는 잘 받아들인다_{자기본위 편향에 동기화한 추론}는 사실을 알 수 있다.

드루 웨스텐 등은 이처럼 **자기본위 편향에 동기화한 추론은 논리**_{C-시스템}**가 아니라 감정을 통제하는 뇌 영역**_{X-시스템}**과 관련이 있다는 사실을 밝혀냈다.**

이들은 실험 참가자들인 열성 민주당원과 열성 공화당원에게 2004년 대선 후보 조지 W. 부시와 존 케리 그리고 중립적인 다른 대통령 후보가 한 말을 들려주고, 이런 말과 모순되는 후보들의 행동도 보여줬다.

그런 뒤 후보들의 말과 행동이 얼마나 모순되는지를 1점에서 4점으로 평가해달라고 요청했다. 그런 다음에는 후보들의 말과 행동이 서로 모순을 보인 이유를 설명하는 해명서를 나눠줬다. 이후 후보들이 말과 행동에 모순을 보인 것이 나쁘다고 생각하는지 물었다_{(Figure 18.9) 참조}.

일테면 웨스텐 연구팀은 조지 W. 부시에 관해서는 실험 참가자들에게 다음과 같은 발언을 들려줬다.

"무엇보다도 켄 레이가 나를 지지합니다. 나 또한 그를 사랑합니다. 나는 켄 레이를 몇 년 전 알게 됐습니다. 그는 내 캠페인을 지지했지요. 내가 대통령이 되면, 나는 정부를 기업의 CEO처럼 경영할 계획입니다. 켄 레이와 엔론이 내 모델이 될 것

| Figure 18.9 | 모순의 정도에 대한 평가(1~4점, 점수가 높을수록 더 모순)

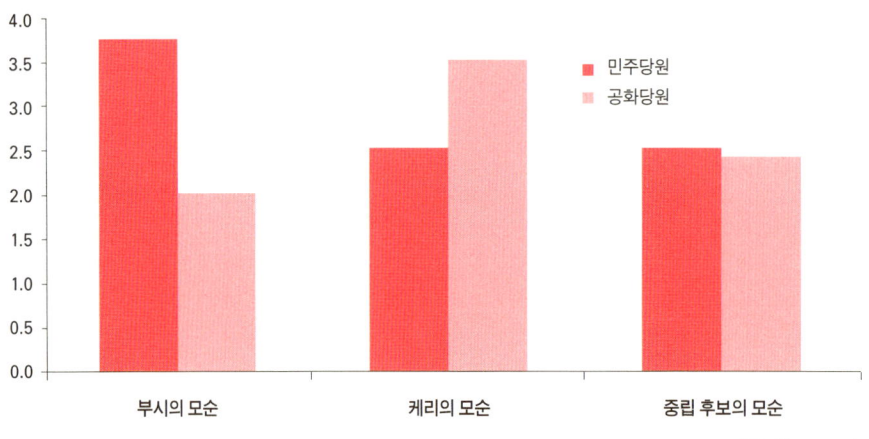

출처 : Westen et al.

입니다."

그리고 지금의 부시가 켄 레이에 대한 언급을 회피하고, 엔론에 대해 비판적인 발언을 하는 등 예전 자신의 말과 모순되는 행동을 하는 모습을 실험 참가자들에게 보여줬다. 그런 뒤 '대통령 주변 사람들에 따르면 부시가 켄 레이에게 배신감을 느끼고 있으며, 엔론의 경영진이 그토록 썩었다는 사실에 충격을 받았기 때문에 그런 행동을 보인 것'이라는 해명서를 나눠줬다.

실험 결과 말과 행동이 얼마나 모순되는지에 대해서 열성 공화당원들은 조지 W. 부시의 모순이 훨씬 적다고 평가했고, 열성 민주당원들은 존 케리의 모순이 훨씬 적다고 평가했다. 해명서를 본 뒤에도 결과는 비슷했다.

웨스텐 연구팀은 자기본위 편향에 동기화한 추론이 뇌의 논리 분석 영역보다 감정 처리 영역과 관련 있다는 사실을 발견했다. 웨스텐은 동기화한 추론과 관련된 신경 정보 처리 과정은, 결론에 도달하는 데 감정적 개입이 필요 없는 논리적 추론과는 질적으로 다른 양상을 보인다고 설명했다.

나아가 웨스텐 연구팀은 모순에 대한 감정적 갈등이 해소된 이후에는 뇌의 쾌락 중추 부위인 복측 선조체가 급격히 활성화한다는 사실도 찾아냈다. 감정적으로 모순이 없는 상태에 도달하면, 뇌는 스스로에게 보상하는 것이다.

웨스턴 등은 편향적인 결론에 도달한 뒤에는 부정적 감정이 감소하는 대신 긍정적 감정에 따른 보상이 증가하기 때문에, 동기화한 판단이 달라지기 매우 어려워진다고 결론 내렸다.

2007년 제프리 헤일스는 투자자들이 자기본위 편향에 동기화한 추론을 하는 경향에 관해 연구한 결과를 발표했다. 실험에서 그는 참가자들에게 뉴욕증권거래소에 상장된 한 회사의 이익을 전망해달라고 요청했다. 각각의 참가자에게 이 회사의 최근 이익률, 뉴스, 애널리스트들의 성장 전망치, 논평 등의 자료를 제공했다. 그리고 이 회사의 이익을 정확히 예측하면 인센티브를 주기로 약속했다.

실험 참가자 절반에게는 이 회사 주식에 대한 '롱Long 포지션매수·보유'을 부여했고, 나머지 절반에게는 '숏Short 포지션매도'을 부여했다. 그런데 사실 이들에게 제공한 자료는 조작된 것이었다. 참가자들의 절반에게는 자신이 부여받은 포지션으로 이익을 기대할 수 있는 정보를, 나머지 절반에게는 자신의 포지션으로 손실이 예상되는 정보를 제공했다.

실험 결과, 실험 참가자들은 정확한 전망을 해야 인센티브를 받을 수 있는 데도 불구하고 자신이 부여받은 투자 포지션에 유리한 쪽으로 회사 이익을 전망했다. 〈Figure 18.10〉은 그 결과를 나타낸 것이다. 참가자들은 애널리스트들의 합의된 전망치가 자신의 포지션에 이익을 가져다줄 유리한 내용이면, 이와 매우 유사한 전망을 했다.

그러나 합의된 전망치가 자신의 포지션으로 손실을 볼 수 있는 불리한 내용이

| Figure 18.10 | 이익 전망에 미친 동기화한 추론의 영향(합의에서 벗어난 정도 : 편차)

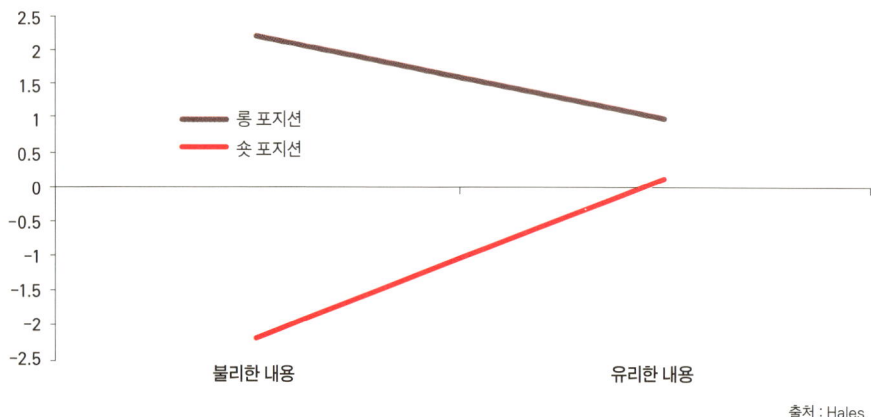

출처 : Hales.

면, 그에 따르지 않고 포지션별로 자신이 이익을 볼 수 있는 전망을 했다. 결과적으로 **롱 포지션 참가자들은 이익이 상승하리라는 낙관적 전망을 했고, 숏 포지션 참가자들은 이익이 하락할 것으로 전망했다.**

제프리 헤일스는 "투자자들은 깊은 분석 없이 자신에게 유리한 정보에는 동의하지만, 불리한 정보에는 동의하지 않는 경향이 있다."고 결론 내렸다. 자기본위 편향에 동기화한 추론은 아무리 좋게 본들 동기화한 추론에 불과한 것이다.

: 낙관론의 유혹에 저항할 회의주의

그렇다면 자기본위 편향에 동기화한 추론을 상쇄하기 위해서는 어떻게 해야 할까? 물론 낙관 편향과 자기본위 편향에 동기화한 추론의 문제를 완벽하게 해결해 편견이 사라지게 하는 것은 불가능하다. 낙관 편향과 자기본위 편향에 동기화한 추론이 우리 뇌의 무의식적인 X-시스템에서 유래한다는 점을 고려할 때, 이 편견은 부지불식간에 발생할 수밖에 없기 때문이다.

하지만 여러 증거에 따르면 자기본위 편향에 동기화한 추론의 문제에 대처하는 데 '경험적 회의주의'가 유용한 도구가 될 수 있다. 심리학에서 "편견을 없앨 수 없다면 편견에 편견을 갖는다."는 말이 있다.

X-시스템이 인식할 수 없는 무의식 수준에서 작동하고 있는 상황이라면, 우리가 할 수 있는 최선의 방법은 편견을 우리에게 유리하게 바꾸는 것이다.

에리카 도슨 등은 자기본위 편향에 동기화한 추론과 관련해, 이 전략을 사용함으로써 의사결정을 개선할 수 있다는 사실을 보여줬다. 에리카 연구팀은 '4장의 카드 문제'로도 불리는 '웨이슨의 선택 과제'라는 모델을 사용했다.

여러분 앞에 4장의 카드 'E', '4', 'K', '7'이 펼쳐져 있다고 가정해보자. 그런데 각각의 카드는 양면이고 한쪽에는 문자_{알파벳 대문자}, 다른 한쪽에는 숫자가 쓰여 있다. 이때 여러분이 "어떤 카드의 문자가 E면 뒷면의 숫자는 4다."는 명제를 검증해달라는 요청을 받았다고 해보자.

이 명제가 사실인지 아닌지 확인하기 위해 두 장의 카드를 뒤집어 확인할 수 있다고 할 때, 여러분이라면 다음 중 어느 카드를 뒤집겠는가?

| E | 4 | K | 7 |

이 실험을 내가 실제로 진행했는데, 일반인 가운데 정답을 맞힌 비율은 10%였다. 그런데 펀드매니저들 중에서는 고작 5%만 정답을 맞혔다. 그동안 내가 냈던 문제 중 가장 많은 펀드매니저가 틀린 문제였다.

사람들 대부분은 별다른 고민 없이 'E'와 '4'를 선택했는데, 정답은 'E'와 '7'이다. 'E'를 뒤집었는데 숫자가 '4'가 아니면, 이 명제가 틀렸다는 것이 입증된다. '7'을 뒤집었는데 뒷면이 'E'면 그 또한 이 명제가 틀렸음을 입증하는 셈이다.

명제의 참과 거짓에 아무 상관없는 'K'를 고를 사람은 없을 테고, 안타깝게도 '4' 역시 아무것도 말해주지 못한다. 명제가 말하는 건 E면 4지, 4는 E가 아니다. 이 문제에서 'E'를 뒤집고 다시 4를 뒤집는다면 '확증 편향이' 발동하는 것이다. 확증 편향은 틀렸음을 보여주는 정보를 찾기보다 자신에게 맞는 정보를 찾는 경향을 말한다.

도슨 연구팀은 이를 변형한 실험도 진행했다. 실험 참가자들의 감정적 반응성과 변동성을 측정하는 실험이었다. 실험 참가자들에게 테스트 점수_{감정 점수}를 알려주고, 이 테스트 점수와 조기 사망 사이의 관계를 보여주는 연구에 관한 자료도 제공했다. 한 그룹에는 낮은 점수와 조기 사망이 상관관계가 있다는 자료를 줬고, 다른 그룹에는 높은 점수가 조기 사망과 상관관계가 있다는 자료를 줬다.

그런 다음 참가자들에게 리서치 샘플을 줘서 감정 점수와 조기 사망 사이의 상관관계에 대한 연구 결과를 확인해달라고 요청했다. 리서치 샘플은 앞의 카드처럼 4장의 카드로 구성됐으며 각 카드에는 낮은 점수, 높은 점수, 조기 사망, 노년 사망이 표기돼 있었다.

흥미롭게도 위협적인 상황에 직면한 사람들이 이 문제를 훨씬 쉽게 푸는 경향을 보였다. 낮은 점수가 조기 사망과 관련 있다는 말을 들은 참가자 가운데 낮은 점수를 받은 사람은 55%가 올바른 카드를 뒤집었다. 반면 높은 점수를 받은 사람은

| Figure 18.11 | 올바른 카드를 고른 비율

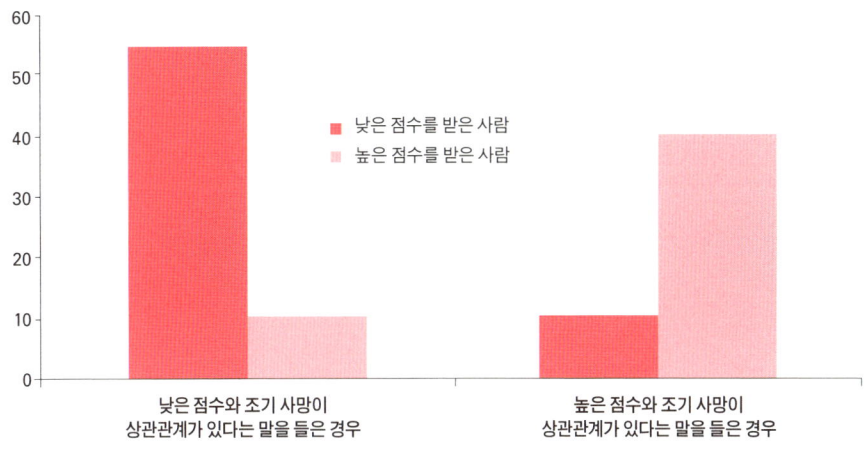

출처 : Dawson et al.

10%만이 문제를 풀었다. 높은 점수가 조기 사망과 관련 있다는 말을 들은 사람의 경우에는 반대 결과가 나왔다⟨Figure 18.11⟩ 참조.

도슨 등이 지적했듯이 이 문제를 푸는 것은 "내가 이것을 믿을 수 있는가?"라는 덜 부담스러운 질문보다는 "내가 이것을 믿어야 하는가?"라고 묻는 것과 같다. 입증해야 할 부담감은 첫 번째 질문보다 두 번째 질문이 훨씬 크다. 투자자로서 우리가 배워야 할 것은 첫 번째 질문보다 두 번째 질문을 해야 한다는 것이다.

위대한 가치투자자들을 연구하면서 나는 이들이 스스로 "~할 수 있는가?"보다 "~해야 하는가?"라는 질문을 던졌다고 확신했다. 위대한 가치투자자들은 집중된 포트폴리오를 운용하므로 **"내가 이 포트폴리오를 보유해야 할 이유는 무엇인가?"**가 그들의 기본적인 질문이었다. 그러나 추적 오차와 커리어 리스크에 집착하는 펀드매니저들의 기본 질문은 **"내가 이 주식을 보유하면 안 될 이유는 무엇인가?"**였다.

∶ 증거를 기반해 투자해야 하는 이유

위대한 가치투자자들은 경험적 회의주의를 기본 태도로 취한다. 하지만 회의주의 관점을 취하기란 쉽지 않다. 우리의 뇌는 의문을 제기하기보다 믿으려는 경향이 강하다. 따라서 우리는 경험적 증거를 토대로 우리의 뇌를 검증하는 법을 배워야 한다. 그러면 증거를 기반해 투자할 수 있게 된다.

의학계에서 치료를 위해서는 그와 관련한 과학적 연구를 지침으로 사용해야 한다고 주장하는 의사들이 많다. 이른바 '근거 중심 의학'이다. 투자도 마찬가지다. 단순히 무엇이 옳다고 주장하기보다 그 주장의 증거를 보여줘야 한다. 데이터와 객관적 분석이 투자 결정의 기반이 되어야 한다는 것이다.

일테면 무책임하게 "주가가 향후 10년 동안 연간 40% 상승할 것이다."고 주장하기보다 대규모 기업 데이터를 증거로 제시하고, 그 결과가 어땠는지 조사해서 말하라는 것이다.

자신이 투자한 기업이 현재의 '투하 자본수익률ROIC'을 유지하리라고 믿는다. 그렇다면 그 기업의 역대 실적을 들여다보고, 그 투하 자본 수익률을 유지할 가능성이 얼마나 되는지 살펴야 한다. **경험적 회의주의자**또는 회의주의적 경험론자**가 되는 것은 실제 상황을 점검하는 최선의 방법이다.**

"자료를 구하기 전에 이론화하는 것은 큰 실수라네. 그러나 몰지각하게도 많은 사람이 사실에 맞춰 이론을 조정하기보다 이론에 맞추고자 사실을 왜곡하지. 이는 객관적 사고를 방해하는 위험한 함정이네."

셜록 홈즈의 이 말을 늘 염두에 두자. 불충분한 자료로 성급하게 이론을 만드는 것이야말로 금융계의 가장 큰 해악이다.

: 우울한 현실주의

낙관론에 관한 연구 결과 중 흥미로운 것은 그 반대 현상인 비관론과 우울증이다. 심리학자들은 세상을 있는 그대로 보는 사람들에게는 우울증이 있다는 사실을 발견했다.

이들은 자신의 능력에 대해서도 망상을 갖고 있지 않았다. 현실주의적 관점은 사람을 우울하게 만드는 경향이 있어 보인다.

로런 앨로이와 린 에이브럼슨은 한 실험에서 전구와 스위치가 있는 방에 실험 참가자들이 들어가게 했다.

한 조건에서는 참가자들이 스위치를 누르면 25% 시간 동안 전구에 빛이 들어오고, 스위치를 누르지 않아도 25% 시간 동안 빛이 들어온다. 두 번째 조건에서는 스위치를 누르면 75% 시간 동안 전구에 빛이 들어오고, 스위치를 누르지 않아도

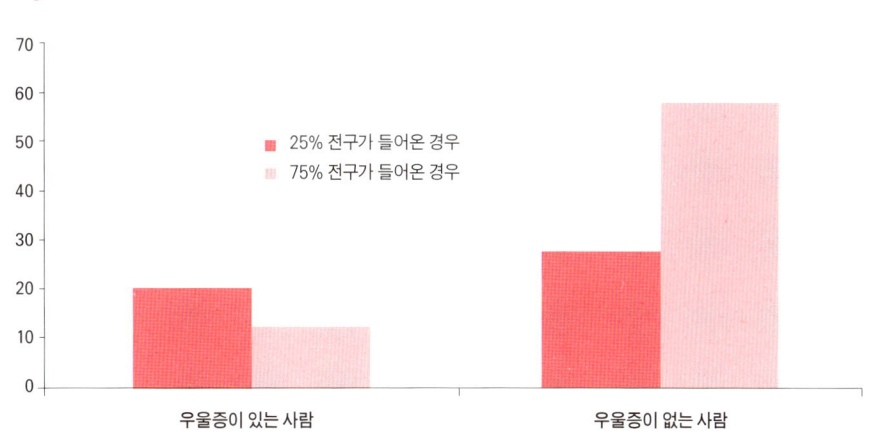

| Figure 18.12 | 전구를 통제했다고 본 시간의 비율

출처 : Alloy and Abramson.

75%의 시간 동안 빛이 들어온다. 스위치를 누르든, 누르지 않든 빛이 들어온 시간은 같다.

방에 들어갔다 나온 실험 참가자들에게 얼마나 많은 시간 동안 전구 빛을 통제했는지 물었다. ⟨Figure 18.12⟩는 그 결과를 나타낸 것이다. 비관론 테스트에서 높은 점수를 받은 사람들은 다른 사람들과 달리 통제의 망상을 보이지 않았다.

이 실험 결과가 투자자들에게 의미하는 바는 우울하게 세상을 있는 그대로 직시하거나 아니면 망상에 빠져 행복을 느끼거나, 둘 중 하나를 선택해야 한다는 것이다.

내가 생각하기에 직장에서는 우울한 상태에서 일하고, 집에 돌아와서는 망상에 빠져 행복하게 사는 게 최고의 해법인 것 같다. 어쨌든 간에 내게는 이런 방법이 효과가 있다.

Chapter 19

투자 결정 과정을 단순화하라

> 우리는 몰라도 되는 것들을 알아내고자, 정말 사소한 것에서 더 많은 것을 찾아내고자 너무도 많은 시간을 낭비하고 있다. 이와 같은 헛고생을 당장 멈추고 진정으로 알아야 할 것들이 무엇인지 따져봐야 한다.

- 금융계는 자질구레한 것들에 집착한다. 대부분 애널리스트는 "모른다."고 대답하기를 두려워하는데, 사실 모른다고 해도 아무런 문제가 없다. 그리고 또 한편으로는 좋은 결정을 내리려면 많은 정보가 필요하다는 오해도 만연해있다.

- 클레어 차이 등은 게임 결과를 예측하려는 미식축구 팬들의 자신감과 예측의 정확성에 관해 연구했다. 연구 결과 6개의 정보를 가졌을 때와 30개의 정보를 가졌을 때

모두 예측의 정확성은 같았다. 그리고 정보의 양과 상관없이 정확성보다는 자신감이 더 컸는데, 이런 자신감은 정보가 많을수록 커졌다.

- 우리의 뇌는 인식하는 데 한계가 있기 때문에 많은 정보를 한꺼번에 처리하지 못한다. 뇌는 무한한 계산 능력을 가진 슈퍼컴퓨터가 아니다. 무분별하게 인식의 한계를 시험하려고 하지 말고, 우리의 본래 능력을 활용할 수 있는 방법을 찾아야 한다. 많은 정보만 모으기보다 실제로 중요한 것들만 골라내 그것에 집중해야 한다.

- 정보 과잉의 측면에서 볼 때 의학과 투자 사이에는 유사점이 있다. 미시간주 한 병원의 의사들이 심각한 가슴 통증을 호소하는 환자의 약 90%를 심장 병동으로 보냈다. 이런 조치는 심장 병동에 들어갈 필요가 있는 사람의 90%와 그럴 필요가 없는 사람의 90%까지 심장 병동에 보내는 셈이다. 그저 운에 맡기는 것과 다름없다.

- 이와 같은 상황이 발생하는 주된 이유는 의사들이 잘못된 정보를 받아들였기 때문이다. 의사들은 환자의 나이, 성별, 체중, 흡연 여부 등 광범위한 위험 요인을 점검했다. 그런데 이 요인들이 심장병에 걸릴 확률을 말해줄 수 있을지는 몰라도 실제로 심장 발작을 일으킬지에 대한 정보는 아니다.

- 의사들이 더 나은 결정을 내리는 데 도움을 주고자 복잡한 통계학적 지표가 도입됐지만, 이런 지표 없이도 좋은 결정을 내리는 경우가 있다. 최선의 결정을 내리는 데 필요한 정확한 정보를 보는 방법을 배웠을 때다. 단순한 의사결정 순서도를 이용한 의사들은 최상의 결과를 냈다. 투자에서도 이와 유사한 도구를 사용할 수 있다.

* * *

    2007년 초 나는 행태적 의사결정에 관해 한 고객과 2시간 동안 회의를 한 적이 있다. 회의를 마치고 떠나면서 그 고객은 내게 "그래서 오늘 하신 말씀을 한마디로 요약하면 무엇인가요?" 하고 물었다. 내 대답은 "단순화하라는 것입니다."였다.

    일전에 나는 지식의 망상에 대한 글을 쓴 적이 있다〈행동투자론〉. 그리고 프레젠테이션을 할 **기회가 있을 때마다 사소한 것들에 대해 더 많이 알아내고자 상당한 시간을 들이면서도, 결국 필요한 것은 알아내지 못하는 우리의 강박에 대해 비판했다.** 그렇지만 우리가 헛고생을 멈추고 정말 알아야 할 것이 무엇인지 생각해보는 경우는 매우 드물다.

    나는 많은 정보가 반드시 투자에 좋은 것이 아니라는 점을 보여주기 위해 폴 슬로빅의 연구를 자주 인용해왔다. 그런데 최근 세 사람의 연구자가 슬로빅이 밝혀낸 결과와 동일한 연구 결과를 발표했다. 이는 슬로빅의 연구가 지금도 여전히 타당하다는 사실을 의미한다.

: 정보가 많은 것이 좋은 것인가

    클레어 차이 연구팀은 정보가 많을수록 자신감은 높아지지만, 정확성은 일정 수준에서 정체된다는 사실을 증명했다. 이들은 15개 대학 미식축구 리그에서 미식축구 팬들의 게임 결과와 점수 차에 대한 예측 능력을 검증했다. 그리고 실험에 참가한 미식축구 팬들에게는 그들이 아닌 일반 미식축구 팬들을 대상으로 조사한 관련 정보를 5회에 걸쳐 무작위로 제공했다. 매번 제공되는 자료에는 6개 항목의 정보가 포함됐다.

제공한 정보에는 일부러 팀 이름을 포함하지 않았다. 팀 이름을 제공하면 게임 결과에 대한 예측이 너무 쉽기 때문이다. 대신 공을 놓친 횟수, 상대팀에게 공을 넘겨준 비율, 확보한 야드 같은 다양한 통계 자료를 제공했다.

실험에 참가한 미식축구 팬들은 시카고 대학교에 재학 중인 30명의 학부 및 대학원생이었다. 15달러의 참가비를 받는 대가로, 실험에 참가한 학생들이 15개 게임의 결과와 점수 차이를 예측하는 데 걸린 시간은 평균 1시간이었다. 예측의 정확성이 가장 높은 학생에게는 50달러의 상금을 지급하기로 했다. 다만 이 실험에 참가하기 위해서는 대학 미식축구에 관한 지식이 있는지 확인하는 사전 테스트를 통과해야 했다.

벤치마크 관점에서 과연 많은 정보가 더 좋은지 알아보고자 실제 테스트에서는 사용하지 않은 '단계별 로지스트 회귀 분석'이라는 모델을 이용했다. 모델 이름 때문에 복잡하게 보이겠지만, 단순하게 설명하면 매번 제공되는 새로운 정보가 컴퓨터에도 그대로 입력된다는 뜻이다. 그러면 실제 실험 참가자가 맞이하는 상황을 컴퓨터도 똑같이 맞이하게 된다.

〈Figure 19.1〉은 컴퓨터의 예측 결과를 나타낸 것이다. 첫 번째로 제공된 6개 항목의 정보만으로도 컴퓨터는 56%의 예측 정확성을 기록했다. 제공되는 정보가 점차 늘어나면서 5회에 걸쳐 30개 항목의 정보가 모두 제공되자 컴퓨터의 예측 정확성은 71%까지 상승했다.

따라서 통계학적 모델의 관점에서 보면 컴퓨터에는 정보가 많으면 많을수록 좋은 것이었다. 그렇지만 인간의 경우에는 전혀 다른 결과가 나왔다. 〈Figure 19.2〉는 이 실험에 참가한 학생들의 평균 결과를 나타낸 것이다. 제공된 정보의 양과 상관없이 실험 참가자들의 예측 정확성은 62% 수준을 맴돌았다. 초기에는 사람의 예

| Figure 19.1 | 컴퓨터 모델의 예측 정확성(%)

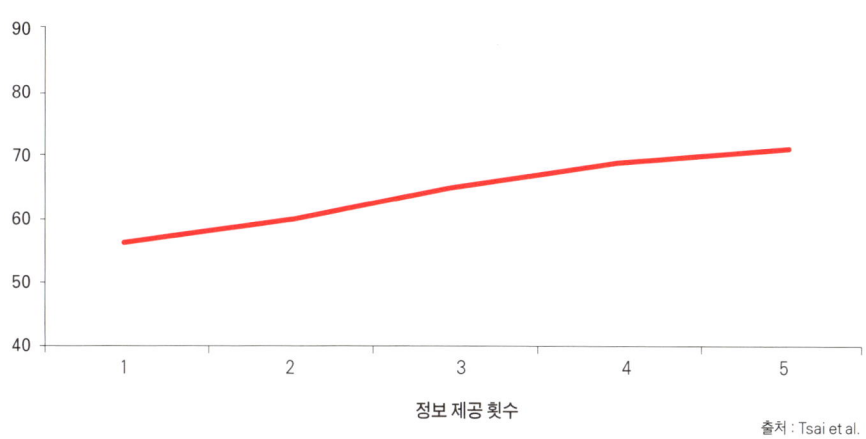

출처 : Tsai et al.

| Figure 19.2 | 실험 참가자의 예측에 대한 자신감과 예측 정확성

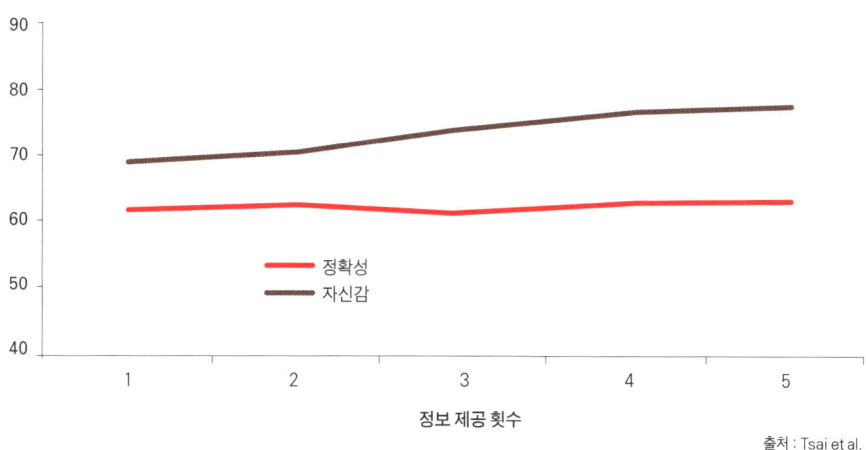

출처 : Tsai et al.

측 정확성이 컴퓨터보다 높았지만, 뒤로 갈수록 낮아졌다.

반면 자신감은 정보가 늘어날수록 상승하는 경향을 보였다. 자신감은 처음 6개 항목의 정보를 가졌을 때는 69%였고, 30개 정보를 모두 받았을 때는 80%까지 상승했다. 최초 슬로빅의 연구에서처럼 이용 가능한 정보량이 많아질수록 증가한 것은 정확성이 아니라 자신감이었다.

이 결과는 인간의 인식 능력에 한계가 있음을 보여준다. 1956년 진화생물학자 조지 밀러가 발견한 것처럼 인간 뇌의 메모장이라고 할 수 있는 평균 '작업 기억Working memory'은 7개±2개의 정보를 처리하는 데 그쳤다.

그런데 조지 밀러가 이런 인식의 한계를 발견하기 훨씬 전, 아서 코난 도일은 셜록 홈즈 시리즈《주홍색 연구》에서 인간의 뇌에 대해 이렇게 주장했다.

왓슨, 나는 인간의 뇌가 본래 작은 다락방 같은 것이라고 생각하네. 거기에 자네가 고른 가구를 채워 넣어야 해. 바보는 거기에 자기가 발견한 온갖 잡동사니를 다 집어넣지. 그래서 자기에게 도움이 될 수도 있는 지식은 그곳에서 밀려나거나, 기껏해야 다른 잡동사니들과 뒤섞여서 필요할 때 제대로 꺼내 쓰기가 힘들지.
그러나 능숙한 일꾼은 자신의 뇌 다락방에 무엇을 넣을지 아주 신중하게 고른다네. 그는 자기 일에 도움이 되는 도구만 잘 분류한 다음, 아주 완벽하게 정리해서 그 다락방에 넣어두지. 그 방이 신축성 있는 벽을 갖고 있어서 계속 늘어날 거로 생각한다면 오산이야. 한 가지 지식을 얻을 때마다 과거에 알았던 뭔가를 잊어버리는 순간이 분명히 오고야 말지.
따라서 <u>무엇보다 중요한 것은 유용한 지식을 몰아내고, 그 자리를 차지하는 쓸모없는 지식은 절대 갖고 있어서는 안 된다는 것이야.</u>

우리의 뇌는 무한한 계산 능력을 가진 슈퍼컴퓨터가 아니다. 따라서 무분별하게 인식의 한계를 시험하기보다는, 우리의 본래 능력을 보다 효율적으로 활용하는 법을 찾아야 한다.

이용할 수 있는 모든 정보를 모으기보다는 실제로 중요한 것만 골라내, 그것에 집중하는 데 더 많은 시간을 써야 한다.

: 단순함을 유지하라

디히크스테르휘스 등은 인간의 인식 능력에 한계가 있다는 더 많은 증거를 제시했다. 이들은 실험 참가자들에게 네 종류의 서로 다른 자동차 중 하나를 선택하라고 요청했다. 이때 실험 참가자들을 두 그룹으로 나눠서, 한 그룹에는 차종별로 네 가지 정보를 제공했고, 다른 그룹에는 12가지 정보를 제공했다.

두 그룹에 제시된 네 종류의 자동차 중 하나는 좋은 특징을 75% 갖고 있었다. 다른 두 자동차는 50%의 좋은 특징을 갖고 있었으며, 마지막 하나는 좋은 특징이 25%에 불과했다.

| Figure 19.3 | 최고의 자동차를 선택한 비율

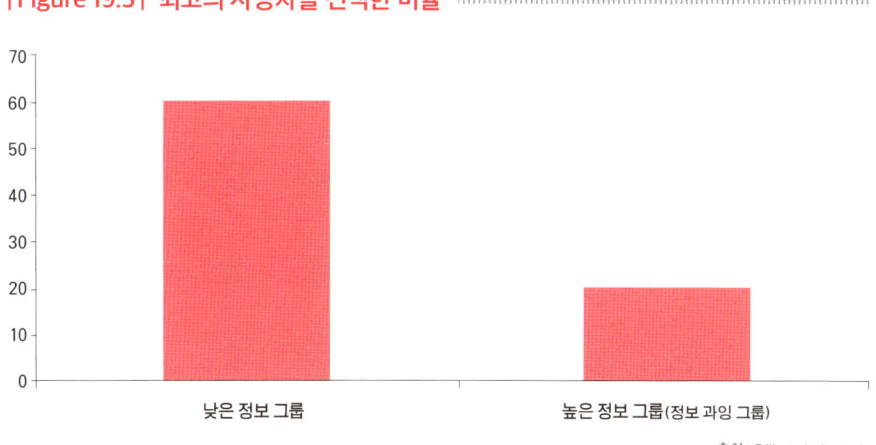

출처 : Dijksterhuis et al.

〈Figure 19.3〉은 두 그룹별로 최고의 자동차를 선택한 사람들의 비율을 나타낸 것이다. 낮은 정보 그룹에서는 약 60%의 사람이 최고의 자동차를 선택했다. 반면 높은 정보, 즉 정보 과잉 그룹에서는 단 20%만이 최고의 자동차를 선택했다.

: 심장병 진단 문제

심장병 진단 문제에 관한 최초의 연구는 1995년 리 그린 등에 의해 이뤄졌다. 미시간주의 한 병원에서 문제가 발생했다. 의사들은 심각한 가슴 통증을 호소하는 환자의 90%를 무작정 심장 병동으로 보내고 있었다. 이로 인해 심장 병동에는 환자가 넘쳐났으며, 그 결과 치료의 질은 떨어졌고 치료 비용은 증가했다.

그렇게 많은 환자를 심장 병동에 보낸 까닭은 행여 심장병인데 심장병이 아니라고 오진하는 '부정 오류'를 저지를까 봐 두려워서다. 그렇게 되면 그에 따른 파급 효과와 비용이 발생할 터였다. 물론 심장병인데 심장 병동에 보내지 않아서 발생할 문제보다는 나을 수도 있다.

그러나 의사들의 이 같은 결정은 심장 병동에 들어감으로써 감수해야 할 위험을 무시한 처사였다. 매년 약 2만 명의 미국인이 병원 내 감염으로 사망한다. 더욱이 병원 내 감염 위험은 일반 병동보다 심장 병동이 현저히 높다.

이 병원 의사들의 가장 큰 문제는 심장 병동에 들어갈 필요가 있는 사람의 90%와 더불어 그럴 필요가 없는 사람의 90%까지 심장 병동에 보냈다는 데 있다. 이는 그저 운에 맡겼다고밖에 볼 수 없다.

그렇다면 왜 이 의사들은 전문 심장 치료가 필요한 사람과 그렇지 않은 사람을 제대로 구별하지 못한 것일까?

리 그린 연구팀은 이 문제를 파고들었다. 그리고 그 결과 의사들이 최악의 상황을 바라지 않았기 때문인 것으로 드러났다. 의사들은 조기 관상동맥 질환의 가족력, 나이, 성별, 흡연 여부, 당뇨병 여부, 혈청 콜레스테롤 수치, 고혈압 등과 같은 위험 요인을 과도하게 중시하는 경향이 있었다.

하지만 이런 요인들은 허혈성 심장 질환 가능성을 평가하는 데는 도움이 되지만, 심장병을 진단하는 데는 별 도움이 되지 못한다. 리 그린의 말처럼 유사 진단 항목에 불과하다. 다시 말해 이와 같은 정보는 해당 진단과 관련한 추가적인 정보로 의사의 확률 판단에는 영향을 미칠 수 있지만, 심장병인지 다른 병인지 구별해줄 객관적 정보는 전혀 갖고 있지 못하다.

심장병 진단에는 이런 정보가 아닌 다른 좋은 정보를 활용할 수 있다. 여러 연구에 따르면 환자가 느끼는 증상의 종류와 위치, 환자의 허혈성 질병력, 구체적인 심전도 검사 결과 등으로 급성 허혈증, 심근경색증, 중증 심장병 여부를 매우 효과적으로 진단할 수 있다.

: 정보의 양이 아닌 정보의 정확성

리 그린 연구팀은 진단 정보에 따라 심장병 확률이 각각 다르게 표시된 진단 카드를 활용해보기로 했다. 의사들에게 이 카드를 주고 증상과 검사 결과에 따라 나타난 확률을 곱해서 심장병 가능 여부를 평가하도록 했다. 그래서 확률 수치가 일정 수준을 넘어서면 환자를 심장 병동으로 보내고, 그렇지 않으면 모니터링만 해도 되는 일반 병동에 보내기로 했다.

이 조치 이후 의사들의 의사결정이 획기적으로 개선됐다. 여전히 많은 환자를 심장 병동에 보냈지만, 심장 병동에 갈 필요가 없는 사람을 보내는 경우는 눈에 띄게 줄어들었다. 이는 리 그린의 도구가 효과가 있다는 증거였다.

리 그린 연구팀은 이 도구가 확실히 효과적인지 분명하게 검증해보기로 했다. 연구팀은 몇 주 동안은 의사들에게 진단 카드를 제공했다가 몇 주 동안은 제공하지 않는 방법을 이용했다.

진단 카드가 의사들의 의사결정을 개선하는 데 도움이 됐다면 그 반대의 경우, 즉 진단 카드를 활용할 수 없을 때는 의사결정이 악화해야 했다.

결과는 매우 놀라웠다. 진단 카드를 활용하지 않게 된 후에도 의사결정이 개선된 것으로 나타난 것이다. 이 결과를 어떻게 설명해야 할까? 의사들이 진단 카드에 적힌 확률을 기억했다가 카드가 없는 상황에서도 진단에 활용했던 것일까?

리 그린의 진단 카드에는 복잡한 조합과 순열이 기록돼 있었기 때문에, 이를 기억했다가 활용하는 것은 사실상 불가능에 가까웠다. 다른 무엇인가가 작용하고 있는 것이 분명했다. 의사들은 카드를 사용함으로써 정확한 정보를 흡수할 수 있었다. 달리 말해 진단 카드라는 도구를 사용하면서 심장병 진단에 활용할 정확한 정보가 무엇인지 깨닫게 됐다. 그 덕분에 **유사 진단적 정보에서 실제로 필요한 정보로 관심의 초점을 옮긴 것이었다. 마침내 올바른 정보를 인식한 것이다.**

: 의사결정 과정의 단순화

이 같은 경험을 근거로 리 그린과 데이비드 메르는 앞서 진단 카드보다 활용하기 쉽도록 일련의 '예스-노' 질문을 활용해, 의사결정 순서를 정할 수 있는 도구를 고안했다. ⟨Figure 19.4⟩는 그 순서도를 나타낸 것이다.

| Figure 19.4 | 심장병 의심 환자의 심장 병동 입원 결정 순서도

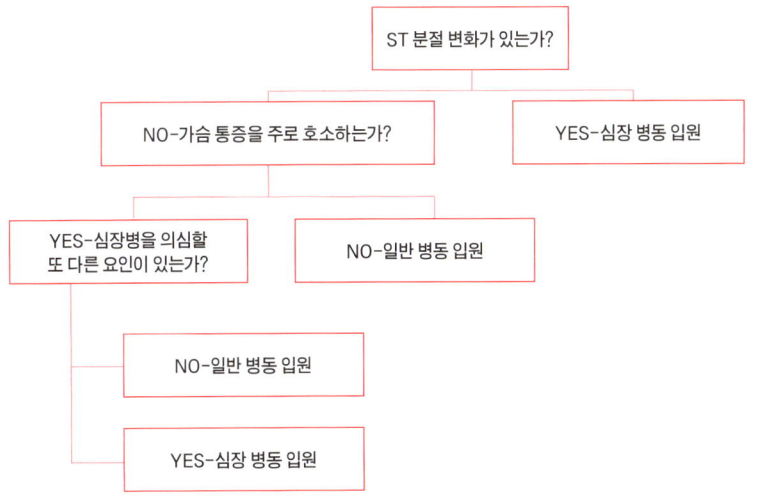

출처 : Green and Mehr.

　심전도 검사에서 환자가 특별한 이상 ST 분절 변화을 보이면 환자를 즉시 심장 병동으로 옮긴다. 만약 그렇지 않다면 두 번째 정보인 환자가 가슴 통증을 호소하는지 확인한다. 환자가 가슴 통증을 호소한다면 또 다른 요인이 있는지 확인해서, 있으면 심장 병동에 보내고 없으면 일반 병동에 보내는 식이다.

　의사는 이 순서도를 통해 중요한 의사결정 과정을 알 수 있다. 이 순서도는 실제로도 매우 효과가 있었다. 〈Figure 19.5〉는 이 방법의 정확성을 나타낸 것이다. 세로축은 정확한 진단을 통해 심장 병동으로 보낸 환자의 비율을, 가로축은 심장병이 아닌 데도 심장 병동으로 옮긴 환자의 비율을 나타낸 것이다. 가운데 대각선은 완전히 운에 맡긴 경우를 나타낸다.

　첫 번째 도구인 복잡한 진단 카드를 사용한 경우 제대로 심장 병동에 보낸 사람의 비율은 다소 늘었고, 오진으로 심장 병동에 보낸 환자의 비율은 감소했다. 그런

| Figure 19.5 | 진단 도구별 심장병 진단 성과

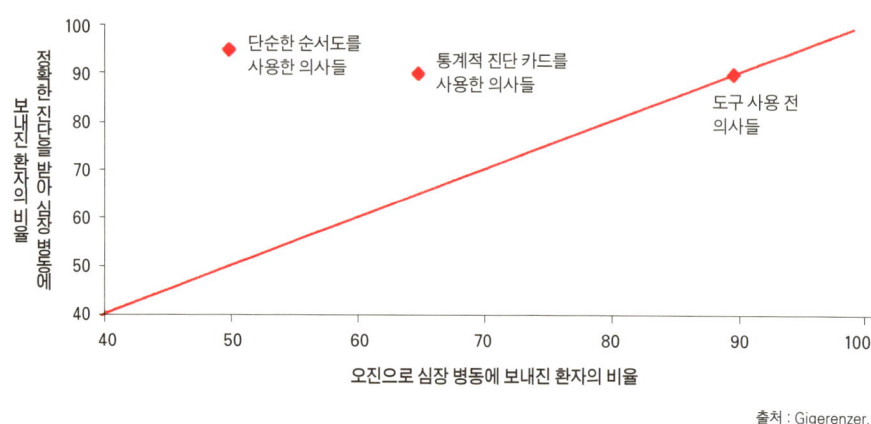

출처 : Gigerenzer.

데 가장 좋은 결과를 낸 것은 두 번째 도구인 단순한 순서도를 사용한 경우였다. 제대로 심장 병동에 보낸 사람의 비율이 훨씬 높아졌고, 오진으로 심장 병동에 보낸 사람의 비율은 대폭 줄었다. **이는 복잡한 의사결정 방법보다 단순한 의사결정 방법이 더욱 효과적이라는 사실을 말해준다.**

⁚ 전문가는 핵심 정보에 초점을 맞춘다

다양한 전문가들의 심장병 진단을 연구한 발레리 레이나와 패럴 로이드의 연구 결과도 주목할 필요가 있다. 이들은 전문성 수준이 높을수록 정확한 결정을 내리는 데 필요한 정보량은 줄어든다는 사실을 확인했다. **전문가들은 본질적으로 중요한 정보에만 초점을 맞추고, 본질적이지 못한 정보에는 관심을 두지 않았다.**

〈Figure 19.6〉은 의과 대학생과 심장 전문의를 대상으로 환자를 심장 병동에 보

| Figure 19.6 | MI와 CAD 정보가 의사결정에 미친 영향

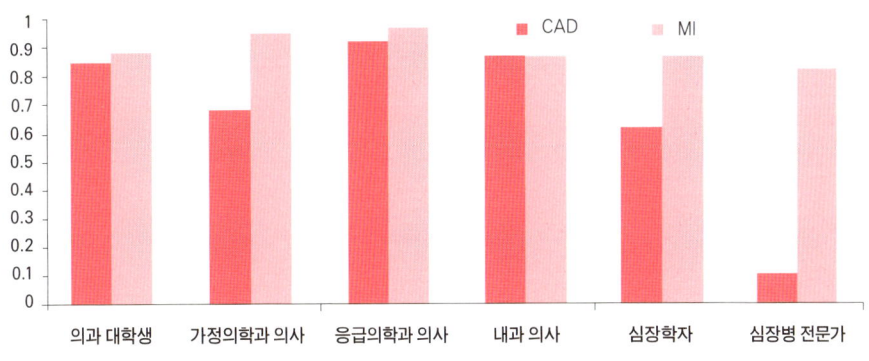

출처 : Reyna and Lloyd.

내는 결정을 내릴 때, 심근경색증MI 위험과 관상동맥CAD 질환 확률이라는 두 가지 정보 가운데 어떤 정보에 더 많은 영향을 받았는지를 나타낸 것이다.

의과 대학생들의 결정에는 두 가지 정보 모두 큰 영향을 미쳤다. 이런 패턴은 심장학자들까지 비슷하게 유지됐다. 반면 심장병에 가장 전문적인 지식을 가진 심장 전문의들은 심근경색증 위험이라는 정보만 봤다. 많은 정보에 집착하기보다 중요한 정보에만 초점을 맞추는 것이 효과적임을 보여준다.

: 투자 결정 과정도 단순하게

다시 투자 문제로 돌아가보자. 투자 결정을 돕기 위해 앞의 사례와 유사한 도구를 설계할 수 있을까? 그렇다. 행동경제학자 리처드 탈러는 이런 작업을 일컬어 '선택 설계'라고 불렀다. **선택 설계의 목적은 편견을 버리기보다 편견에 편견을 가짐으로써 올바른 결정을 하도록 돕는 데 있다.**

| Figure 19.7 | 단순한 역발상투자 결정 순서도

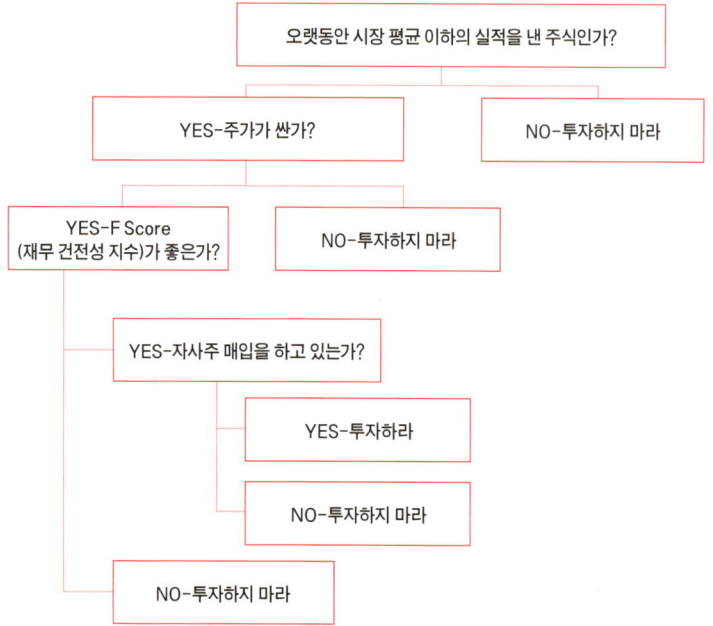

출처 : SG Equity Research.

　나는 투자에 정말 중요한 요소들이 무엇인지 따져보라고 투자자들에게 부단히 조언해왔다. 〈Figure 19.7〉과 같은 간단하고도 단순한 의사결정 순서도가 투자에서 정말 중요한 것에 초점을 맞추도록 도울 것이다. "투자는 단순하지만 쉬운 것은 아니다."는 워런 버핏의 격언을 늘 기억해두자.

Chapter 20

결국 저평가 가치주가 옳다

저평가 가치주도 암울한 나날을 보낼 때가 있다. 2008년이 그랬다. 벤저민 그레이엄의 원칙에 따라 구축한 유럽 주식 바스켓은 2008년 7월까지 무려 24% 폭락했다. 뛰어난 여러 장기 가치투자자들의 주식도 비슷한 실적을 냈다.

만성적인 '주의력 결핍 과잉 행동 장애'가 있는 투자자들이 넘쳐나는 세상에서 장기적 관점을 견지하면, 일정 기간 반드시 낮은 실적을 낼 수밖에 없다. 그럼에도 가치투자자라면 '가치는 죽지 않는다'는 믿음을 저버리면 안 된다.

2000~2003년 TMT 버블 붕괴가 준 교훈은 투자자들이 성장주라고 생각했던 경기주에 대한 믿음을 잃으면, 가치주가 다시 영광의 권좌로 복귀한다는 것이다.

- 고객과의 미팅에서 나는 가치 스크린을 통과할 수 있는 저평가 가치주가 많아졌음을 느꼈다. 합리적 투자법을 따르는 사람들에게는 바쁜 시기라고 할 수 있다. 이는 뛰어난 장기 가치투자자들이 매수한 주식도 열악한 실적을 내고 있다는 사실에서도 확인할 수 있다. 이들의 주식은 2008년 들어 7개월 동안 약 19% 하락했다. 그렇다고는 하나 이들은 상당한 현금을 보유하고 있고, 펀더멘털은 변하지 않았다고 보기에 주가 하락을 오히려 원하던 주식을 더 많이 매수할 기회로 여긴다.

- 그렇지만 만성적 주의력 결핍 과잉 행동 장애에 시달리는 세상에서는 아무리 단기라 해도 열악한 실적을 기록하면 혹독한 시련을 겪는다. 하지만 열악한 실적은 사실 합리적 투자 전략의 부산물일 수도 있다. 브랜디스연구소에 따르면 매우 뛰어난 장기 10년 펀드매니저들도 일정 기간은 열악한 실적에 시달린다. 가장 최악이었던 해에는 벤치마크 지수보다 평균 20%나 낮은 실적을 기록하기도 했다. 최고의 펀드매니저 가운데 약 40%가 3년 동안이나 바닥을 치는 실적을 낸 경우도 있었다.

- 그래도 가치에 대한 믿음을 유지하는 사람에게는 터널 끝에 항상 밝은 빛이 기다리고 있다. 가치주가 TMT 버블이 진행되던 광란의 시기보다 더 열악한 실적을 내더라도, 그 고통을 참고 견디는 사람은 충분한 보상을 받는다. 매우 힘든 시기가 지나면 가치주는 평균 7년 동안 미인주를 뛰어넘는, 연간 약 17%의 수익률을 안겨주면서 강하게 반등하는 경향이 있다.

- 저평가 가치주가 언제 빛을 보게 되는지는 TMT 버블 붕괴 경험에서 몇 가지 교훈을 얻을 수 있다. 저평가된 가치주는 투자자들이 성장주로 착각한 경기주에 대한 믿음을 완전히 상실한 이후 빛을 보기 시작한다. 광산주와 신흥시장 관련 경기주들이 성

장주처럼 인식되고 있다. 하지만 이 주식들은 절정기에 이르러 끝물을 탄다. 존 템플턴 경은 "강세장은 비관론이 만연할 때 탄생하고, 의심과 회의 속에 성장하며, 낙관론이 고개를 들 때 성숙해지고, 행복감이 만연할 때 종말을 고한다."고 말했다. "나는 격동적인 붐과 버블 붕괴의 시대는 이제 지났다고 분명히 말할 수 있다."는 락시미 미탈의 말도 힘이 된다.

* * *

최근 자신이 역발상투자자라고 착각하는 사람의 수가 늘었고, 저평가된 가치주가 많아졌다고 열광하고 있다. 내가 보유한 저평가 가치주 포트폴리오가 기록하고 있는 실적을 고려할 때 그리 놀라운 일은 아니다.

나는 1970년대 후반 벤저민 그레이엄이 세상을 뜨기 직전 데이비드 도드와 만든 가치 스크린 방법을 이용해 저평가 가치주들을 선정한다. 이 그레이엄-도드의 가치 스크린 기준을 1977년 제인스 리가 세 가지 조건을 보완해 발표했다.

이에 따르면 저평가된 가치주가 되기 위해서는 다음의 기준을 충족해야 한다.

기준 ① 과거수익률(이익÷주가) : AAA 등급 채권수익률의 2배 이상일 것.

기준 ② PER : 5년 이동 평균 이익을 기준으로 최고 PER의 40% 이하일 것.

기준 ③ 배당수익률 : AAA 등급 채권수익률의 $\frac{2}{3}$ 이상일 것.

기준 ④ 주가 : 유형 순자산 가치의 $\frac{2}{3}$ 이하일 것.

기준 ⑤ 주가 : 순유동자산의 $\frac{2}{3}$ 이하일 것.

기준 ⑥ 총부채 : 유형 순자산 가치의 $\frac{2}{3}$ 이하일 것.

기준 ⑦ 유동 비율 : 200% 이상일 것.

기준 ⑧ 총부채 : 순유동자산의 2배 이하일 것.

기준 ⑨ 복리 이익증가율 : 10년간 연평균 최소 7% 이상일 것.

기준 ⑩ 이익 감소 한도 : 지난 10년간 연간 이익이 5% 이상 감소한 해가 2회 이하일 것.

그레이엄-도드 투자법의 핵심에는 적절한 '안전마진' 개념이 자리잡고 있다. 투자자는 언제나 내재 가치보다 매우 낮은 가격에 주식을 매수해야 한다는 것이다. 그레이엄이 가장 좋아한 기준은 주가가 주당 순유동자산의 $\frac{2}{3}$ 이하인 경우 기준 ⑤였다.

그러나 오늘날에 기준 ⑤를 만족시키는 순-순Net-net 주식은 점점 찾기 어려워졌다. 순-순 주식을 찾을 수 없는 경우 그레이엄이 그다음으로 중요하다고 말한 기준은 기준 ①과 ③ 그리고 ⑥이었다. ①과 ③은 효과적인 가치 평가 기준이고, ⑥은 기업이 청산하는 경우에도 수익을 보장해주는 기준이다.

현재 대형주 중 이런 기준에 맞는 주식은 미국에는 하나도 없으며, 유럽과 일본에서도 극히 일부 종목만이 이런 기준을 충족하고 있다.

: 결국 저평가 가치주가 빛을 본다

그레이엄의 기준에 따라 선정한 가치주들의 실적이 최악을 보일 때가 있다. 그래도 장기적으로는 결국 저평가 가치주들이 빛을 본다〈Figure 20.1〉 참조. 지난 20년 사이 가치주가 가장 좋았던 시기 유럽의 경우 기준 ①, ③, ⑥을 통과한 주식은 시장보다 거의 두 배나 많은 수익을 냈다.

미국과 일본에서의 수익률도 인상적이다. 이 두 곳 시장에서는 세 기준을 모두

| Figure 20.1 | 장기적으로는 저평가 가치주가 빛을 본다(%, 연평균수익률)

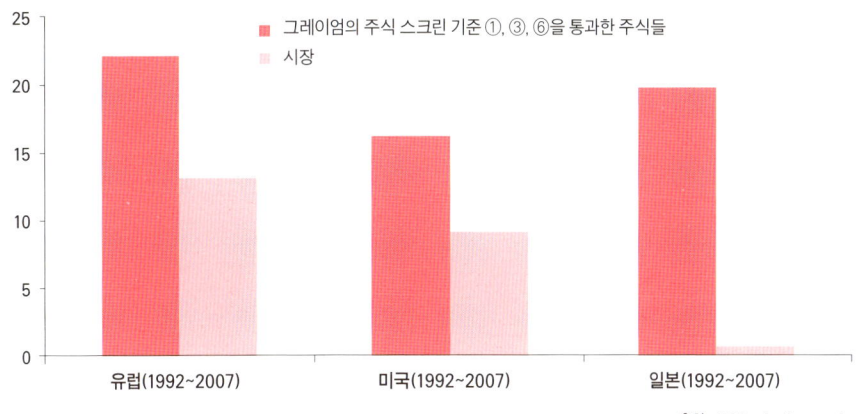

출처 : SG Equity Research.

통과한 주식을 발견하지 못한 해도 여럿 있었다. 나는 그런 해에 이 주식들의 수익률을 0으로 가정했는데, 현금수익률만 가정했어도 전체 수익률은 훨씬 높아졌을 것이다.

: 유행에 뒤떨어진 가치주

지금 암울함을 겪고 있는 것은 내 주식뿐만이 아니다. 가치투자 매체 〈구루포커스〉에 따르면 장기적으로 최상의 실적을 낸 가치투자자들도 2007년 하반기 이후 12개월 동안 매수한 주식에서 상당한 손실을 보고 있다.

〈Table 20.1〉의 가치투자 펀드매니저들이 2007년에 매수한 주식은 2008년 7월 현재까지 평균 19% 하락했다. 물론 이 펀드매니저 대부분은 상당한 현금도 보유해왔다.

| Table 20.1 | 2007년 하반기 이후 12개월간 매수한 주식의 수익률(단순 평균, %) |

브루스 버코비츠	-9	모니쉬 파브라이	-38
찰스 브랜데스	-29	리처드 프제나	-21
데이비드 드레먼	-19	로버트 로그리궤	-33
닷지&콕스	-16	루안트 커니프	-16
글렌 그린버그	-10	세스 클라먼	-9
장-마리 이베이야르	-7	톰 게이너	-18
마틴 휘트먼	-35	트위디 브라우니	-13
마이클 프라이스	-14	**평균**	**-19**

출처: Gurufocus.

그런데도 이들 중 많은 수는 이런 손실에 큰 걱정은 하지 않는 듯 보인다. 결국 이들은 펀더멘털은 변한 것이 없다고 판단하면서, **주가 하락을 오히려 좋은 주식을 더 많이 매수할 수 있는 기회로 보는 장기투자자들이다.**

: 열악한 단기 실적은 합리적 투자 과정의 부산물

열악한 단기 실적은 합리적 투자 과정의 부산물인 경우가 실제로 많다. 예컨대 다른 사람들이 모두 다음 분기의 이익을 예측하려고 하는데 자신만 장기적 시각을 유지한다면, 단기적으로는 열악한 실적을 낼 수 있다.

브랜디스연구소는 뛰어난 가치투자 펀드매니저라도 상당 기간 나쁜 실적에 시달릴 수 있음을 확인했다. 2007년 브랜디스연구소는 미국 펀드매니저 591명과 EAFE 유럽, 오스트레일리아, 극동아시아 펀드매니저 147명 가운데, 10년 동안 최고의 실적을 올

| Figure 20.2 | 벤치마크 지수와 비교한 최고 펀드매니저들의 실적(%)

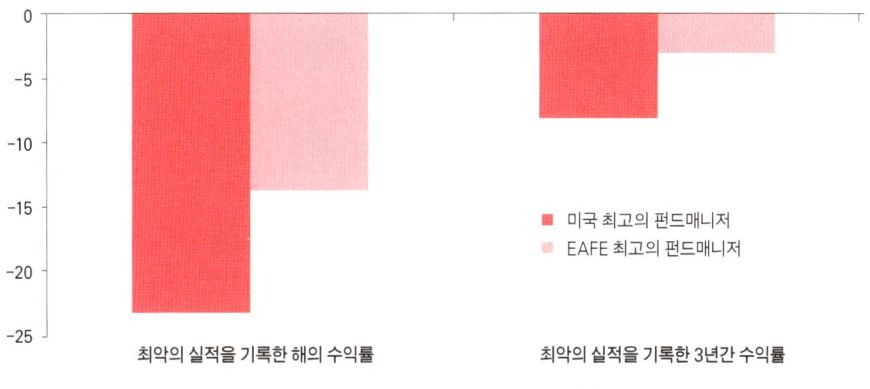

출처: Brandes Institute, SG Equity Research.

린 펀드매니저들을 선정해 실적을 조사했다.

미국에서 최고의 실적을 올린 펀드매니저들은 지난 10년 동안 S&P 500 지수보다 연평균 2.5%p 높은 수익률을 기록했다. 최고의 실적을 올린 EAFE 펀드매니저들은 같은 기간 MSCI EAFE 지수보다 4.6%p 높은 수익률을 냈다.

그런데 장기적으로는 이처럼 좋은 실적을 올렸지만, 단기적으로는 열악한 실적을 기록하기도 했다. 가장 나쁜 실적을 기록한 해의 경우 미국 펀드매니저들은 시장보다 20%, EAFE 펀드매니저들은 시장보다 13% 낮은 실적을 냈다〈Figure 20.2〉 참조.

장기적으로는 최고의 실적을 올린 최고의 장기 펀드매니저들의 단기 실적이, 다른 펀드매니저들과 비교했을 때 어느 정도인지 궁금할 수도 있겠다.

〈Figure 20.3〉과 〈Figure 20.4〉는 실적을 10등급으로 나눴을 때 하위 5개 등급에 속한 최고의 장기 펀드매니저들의 비율을 보여준다. 분기 실적으로 봤을 때, 장기 펀드매니저의 거의 전부가 하위 5등급에 속했다. 연간 실적의 경우 약 75%가 최하위 등급에 속했다. 심지어 3년 실적으로도 장기 펀드매니저의 20~30%가 최하위 등급에 들었다. 얼마 전 어떤 펀드매니저가 내게 한 말이 생각난다.

"당신 말은 장기적으로 고객에게 도움을 주기 위해서는, 지금 당장은 손가락을 빨고 있으라는 얘기입니다."

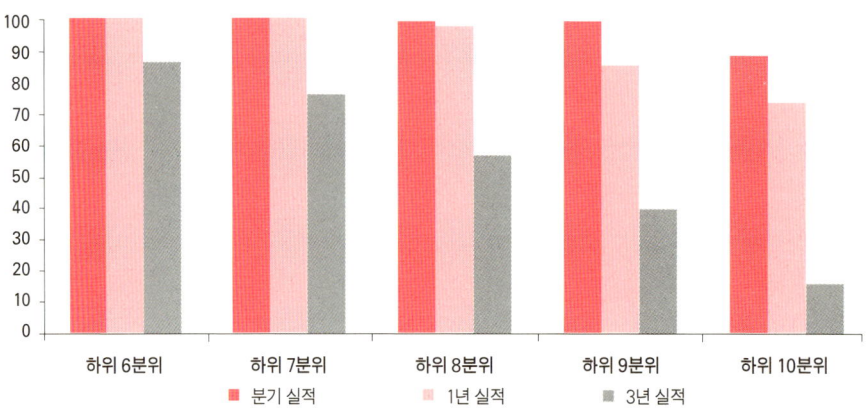

| Figure 20.3 | 하위 등급의 실적을 기록한 최고의 장기 펀드매니저들의 비율(미국)

출처 : Brandes Institute, SG Equity Research.

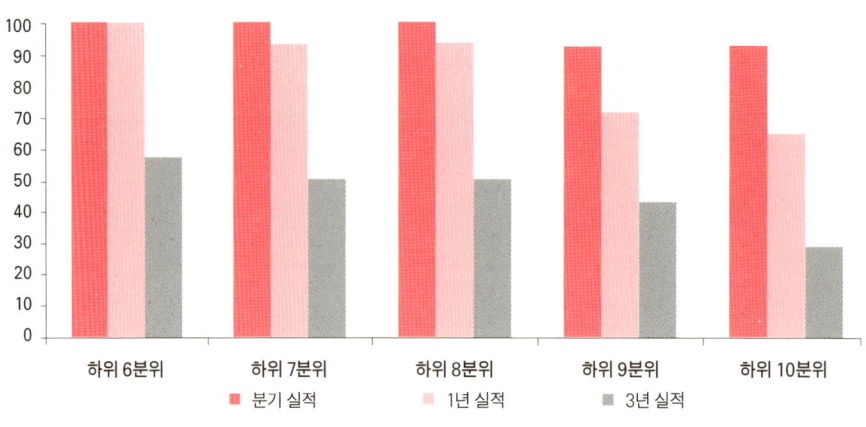

| Figure 20.4 | 하위 등급의 실적을 기록한 최고의 장기 펀드매니저들의 비율(EAFE)

출처 : Brandes Institute, SG Equity Research.

∶ 가치주는 터널 끝에서 빛을 볼까?

가치는 죽지 않는다. 〈Figure 20.5〉는 1960년 이후 미국에서 단순한 가치투자_{주가 대비 현금흐름 비율이 높은 주식 매수}를 통해 미인주_{주가 대비 현금흐름 비율이 낮은 주식}보다 상당히 나쁜 실적을 냈던 시기에 가치주 수익률이 얼마나 떨어졌는지를 나타낸 것이

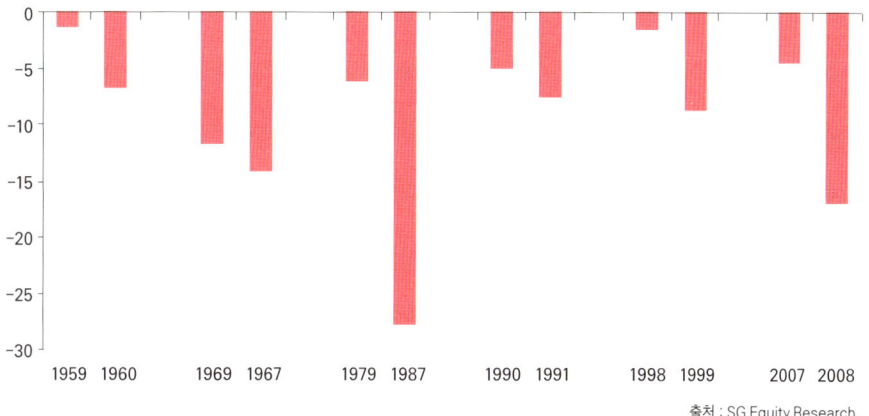

| Figure 20.5 | 1960~2008년 연간손실률(가치주 수익률-미인주 수익률, 미국)

출처 : SG Equity Research.

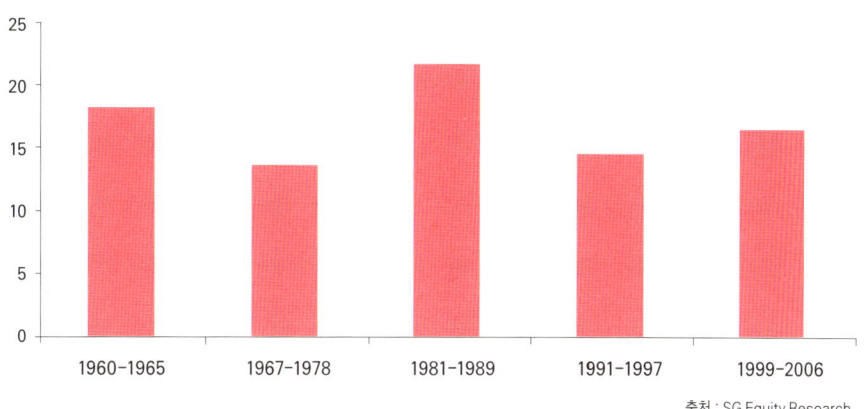

| Figure 20.6 | 가치주 수익률-미인주 수익률(%, 연평균, 미국)

출처 : SG Equity Research.

다. 흥미로운 사실은 지금이 닷컴 시절보다 더 나쁘다는 점이다.

그런데 여기서 주목해야 할 중요한 사실은 2년의 시련이 지난 뒤 가치가 다시 빛을 본다는 것이다. 〈Figure 20.6〉은 미인주의 상승이 끝나고, 그다음 미인주 상승기가 올 때까지의 가치주 실적을 나타낸 것이다. 미인주의 시기가 완전히 지난 후 가치주는 평균 7년이라는 상당한 기간 동안 미인주보다 연간 약 17%p 더 높은 수익률을 기록했다.

가치주가 다시 빛을 보게 해주는 촉매가 있다면 무엇일까? TMT 버블 붕괴 경험이 좋은 지침이 될 것이다. 〈Figure 20.7〉에서 볼 수 있듯이 가치주가 인기를 회복한 것은 투자자들이 TMT 경기주에 대한 희망을 모두 버린 뒤였다.

이는 미인주 주기가 완전히 끝나고 나서야 가치주가 다시 인기를 얻는다는 것을 의미한다. 현재 시점에서 볼 때 이는 광산주와 신흥시장 관련 주식에 대한 인기가 완전히 사그라들어야 가치주가 빛을 본다는 것을 의미한다. 투자자들이 경기주에 대한 믿음을 완전히 상실할 때 가치주의 귀환을 기대할 수 있다. 그리고 그런 날은

| Figure 20.7 | TMT 경기주와 가치주 수익률(1993년 1월=100)

출처 : SG Equity Research.

다가오고 있다〈Figure 20.8〉 참조.

존 템플턴 경은 "강세장은 비관론이 만연할 때 탄생하고, 의심과 회의 속에 성장하며, 낙관론이 고개를 들 때 성숙해지고, 행복감이 만연할 때 종말을 고한다."고 말했다.

최근 락시미 미탈도 "나는 격동적인 붐과 버블 붕괴의 시대는 이제 지났다고 분명히 말할 수 있다."고 확신했다.

약세장과 시장 침체기는 사랑받지 못하고 무시되던 가치주들을 매수할 절호의 기회가 될 수 있다. 물론 존 템플턴 경의 말처럼 **다른 사람들이 낙담해 팔 때 사고, 다른 사람들이 탐욕스럽게 살 때 파는 것은 불굴의 의지를 필요로 한다. 하지만 결국에는 커다란 보상을 안겨준다.**

| Figure 20.8 | 세계 광산업 주가 추이

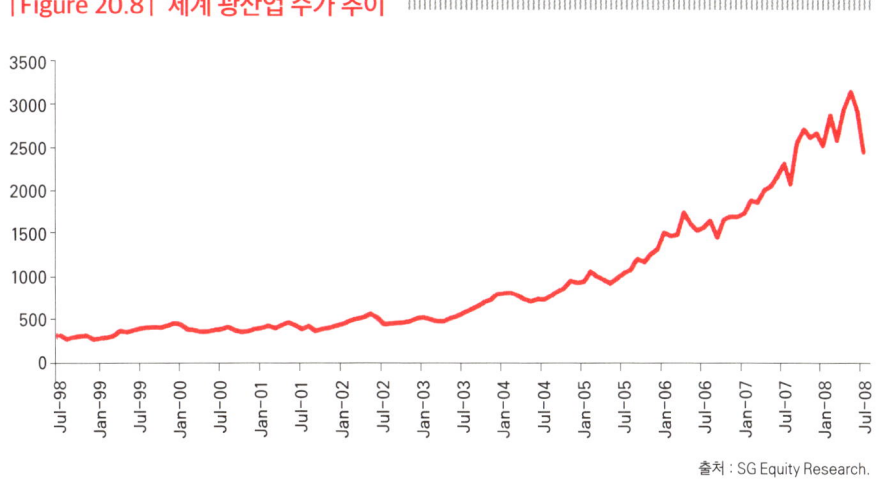

출처 : SG Equity Research.

일반투자자는 물론,
금융시장에 몸담고 있는 사람이라면
반드시 읽어야 할 책이다.

저자는 명확한 통찰력에
흥미로운 사례들을 더해
자신의 주장을 설득력 있게 설파한다.

돈과 주식,
특히 '가치투자'에 관심이 있다면
절대 놓쳐서는 안 될 필독서다.

**- 세스 클라먼,《안전마진, 사려 깊은 투자자를 위한 위험 회피 전략》저자,
바우포스트 그룹 회장**

PART IV

가치투자의 실제

Chapter 21

채권투자는 투기인가?

나와 앨버트 에드워즈가 투자 논쟁에서 서로 반대되는 처지에 선 경우는 거의 없었는데, 최근 국채시장 상황이 우리 사이를 갈라놓았다. 장기 가치투자를 지향하는 내가 보기에 채권은 어떤 가치도 갖고 있지 못하다. 일본식 장기 디플레이션에 빠져들고 있는 미국에서 채권은 이미 그런 상황에 맞춰 가격이 형성돼 있다.

하지만 초저금리 상황에서 연방준비제도이사회가 인플레이션을 다시 불러일으키는 데 성공한다면, 채권은 투자자에게 아무런 보호 수단도 제공하지 못한다. 따라서 현상황에서 채권을 계속 보유하는 것은 투기는 될지 몰라도 엄밀히 말해 투자는 아니다.

- 내가 생각할 때 국채에 대한 가치 평가는 상대적으로 단순하다. 국채의 가치는 실질 수익률, 기대 인플레이션, 인플레이션 리스크 프리미엄이라는 세 가지 요인의 합이다. 현재 10년 만기 미국 국채의 실질수익률은 약 2%다. 명목 수익률 또한 약 2% 수준임을 고려하면, 시장은 향후 10년간 연간 인플레이션을 0%로 보고 있다고 할 수 있다. 즉 시장의 기대 인플레이션은 0%다.

- 시장은 미국이 일본 경로를 따라 서서히 디플레이션 상황에 빠질 것으로 보고 있다. 선행수익률 곡선을 보면 시장은 10년 만기 국채의 10년 후 수익률을 3%로 예상하고 있다. 그런데 전문가들을 대상으로 한 장기 전망에 대한 설문 조사 결과는 이와 다르다. 향후 10년간 연간 약 2.5%의 인플레이션을 예상하고 있다. 시장이 예상하는 인플레이션 0%과 전문가들의 기대 인플레이션 2.5%이 다른 것이다. 이와 같은 차이는 채권에 대한 가치 평가를 다르게 만든다. 기대 인플레이션이 2.5%인 정상적인 상황에서 미국 국채의 적정수익률은 4.5~4.75%다. 그러나 시장이 제로 인플레이션을 예상하는 지금과 같은 비정상적인 상황에서 미국 국채의 실제수익률은 2% 남짓에 불과하다.

- 지금은 정상적인 상황이 아니다. 현재 미국의 부채는 매우 과도한 수준이다. 이런 상황에서 디플레이션이 오게 되면 부채 디플레이션이 진행될 테고, 이는 경제에 끔찍한 결과를 야기할 것이다. 신용 버블의 붕괴가 디플레이션 쓰나미를 유발해 경제 시스템을 휩쓸고 지나갈 게 뻔하다.

- 일본이 처음 디플레이션을 맞은 뒤 후 양적 완화를 단행할 때까지 7년이라는 긴 시간이 걸렸다. 반면 미국은 디플레이션이 실제로 오기도 전에 양적 완화를 시작했다.

벤 버냉키는 제로 금리 상황에서도 통화 정책이 힘을 못 쓰는 것은 아니라고 굳게 믿고 있다. 2000년 일본 정책 결정자들에 대한 연설에서 버냉키는 '통화 평가 절하', '인플레이션 목표제', '통화조달이전 감세를 보충하기 위한 통화 발행', '비전통적 조치' 등을 할 수 있다고 주장했다.

- 제로 금리 상황에서 엄청난 힘이 밀어닥쳐 통화량이 증가하면 어떤 일이 벌어질까? 사실 그 누구도 알 수 없다. 그렇지만 국채시장은 디플레이션을 기정사실로 받아들이는 듯하다. 그렇기에 제로 금리에 육박하는 상황에서 연방준비제도이사회가 인플레이션을 유발하는 데 성공한다면, 채권은 아무런 보호 수단도 제공하지 못한다. 그러면 금리생활자, 즉 채권투자자는 안락사할 것이다.

- 벤저민 그레이엄은 "투자란 분석을 통해 원금 보장과 만족할 만한 수익률을 약속하는 것이어야 하며, 이런 조건을 만족시키지 못하면 그것은 투자가 아니라 투기다."고 말했다. 현재의 수익률 수준에서 채권은 결코 만족할 만한 수익률 또는 원금 보장을 해주지 못한다. 채권은 짐 그랜트가 말했듯 '무수익의 위험'만 안겨줄지도 모른다. 채권을 보유하는 것이 곧 투기가 되는 상황이 올 수 있다. 근시안적 세상에서는 뉴스에 휩쓸릴 수 있다. 그러나 나는 투자자이지 투기꾼이 아니다. 따라서 국채를 내 포트폴리오에 넣는 일은 없을 것이다.

*　*　*

나와 앨버트 에드워즈는 투자 논쟁에서 서로 반대되는 처지에 선 경우가 거의 없다. 지난 8년 동안 그런 적은 한 번도 없었다. 그와 내가 현재 서로 이견을 보인다고 해도 우리가 정말로 완전히 다른 견해를 갖고 있다고는 생각하지 않는다. 그 차이는 그저 시간 지평과 투자 접근법의 문제에 불과할 뿐이다.

나는 장기 가치 지향적인 절대 수익 추구자의 관점에서 세상을 보는 경향이 있다. 앨버트는 모멘텀을 중시하는 단기적인 입장에도 관용적인 태도를 보인다. 실제로 믿는지 아닌지 상관없이 말이다. 우리가 국채에 대해 서로 다른 입장을 갖게 된 이유도 이와 같은 접근 방법의 차이 때문이다. 이제 앨버트와의 논쟁에 불을 붙이고자, 가치에 근거해 약세장에 베팅하는 사례를 설명할 것이다.

: 장기 관점에서의 채권

〈Figure 21.1〉은 미국의 10년 만기 국채의 역대 수익률을 나타낸 것이다. 장기적으로 10년 만기 국채수익률은 평균 4.5% 이상이었다. 이 수치는 1970년대의 인플

| Figure 21.1 | 미국 10년 만기 국채수익률 : 장기적 관점

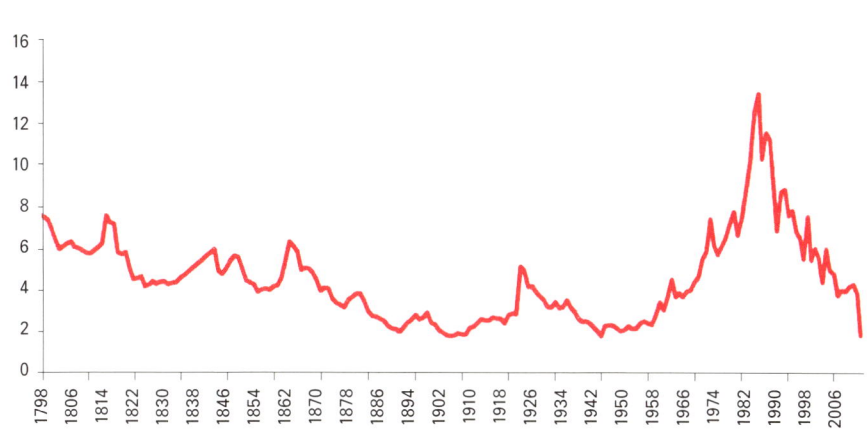

출처 : Homer, S. and Sylla, R.

| Figure 21.2 | 일본 10년 만기 국채수익률 ; 장기적인 관점

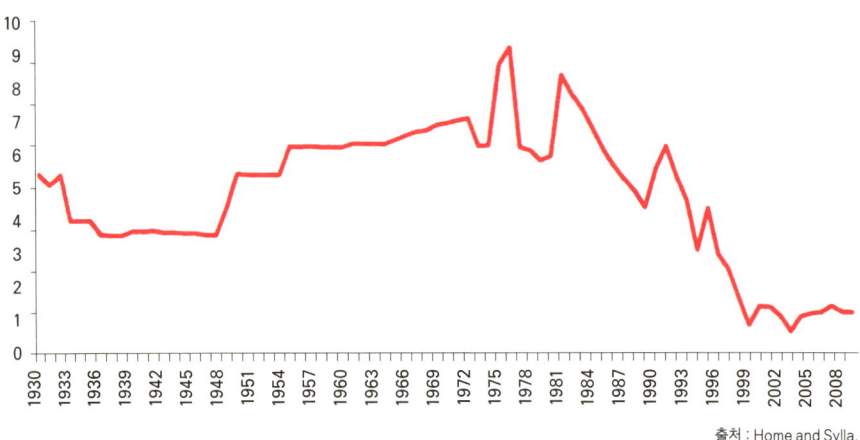

출처 : Home and Sylla,

레이션 경험이 얼마나 비정상적이었는지를 분명히 보여준다.

그러나 현재 10년 만기 국채수익률은 역대 최저 수준까지 급격히 하락하고 있다. 물론 수익률이 역대 최저 수준에 근접하고 있다는 게 반드시 매도 신호를 의미하는 것은 아니다.

일본의 경우를 살펴보자. 〈Figure 21.2〉는 일본의 10년 만기 국채의 장기 수익률을 나타낸 것이다. 1995년에 나는 도쿄에서 근무했다. 그 당시 나는 일본의 10년 만기 국채수익률이 3%에 도달하면 바닥일 거라고 확신했다. 수익률이 더 내려갈 여지가 없다고 판단했던 것이다.

그렇지만 내 예상과 달리 일본의 10년 만기 국채수익률은 거기에서도 반토막이 났고, 또다시 반토막이 났다. 일본은 버블 경제의 여파뿐만 아니라 엎친 데 덮친 격으로 고베 대지진까지 겪으면서, 많은 개인투자자가 주식시장에서 철수하는 상황이었다.

∶ 채권의 가치 평가

채권의 가치는 어떻게 평가해야 할까? 나는 보통 **채권의 실질수익률, 기대 인플레이션, 인플레이션 리스크 프리미엄이라는 세 가지 수치를 합해 채권의 가치를 평가하는 간단한 방법을 사용한다.**

일반적으로 투자자들은 채권의 실질수익률을 장기 실질성장률과 같다고 본다. 그러나 이는 모호한 가정이 될 수 있다. 왜냐하면 실질수익률과 성장률이 항상 밀접한 관계를 보이는 것은 아닌 데다, 대략적으로 비슷한 정도의 관계만 보이기 때문이다.

물론 지수연동 또는 물가연동 증권 덕분에, 여러 국가에 걸쳐 증권의 실질수익률을 실시간으로 알 수 있다. 미국의 경우 10년 만기 물가연동 국채TIPS의 실질수익률은 약 2%다.

기대 인플레이션은 채권 가치 평가의 두 번째 요소다. 기대 인플레이션은 여러

| Figure 21.3 | 전문가 대상 설문 조사 결과 ; 10년 기대 인플레이션

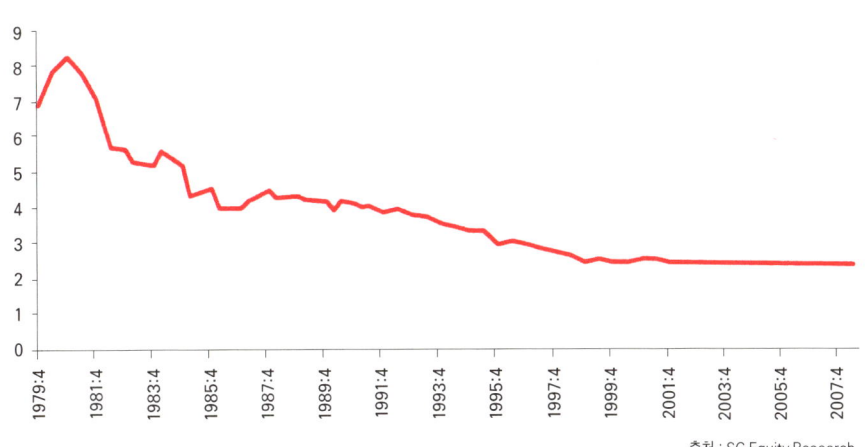

출처 : SG Equity Research.

| Figure 21.4 | '일반 국채수익률-물가연동 국채수익률'로 본 내재 인플레이션

출처 : SG Equity Research.

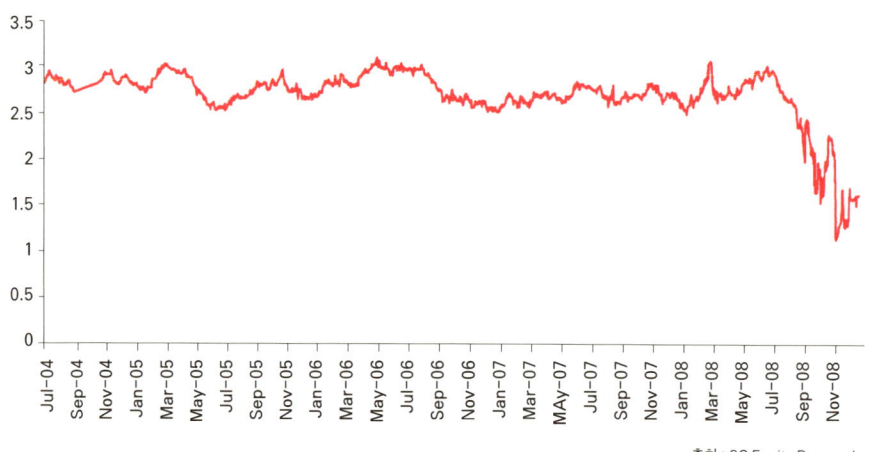

| Figure 21.5 | 인플레이션 스와프로 본 향후 10년간 내재 인플레이션

출처 : SG Equity Research.

방법으로 평가할 수 있다. 전문가들을 대상으로 실시한 설문 조사에서 향후 10년간 기대 인플레이션을 전망해달라고 요청했다. 〈Figure 21.3〉은 그 결과를 나타낸 것이다. 놀랍게도 기대 인플레이션은 연간 2.5%에서 움직이지 않았다.

그러나 시장은 이와는 매우 다른 견해를 보이고 있다〈Figure 21.4〉참조. 10년 만기 일반 국채수익률과 10년 만기 물가연동 국채수익률 사이의 차이를 보면 시장이 암묵적으로 예상하고 있는 내재 인플레이션을 쉽게 알 수 있다.

그런데 이 두 채권의 수익률이 모두 2%라는 것은 투자자들이 향후 10년간 연간 인플레이션을 0%로 보고 있음을 의미한다.

이 방법의 대안으로 시장이 미래의 인플레이션을 어떻게 평가하고 있는지 알아보려면 인플레이션 스와프를 사용하면 된다〈Figure 21.5〉참조. 이에 따르면 향후 10년간 내재 인플레이션은 연간 1.6%를 조금 넘는 수준이다. 내재 인플레이션이 하락한 것은 최근의 일임을 유의할 필요가 있다.

채권 가치 평가를 위한 마지막 요소는 인플레이션 리스크 프리미엄이다. 인플레이션은 불확실한 것이기 때문에 불확실성에 대비하기 위한 리스크 프리미엄이 필요하다. 계산하기 어렵지만 현재까지의 연구에 따르면 인플레이션 리스크 프리미엄으로는 25bps$_{0.25\%}$에서 50bps$_{0.5\%}$ 사이가 정상적인 것으로 간주된다.

| Figure 21.6 | 채권의 대략적인 적정수익률과 실제수익률

출처 : SG Equity Research.

| Figure 21.7 | 10년 만기 국채의 10년 후 선행수익률

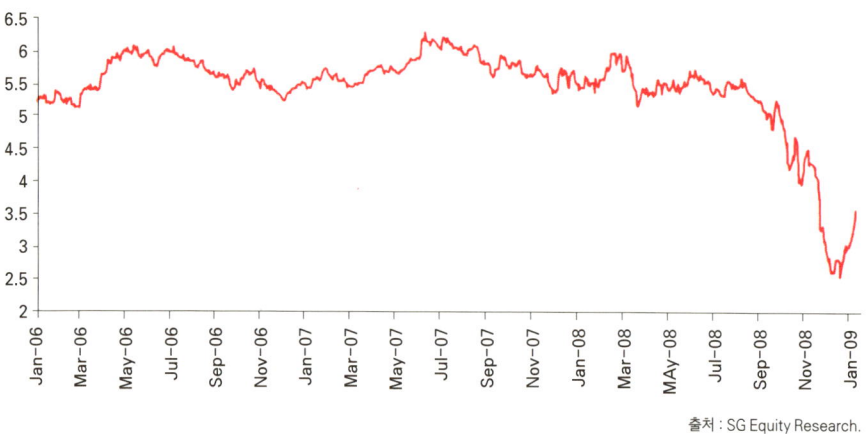

출처 : SG Equity Research.

: 적정수익률과 실제수익률

이와 같은 방법으로 채권의 가치를 평가한 결과가 〈Figure 21.6〉이다. 기대 인플레이션 2.5%의 정상적인 인플레이션 상황에서 미국 국채의 적정수익률은 약 4.75%다. 그런데 현재의 채권수익률은 2%를 약간 상회하는 수준으로 정상적인 상황의 적정수익률에 훨씬 미치지 못한다.

지금은 시장의 기대 인플레이션이 0%인 비정상적인 상황으로, 사실상 실제수익률로만 채권의 가격이 책정되고 있기 때문이다.

선행수익률로도 시장은 10년 만기 국채의 10년 후 수익률을 3% 조금 넘는 수준으로 보고 있다(Figure 21.7) 참조. 시장은 지금과 같은 낮은 국채수익률이 오래 지속할 것으로 보는 듯하다.

: 인플레이션이냐, 디플레이션이냐

나는 인플레이션이냐, 디플레이션이냐 하는 논쟁에 질렸다. 역사는 신용 버블이 붕괴하면 경제에 거대한 디플레이션 압력이 닥친다는 사실을 보여줬다. 미국 경제가 과도한 부채를 안고 있으며, 미국 소비자들이 25년 만에 처음으로 소비를 줄여야 하는 상황에 처했다는 점을 고려할 때, 부채 디플레이션의 위험은 그 어느 때보다 크다고 할 수 있다〈Figure 21.8〉 참조.

그러나 디플레이션 위협에 대한 미국 연방준비제도이사회의 반응은 지나치게 과도했다. 연방준비제도이사회가 착수한 양적 및 질적 완화 정책은 역사상 유례없는 조치였다. 우리는 지금 대담하고 실험적인 통화 정책이 진행되는 새로운 세상을

| Figure 21.8 | 미국의 GDP 대비 총부채 비율

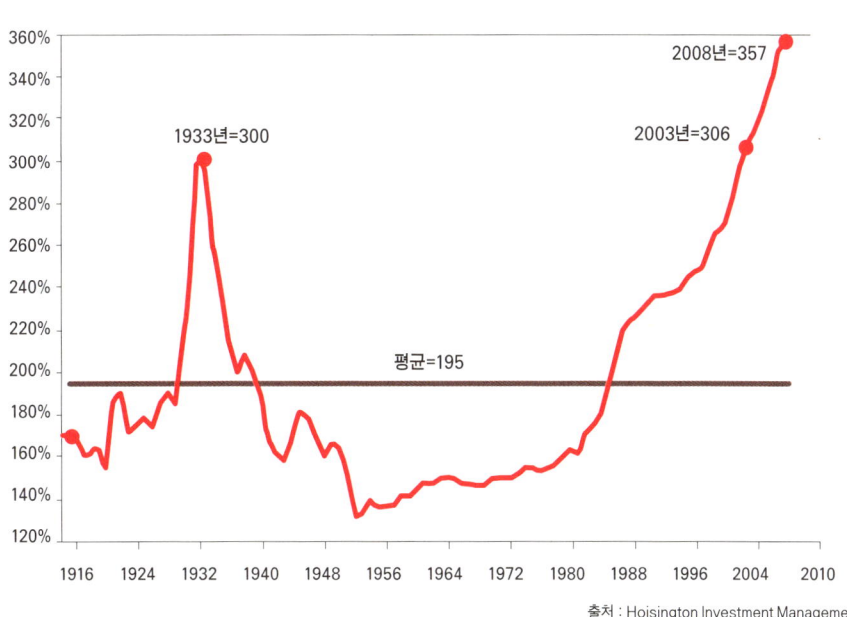

출처 : Hoisington Investment Management.

| Figure 21.9 | 연방준비제도이사회의 양적 완화(재무 상황 악화) 추세(10억 달러)

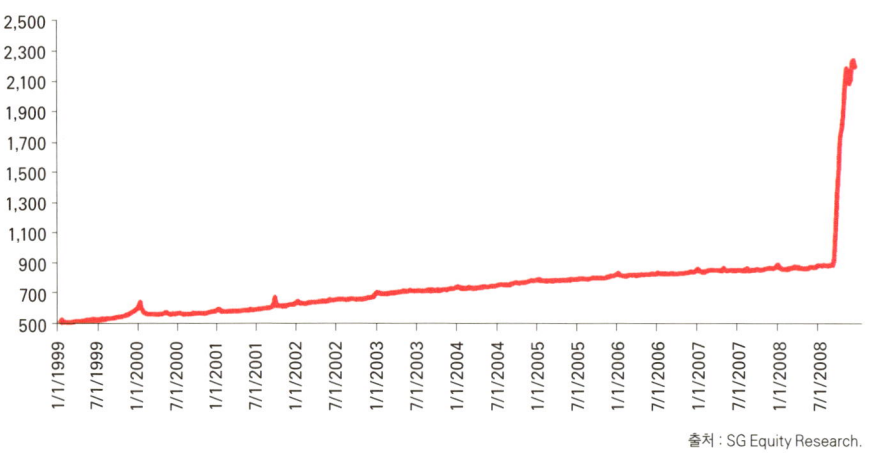

출처 : SG Equity Research.

살아가고 있다〈Figure 21.9〉 참조.

연방준비제도이사회가 '인플레이션 유발에 성공하느냐 실패하느냐'는 내 지식으로는 알 수 없다. 다만 분명한 것은 벤 버냉키가 디플레이션을 피하기 위한 계획을 분명히 밝혔다는 사실이다. 그는 미국에서 발생하는 디플레이션을 막기 위해 그가 할 수 있는 모든 조치를 취할 것이다.

2000년 일본 정책 결정자들을 대상으로 한 연설에서 버냉키는 "제로 인플레이션이나 약간의 디플레이션은 고전적인 금본위제 때보다 지금과 같은 현대적 환경에서 더 위험하다. 현대 경제는 신용, 특히 장기적인 신용을 19세기보다 과도하게 사용하고 있다."고 말하면서 디플레이션은 부채가 많은 경제에 큰 위협이 된다는 점을 인정했다.

버냉키는 제로 금리 상황에서도 통화 정책의 여지가 있다는 점을 믿고 있다. 그의 다음과 같은 주장은 차익 거래 개념에 근거한 것이다.

"통화 발행은 다른 정부 부채와 달리 이자도 없고 만기도 무한하다. 통화 당국은 원하는 만큼 통화를 발행할 수 있다. 따라서 물가 수준이 통화 발행과 무관하다면 통화 당국은 자신이 발행한 통화로 무한한 상품과 자산을 확보할 수 있다. 이는 균형 상태에서는 명백히 불가능한 일이다. 따라서 명목 금리가 제로 금리 수준에 묶여 있어도 통화 발행을 통해 궁극적으로 물가는 상승하게 된다."

버냉키는 제로 금리 상황에서 통화 당국이 사용할 수 있는 정책 메뉴들을 제시하고 있다. **첫 번째 정책은 적극적인 '통화 평가 절하'다.** 이는 다른 국가의 상황을 고려할 때 미국보다 일본에 더 맞는 정책이다.

그런데 이런 정책은 다른 나라에 피해를 준다. 국가 간 통화 평가 절하 경쟁을 유발할 소지가 다분하다. 게다가 외국인들이 많은 국채를 보유하고 있고 해당 국채를 대량 매도하고 싶어 하지 않는다면, 통화 평가 절하는 더욱 위험한 정책이 될 수 있다.

두 번째 정책은 중앙은행이 인플레이션을 원한다는 사실을 대중이 충분히 알 수 있도록 '인플레이션 목표제'를 도입하는 것이다. 버냉키는 인플레이션 목표로 약 3~4%를 언급했다.

세 번째 정책은 '통화조달이전'이며, 여기에서의 핵심은 감세로 인한 세수 감소분을 통화 발행으로 보충하는 것이다. 이 정책은 통화 당국과 재정 당국의 정책 조율이 필요하지만 미국보다는 일본에서 더 고려해야 할 정책이다.

네 번째 정책은 양적 및 질적 완화 같은 '비전통적 통화 정책'을 사용하는 것이다. 버냉키는 이를 통한 국채의 단순 매입을 강조했다.

연방준비제도이사회는 제2차 세계대전 당시 이런 정책을 취한 적이 있었다. 시드니 호머와 리처드 실라는 역저 《금리의 역사》에서 이렇게 언급했다.

"전시 국채는 확정된 수익률 계획을 토대로 삼았다. 연방준비제도이사회는 이런 확정된 수익률 계획을 가진 증권이라면 무엇이든 매수했다. 3개월 만기 국채수익률은 0.375%였고, 1년 만기 부채 증서의 수익률은 0.875%, 단기 채권수익률은 2%, 장기 채권수익률은 2.25%, 25~30년 만기 채권수익률은 2.5%였다."

호머와 실라에 따르면 제2차 세계대전이 끝났을 때 사람들은 미국 재무부가 2.5% 수익률의 국채를 계속 발행하지는 않으리라고 생각했다. 2.5%처럼 높은 수익률은 영원히 다시 기대할 수 없다고 여긴 것이다. 그래서 1945년 종전 후 수익률 2.5%의 국채가 마지막으로 발행됐을 때 200억 달러의 자금이 몰렸다.

사실 재무부는 다른 모든 신규 채권 발행도 중단했다. 이 때문에 국채수익률은 1.93%까지 하락했다. 그러나 호머와 실라는 이때가 26년간 진행되던 채권 강세장의 정점이었다고 말했다.

한 가지 사실은 명백하다. 연방준비제도이사회가 이런 방식을 취한다면 우리는 마지막 순간까지 채권을 보유하고 있는 투자자여서는 안 된다. 그러면 모든 채권투자자가 다른 채권투자자들의 생각을 읽으려고 하는 케인스의 미인 대회 같은 상황이 발생한다. 또는 워런 버핏이 2000년 주식시장을 무도회장의 신데렐라에 비유한 것과 같은 사태가 벌어질 것이다.

"들뜬 참가자들은 모두 자정 직전에 떠날 계획을 하고 있었다. 그런데 한 가지 문제가 있었다. 이들이 춤추던 방의 시계에는 시곗바늘이 없었다."

벤 버냉키가 어떤 정책 조합을 택하든 간에 가장 강력한 의견은 연설 말미에 나왔다. 그는 마지막으로 이렇게 말했다.

"프랭클린 루스벨트의 구체적인 정책보다 더욱 중요한 것은 그가 적극적으로 나서서 실험하고자 했다는 점입니다. 당시 그는 미국을 재건하기 위해 필요한 모든 것을 다하려고 했습니다."

내가 생각하기에 수익률 2% 정도의 국채는 투자 매력이 없다. 벤저민 그레이엄의 말처럼 **투자는 만족할 만한 수익률 또는 원금을 보장받을 수 있어야 한다. 이런 조건을 만족시키지 못하면 그것은 투자가 아니라 투기다.** 또는 케인스가 말처럼 **투기란 시장의 심리를 예측하는 것이고, 투자란 자산의 미래 수익률을 예측하는 것이다.**

내가 보기에 2%의 명목 수익률은 결코 만족스러운 수준이 아니다. 이런 수익률은 미국이 일본의 경로를 따라 점진적·장기적으로 디플레이션에 빠질 것이 분명한 경우에나 어울린다. 미국이 그렇게 될지는 모르겠으나, 채권 가격에는 이미 그것이 반영돼 있다. 따라서 국채는 아무런 가치도 없다. 국채수익률이 2%에서 1%로 하락하더라도 투자자들은 약 9%의 수익을 올리게 될 뿐이다.

반대로 연방준비제도이사회가 인플레이션을 유발하는 데 성공한다면, 그래서 케인스가 말한 금리생활자_{채권투자자}가 안락사하는 상황에 이르게 되면, 채권 가치는 더 나빠지고 리스크 또한 매우 커진다. 짐 그랜트의 말처럼 **국채는 '무위험 수익'이 아니라 '무수익 위험'을 투자자들에게 안겨줄지도 모른다. 국채수익률이 2%에서 4.5%로 상승하면, 투자자들은 약 20%의 손실을 보게 된다.**

물론 채권 매수가 투기로서는 매력적일 수 있다. 근시안적인 시장에서는 열악한 단기 경제 성과와 디플레이션 징후만으로도 채권수익률이 훨씬 낮아진다. 따라서 이 경우 뉴스를 이용하는 것이 매우 현명한 방법일 수 있다. 그렇더라도 투기적인 접근인 것만은 분명하다. 어쨌든 나는 투자자지 투기꾼은 아니다. 따라서 국채를 내 포트폴리오에 넣는 일은 없을 것이다.

나는 세 가지 기본적인 관점에 입각해 포트폴리오를 구축해왔다. 첫째는 디플레이션 헤지 수단으로서의 현금이고, 둘째는 채권과 주식시장에서의 저가 매수 기회며, 셋째는 물가연동 채권이나 금과 같은 저렴한 보험성자산의 확보다. 여기에 '배당금 스와프'라는 또 하나의 새로운 기회가 부상하고 있다.

오늘날 유럽, 영국, 일본의 배당금 스와프 가격은 대공황 때보다 더 나쁜 상황에나 어울릴 법한 수준에서 형성돼 있다. 현재의 배당금 스와프는 배당금이 고점에서 60% 이상 하락한 이후 전혀 회복되지 않고 있는 상황에 걸맞은 가격이다.

배당금 스와프는 인플레이션 헤지 수단도 된다. 아직 나는 배당금 스와프에는 초보자에 불과해서 손해를 볼지 모른다는 두려움을 느끼기도 하지만, 아무리 봐도 배당금 스와프시장에서는 저가 매매가 진행되고 있는 게 분명하다.

- 최근 한 고객이 가치투자 시각에서 배당금 스와프를 분석해달라고 요청했다. 내가 곰돌이 푸의 말을 빌려 자주 말하는 것처럼, 나는 머리가 작은 곰이라 긴 단어는 잘 모른다. 따라서 약간 불안한 마음으로 즉시 배당금 스와프가 무엇인지 연구하기 시작했다.

- 그 과정에서 나는 기쁘고 놀라운 사실을 발견했다. 배당금 스와프는 상대적으로 이해하기 쉬웠다. 적어도 그렇게 보였다. 하지만 무엇인가를 놓쳤을 수도 있다. 어쨌든 배당금 스와프시장에서 투자자들은 주식과 별도로 배당금을 거래할 수 있다. 따라서 배당금 스와프를 거래하는 투자자들은 배당금의 미래를 보는 시장의 시각을 우리에게 알려줄 수도 있다.

- 투자자들이 보는 배당금의 미래는 썩 밝지 않다. 영국, 유럽, 일본 시장에서 현재 배당금 스와프 가격 수준은 배당금이 고점에서 60% 이상 하락하리라는 예상을 반영한 가격이다. 참고로 말하면 대공황기 미국에서 배당금은 고점에서 55%까지 하락했다.

- 더욱이 현재의 배당금 스와프 가격 수준은 배당금 하락 예상뿐 아니라 하락한 배당금이 영원히 회복되지 않으리라는 것을 전제로 한 가격이다. 예컨대 향후 3년 동안 유럽의 배당금이 66% 하락한 후, 그다음 4년간 배당금이 연간 2%밖에 증가하지 않으리라고 보고 있는 것이다. 그러나 이는 너무 비관적인 전망이다.

- 배당금 스와프는 인플레이션 헤지를 위한 저렴한 보험 수단으로도 유용하다. 자주 말했듯이 나는 인플레이션이냐, 디플레이션이냐 하는 논쟁에 질렸다. 그러나 만약

> 연방준비제도이사회가 인플레이션을 다시 불러일으키는 데 성공한다면, 수익률과 배당금도 증가할 가능성이 있다.
>
> - 이런 논의는 다음과 같은 의문을 제기할 수 있다. 그렇다면 배당금 스와프 가격이 지금처럼 낮게 형성된 이유는 무엇일까? 내가 생각하기에 긴급 매도와 그로 인한 공급 과잉 때문에 가격이 과도하게 하락한 것 같다. 긴급 매도와 수요·공급의 불균형이 발생하면 저가 매수 기회가 생긴다. 가치를 고려하지 않고 마구 팔아대는 사람에게서 매수할 때 나는 가장 행복하다.

* * *

2008년 내내 우리는 그냥 현금을 쥐고 만족해했다. 그렇지만 2008년 말이 되면서 시장은 두 가지 측면에서 기회를 제공하기 시작했다.

첫째, 채권과 주식 사이에 저가 매수 기회가 엇갈려 주식에서 기회가 생기기 시작했다. 시장은 보유한 현금을 활용할 수 있는 상당한 가치 기회를 제공했고, 우리는 서서히 포지션을 구축해나갔다. 물론 우리에게 완벽한 선견지명이 있었다면 바닥에서만 매수했을 것이다. 그러나 안타깝게도 우리에게는 그런 능력이 없다. 그래서 우리는 시장 침체 국면에서 천천히 꾸준히 매수하는 전략을 펼쳐 능력의 한계를 보완했다.

둘째, 우리의 능력을 보완할 수 있는 저렴한 보험 수단을 찾는 것이다. 가뜩이나 나는 인플레이션이냐, 디플레이션이냐 하는 논쟁에 질렸다. 그렇기에 어떤 경우든 수익을 제공해줄 수 있는 자산을 찾으려고 했다.

그 가운데 가장 먼저 고려한 자산이 미국의 물가연동 국채였다. 만약 연방준비제도이사회가 디플레이션과의 전쟁에서 승리한다면 상당한 실질수익률을 기대할 수 있고, 연방준비제도이사회가 승리하지 못하더라도 원금은 보장받을 수 있기 때문이다.

그다음으로 고려한 것이 금이다. 사실 나는 금에 대한 확실한 가치 평가법을 모르기에 늘 조심하는 편이다. 그렇지만 **각국이 경쟁적으로 통화를 평가 절하하고, 인플레이션 리스크가 있는 상황에서는 평가 절하되지 않는 통화로 금을 보유하는 것이 합리적이었다.** 반대로 만약 전 세계적 디플레이션 상황이 발생하면 금융 아마겟돈이 뒤따를 것이고, 그렇다면 금 같은 실물자산을 보유하고 있는 것이 이기는 길이 될 수 있다.

: 배당금 스와프, 대공황 때보다 싸다

최근 한 고객이 저가 매수 기회와 저렴한 보험 수단을 동시에 제공하는 제3의 자산, 즉 배당금 스와프를 분석해달라고 요청했다. 내가 좋아하는 인용구 중의 하나가 "나는 머리가 작은 곰이라서 긴 단어는 잘 모른다."는 곰돌이 푸의 말이다. 나는 다소 불안한 마음으로 이 복잡한 금융 상품, 배당금 스와프라는 세계에 관해 연구하기 시작했다.

혹시 여러분이 배당금 스와프에 대해 잘 알고 있다면, 할머니 앞에서 달걀 먹는 법을 가르치려는 나를 용서해주기 바란다. 여러분이 배당금 스와프에 대해 잘 모른다는 전제로 간단히 소개하겠다.

투자 은행 등은 자신들이 만든 구조화 상품 때문에 배당금을 보유하게 된다. 투자자들은 주식시장이 상승할 경우 위험에 노출되는 자본금 보증 사채Capital guaranteed bonds, 또는 주식 연계 채권(Equity-linked notes)이라고도 함를 자본 차익을 노리고 기관에 매각한다기관의 입장에서는 매수. 그 결과 해당 증권의 발행자인 기관은 배당금을 보유하게 된다. 이때 기관들은 일반적인 금리 스와프와 동일한 방식으로 이와 같은 배당금을 스와프한다.

장외시장인 배당금 스와프시장에서 투자자들은 장내시장과 별도로 배당금을 거래할 수 있다. 이를 통해 우리는 시장이 미래의 배당금을 어떻게 보고 있는지 알 수 있다. 해외에서 미래의 배당금에 대한 시장의 기대는 암울하다. 스톡스 50Stoxx 50, FTSE 100, 니케이 지수 등은 미국의 대공황기보다 더 나쁜 상황에서나 가능한 배당금을 예상하고 있다.

일테면 유럽의 배당금 스와프 가격은 배당금이 2009년 40%, 2010년 38%, 2011년 추가로 10% 하락할 것이라는 예상을 그대로 반영한 가격이다. 이는 배당금이 고점에서 60% 하락한다고 본 것인데, 이는 대공황기의 배당금 하락률 55%보다 훨씬 더 큰 폭이다.

2011년 배당금 스와프 가격은 통신주와 공공설비주가 2008년 말 현재와 같은 수준의 배당금을 지급하고, 오일주와 가스주는 현재의 50%에 불과한 배당금을 지급했을 경우를 전제로 한 수준이다. 모든 상황을 고려할 때 배당금 스와프는 회사채 스프레드와 매우 유사한 수준으로, 부당하게 낮은 가격불황을 예상한 가격이 형성된 자산으로 보인다.

유럽의 배당금뿐 아니라 영국의 배당금도 하락할 것으로 예상된다. 그럴 수 있다는 데 일정 부분 동의한다. 그러나 진짜 문제는 이 시장들이 거의 영원히 불황을 벗어나지 못할 것으로 간주되고 있다는 것이다. 예를 들어 유럽의 경우 배당금이 향후 3년간 66% 감소한 후, 4년 동안은 연간 2.2%밖에 증가하지 않을 것으로 예상하고 있다.

영국의 경우도 비슷하다. 배당금이 고점에서 60% 하락한 후, 다음 4년간 연간 1.7%밖에 증가하지 않을 것으로 예상하고 있다. 최악의 경제 파국이던 대공황기에도 배당금은 바닥을 친 후 연간 4% 이상 증가했다. 1937년 경제가 다시 악화해 배당금이 급감했을 때의 수치를 포함해도 그랬다. 만약 1936년까지만 계산하면 배당금은 이전 3년 동안 연간 17% 이상 증가했다.

：인플레이션 헤지 수단으로의 배당금 스와프

앞서 언급했듯이 배당금 스와프는 대공황보다 나쁜 상황에나 어울리는 낮은 가격이어서, 저가 매수 기회가 될뿐더러 인플레이션에 대비하기 위한 저렴한 보험 수단으로서도 유용하다.

이론적으로 이익과 배당금은 명목 개념이므로 인플레이션 진행 속도에 맞춰 증감돼야 한다. 만약 연방준비제도이사회가 인플레이션을 다시 불러일으키는 데 성공한다면, 배당금도 명목 금액상 증가해야 한다〈Figure 22.1〉참조. 따라서 **배당금 스와프는 인플레이션 헤지 수단으로 쓰임새 있는 자산이 될 수 있다.**

：긴급 매도와 과잉 공급

그렇다면 왜 배당금 스와프 가격이 지금처럼 낮게 형성됐을까? 내가 찾을 수 있는 유일한 설명은 긴급 매도와 과잉 공급이 결합해 발생한 자산 폭탄 세일 때문이다. 물론 아주 좋은 저가 매수의 기회기도 하다.

| Figure 22.1 | 미국의 배당금 증가율과 인플레이션

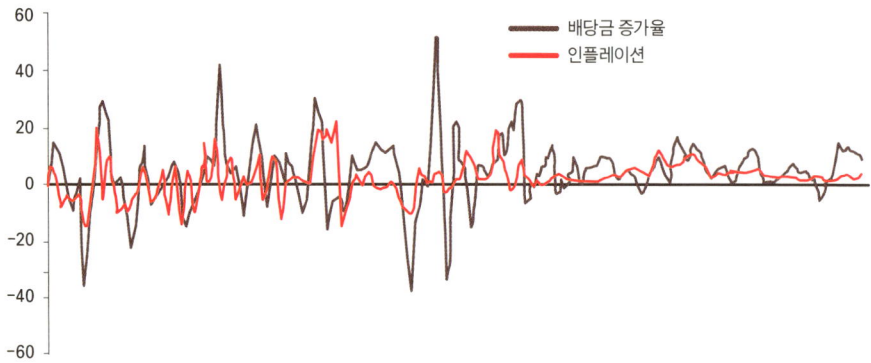

출처 : SG Global Strategy Research.

긴급 매도자들이 등장할 때마다 기회가 발생한다. 긴급 매도자는 유동성 확보 등을 이유로 해당 자산의 가치를 고려하지 않은 채 자산을 매도한다. 따라서 내가 긴급 매도자보다 **긴 시간 지평을 가진 투자자라면 단기 유동성이 필요한 그들의 상황을 이용할 수 있고, 그 과정에서 매우 매력적인 자산을 확보할 수 있다.**

다시 한번 고백하지만 나는 아직 배당금 스와프에는 초보자에 불과하며 나보다 훨씬 뛰어난 사람들이 많다. 따라서 위의 논의에서 내가 놓친 것이 있을 수 있다. 그런 부분이 있다면 내 어리석음을 지적하는 이메일을 보내주기를 바란다. 만약 내가 놓친 것이 없다면 배당금 스와프는 폭탄세일 가격에 거래되는 자산으로 볼 수 있다.

Chapter 23
경기주의 가치 평가와 안전마진

최근 가치주에 대한 스크린을 마친 후 몇 명의 고객이 내게 서로 비슷한 질문을 했다. 내가 고른 가치주 몇 개가 경기 주기 요인으로 높은 이익을 기록한 결과, 상대적으로 싸게 보이게 된 경기주가 아니냐는 것이었다. 사실 이런 주식들은 2008년 들어서 여러 차례 주의를 당부한 그런 종목의 주식이었다.

벤저민 그레이엄은 이와 같은 문제를 경계하면서 주식은 현재의 이익보다 5년, 7년 또는 10년의 평균 이익으로 가치를 평가해야 한다고 주장한 바 있다. 우리는 이런 그레이엄의 주장을 저가주 스크린 과정에 적용했고, 그 스크린 과정에서 특히 저평가된 것으로 보인 9개의 S&P 500 주식과 31개의 유럽 주식을 선택했다.

- 주식 스크린을 할 때 나는 일시적인 경기 요인으로 기록한 높은 이익 때문에 단순히 싸게 보이는 이른바 허상 가치주식을 걸러낸다. 설사 그런 주식이 포함될 수도 있겠지만 크게 우려하지는 않는다. 안전마진 개념에 따라 실행되는 가치투자 고유의 리스크관리 관행으로 인해, 기대 이하의 이익 때문에 초래될 수 있는 최악의 경우에도 대비가 돼 있기 때문이다.

- 1985~2007년 가치주 가운데 최악의 이익증가율을 기록한 주식도 평균적으로는 보통주 정도의 수익률을 기록했다. 저가에 매수했기 때문에 열악한 실적으로 인한 타격으로부터 보호받을 수 있었다. 반면 같은 기간 최악의 이익증가율을 기록한 미인주는 평균 2%밖에 수익률을 올리지 못했다. 미인주가 그저 그런 수익률을 기록했다는 것은, 투자자들이 성장에 너무 과도한 비용을 지불했다는 사실을 보여준다.

- 안전마진이 유용한 보호 수단이긴 하지만 이익 전망이 좋지 않은 주식을 피함으로써 전체 포트폴리오의 수익률을 제고해야 한다. 벤저민 그레이엄은 경기주가 가진 리스크에 주의를 기울였다. 그는 현재의 이익이 아니라 평균 이익에 기초해 주식 가치를 평가할 것을 제안했다.

- 우리는 최근 1년 이익이 아닌 평균 이익을 근거로 계산한 PER로 그레이엄의 제안을 검증했다. 그 결과 그레이엄의 제안이 상당히 효과적이라는 사실을 발견했다. 최근 1년 이익에 기초한 단순 PER 전략을 사용할 경우, 1985년 이후 시장보다 수익률이 연간 2~3% 높았다. 반면 10년 평균 이익에 근거한 그레이엄-도드의 PER 전략을 사용할 경우 시장보다 수익률이 연간 5% 높았다.

- 그레이엄은 어떤 주식이든 평균 이익 기준으로 PER이 16배 이상인 주식은 매수해서는 안 된다고 충고했다. 우리는 주기 요인에 따른 높은 이익 때문에 가치를 지닌 것으로 보이는 주식을 걸러내고자, 그레이엄의 주장을 가치 스크린의 추가적 기준으로 사용했다. 우리는 2008년 10월 둘째 주부터 가치 스크린을 업데이트했다. 현재와 같은 시장에서는 1주일도 매우 긴 시간이라는 것이 드러났다. 일주인 전인 2008년 10월 초만 해도 저가주 스크린을 통과한 S&P 500 종목은 단 2개에 불과했지만, 지금은 9개 종목이 스크린을 통과했다. 이 주식들은 그레이엄-도드의 PER 16배 요건도 모두 충족했다. 유럽에서 우리의 스크린 기준을 통과한 주식 수는 34개에서 52개로 증가했는데, 그 가운데 31개는 그레이엄-도드의 PER 16배 요건도 충족했다.

* * *

ː 안전마진, 가장 합리적인 리스크관리

최근 나의 가치 스크린을 통과한 주식 중에는 일반적으로 상품 및 경기주로 간주되는 주식들이 많았다. 이는 경기주와 상품주에 대한 우리의 우울한 진단과 경고에 반하는 것으로 많은 의문을 던지게 만들었다.

이런 주식들이 가치 스크린을 통과한 이유는 두 가지로 정리할 수 있다. ① 이익 주기상 고점에 도달한 주식으로, 이익에 비해 주가가 싸 보이게 된 경우로 일종의 가치 함정이다. ② 취급하는 기초자산의 가격이 상승했으나 주가는 그것을 반영하지 않은 경우였다.

①의 경우, 이익 주기상 고점에 이른 경기주를 싸다고 판단했을 때 발생할 수 있

는 재앙은 가치투자에 내재한 안전마진의 확보를 통해 어느 정도 상쇄할 수 있다. **안전마진이야말로 매우 합리적인 리스크관리 수단이다. 안전마진을 적용함으로써 가격이 떨어진 주식을 매수하게 되고, 그럼으로써 우리는 리스크를 줄이고 수익 가능성을 높일 수 있게 된다.**

〈Table 23.1〉은 부정적 결과가 발생했을 때 안전마진이 우리를 어떻게 보호해주는지를 보여준다. 주식은 가치 평가를 기준으로 가치주에서 미인주까지 5단계로 분류했고, 이익은 결과에 따라 최고 이익증가율에서 최저 이익증가율까지 5단계로 분류했다. 이를 통해 이익에 따른 가치주의 실적을 분석할 수 있었다.

〈Table 23.1〉의 첫째 줄 가치주를 보면 이익에 따라 실적이 어떻게 다른지 알 수 있다. 당연히 이익증가율이 높을수록 높은 수익률을 냈다. 그렇지만 안전마진의 보호 효과를 가장 잘 확인할 수 있는 경우는 이익증가율이 가장 낮았을 때다. 이때조차도 가치주는 시장보다 훨씬 높은 수익률을 냈다.

반면 미인주는 그런 보호 효과를 찾을 수 없었다. 이익증가율이 가장 높은 경우도 미인주들은 평균적으로 연간 약 8% 정도의 수익률을 올렸을 뿐이다. 이는 시

| Table 23.1 | 이익증가율에 따른 가치주와 미인주의 수익률(%, 연간, 선진국 시장, 1985~2007)

	이익증가율이 가장 높은 경우	2	3	4	이익증가율이 가장 낮은 경우
가치주 (가장 싼 주식)	19.8	21.6	17.7	15.9	11.9
2	20.6	18.0	13.7	11.0	10.1
3	17.8	14.0	11.6	9.9	8.1
4	15.7	10.5	8.6	6.7	6.1
미인주 (가장 비싼 주식)	7.1	5.1	4.4	2.8	2.2

출처: SG Equity Research.

| Figure 23.1 | 이익증가율별 주식들의 분포 비율(%)

출처: SG Global Strategy Research.

장수익률 12%보다 현저히 낮은 수익률이었다. 그러나 가장 낮은 이익증가율을 올렸을 경우 문제는 더 심각해진다. 이익증가율이 가장 낮은 미인주들은 시장수익률보다 훨씬 낮은 연 2%의 수익률밖에 기록하지 못했다.

〈Figure 23.1〉은 5분위로 나눈 각각의 이익증가율에 속한 가치주와 미인주의 비율을 나타낸 것이다. 최고 이익증가율에 속한 비율은 미인주 44%가 가치주 5%보다 훨씬 높았다. 그런데도 미인주가 그저 그런 수익률을 기록했다는 것은, 투자자들이 성장에 너무 과도한 비용을 지불했다는 사실을 보여준다.

이처럼 안전마진이 불리한 이익 실적에 대비한 보호 장치 역할을 해주지만, 우리는 최악의 이익을 낼지도 모를 주식을 피함으로써 수익률을 제고할 수 있다.

여기에서 문제는 이익이 무너질 수 있는 가치 함정 주식을 어떻게 피하느냐는 것이다. 언제나 그렇듯 투자 문제를 검토할 때는 벤저민 그레이엄이 주장하는 바를 기억하는 게 좋다.

보통주의 시장 가격은 장기 평균 이익보다 현재 이익에 의해 지배되는 경우가 많다. 보통주의 가격 변동이 큰 주된 이유는 바로 이 때문이다. 주가는 언제나 그런 것은 아니지만 대체로 이익 변화에 따라 민감하게 변동한다. 보고한 이익의 일시적인 변화에 맞춰 기업에 대한 가치 평가를 바꾼다는 점에서 시장은 상당히 비합리적이라고 할 수 있다.

비상장 기업도 경기가 좋으면 경기가 나쁠 때보다 두 배 정도의 이익은 쉽게 낼 수 있다. 그렇더라도 비상장 기업 소유주가 자신이 투자한 자본의 가치를 회사 이익에 맞춰 높게 혹은 낮게 평가하는 일은 결코 없다. 바로 이것이 월스트리트의 관행과 일반 기업의 관행을 구분하는 가장 중요한 특징이다.

일시적 이익에 따라 주식에 대한 평가를 달리하는 투기적인 태도는 분명히 잘못된 것이다. 그 때문에 일시적으로 이익이 감소해 주가가 하락하게 되면, 주식을 매수한 뒤 비정상적으로 이익이 증가해 주가가 상승했을 때 매도하는 사람들이 수익을 올리게 된다.

물론 대중과 반대로 생각하고 행동하기 위해서는 강인한 성격이 요구되고, 몇 년 후에나 올 기회를 기다릴 수 있는 인내심도 필요하다.

그레이엄은 현재의 이익보다는 단순하면서도 매우 강력한 수익력이라는 개념을 활용했다. 그레이엄의 수익력에 대한 다음 주장을 보자.

수익력은 투자 이론에서 명확하고 중요한 개념이다. 수익력은 수년 동안 기록한 실제 이익과 특별한 상황이 발생하지 않는 한, 이익이 미래에도 비슷하게 재현되리라는 합리적 기대를 결합한 개념이다.

수익력을 확인하기 위한 실제 이익은 여러 해에 걸친 평균 이익이어야 한다. 그 이유는 지속적 또는 반복적인 실적은 일시적 실적보다 언제나 더 믿을 만하기 때문이며, 아주 긴 기간의 평균은 경기 주기로 인한 왜곡 효과를 흡수하고 균등화하기 때문이다.

그레이엄은 수익력 또는 평균 이익은 적어도 5년 이상, 바람직하게는 7년에서 10년을 기준으로 확인하라고 권했다. 물론 과거 이익의 단순 이동 평균은 성장성을 무시한 것이기 때문에 많은 반대가 있을 수 있다. 그렇지만 성장 전망이란 신뢰하기 어려우므로 수익력이라는 개념이 그렇게 나쁜 생각은 아니다.

그레이엄은 애널리스트들이 미래를 나타내는 가장 좋은 지표라고 할 수 있는 과거 평균을 근거로, 미래의 이익과 배당금을 예상해야 한다고 말했다. 우리는 그레이엄의 이 말을 이익과 배당금의 증가율이 아닌 이익과 배당금의 실제 수준이라는 관점에서 기억해야 한다.

: 수익력을 토대로 한 투자의 경험적 증거

이처럼 믿기 어려울 정도의 단순한 개념으로 가치투자 전략의 실적을 높일 수 있을까? 나는 이를 검증하기 위해 1985년 이후 선진국 시장의 자료를 사용했다. 그 결과 전적으로 그랬다.

⟨Figure 23.2⟩는 그 검증 결과를 요약한 것으로, 평균 이익 계산에 사용한 기간을 달리했을 때 기간별 초과수익률수익력 전략의 수익률−시장수익률 을 나타낸 것이다.

PER을 단순히 최근 1년 이익을 기준으로 계산했을 때, PER이 가장 낮아 가장 싼 가치주들이 시장보다 연간 2~3% 높은 수익률을 기록했다. 반면에 PER이 가장

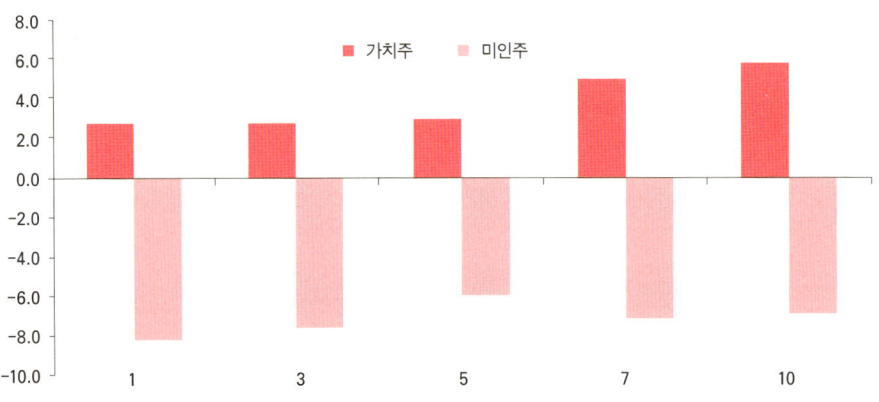

| Figure 23.2 | 평균 이익 계산에 사용한 이익 기간별 초과수익률(%, 1985~2008)

출처 : SG Global Strategy Research.

높아 가장 비싼 주식들은 시장보다 연간 8% 낮은 수익률을 기록했다. 따라서 가장 싼 주식을 매수하고 가장 비싼 주식을 매도하는 전략을 구사하면, 초과수익률은 연간 약 11%가 된다.

PER을 10년 이동 평균 이익을 기준으로 계산했을 때, 가장 싼 주식들은 시장보다 5% 이상 높은 수익을 냈다. 반면 가장 비싼 주식들은 시장보다 7% 낮은 수익을 기록했다. 따라서 가장 싼 주식을 매수하고 가장 비싼 주식을 매도하는 전략을 구사하면, 초과수익률은 연간 약 13%가 된다.

〈Figure 23.3〉은 10년 수익력(평균 이익)을 기준으로 주식을 가치주에서 성장주까지 10분위로 분류했을 때 분위별 연평균수익률을 나타낸 것이다.

결과는 매우 간단하다. 그레이엄-도드의 10년 PER이 가장 높은 주식이 가장 나쁜 주식이었다. 이런 주식은 사실상 수익률이 제로에 가까웠다. 그런 주식을 보유해서 기분이 좋다면, 그 쾌감에 대한 대가를 치를 수밖에 없을 것이다.

우리의 가치주 스크린 과정을 개선하기 위해 그레이엄-도드의 PER을 활용하는

| Figure 23.3 | 그레이엄-도드의 10년 PER 기준 10분위별 주식의 수익률

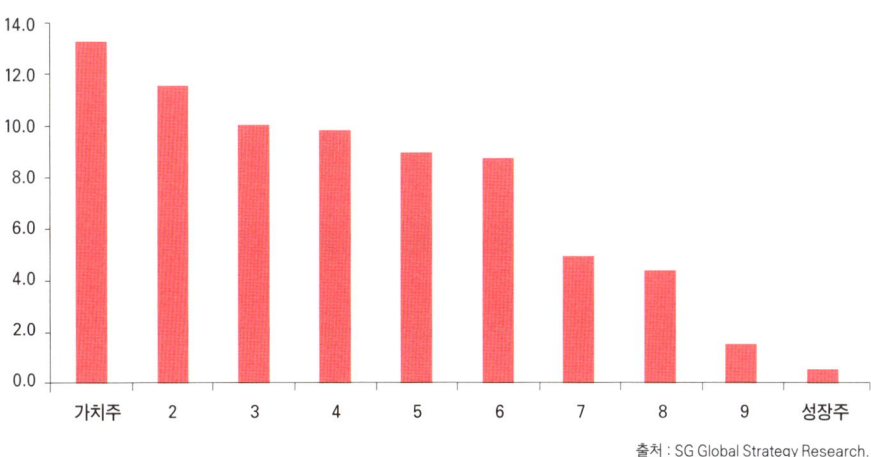

출처 : SG Global Strategy Research.

| Figure 23.4 | 그레이엄-도드의 10년 PER 전략의 해당 기간별 수익률(%)

출처 : SG Global Strategy Research.

방법을 살펴보기 전 마지막으로 확인할 증거는 〈Figure 23.4〉다. 해당 시기별로 그레이엄-도드의 10년 PER이 가장 낮은 주식들을 매수·보유하는 전략, 즉 그레이엄-도드의 10년 PER 전략을 구사했을 때 실적을 나타낸 것이다.

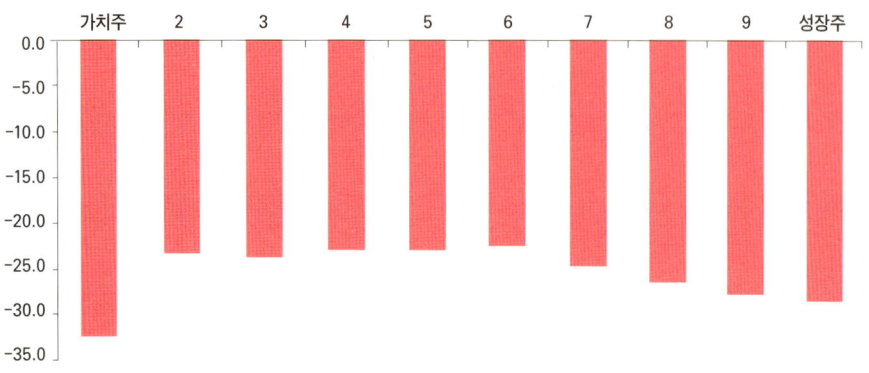

| Figure 23.5 | 그레이엄-도드의 10년 PER 기준 10분위별 주식의 전년 동기 대비 실적(%)

출처 : SG Global Strategy Research.

이 그림을 보면 2008년이 가치투자자에게 예외적으로 힘든 시기였음을 알 수 있다.

〈Figure 23.5〉는 현재가 가치투자자에게 힘든 시기라는 것을 보여주는 또 다른 증거다. 이 그림은 그레이엄-도드의 10년 PER을 기준으로 주식을 가치주에서 성장주까지 10분위로 분류한 후, 각 주식의 전년 동기 대비 실적을 나타낸 것이다.

매도가 무차별적으로 일어났음을 알 수 있다. 요컨대 2008년은 가장 싼 주식이나 가장 비싼 주식 모두 똑같은 취급을 받고 있는 상황이다. 가치투자자에게는 어려운 시기가 아닐 수 없다.

: 가치주 스크린에서 그레이엄-도드의 PER 사용법

경기 주기 요인을 간단히 조정하는 것만으로도 기초적인 가치투자 전략의 수익률을 개선하는 데 실질적인 도움이 된다. 따라서 10년 평균 이익을 기준으로

PER을 계산하는 그레이엄-도드의 방법은 경기 주기 요인을 조정하는 데 매우 유용하다.

그레이엄과 도드의 주장을 보자.

우리 견해의 핵심은 보수적인 가치 평가를 하려면 PER에 적절한 한계를 둬야 한다는 것이다. 우리는 투자할 수 있는 PER의 한계로 16배를 제안한다. 비록 이런 규칙이 본질상 어쩔 수 없이 자의적이긴 하지만, 전적으로 자의적인 것만은 아니다.
투자는 증명할 수 있는 가치를 전제로 하며, 전형적인 보통주의 가치는 이미 달성한 평균 수익력으로만 증명할 수 있다. 그러나 평균 이익이 시가의 6%도 되지 않을(PER이 16보다 클) 경우, 그런 이익으로 과연 그 가격을 정당화할 수 있을지는 의문이다.

그레이엄-도드의 가치 스크린 기준 ①, ③, ⑥에 10년 PER 한계 16배라는 기준을 추가함으로써 우리의 가치 스크린을 통과한 주식 중 어떤 주식이 이익이 급락할 가능성이 있는지 확인할 수 있다.

그레이엄-도드의 가치 스크린 기준

기준 ① 과거수익률(이익÷주가) : AAA 등급 채권 수익률의 2배 이상일 것.

기준 ② PER : 5년 이동 평균 이익을 기준으로 최고 PER의 40% 이하일 것.

기준 ③ 배당수익률 : AAA 등급 채권 수익률의 $\frac{2}{3}$ 이상일 것.

기준 ④ 주가 : 유형 순자산 가치의 $\frac{2}{3}$ 이하일 것.

기준 ⑤ 주가 : 순유동자산의 $\frac{2}{3}$ 이하일 것.

기준 ⑥ 총부채 : 유형 순자산 가치의 $\frac{2}{3}$ 이하일 것.

기준 ⑦ 유동 비율 : 200% 이상일 것.

기준 ⑧ 총부채 : 순유동자산의 2배 이하일 것.

기준 ⑨ 복리 이익증가율 : 10년간 연평균 최소 7% 이상일 것.

기준 ⑩ 이익 감소 한도 : 지난 10년간 연간 이익이 5% 이상 감소한 해가 2회 이하일 것.

시장의 급락이 탄생시키는 가치

시장이 급락하면서 매력적인 투자 기회가 생기고 있다. BAA 등급 회사채수익률이 1930년대 이후 최고 수준을 기록했다. 벤저민 그레이엄이 말했듯이 회사채는 불황기에 매수해야 한다.

전체적으로 주식시장도 적당한 가치를 창출하고 있다. 미시적 관점에서 볼 때 현재 매우 좋은 기업들을 저가에 매수할 수 있다. '너무 일찍 뛰어드는 것은 아닐까?' 생각할 수 있으며 거의 그렇다고 할 수 있다.

그러나 제러미 그랜섬이 말한 것처럼 주식이 매력적인데 매수하지 않고 시장을 떠나는 사람은 바보 같은 사람이 아니라 진짜 바보다.

- "유례없다."는 말이 지금처럼 자주 나온 때도 없을 것이다. 내가 보기에 시장 변동성이 커진 것은 유례없는 현상도 아니고, 예측 불가능한 것도 아니다. 변동성 증대는 블랙 스완도 아니다. 시장 변동성은 시장이 고점에서 저점으로 갈 때 증대된다. 그러나 변동성은 단기에 그치는 것이 아니라 일정 기간 지속된다. 대공황기에는 경기가 충분히 회복될 때까지 시장은 계속해서 큰 변동을 보였다.

- 급락장에서 투자자들의 유일한 위안은 시장 급락이 결국 최고의 투자 기회확실히 싼 자산를 제공한다는 것이다. 채권은 가치 포트폴리오에 가장 최근에 포함됐다. BAA 등급 채권의 수익률은 1930년대와 비슷한 수준이 됐다. 현재 선순위보증 채권은 달러당 50~70센트면 살 수 있다.

- 주식시장도 기회를 제공하고 있다. 시장 수준에서도 주식은 매력적으로 보인다. 그레이엄-도드의 PER로 볼 때 2008년 11월 미국 주식시장의 PER은 15배로, 1871년 이후 평균 PER 18배보다 낮다. 영국 주식시장의 PER은 12배로, 1927년 이후 평균 PER 16배보다 낮다. 시장이 더 하락할까? 그럴 것이다. 하지만 장기적 시각에서 볼 때 주식시장은 현재 매우 매력적이다.

- 지금이 1930년대는 아니지만, 현재 시장이 역대 최저 수준으로 하락하려면 어떤 일이 벌어져야 하는지 살펴보는 것도 유익하다. 먼저 1930년대 수준이 되려면 기업들의 현재 이익이 반으로 줄어야 한다. 물론 주식은 장기적 현금흐름에 대한 권리며, 단기적으로 발생하는 주식 가치는 미미하다일반적인 현금흐름 할인 모델에서 10% 미만. 따라서 시장이 1930년의 경로를 따른다면 지금은 수십 년 만의 매수 기회가 될 것이다.

- 미시적 관점에서 보면 지금이 기회라는 것이 더욱 확실해진다. 유럽 및 영국의 경우 10개 중 거의 1개의 주식이 벤저민 그레이엄의 강화된 주식 스크린 기준을 통과하고 있다. 일본 및 아시아에서는 5개 중 1개가 기준을 통과한다. S&P 500 주식 가운데 15개도 저가주 기회를 제공하고 있다. 어떤 이들은 대공황기에 가치주 실적이 특히 열악했다고 주장한다. 그런데 자료를 보면 가치주가 다른 주식보다 낫지도 못하지도 않았다. 그러나 결국 다른 주식보다 더 빨리 반등했다.

- 지금은 주식을 사서 묻어두고 잊어버리는 투자 전략, 밥 커비의 '커피 캔 포트폴리오'를 재도입할 시점이다. 물론 이 전략은 장기적인 시간 지평을 필요로 한다. 그렇지만 항상 단기적인 시간 지평에서 움직일 수밖에 없는 기관투자가의 속성과 현대의 계량적인 리스크관리 성향 때문에, 투자자들은 지금의 기회를 제대로 활용하지 못하고 있다.

* * *

지금 시장은 버블 붕괴의 마지막 단계인 급락의 길을 가고 있는 것으로 보인다. 그 끝에 이르면 해당 자산에 대한 혐오가 만연해 자산 가격은 분명히 싸질 것이다. 이것이 내가 그리는 천국이다. 이런 환경에서 살아남기 위한 전략은 불황 국면에서 시장이 제공하는 가치 기회와 현금을 활용하는 것이다.

요컨대 좋은 기회를 찾을 때마다 현금을 조금씩 가치 기회에 투입하는 것이다. 여기에 최근에는 보완 수단으로 저렴한 인플레이션 보험 상품물가연동 채권 및 금을 추가했다. 시장의 혼란을 고려할 때 이런 전략을 다시 쓰는 것이 좋다고 생각한다.

: 변동성, 유례없는 것도 예측 불가능한 것도 아니다

"유례없다."는 말이 너무 남용되는 것 같다. 급격한 변동성은 유례없는 것도 예측 불가능한 것도 아니다. 〈Figure 24.1〉에서 볼 수 있듯이 최근의 변동성은 분명히 과거보다 높은 수준이다. 또한 급격한 변동성은 블랙 스완이라기보다는 모두 예측 가능한 것이다. 과도하게 비싸진 주식시장에 만연했던 낙관적인 가정들이 현실적으로 재검토된 결과라고 할 수 있다. **급격한 변동성은 시장이 고점에서 저점으로 갈 때 벌어지는 현상이다.**

역사적으로 볼 때 변동성이 일정 기간 지속된다는 사실도 유의해야 한다. 높은 변동성 뒤에 다시 높은 변동성이 이어지는 경우가 많다. 대공황기에는 경기가 충분히 회복되기 전까지 계속 급격한 변동성이 이어졌다. 내 동료 앨버트 에드워즈조차 현재의 비극이 1930년대의 비극만큼이나 나빠지리라고는 생각하지 않는다.

| Figure 24.1 | 변동성 ; 여기서 멈출 것인가

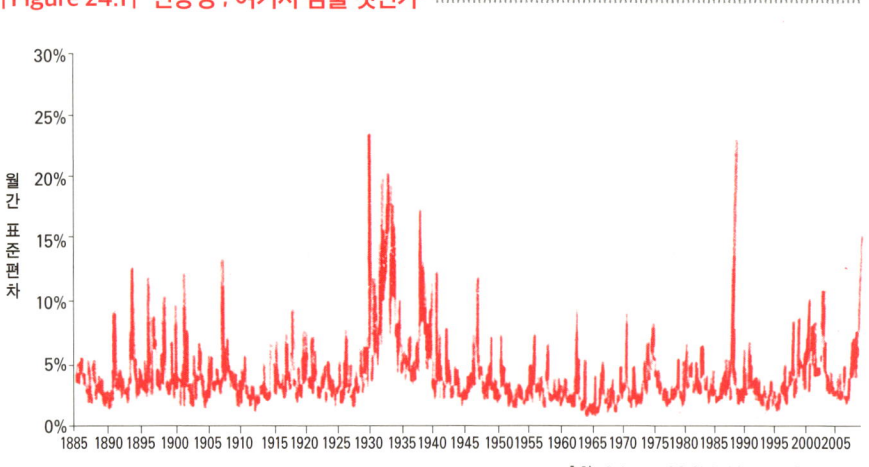

출처 : Schwert, SG Global Strategy Research.

앨버트는 "많은 사람이 지금 상황을 대공황에 비교하는 것을 거부한다. 나도 그렇게 생각하며, 앞으로의 하락도 대공황만큼 나쁘지는 않을 것이다."고 말했다. 이에 덧붙여 그는 "현재 시장은 대공황 다음으로 좋거나 나쁜, 기회의 측면에서는 대공황 다음으로 좋고, 시장 하락과 변동성 측면에서는 대공황 다음으로 나쁜 시장이 될 수 있다."고 주장했다. 변동성이 급격히 감소할 것으로 기대하는 사람들은 실망할지도 모르겠다.

: 가치의 탄생 ① 채권시장

내 관점에서 좋은 뉴스를 전하자면 더 큰 변동성이 지속되고 시장이 하락할수록 탄생하는 가치 기회는 더 커진다는 것이다. 최근 우리의 가치 포트폴리오에 새로 포함된 자산을 제공해준 시장은 회사채와 부실 채권시장이다. 국채는 아니다.

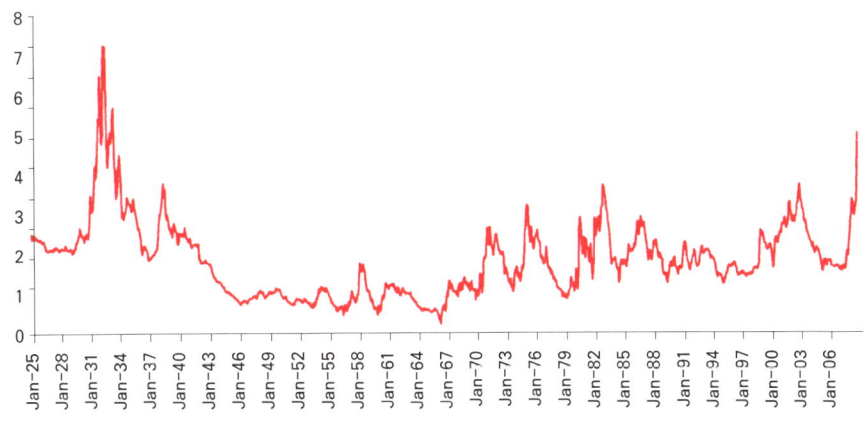

| Figure 24.2 | BAA 채권과 미국 국채의 스프레드

출처 : SG Global Strategy Research.

| Figure 24.3 | 전체 채권의 부도율(%)

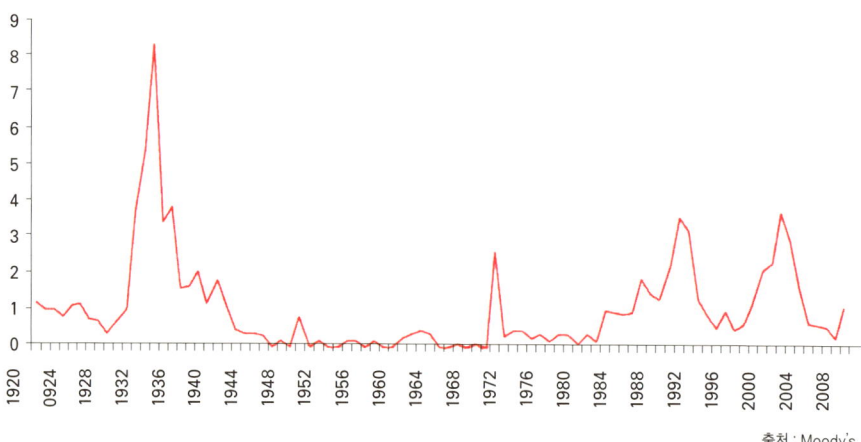

출처 : Moody's.

이유는 Chapter 21 〈채권투자는 투기인가?〉에서 설명했다.

이 분야에서 나보다 훨씬 뛰어난 전문가들은 선순위 보증 채권을 달러당 50~70센트면 살 수 있다고 했다. 선순위 보증 채권은 해당 기업이 파산해도 우선해서 변제받을 수 있는 자격을 갖고 있기에, 최악의 경우에도 액면가 1달러를 모두 상환받을 가능성이 있다.

현재 회사채는 1930년대와 비슷한 환경의 가격 수준에서 거래되는 것으로 보인다. BAA 채권과 미국 국채 사이의 스프레드금리 차는 대공황만큼이나 크다. 대공황 절정기에 700bps를 갓 넘겼던 두 채권의 스프레드는 현재 550bps 이상이다. 이 정도의 스프레드라면 "채권은 불황기에 사야 한다."는 벤저민 그레이엄의 조언에 따라 채권을 매수해도 될 정도다〈Figure 24.2〉 참조.

현재의 스프레드 수준이 의미하는 바는 회사채 시장이 대공황 이후 가장 높은 부도율을 상정하고 있다는 것이다〈Figure 24.3〉 참조.

∶ 가치의 탄생 ② 주식시장

내가 가치를 평가하는 방법은 그레이엄-도드의 PER10년 이동 평균 이익 대비 현재 주가 배수 같은 주기 조정 가치 평가 지표를 사용하는 것이다. 〈Figure 24.4〉는 이 지표로 본 미국의 장기 주식시장 추세다. PER이 조정되는 속도가 매우 빠르다는 사실을 확인할 수 있다.

이 지표를 적용할 때 2008년 11월 S&P 500의 PER은 15.4배다. 그런데 1871년 이후 평균 PER은 버블기를 모두 포함할 때는 18배, 버블기를 제외할 때는 16배다. 따라서 현재 미국 주식은 어떤 경우든 매우 싼 상태라고 할 수 있다.

내가 계속 강조하듯이 **단기 수익을 목표로 한다면 가치는 별로 중요하지 않다. 그러나 장기 수익률을 결정하는 가장 중요한 요인은 가치다.** 〈Figure 24.5〉는 처음 투자할 당시 시장 PER그레이엄-도드의 PER에 따라 달성한 10년 평균 실질수익률을 나타낸 것이다

| Figure 24.4 | 그레이엄-도드의 PER로 본 S&P 500의 PER(배수)

출처 : SG Global Strategy Research.

| Figure 24.5 | 시장 PER(그레이엄-도드의 PER)별 10년 실질수익률

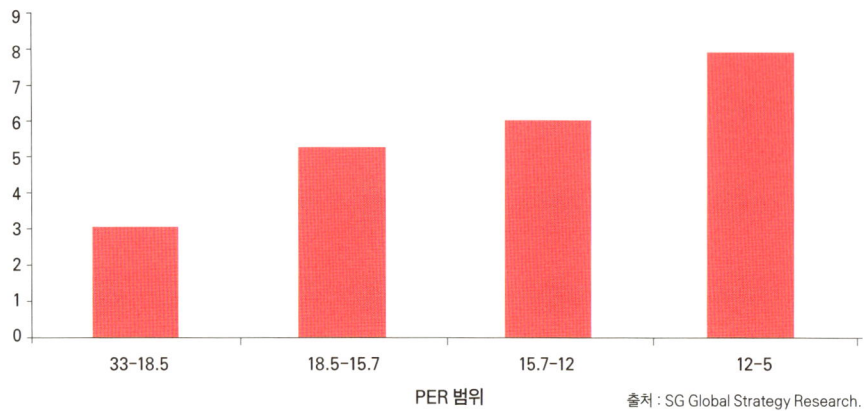

출처 : SG Global Strategy Research.

현재 시장과 동일한 PER인 경우의 실질수익률은 왼쪽에서 세 번째 막대그래프로, 평균 이상의 수익률을 냈음을 알 수 있다. 그러나 현재의 시장 PER이 완전한 바닥은 아니다.

따라서 시장이 더이상 하락하지 않는다고 말할 수는 없다. "나는 천체의 움직임은 예측할 수 있지만, 군중의 광기는 예측할 수 없다."고 말한 아이작 뉴턴의 말을 기억할 필요가 있다.

〈Figure 24.5〉에서 보듯이 바닥은 현재 수준보다 낮다. 일반적으로 역대 바닥 수준의 PER은 약 10배였다. 따라서 현재 S&P 500 종목들의 10년 평균 EPS(주당순이익)가 평균 52달러라는 것을 고려하면, S&P 500 지수가 500은 돼야 역대 최저 수준이라고 할 수 있다.

그래도 바닥을 더 찾고 싶다면, 지난 130년 동안 미국 주식시장이 기록한 절대 최저 PER인 5배라고 할 수 있다. 이는 대공황 당시 기록한 바닥이다. PER이 5배가 되려면 S&P 500 지수는 260이 돼야 한다. 그렇지만 이런 것을 전망이라고 할 수는 없다.

확신컨대 끊임없이 기회를 찾는 오늘날의 전문투자자의 관점에서 볼 때, 미국 주식시장이 이런 말도 안 되는 수준으로 하락할 가능성은 '절대'까지는 아니더라도 '거의' 없다.

시장이 그렇게 말도 안 되는 낮은 수준까지 하락하려면 어떤 일이 벌어져야 하는지는 〈Figure 24.6〉을 보면 된다. 1997년 이후 S&P 500 종목들의 EPS를 나타낸 것이다. 오른쪽 끝의 선은 1930년대 수준의 이익을 기록할 경우 EPS 추세를 나타낸 것이다.

S&P 500 종목의 EPS는 2007년에 고점을 친 뒤 2008년 말까지 반으로 감소했다. 이는 주로 금융주의 상각 때문이었다. 여기에서 다시 1930년대 수준의 이익으로 하락하려면, EPS가 현재의 반으로 감소해야 한다. 이런 일이 벌어진다면 근시안적 투자자들 사이에는 엄청난 공황이 발생할 것이다.

| Figure 24.6 | S&P 500의 EPS ; 반으로 하락할 경우

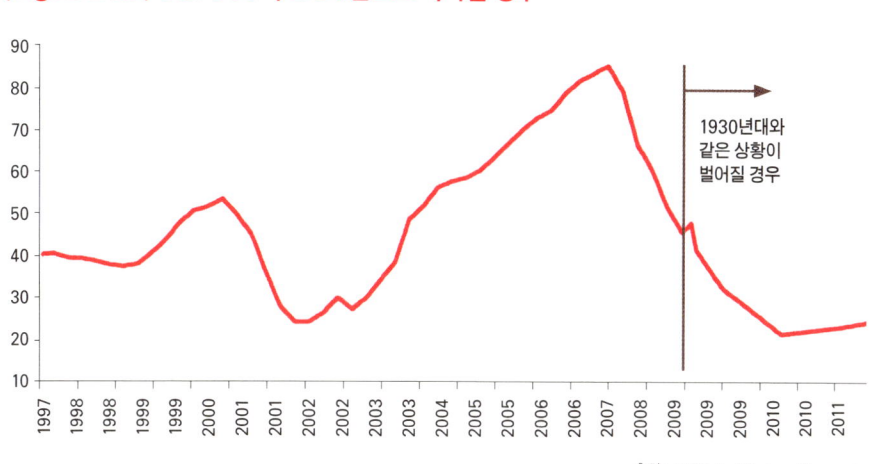

출처 : SG Global Strategy Research.

물론 시장이 이런 식으로 진행되는 것은 지극히 비합리적인 일이다 불가능하지는 않다. 주식은 내구성이 긴 자산으로 미래의 장기적인 현금흐름에 대한 권리를 의미한다. 앞서 내가 현금흐름 할인DCF 모델을 비판했다는 것을 고려할 때 Chapter 5 〈현금흐름 할인 모델의 한계〉 참조, 여기에서 현금흐름 할인 모델에 따른 가치 평가를 언급하는 게 이상해 보일 수도 있을 것이다.

그러나 실행에 많은 문제가 있기 때문에 현금흐름 할인 모델을 비판했지만, 주식 투자의 장기적 성격을 밝히는 데는 도움이 된다. 이를 확인하고자 S&P 500 종목 전체를 대상으로 매우 단순한 '배당 할인 모델'을 만들었다.

〈Figure 24.7〉은 배당 할인 모델을 통해 처음 3년, 그다음 5년, 그리고 장기의 기간별로 S&P 500 주식에서 얼마나 많은 가치가 창출되는지를 비율로 나타낸 것이다. 그 결과 처음 3년은 총가치의 10%만 창출됐고, 그다음 5년은 조금 개선돼 총가치의 15%가 창출됐다. 그렇지만 장기로 가면 총가치의 75%에 해당하는 가치

| Figure 24.7 | 기간별 가치에 대한 기여도 : S&P 500 종목 대상 배당 할인 모델(%)

출처 : SG Global Strategy Research.

| Figure 24.8 | 뉴욕증권거래소 평균 주식 보유 기간(년)

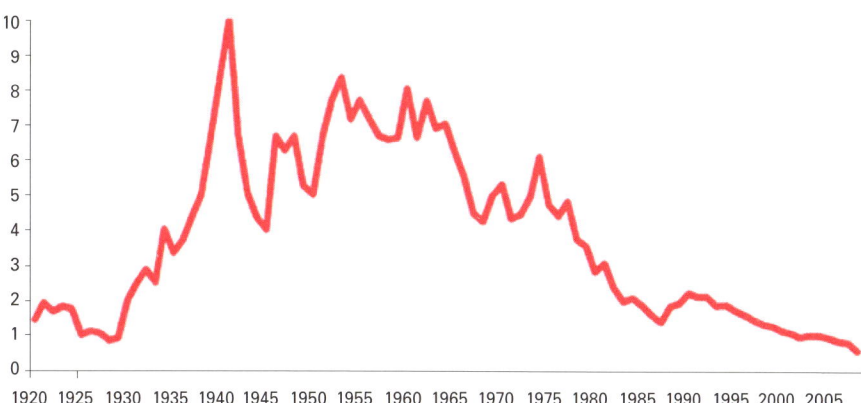

출처 : SG Global Strategy Research.

가 창출됐다.

이 단순한 분석을 통해 알 수 있는 사실은 장기투자자들에게 향후 몇 년은 설사 이익이 반으로 줄더라도 중요하지 않다는 것이다. 하지만 안타깝게도 이와 같은 장기적 안목의 투자는 시장에서 점점 희귀해지고 있다.

〈Figure 24.8〉은 뉴욕증권거래소에서의 평균 주식 보유 기간을 나타낸 것이다. 이를 보면 투자자들이 얼마나 단기 지향적인 성향을 보이는지 알 수 있다. **투자자들의 평균 주식 보유 기간은 고작 7개월에 불과했다. 내가 지향하지만 결코 길다고는 할 수 없는 3년 보유 기간마저, 오늘날의 투자자들에게는 지나치게 길게 느껴질 것이 분명하다.**

그동안 시장은 주의력 결핍 과잉 행동 장애라는 고질병이 더 심해진 것 같다. 오늘날의 투자자들에게는 단기 수익만이 유일하게 중요하고, 거의 절대적인 목표가 된 듯 보인다.

물론 세상에는 미국 주식시장만 있는 것이 아니다. 일부 선진국 시장은 미국 시

| Figure 24.9 | 그레이엄-도드의 PER로 본 영국 시장의 PER

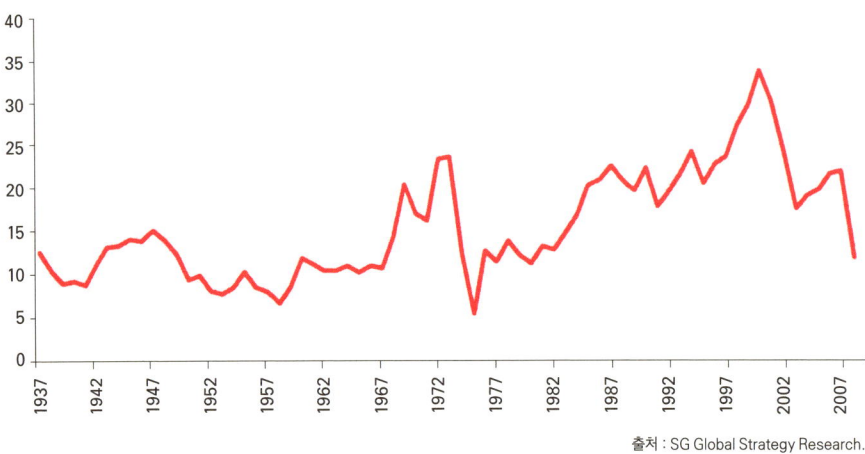

출처 : SG Global Strategy Research.

장보다 훨씬 높은 가치를 제공해주기도 한다. 그레이엄-도드의 10년 PER로 보면 영국 시장의 PER은 12배에 불과하다유럽 시장도 비슷하다. 따라서 영국 및 유럽 시장은 미국 시장보다 훨씬 큰 가치를 지니고 있으며, 장기적으로 훨씬 매력적인 수익률을 제공해줄 가능성이 높다<Figure 24.9> 참조.

미시적 관점의 가치 평가

시장 수준의 가치에 대한 논의가 흥미롭긴 하지만, 미시적 관점에서 시장을 볼 때 더 큰 통찰력을 얻을 수 있다. 세스 클라먼이 그레이엄과 도드의《증권 분석》제6판 서문에서 말한 것처럼, **가치투자자들에게 필요한 것은 싼 시장이 아니라, 싸면서도 서로 관련 없는 20~25개의 주식이기 때문이다.**

여러 번 반복해서 말하지만 내가 미시적으로 가치를 평가하는 방법은 그레이엄-도드의 방법이다. 가치 기회가 되기 위해서는 그레이엄-도드의 가치 스크린 기준을 반드시 충족시켜야 한다.

그레이엄-도드의 가치 스크린 기준이 매우 엄격하기에 특히 대형주 중에서는 이런 기준을 모두 만족하는 주식을 찾기가 매우 어렵다. 가치의 관점에서 그레이엄이 특히 좋아한 기준은 주가가 순유동자산의 $\frac{2}{3}$ 이하인 경우다순-순 주식. 그러나 대형주 중에는 이 기준을 만족시키는 주식을 찾기가 힘들다.

순-순 주식 기준을 적용하기가 현실적으로 어려운 경우 그레이엄은 기준 ①, ③, ⑥을 제안했다. 이 세 가지 기준을 만족시키는 주식은 싸고, 주주에게 현금 수익을 안겨주며, 부채 부담도 없는현재의 시장 상황을 고려할 때 이 기준이 특히 중요하다 안정적인 주식이다.

기준 ① 과거수익률(이익÷주가) : AAA 등급 채권수익률의 2배 이상일 것.

기준 ③ 배당수익률 : AAA 등급 채권수익률의 $\frac{2}{3}$ 이상일 것.

기준 ⑥ 총부채 : 유형 순자산 가치의 $\frac{2}{3}$ 이하일 것.

Chapter 23 〈경기주의 가치 평가와 안전마진〉에서 설명했듯이 나는 이 세 가지 기준에 한 가지 기준을 더 추가한다. 다름 아닌 그레이엄-도드의 PER이 16배를 넘지 않아야 한다는 것이다. 이는 주기적 요인에 따른 일시적으로 높은 이익 때문에 가치가 부풀려진 주식을 걸러내기 위한 기준이다.

〈Table 24.1〉은 주요 시장별로 이런 다양한 기준을 통과한 주식들의 비율을 나타낸 것이다. 미국 시장에서는 15개의 주식이 기준 ①, ③, ⑥과 PER 16배 기준을 통과했고, 유럽과 영국에서는 10개 주식 중 1개가 이 네 가지 기준을 통과했다. 일본과 아시아에서 이 네 가지 기준을 통과한 주식은 5개 중 1개꼴이었다. 일본과 아시아는 가치투자자들의 천국이라고 할 수 있다.

한 가지 짚고 넘어가야 할 것 있다. 2008년에 진행된 매도가 무차별적이었다

| Table 24.1 | 벤저민 그레이엄의 기준을 통과한 주식의 비율(%)

기준	미국	유럽	영국	일본	아시아
①	48	53	53	78	63
②	9	10	17	5	12
③	39	67	65	83	61
④	3	6	11	20	19
⑤	1	0	3	0	0
⑥	38	39	43	69	73
⑦	28	15	21	24	27
⑧	20	17	25	36	27
⑨	69	67	49	68	78
⑩	5	8	15	6	11
①, ③, ⑥	4	14	12	47	33
①, ③, ⑥ PER 16배 이하	4	9	8	20	17

출처 : SG Global Strategy Research.

는 사실이다. 이 때문에 아무리 신경써서 주식을 골라도 수익을 내기 어려웠다. 〈Figure 24.10〉에서 볼 수 있듯이 미국 및 유럽 주식의 약 98%가 마이너스 수익률을 기록했다.

2008년 들어 현재까지 수익률이 전년 동기 대비 40% 이상 하락한 주식의 비율은 미국, 유럽, 일본 모두에서 60~70%에 달했다. 일반적인 해에는 약 30%의 주식만 마이너스 수익률을 기록하며, 그중에서도 수익률이 10% 이상 하락하는 주식은 20% 정도. 이런 점에서 2008년 우리가 경험한 상황은 매우 예외적인 현상이라 하겠다.

2008년의 매도가 무차별적이라는 것을 보여주는 또 다른 증거가 〈Figure 24.11〉이다. 그레이엄-도드의 PER을 기준으로 글로벌 시장의 주식을 가치주에서 미인주

| Figure 24.10 | 전년 동기 대비 마이너스 수익률을 기록한 주식의 비율

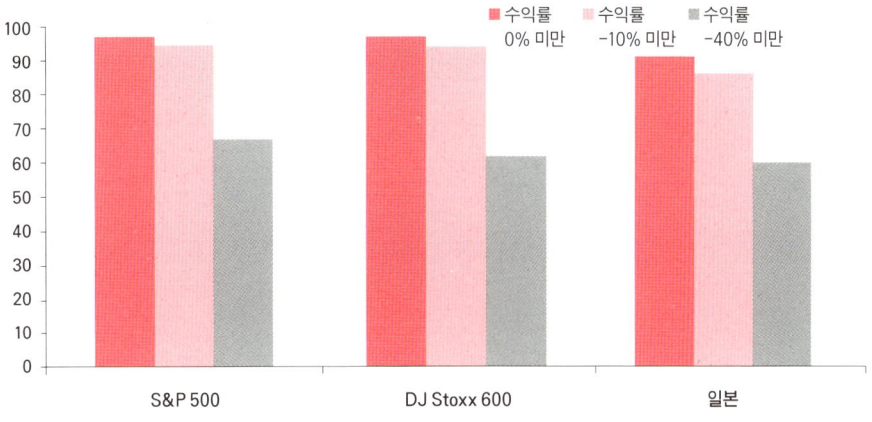

출처 : SG Global Strategy Research.

| Figure 24.11 | 그레이엄-도드의 PER 기준 10분위별 주식의 전년 동기 대비 실적(%)

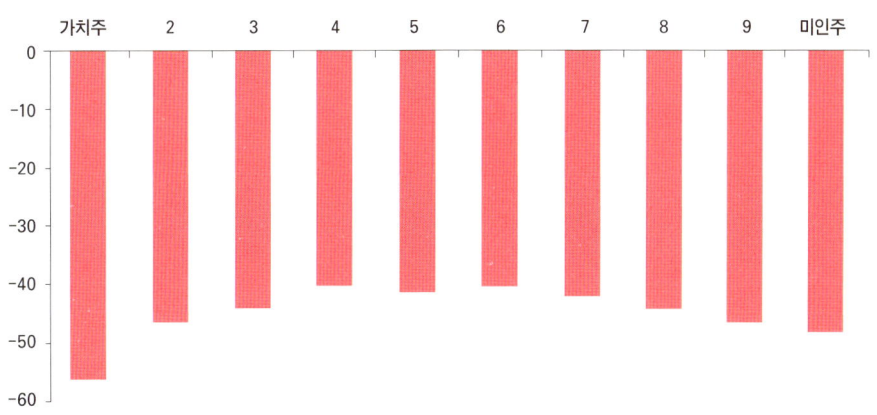

출처 : SG Global Strategy Research.

까지 10분위로 나눠 분위별 주식의 전년 동기 대비 실적을 나타낸 것이다. 그 결과 가치주는 2008년 들어 지금까지 약 56% 하락해 다른 주식들보다 그 폭이 큰 것으로 나타났다.

반면 가장 비싼 미인주들은 48% 하락했다. 이런 식의 매도는 긴급 매도자가 존

| Figure 24.12 | 1929~1932년 바닥까지 절대수익률(%, 연)

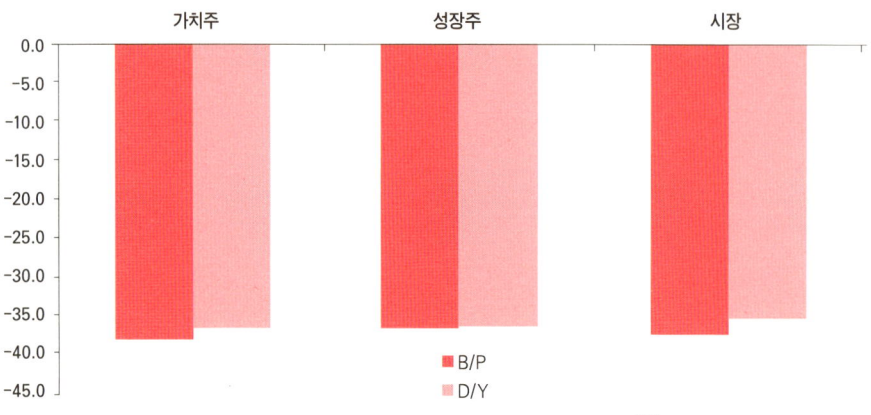

출처: SG Global Strategy Research.

재했음을 나타낸다. 그런데 나는 긴급 매도자가 등장할 때마다 매우 기쁘다. 결국 이런 식의 매도자는 가치를 고려하지 않은 채 매도함으로써 장기 시간 지평을 가진 투자자들에게 기회를 제공하기 때문이다.

내가 흔히 접하는 일반적인 오해 중 하나는 대공황 당시에 가치주가 다른 주식이나 시장보다 더 큰 고통을 겪었다는 인식이다. 〈Figure 24.12〉에 따르면 이런 인식은 잘못된 신화에 불과하다는 것을 확인할 수 있다.

1929년 고점부터 1932년까지 연간 절대수익률 하락을 나타낸 것이다. 대략 훑어만 봐도 가치주 실적이 미인주나 시장 평균과 다르지 않음을 알 수 있다. 물론 내가 대공황 당시 가치주가 좋은 전략이었다고 주장하는 것은 아니다.

그러나 최소한 대공황 당시 가치주 전략이 다른 전략보다 나빴다는 잘못된 신화는 바로잡을 수 있다. 결국 대공황기도 지금 우리가 목격하고 있는 것과 매우 유사한 무차별적 매도가 있었던 시기였다.

∶ 가치의 탄생 ③ 저렴한 보험 수단

이와 같은 열악한 환경에서 살아남기 위한 마지막 전략은 부족한 지식과 불확실성이 초래할 리스크에 대비하기 위해 저렴한 보험 수단을 찾는 것이다. 앞서 언급했듯이 나는 디플레이션과 인플레이션 논쟁에 질려 버렸다. 오랫동안 앨버트와 나는 21세기 초 소비 축소에 따라 거대한 디플레이션 충격이 발생할 수 있다고 경고해왔다.

그러나 나나 앨버트 그 누구도 연방준비제도이사회가 양적 완화를 통해 아주 획기적으로 단기간 내에 재무 상황을 악화시킬 것인지는 확신하지 못한다. 그리고 나는 연방준비제도이사회가 시행하는 정책이 인플레이션을 유발할지도 확신할 수 없지만, 최소한 그 방법이 위험하다는 것은 알고 있다.

그렇기에 나는 혹시라도 있을지 모를 인플레이션에 대비하기 위해 인플레이션 보호 수단으로 활용할 수 있는 저렴한 보험자산을 찾아 왔다. 이런 자산 중 가장 확실한 것은 정부가 발행하는 '지수연동 채권'이다. 최근 이 자산의 수익률이 급격히 상승했다. 유동성을 추구하는 경향이 커졌기 때문인데, 인내심 강한 장기투자자들에게 훌륭한 기회를 제공해준다.

이런 자산들의 실질수익률이 상승한 것〈Figure 24.13〉 참조이 미국만의 현상은 아니라는 것도 주목할 만하다. 물론 미국의 수익률 상승이 가장 크긴 했다.

주식이 급락하면 투자자들에게 기회가 생긴다. 기회는 다양한 모습으로 우리에게 다가온다. 예를 들어 회사채 시장의 경우 어쩌면 평생에 단 한 번뿐인 기회를 제공하고 있는지도 모른다.

전체적으로 보면 주식시장도 싸다. 궁극적이고 절대적인 바닥이 아닐 수는 있지만, 싼 것은 분명하다. 장기 수익에 초점을 맞추는 사람들에게 주식은 금융자산으

| Figure 24.13 | 지수연동 채권의 실질수익률

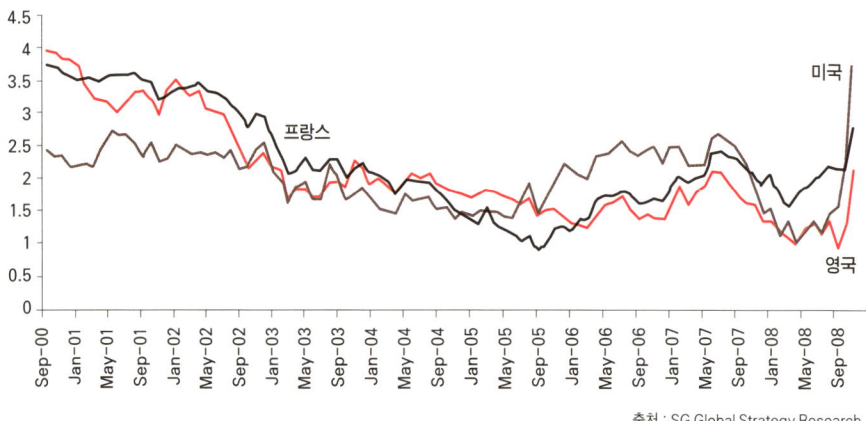

출처 : SG Global Strategy Research.

로 매력적이다. 미시적 관점에서도 지금의 주식시장은 훌륭한 기업들의 주식을 저가에 제공하고 있다.

눈 한 번 딱 감고, 아무 생각 말고 주식을 살 배짱이 필요한 시점이다. **짧은 시간 지평에서 실적을 올려야 하는 기관투자가들은 이런 기회를 활용하기 어렵다. 그런데도 투자자들은 단기 수익만 노리고 자신에게 제공되는 장기적인 기회를 무시하고 있다.**

이 책을 마무리할 때쯤 한 친구가 캐피털 그룹 회장을 역임한 짐 풀러턴이 1974년에 쓴 훌륭한 연설문을 보내줬다. 이 연설문은 1932년 5월 딘 위터가 한 말로 결론을 맺고 있다. 딘 위터는 1932년 대공황 당시 이렇게 말했다.

"어떤 사람들은 미래가 더욱 분명해질 때까지 기다리겠다고 합니다. 그러나 미래가 분명해졌을 때면 현재의 저가 매수 기회는 이미 사라진 뒤입니다. 사실 시장 신뢰가 완전히 회복된 후에도 지금과 같은 낮은 가격이 지속될 것이라고 믿을 사람이 있을까요?"

아마도 지금이야말로 밥 커비가 주장한 주식을 묻어놓고 건드리지 않는 이른바 '커피 캔 포트폴리오' 개념을 재도입해야 할 때가 아닌가 싶다. 커비는 이를 '수동적으로 적극적인 투자 전략'이라고 했다. 시장이 아주 싼 비용으로 여러분을 인플레이션으로부터 보호할 기회를 제공해주고 있는 것만은 분명하다.

나로서는 이런 기회를 모두 이용할 수 있다고 생각하기 때문에, 그 어느 때보다도 적극적으로 매수에 나설 것이다. 너무 일찍 서두르는 것은 아닌가 하는 의문을 가질 수 있다. 거의 그렇다고 할 수 있다. 그러나 내가 매력적인 수익률을 가진 자산을 발견했다면, 그리고 장기적인 시간 지평을 가진 투자자라면 그런 기회를 거부하는 바보 같은 짓을 하지 않을 것이다.

제러미 그랜섬이 2008년 3분기 보고서에서 말한 것처럼, 주식이 매력적인 데 매수하지 않고 시장을 떠나는 사람은 바보 같은 사람이 아니라 진짜 바보다.

Chapter 25

가치의 저주를 버텨내라

가격만 싸다면 주식을 매수해도 될까? 이 질문에 답하기 위해 나는 미국 주식 시장의 PER그레이엄-도드의 PER이 10배일 때 가치투자를 할 경우 어떤 결과가 나올지 분석했다.

그 결과 단기적으로는 '가치의 저주', 즉 시장이 호황일 때는 너무 일찍 매도하고 시장이 급락할 때는 너무 일찍 매수하는 행태가 확인됐다.

PER이 10배일 때 매수해도 시장은 이후 4개월 동안 평균 20% 더 하락했다. 그렇지만 1년 뒤에는 시장이 매수 시점의 PER을 회복했다. 4개월간 평균 20%의 하락은 바닥을 정확히 알 수 없어서 지불해야 할 작은 대가라고 볼 수 있다. 따라서 쌀 때 사서 인내하고 기다리는 것이 최선이다.

- 가격만 싸다면 주식을 매수해도 될까? 단기적으로 가치가격 수준는 수익에 큰 영향을 미치지 못한다. 싼 주식도 더 내릴 수 있으며, 비싼 주식도 더 오를 수 있다. 하지만 결국 장기적 수익에 영향을 미치는 가장 중요한 요인은 가치다. 따라서 현재 PER이 급락 수준인 10배로 하락한 영국 및 유럽 시장은 장기투자자에게 좋은 기회라고 할 수 있다.

- 가격이 쌀 때 시장에 들어가면 상대적으로 하방 리스크가 적다. 역사적으로도 시장 PER이 가장 낮을 때 주식을 매수해, 10년 동안 보유한 투자자들은 전혀 손실을 보지 않았다.

- 그렇지만 케인스의 말처럼 장기투자는 매우 어렵기에 이를 실제로 실천하는 경우는 극히 드물다. 오늘날 대부분 펀드매니저는 실적이 나쁘면 해고당하거나 경력에 위협이 되는 커리어 리스크에 사로잡혀 있다. 나는 이 커리어 리스크가 어느 정도인지 알아보려고 한 가상의 가치투자자가 가격이 쌀 때 투자할 경우 어떤 일이 벌어질지 시뮬레이션했다.

- 나는 심각한 약세장이 형성되면 그레이엄-도드의 PER은 10배까지 하락할 수 있다고 경고해왔다. 그래서 이 가상의 가치투자자가 PER이 10배일 때 매수에 나섰다고 가정했다. 그 결과 단기적으로는 가치의 저주가 보였다. 따라서 단기적으로는 커리어 리스크가 발생했다. 요컨대 시장은 PER 10배까지 하락한 뒤에도 평균 20% 더 하락했다. 그러나 이 과정은 평균 4개월 정도로 매우 빠르게 진행됐다. 바닥을 정확히 알 수 없어서 지불할 수밖에 없는 작은 내가라고 볼 수 있다. 12개월 후에 시장은 매수 시점의 PER을 회복했다.

- 이를 재확인하고자 매수 시점의 PER을 10배에서 13배_{싼 시장의 상단 PER}로 높여봤다. 그 결과 비슷한 패턴이 나타났다. 매수 시점에서 바닥까지 9개월이 소요됐다. 단기적으로는 역시 가치의 저주가 있었다. 이 경우에는 매수 시점의 PER을 회복하는 데는 평균 17개월이 걸렸다.

- 극단적으로 운이 좋은 경우를 제외하고는 정확한 바닥을 알 수 없다는 사실을 인정해야 한다. 결국 가격은 시장으로 언제 돌아가야 할지를 보여주는 좋은 신호다. 따라서 쌀 때 사야 한다. 그도 그럴 것이 그때가 아니면 언제 사겠는가?

* * *

: 가장 비싼 시장과 싼 시장의 수익률

계속해서 나는 영국 및 유럽의 주식시장이 급락 수준에 도달했으며, 이는 장기 투자자들에게 좋은 투자 기회를 제공한다고 주장하고 있다. 하지만 단기 전망에 관해서는 평소와 마찬가지로 여전히 알 수 없다. 반복해서 말하지만 단기적으로는 싼 주식도 더 내릴 수 있고 비싼 주식도 더 오를 수 있다. 그러나 장기적인 수익률을 결정하는 가장 중요한 요인은 여전히 가치다.

〈Figure 25.1〉은 시장의 가격 수준_{가치}에 따라, 가장 비싼 시장과 가장 싼 시장 각각의 경우 향후 10년간의 실질수익률을 확률로 나타낸 것이다. y축은 실질수익률 수준을, x축은 해당 실질수익률을 달성할 확률을 나타낸 것이다.

그레이엄-도드의 PER 기준으로 역대 시장을 4분위로 분류했을 때 가장 싼 시장

| Figure 25.1 | 싼 시장과 비싼 시장의 향후 10년간 실질수익률 확률(1926~2008년 미국 시장 자료)

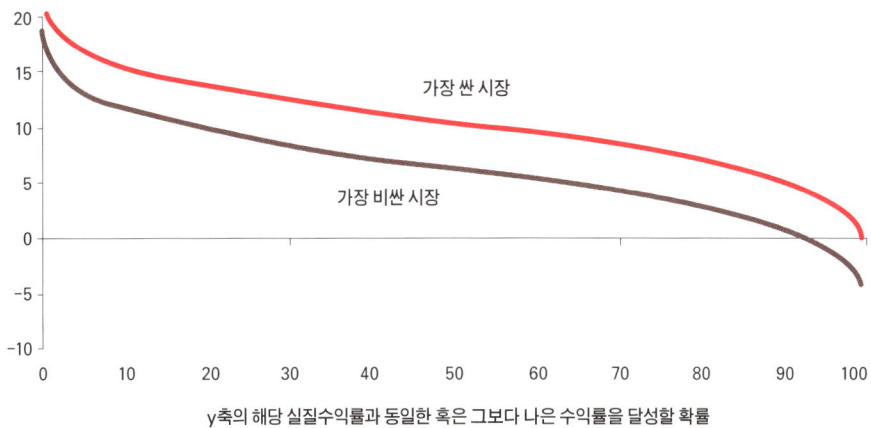

출처: SG Global Strategy.

PER 7~13배은 이후 10년간 연 10% 이상의 수익률을 낼 확률이 52%에 달했다. 반면 가장 비싼 시장PER 20~34배이 이후 10년간 연 10% 이상의 수익률을 낼 확률은 16%에 불과했다.

〈Figure 25.1〉은 장기투자를 전제로 시장이 쌀 때 투자하면 하방 리스크도 상당히 줄일 수 있음을 보여준다. 역사적으로 봐도 시장 PER이 가장 낮을 때 주식을 매수해 10년간 보유한 투자자들은 전혀 손실을 보지 않았다. 그렇지만 안타깝게도 장기투자에 관심 있는 사람은 그리 많지 않은 것 같다.

케인스가 말한 것처럼, 진정한 장기적 관점에 기초한 투자는 매우 어려워서 이를 실제로 실천하는 경우는 극히 드물다. **장기투자자는 대중보다, 그리고 대중의 행동을 더 잘 예측하려는 사람들보다 훨씬 더 힘든 날을 견디고 더 큰 리스크를 부담해야 한다.**

나아가 가치투자자들은 가치의 저주를 받기 쉽다. 다시 말해 시장이 상승할 때는 너무 일찍 팔고 하락할 때는 너무 일찍 사는 경향이 있다. 그렇다면 시장이 쌀 때 주식을 매수하는 데 얼마나 많은 커리어 리스크를 부담하게 될까? 이를 알아보고자 시장의 가격 수준이 다른 두 경우에 각각 주식을 매수했을 때 어떤 일이 벌어지는지 분석했다.

나는 심각한 약세장에서 그레이엄-도드의 PER은 10배까지 하락한다고 말했다. 따라서 PER이 10배일 때 매수한다면 어떤 결과가 벌어질지 보기 위해 역대 미국 시장을 살폈다. 그 결과를 요약한 것이 〈Table 25.1〉이다.

얼마나 인내하고 버텨야 할까?

가치의 저주대로 이후에도 시장은 더 하락했다. 시장은 매수 시점인 PER 10배에서 평균 20% 더 하락했다. 하지만 이 과정은 평균 4개월 정도로 매우 빠르게 진행됐다. 내가 볼 때 이 정도로는 너무 일찍 시장에 들어갔다고 할 수 없다. 물론 나는 진정한 바닥에서 매수하고는 싶었지만, 그런 일은 엄청난 운이 따르지 않고서는

| Table 25.1 | 그레이엄-도드의 PER 10배에서 매수했을 경우

매수 시점	매수 후 바닥까지 하락률(%)	매수 후 바닥까지 하락 기간(개월)	매수 후 매수 시점 PER 회복 기간(개월)
1917년 9월	-16	3	18
1931년 10월	-53	8	21
1942년 3월	-4	1	3
1982년 3월	-1	4	6
평균	-19	4	12

출처: SG Global Strategy.

사실상 불가능하다는 것을 잘 알고 있다.

이 경우 매수 시점의 PER을 회복할 때까지 얼마나 인내하고 버텨야 할까? 평균 12개월이면 시장은 매수 시점 PER을 회복했다.

날카로운 독자라면 위에서 제시한 사례가 너무 적다는 사실을 간파했을 것이다. 그래서 나는 위의 주장을 재확인하고자 매수 시점의 PER을 10배에서 13배로 높였을 때 어떤 일이 일어날지 살펴보기로 했다.

그 결과 비슷한 패턴이 나타났다. 역시 가치투자자들에게 저주가 있었다. 매수 시점에서 바닥까지 평균 17% 더 하락했다〈Table 25.2〉 참조. 그리고 매수 시점에서 바닥까지 9개월이 소요됐다.

| Table 25.2 | 그레이엄-도드의 PER 13배에서 매수했을 경우

매수 시점	매수 후 바닥까지 하락률(%)	매수 후 바닥까지 하락 기간(개월)	매수 후 매수 시점 PER 회복 기간(개월)
1884년 4월	-16	10	20
1907년 1월	-6	1	3
1913년 5월	-14	20	13
1917년 1월	-29	11	28
1931년 8월	-66	10	24
1937년 11월	-12	5	50
1941년 2월	-20	15	8
1949년 2월	-5	5	23
1974년 8월	-12	5	5
1977년 1월	-5	6	6
1981년 5월	-17	13	17
1984년 2월	-4	6	4
평균	-17	9	17

출처 : SG Global Strategy.

그래도 나는 이 정도 상황은 재앙 수준까지는 아니라고 말하고 싶다. 투자자들은 얼마나 버텨야 할까? 이 경우 매수 시점의 PER을 회복하는 데는 평균 17개월이 걸렸다.

세스 클라먼은 다음과 같이 말했다.

"시장 추세를 파악해 바닥에 도달할 때까지 기다리려는 시도는 언제나 유혹적이지만, 그 같은 전략은 매우 잘못된 것으로 드러났다. 역사적으로 볼 때 바닥을 친 직후에는 거래가 거의 없었으며, 시장이 안정되고 경제가 회복되기 시작하면 매수 경쟁이 훨씬 더 치열해진다. 더욱이 바닥에서 매우 신속하게 가격이 회복될 수도 있다. 요컨대 바닥에서는 원하는 매수를 할 수 없는 것이다. 따라서 **투자자들은 약세장의 고통이 극심한 순간에 투자에 나서야 한다. 그리고 상황이 개선되기에 앞서 한동안은 상황이 더 나빠질 수 있다는 것도 염두에 둬야 한다.**"

대공황의 교훈과 안전을 위한 보험들

나는 신용 버블의 붕괴로 인한 디플레이션 압력과 그에 대한 인플레이션 정책 사이에서 다소 혼란을 겪고 있다. 어빙 피셔는 부채 디플레이션 진행이 인플레이션에 의해 중단될 수 있다고 주장한다. 크리스티나 로머는 통화 평가 절하가 급격한 통화 팽창을 가져왔고, 바로 이 급격한 통화 팽창이 대공황을 종식했다고 주장했다.

그리고 최근 다소 엉뚱한 이야기를 하고 있지만, 얼마 전 벤 버냉키는 인플레이션 복귀를 알리는 신호로 해석할 수 있는 일련의 정책 수단을 제시했다. 여기에서 나는 인플레이션이나 디플레이션 어떤 상황이든 간에 그 역할을 톡톡히 할 수 있는 일련의 저렴한 보험 수단 또는 인플레이션 보호 수단을 제시하고자 한다.

- 앨버트 에드워즈와 나는 인플레이션과 디플레이션 논쟁에 대해서는 상대적으로 별로 아는 것이 없다. 양 진영의 주장이 모두 설득력 있다고 여길 뿐이다. 나는 이런 불확실성 속에서 과거에는 어떻게 불황에서 벗어났는지를 살펴보기로 했다. 1929년에 새로운 시대에 대한 잘못된 예언으로 금융계에서 악명이 높았던 어빙 피셔는 부채 디플레이션의 역학을 연구한 후, 인플레이션을 사용하면 불황을 멈추거나 막을 수 있다고 주장했다.

- 오바마 대통령의 경제자문위원회 위원장이자 1930년대 전문가인 크리스티나 로머는 대공황을 끝낸 것은 통화 평가 절하가 유발한 급속한 통화 팽창이었다고 주장했다. 로머의 연구는 피셔의 견해를 뒷받침하는 경험적 증거들을 제공했다. 버냉키는 과거에 제로 금리 상황에서 이용할 수 있는 정책 수단들을 제시했다. 그러나 "금융시장과 은행이 안정되지 않는 한 경제는 회복되지 않을 것이다."는 최근 발언은 '실물 경제 회복이 금융 시스템의 건전성을 높였다'는 크리스티나 로머의 1930년대에 관한 분석과 정면으로 배치되는 것이다.

- 현상황에서 탈출하기 위해 정치적으로 용인할 수 있는 방법이 인플레이션 유발이라면, 우리는 이 경우 발생할 문제로부터 스스로 보호할 방법을 찾아야 할 것이다. 이런 관점에서 나는 세 가지 전략을 제안하려고 한다. 디플레이션 헤지 수단과 가치 기회에 활용할 현금, 저평가된 가치자산으로서의 채권과 주식, 일련의 저렴한 보험 수단이 그것이다.

- 특히 저렴한 보험 수단들은 인플레이션이나 디플레이션에 상관없이 보호 효과를 제공하거나 인플레이션이 발생 시 헤지 수단으로 유효한 것을 정리했다. 전자의 보

험 수단으로 미국의 물가연동 채권과 금이 있다. 물가연동 채권은 향후 10년간 연간 1%의 낮은 인플레이션을 전제로 한 상품이며, 디플레이션이 발생할 경우 원금이 보장된다. 아울러 금융 시스템이 급격히 위축될 가능성이 있기에, 금은 각국이 자국 통화를 경쟁적으로 평가 절하할 경우나 디플레이션에서도 매우 효과적인 자산이다.

* * *

여러 회의에서 앨버트와 내가 꾸준히 인정했듯이, 우리는 디플레이션과 인플레이션 논쟁에 대해 분명한 관점을 밝히기 어렵다. 여러 번 말한 것처럼 나는 신용 버블의 붕괴로 인한 디플레이션 압력과 그에 대한 인플레이션 정책의 대응 사이에서 다소 혼란을 겪고 있다. 디플레이션주의자들의 주장에 동의하다가도, 인플레이션주의자들의 주장을 보면 그것도 이해가 된다. 양 진영은 각자의 입장이 아주 굳건한 것 같다.

반면 우리는 이 문제에 대해 열린 마음을 갖기 위해 노력하고 있다. 앨버트는 미국이 일본식 경로로 간다고 여기는 듯하고, 나는 인플레이션이 올 수 있다는 쪽으로 마음이 다소 기울었지만, 우리 두 사람 모두 각자의 생각에 확신을 갖고 있는 것은 아니다.

: 어빙 피셔의 대공황에 대한 부채 디플레이션 이론

이런 불확실성 속에서 나는 과거에는 어떻게 불황에서 벗어나게 됐는지 살펴보기로 했다. 내가 처음 살펴본 자료는 어빙 피셔가 1931년 발표한 논문 〈대공황 이론〉에서 제시한 부채 디플레이션 이론이다. 피셔는 1929년 영구적으로 높은 주가가 지속하는 새로운 시대가 온다고 선언한 장본인으로, 금융계에서는 악명이 자자한 인물이다. 그렇지만 자신의 전망이 재앙으로 끝난 뒤, 그는 대공황에 대해 연구하기 시작했다.

그는 부채 디플레이션 이론에서 "시작은 과도한 부채고 곧 디플레이션이 뒤따른다면서, 결국 가장 큰 악역은 부채와 물가 불안이다."고 주장했다. 그리고 불황을 초래하는 두 가지 결정 요인을 제시했다.

> 부채가 초래한 디플레이션은 또다시 부채에 영향을 미친다. 디플레이션으로 화폐 가치가 상승하므로, 갚지 못한 부채 1달러는 가치 측면에서 더 큰 부채가 된다.
> 부채가 과도한 수준이라면 부채 청산 속도보다 물가 하락 속도와 화폐 가치 상승 속도가 더 빨라지기 때문에, 부채 청산과 물가 하락(화폐 가치 상승)이 균형 있게 동시에 진행되지 못한다.
> 이 경우 부채 청산 자체가 어렵다. 부채 청산으로 부채 건수는 감소하겠지만, 부채로 남아 있는 돈의 가치 상승만큼 부채 청산이 빨리 이뤄지기 어렵기 때문이다.

부채 디플레이션이 진행되면 상황은 더욱 악화한다는 것이다. 그래도 피셔는 부채 디플레이션의 진행을 어떻게 끝낼지 분명히 알고 있었다.

> 잔존 부채의 채권자와 채무자가 부채 계약을 할 당시의 수준으로 물가를 끌어올리면 불황을 막거나 끝낼 수 있다. 리플레이션(인플레이션의 재도입)과 안정화를 통해 대공황을 치유하거나 막을 수 있다는 것이다.

디플레이션에서 벗어나기 위한 피셔의 방법이 가진 역설은 우리를 현재의 혼란으로 이끈 연방준비제도이사회만이 디플레이션으로부터 벗어나게 해줄 수 있다는 것이다. 빌 플렉켄슈타인의 역작 《그린스펀의 버블》이나 존 테일러의 논문 〈금융위기와 정책 대응 : 실패 사례의 경험적 분석〉을 참고하기 바란다.

: 크리스티나 로머의 대공황이 준 교훈

1930년대에 관한 피셔의 분석을 읽은 뒤 나는 오바마 대통령 경제자문위원회 위원장이자 대공황을 종식한 원인 분석으로 유명한 크리스티나 로머의 최근 연설문을 읽게 됐다. 이 연설문에서 로머는 현재의 상황과 관련해 대공황에서 얻을 수 있는 여섯 가지 교훈을 제시했다.

교훈 ① 소규모 재정 지출 확대는 별다른 효과가 없다

로머는 1992년 논문에서 재정 정책은 대공황에서 벗어나게 된 주요 원인이 아니었다고 주장했다. 재정 확대가 본래 비효과적이어서가 아니라 실행된 재정 확대의 규모가 크지 않았기 때문이라는 것이다.

로머의 말처럼 1933년 루스벨트가 대통령에 취임했을 때, 실질 GDP는 정상적인 경우보다 30% 이상 낮았다. 1934년에 재정 적자는 GDP의 약 1.5% 증가했다.

교훈 ② 금리가 제로에 가까워도 통화 팽창은 경제 치유에 도움이 된다

로머는 통화 팽창을 이끈 것이 연방준비제도이사회라기보다는 재무성이었다고 주장했다 이는 금본위제하에서 미국 통화 시스템의 특징이었다. 1933년 4월 루스벨트 대통령은

잠정적으로 달러의 금 태환Gold convertibility을 중단했고, 이로 인해 달러 가치가 평가 절하되는 결과를 낳았다.

그리고 새로운 금 가격이 이전보다 높게 형성된 후 미국이 다시 금 태환으로 복귀하자 금이 유입됐다. 이로 인해 재무성은 달러 화폐연방준비권와 교환할 수 있는 금 태환증을 발행할 수 있게 됐다. 로머가 설명했듯이 그 결과 유통 화폐와 요구불 예금으로 협소하게 정의되는 통화M1의 공급이 1933~1936년 사이에 연간 약 17% 증가했다.

로머는 통화의 평가 절하가 급격한 통화 팽창을 가져와 디플레이션의 진행을 막았다고 주장했다. 이는 앞에서 말한 피셔의 가설을 뒷받침하는 경험적 증거라고 할 수 있다.

교훈 ③ 경기 부양을 너무 일찍 중단하면 안 된다

통화 팽창은 실질성장률 측면에서 주목할 만한 결과를 가져왔다. 미국의 실질성장률은 1934년 11%, 1935년 9%, 1936년 13%를 기록했다. 그러자 경제 시스템이 회복됐다고 판단한 정부는 1937년 재정 적자를 GDP의 약 2.5% 정도 줄였다. 통화 정책도 긴축 기조로 돌아섰다.

로머가 말한 것처럼 연방준비제도이사회는 1936년과 1937년, 세 단계에 걸쳐 지급준비율을 두 배로 대폭 인상하는 조치를 단행했다. 그 결과 1937년 미국 정부와 연방준비제도이사회가 잘못된 정책으로 전환한 탓에 공황에서 완전히 벗어나는 데 추가로 2년이 더 소요됐다.

교훈 ④ 금융 회복과 실물 경제 회복은 동시에 진행된다

로머는 금융과 실물 경제의 회복이 서로 분리될 수 없음을 지적했다. 이는 부채 디플레이션 환경에서 실제로 문제가 되는 것은 은행이 아니며, 다만 은행은 문제의 증상이 나타나는 곳이라는 우리의 분석과 일치하는 것이다.

"금융시장과 은행이 안정화되기 전에는 회복이 어렵다."는 벤 버냉키의 발언을 보면, 현재 미국의 정책은 금융 시스템 개조를 목표로 하는 듯 보인다. 그렇지만 이는 잘못된 인식이다. 로머의 설명처럼 실물 경제 강화가 금융 시스템의 건전성을 높였다. 1933년에 대규모 적자를 기록했던 은행의 이익은 실물 경제가 회복함에 따라 1935년 대규모 흑자로 전환했고, 이후 대공황이 끝날 때까지 계속 높은 수준을 유지했다.

현재 투자자들은 은행들이 기록한 이익에 다소 흥분하는 것 같다. 사실 이런 환경에서 이익을 내지 못하는 은행이라면 더는 사업을 유지해서는 안 될 것이다. 은행이 이익을 내기에 지금보다 더 좋은 환경은 흔하지 않기 때문이다.

하지만 그렇더라도 은행들이 파산하지 말라는 보장은 없다. 지금 어떤 사업을 시작하고 싶다면 은행을 설립하는 게 매력적인 선택이 될 것이다. 그렇지만 불편하다고 해서 은행의 지난 역사와 내역^{대차대조표}을 무시해서는 곤란하다. 이와 관련해 존 허스먼은 다음과 같이 말했다.

"시티그룹이 2009년 첫 2개월 동안 영업이익을 기록한 데 대해 투자자들이 흥분한 모습은, 투자자들이 '영업이익'이라는 용어를 제대로 이해하지 못하고 있음을 말해준다. 시티그룹 회장 비크람 팬디트가 주차장에서 레모네이드를 파는 동안 시티그룹에 불이 붙을 수도 있다. 그런 상태에서도 시티그룹은 계속 영업이익을 낼 것이다. 그러나 **영업이익은 대차대조표가 어떤 상황인지는 보여주지 않는다.**"

교훈 ⑤ 세계적인 확장 정책으로 부담을 분담한다

현재의 경기 침체가 전 세계적인 상황임을 고려해 로머는 경쟁적인 통화 평가 절하에 대해 흥미로운 지적을 했다.

그는 1930년대에 많은 국가가 경제를 회복하게 된 주요 요인을, 금본위제에서 벗어나 국내 통화량을 늘린 데서 찾았다. 그런 조치들이 단순히 한 국가에서 다른 국가로 확장 정책을 확산했다기보다는 전 세계의 실질 금리를 낮추는 작용을 했다는 것이다.

이는 앨버트와 내가 최근에 토론했던 주제였다. 우리는 환율 측면에서는 분명히 제로섬 게임인 경쟁적 통화 평가 절하가 각국의 국내 통화량을 증가시켜, 인플레이션 기대를 높임으로써 인플레이션을 유발할 가능성에 대해 분석했다. 로머도 이런 견해에 동조하는 것으로 보인다.

교훈 ⑥ 대공황도 결국 끝났다

로머가 말한 마지막 교훈은 지금의 투자자들에게도 유용할 것이다. 로머는 대공황도 결국에는 끝났음을 지적했다.

그는 다음과 같이 설명했다.

"엄청난 자산 손실, 금융시장의 혼란, 자본주의에 대한 미국의 기본적인 신뢰를 파괴할 정도로 엄청났던 상실에도 불구하고, 경제는 결국 제자리로 돌아왔다. 1933년에서 1937년, 전시 성장기를 제외하고 가장 높은 경제 성장률을 보였다. 만약 미국이 1937년의 잘못된 정책으로 일시적으로 경제가 후퇴하는 일이 없었다면, 대부분의 다른 국가들처럼 제2차 세계대전이 발발하기 전에 완전히 경제를 회복했을 것이다."

이는 우리가 현재 상황을 지나치게 비관적으로 보는 시각이 잘못됐음을 일깨워 준다.

∶ 벤 버냉키의 정책 수단

우리가 관심을 둬야 할 또 하나의 견해는 버냉키가 일본의 정책 결정자들을 대상으로 한 연설 내용이다. 이 연설에서 버냉키는 제로 인플레이션이나 약한 디플레이션은 금본위시대보다 현대에 더 위험할 수 있다고 지적했다. 그 이유를 현대 경제가 훨씬 더 많은 신용, 특히 장기 신용을 사용하고 있기 때문이라고 설명했다. 디플레이션이 부채가 많은 경제에 더 큰 위협이 된다는 점을 인정한 것이다.

버냉키는 제로 금리 상황에서도 통화 정책은 결코 무용지물이 아니라고 봤다. 하지만 본질적으로 그의 주장은 다음과 같은 차익 거래 개념을 토대로 한 것이다. **차익 거래는 스티븐 로스의 말처럼 앵무새라도 금융 경제학자처럼 보이게 만드는 용어다.** 내가 보기에 경제학자들은 차익 거래 가정에 너무 의존함으로써 다른 해결책을 배제하는 것 같다.

> 통화 발행은 다른 정부 부채와 달리 이자도 없고 만기도 무한하다. 통화 당국은 원하는 만큼 통화를 발행할 수 있다. 따라서 물가 수준이 통화 발행과 무관하다면, 통화 당국은 자신이 발행한 통화로 무한한 상품과 자산을 확보할 수 있다.
> 이는 균형 상태에서는 명백히 불가능한 일이다. 따라서 명목 금리가 제로 금리 수준에 묶여 있어도 통화 발행을 통해 궁극적으로 물가는 상승하게 된다.

이 연설에서 버냉키는 제로 금리 상황에서 통화 당국이 사용할 수 있는 정책 수단을 제시했다.

첫 번째는 적극적인 '통화 평가 절하'로, 앞서 소개한 로머의 분석과 같은 맥락이다. 두 번째는 중앙은행이 인플레이션을 원한다는 것을 대중이 충분히 알 수 있도록

'인플레이션 목표제'를 도입하는 것이다. 버냉키는 인플레이션 목표로 약 3~4%를 언급했다.

세 번째는 '통화조달이전'이다. 감세로 인한 세수 감소분을 통화 발행으로 보충하는 것이다. 이 정책은 통화 당국과 재정 당국의 정책 조율을 필요로 하지만, 미국보다는 일본에서 더 고려해야 할 정책이다.

네 번째는 양적 및 질적 완화 같은 '비전통적 통화 정책'이다. 버냉키는 영국이 추진하는 것과 같은 국채 단순 매입 가능성을 반복해서 언급하고 있다.

버냉키가 언급한 이런 정책 수단을 통해 연방준비제도이사회가 상황에 따라 어떻게 대처할지 미리 엿볼 수 있다. 디플레이션 압력이 커지면 이와 같은 정책 수단이 활용될 가능성도 커진다. 우리가 이야기하고 있는 핵심은 버블을 다시 발생시키기 위해 시스템을 손보자는 게 아니다. 그것은 금단 현상을 극복하려는 마약 중독자에게 코카인을 건네는 것과 같다.

인플레이션이 부채의 실질 가치를 줄여준다는 피셔의 제안에 주목할 필요가 있다. 인플레이션을 통해 부채의 실질 가치를 줄이는 것이야말로 지금의 혼란에서 가장 적은 고통으로 탈출할 수 있는 방법이다. 연방준비제도이사회가 약간이라도 인플레이션을 불러일으킬 수 있을지, 실제로 그런 능력이 있는지는 알 수 없다. 그저 두고 볼 일이다.

: 현 경제 상황에서 안전을 위한 보험 수단

하워드 마크스는 오늘날의 투자 결정은 '가치', '생존 가능성', '투자할 수 있는 힘 유지'에 초점을 맞춰야 한다고 했다. 나는 세 가지 핵심 요소에 따라 포트폴리오를 구축해왔다.

첫째는 디플레이션 헤지 수단으로서의 현금이고, 둘째는 채권과 주식시장에서의 저가 매수 기회며, 셋째는 물가연동 채권이나 금과 같은 저렴한 보험성자산을 확보해 인플레이션 및 디플레이션 모두에 대비할 보험 수단을 마련해두는 것이다. 물론 싼 주식을 사두는 것도 인플레이션 헤지 수단 중 하나다.

<u>인플레이션 및 디플레이션 대비 보험 수단 ① 물가연동 채권</u>

가장 확실한 인플레이션 및 디플레이션 대비 보험 수단은 물가연동 채권이다. 이 채권은 디플레이션이 발생해도 원금을 돌려받을 수 있어서 디플레이션 비율이 실질수익률이 된다.

인플레이션의 경우 구매 당시 이 채권의 수익률이 얼마이든지 거기에 인플레이션 비율을 더한 수익률을 보장받는다.

내가 처음 물가연동 채권에 관심을 가졌을 때는 수익률이 3.5%를 넘었다(Figure

| Figure 26.1 | 미국의 물가연동 채권수익률(%)

출처 : SG Global Strategy.

26.1〉 참조. 이후 계속 떨어져 10년 만기 물가연동 채권의 수익률은 2009년 3월 현재 일반 채권의 수익률 3%보다 낮은 2.1%다. 이는 시장이 향후 10년 동안 미국이 연 1%라는 낮은 인플레이션을 기록하리라 예상한다는 뜻인데, 내가 볼 때 연 1%는 너무 낮은 예상치다.

인플레이션 및 디플레이션 대비 보험 수단 ② 금

인플레이션 및 디플레이션에 대비한 두 번째 보험 수단은 금이다. 사실 나는 여러 이유로 금에 대해서는 좀 불안한 마음이다. 금의 내재 가치를 평가할 수 없다는 것이 그 이유 가운데 하나다.

하지만 보험 수단이라는 관점에서 금은 무척 매력적이다. 무엇보다 분명한 사실은 각국이 서로 앞다퉈 자국 통화를 평가 절하하는 상황에서 금은 가치가 훼손되지 않는 공통의 통화라는 것이다. 따라서 금은 '이웃 거지 만들기' 환율 정책에 대

| Figure 26.2 | 금(달러)

출처 : SG Global Strategy.

해 유용한 헤지 수단이 될 수 있다.

더욱이 심각한 디플레이션이 계속되는 경우 금융 시스템이 붕괴할 가능성이 있으므로, 그런 재앙에 대비해 화폐 대체 수단으로 금을 보유하는 것은 그리 나쁜 생각이 아니다.

물론 최근에는 모두가 금을 거론하고 있다. 2008년 10월 이후 금 가격이 30% 치솟은 것을 볼 때 그리 놀랄 일도 아니다. 그래서 약간 조바심이 나기는 하지만 아직도 기관은 금을 많이 보유하고 있지 않다. 금 EFT를 통해 금에 투자하는 개인투자자들과 그린라이트, 폴슨, 서드포인트, 이튼파크, 헤이맨 등 헤지 펀드회사의 선호자산 목록에서 상위를 차지하고 있지만, 많은 기관은 여전히 금을 썩 선호하고 있지는 않다〈Figure 26.2〉 참조.

가치투자가 이기지 못할 시장은 없다

최근 내가 매수 의견을 많이 내자, 내게 문의 메일을 보낸 사람들은 둘로 나뉘었다. 한 그룹은 가치투자자들이라 할 수 있고, 다른 한 그룹은 완강한 곰약세장에 베팅하는 투자자이라 할 수 있다.

가치투자자 그룹은 가격 수준이 하락했으니, 더욱 적극적으로 매수에 나서야 한다는 내 주장을 이해했다. 그렇지만 완강한 곰 그룹은 내 가격 수준 측정 지표인 그레이엄-도드의 10년 PER이 너무 관대한 기준을 사용하고 있다고 주장했다.

특히 그레이엄-도드의 PER 계산의 기준이 되는 10년 평균 이익이 너무 부풀려졌다고 비판했다. 그러나 거시적, 미시적 분석 결과 이들의 주장에는 근거가 없었다.

- 수년 전까지만 해도 나는 10년 평균 이익이 과거의 높은 장기 성장률을 반영하지 않았기 때문에, 시장을 너무 비싸게 본다는 비판을 자주 받았다. 그런데 지금은 10년 평균 이익이 부풀려졌기 때문에, 시장을 싸게 본다는 비판을 접한다. 이와 같은 관점 변화는 가치 평가 문제라기보다 시장의 심리가 변했기 때문으로 보인다.

- 완강한 곰 그룹의 주장을 검증하고자 내가 선호하는 가치 평가 지표의 유효성을 확인해보기로 했다. 가장 간단한 방법은 지난 10년 동안 이익이 추세에서 얼마나 벗어났는지를 보는 것이다. 측정 결과 지난 10년 이익이 1950년 이후 측정한 S&P 500 종목의 장기 이익 추세에서 이탈한 정도는 평균 -1.4%에 불과했다. 사실 지난 10년 동안에도 붐과 버스트가 있었고, 따라서 그레이엄-도드의 10년 PER은 붐과 버스트 양쪽 극단의 이익이 평균화된 신뢰할 만한 지표라고 할 수 있다.

- 그레이엄-도드의 PER의 유효성을 확인하는 두 번째 방법은 이익을 계산할 때 더 긴 이동 평균을 사용하는 것이다. 이동 평균 기간이 길수록 당연히 지난 10년 이익에 할당되는 가중치는 줄어든다. 따라서 우리는 10년, 20년, 30년 이동 평균 이익을 기준으로 현재 및 역대 평균 그레이엄-도드의 PER을 각각 계산했다. 그리고 각각의 현재 PER과 역대 평균 PER을 비교했다. 그 결과 현재 PER과 역대 평균 PER은 별다른 차이가 없었다. 현재 시점에서 가장 낙관적인 PER인 10년 PER은 역대 평균 10년 PER에 비해 5% 낮았으며, 현재 시점에서 가장 보수적인 PER인 30년 PER은 역대 평균에 비해 불과 2% 높았다. 요컨대 10년보다 긴 기간의 이익으로 그레이엄-도드의 PER을 계산해도 내가 사용하는 10년 기준 그레이엄-도드의 PER과 큰 차이를 보이지 않았다. 따라서 그레이엄-도드의 10년 PER은 유효하다.

- 그레이엄-도드의 10년 PER의 유효성을 확인하기 위한 마지막 방법은 미시적 관점에서 평균화된 이익을 살펴보는 것이다. 이를 위해 나는 지난 10년 ROE자기자본이익률의 평균값 및 중앙값을 구해, 이를 현재 장부가와 곱했다. 평균 ROE를 사용할 경우 S&P 500의 EPS주당순이익는 약 50달러였다. 이는 우리가 앞서 사용한 거시적 분석 결과와 정확히 일치한다. 이 계산에 사용된 금융주들의 평균 ROE는 최근의 재앙으로 인해 1.2%에 불과했다는 점을 유념할 필요가 있다. ROE 중앙값을 사용한 경우 S&P 500의 EPS는 상당히 높은 79달러가 됐다.

- 물론 금융주들이 지난 10년 동안 기록한 19%의 ROE를 기록할 가능성은 작다. 그러나 금융주들의 ROE가 향후 그 절반으로 하락하고, 장부가가 25% 추가로 하락한다고 가정하더라도 S&P 500의 EPS는 67달러가 된다. 더 가혹한 가정을 적용해 금융주뿐 아니라 에너지, 기초소재, 산업재, 임의소비재, IT, 텔레콤 업종의 ROE가 모두 절반으로 떨어지더라도 S&P 500의 EPS는 48달러가 된다. 결론적으로 모든 방법을 동원해 검증해도 그레이엄-도드의 PER은 가치 평가 지표로 유효하고 타당하다.

* * *

최근 내가 매수 의견을 많이 내자, 내게 문의 메일을 보낸 사람들은 둘로 나뉘었다. 한 그룹은 가치투자자들이라 할 수 있고, 다른 한 그룹은 약세장에 베팅하는 투자자들인 완강한 곰이라고 할 수 있다.

가치투자 그룹은 가격 수준이 하락했으니 매수에 나서라는 나의 주장을 이해했다. 반면 완강한 곰 그룹은 내가 가치 평가에 근거해 입장을 바꾸자 상당히 혼란스러워하는 것 같았다.

| Figure 27.1 | S&P 500의 그레이엄-도드의 PER ; 무용지물인가, 유효한가

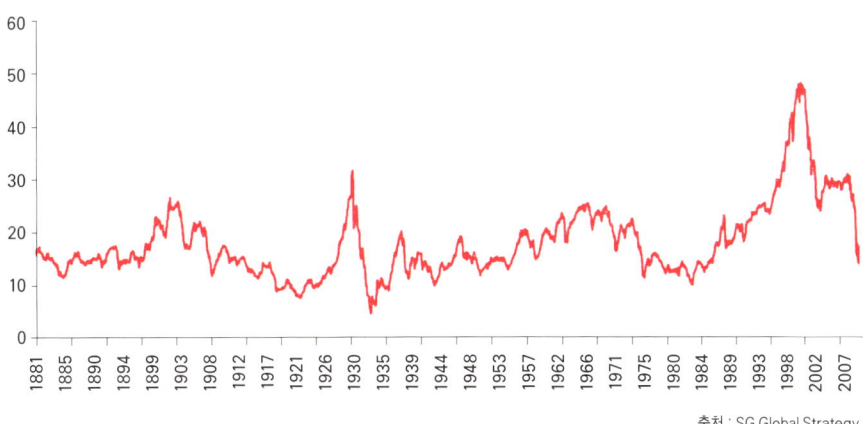

출처 : SG Global Strategy.

완강한 곰 그룹은 내 가격 수준 측정 지표인 그레이엄-도드의 10년 PER에서 사용한 10년 평균 이익은 과장됐으며, 그렇기에 내 매수 의견이 틀렸다고 주장했다. 이는 지난 수년 동안 내가 들어온 주장, 즉 그레이엄-도드의 10년 PER은 성장성을 배제한 지표라는 주장과 정반대되는 주장이다. 나는 이런 주장이 현재의 시장 심리를 잘 보여주고 있다고 생각한다〈Figure 27.1〉 참조.

이런 반론에 직면한 나는 그레이엄-도드의 10년 PER이 정말로 잘못됐는지 확인하기 위한 검증 방법을 생각했다. 완강한 곰 그룹 주장의 핵심은 지난 10년간의 이익이 레버리지 때문에 과도하게 부풀려졌다는 것이었다. 특히 금융주가 그렇다고 했다.

나는 이들의 주장에 상당한 근거가 있다고 봤다. 나 자신도 이익이 2007년에 예외적으로 높은 주기적 고점에 도달했음을 보여주기 위해 〈Figure 27.2〉와 같은 도표를 반복해서 사용했었다. 그렇지만 지난 10년을 돌아보면 추세에서 이탈한 정도는 -1.4%에 불과했다.

| Figure 27.2 | S&P 500의 이익 ; 추세 이탈 정도

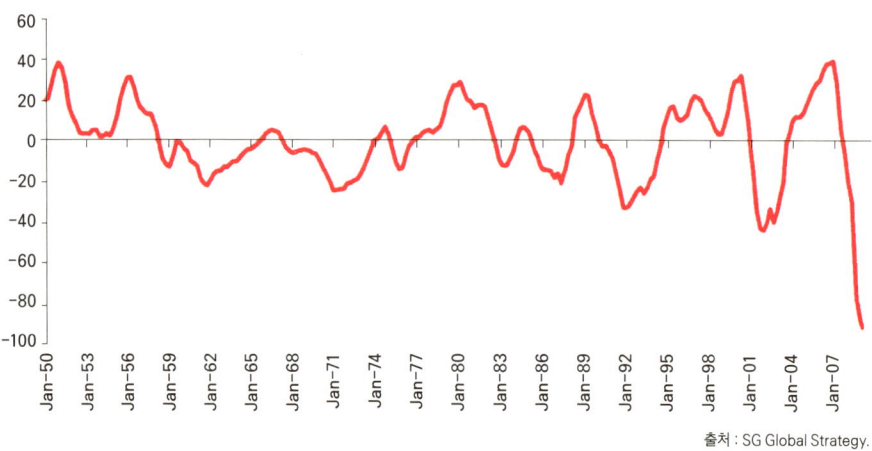

출처 : SG Global Strategy.

지난 10년 동안에도 붐과 버스트가 있었다. 따라서 그레이엄-도드의 10년 PER은 주기적 고점과 저점이 평균화된 것이다. 다시 말해 IT 버블 붕괴와 현재의 버블 붕괴로 인한 저점은 신용 버블에 따른 예외적인 고점과 서로 상쇄 효과가 있었다.

그레이엄-도드의 10년 PER의 거시적 검증

벤저민 그레이엄과 데이비드 도드가 1934년《증권 분석》을 썼을 때 그들은 현재의 나와 비슷한 상황에 처해있었다. 그레이엄과 도드가 PER을 계산하기 위해 5년, 7년, 특히 10년 이익을 사용해야 한다고 주장한 까닭은 경기 주기의 영향을 가능한 한 줄이기 위해서였다.

우리도 같은 논리에서 그레이엄-도드의 PER 계산에 사용되는 이동 평균 기간을 바꾸면 가치 평가 결과도 달라지는지 확인해보기로 했다. 만약 그 결과가 크게 다

| Figure 27.3 | 평균 이익 기간별 S&P 500의 그레이엄-도드의 PER

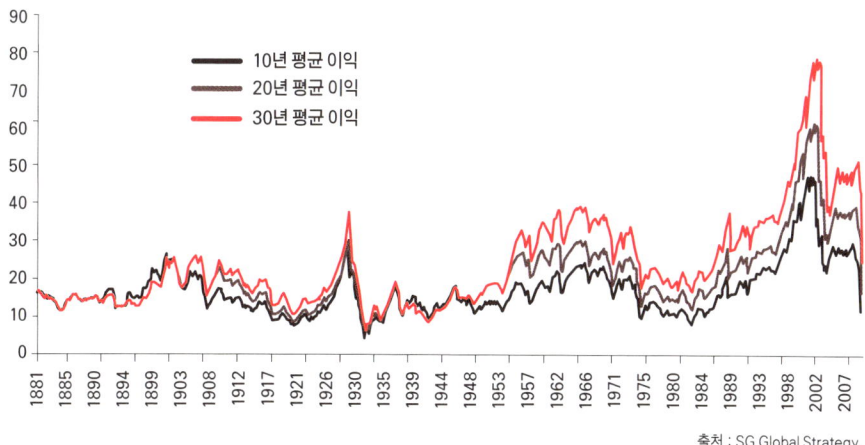

출처: SG Global Strategy.

| Table 27.1 | 평균 이익 기간별 S&P 500의 그레이엄-도드의 PER

평균 이익 기간	역대 평균 PER	2010년 시점의 PER
10년 평균 이익	18.0	17.0
20년 평균 이익	22.0	22.1
30년 평균 이익	27.0	27.6

출처: SG Global Strategy.

르다면 우리가 사용하는 가장 최근 10년 이익은 예외적인 것이 분명했다. 〈Figure 27.3〉은 우리가 일반적으로 사용하는 10년 평균 이익을 20년 평균 이익 및 30년 평균 이익과 비교한 결과다.

대략적으로만 살펴도 별다른 차이가 없음을 알 수 있다〈Table 27.1〉도 참조. 이는 완강한 곰 그룹이 주장하는 10년 평균 이익이 과도하게 부풀려진 것이 아님을 보여주는 강력한 증거다.

: 평균 이익, 미시적 검증

나는 미시적 관점이 문제를 확실히 규명하는 데 유용하다는 것을 여러 차례 확인했다. 그래서 미시적 관점에서도 평균 이익의 문제를 검토해보고자 했다. 이를 위해 지난 10년간 S&P 500 종목의 ROE자기자본이익률 평균값과 중앙값을 계산했다. 〈Table 27.2〉는 그 결과를 업종별로 나타낸 것이다. 이를 이익으로 전환하기 위해 각각의 ROE 중앙값을 현재 장부가로 곱했다. 〈Table 27.3〉이 그 결과다.

지난 10년간 ROE 평균값을 사용해 미시적으로 계산한 S&P 500 종목의 평균 EPS주당순이익는 약 50달러가 된다. 이는 시장 수준에서 거시적으로 계산한 S&P 500의 10년 평균 EPS와 정확히 같은 액수다. 금융주의 ROE는 최근의 이익 급락 때문에 매우 낮은 1.2%에 불과했다는 점을 유념할 필요가 있다.

| Table 27.2 | 지난 10년간 S&P 500의 ROE 평균값과 중앙값(%)

업종	ROE 중앙값	ROE 평균값
에너지	16.5	18.1
기초소재	14.1	10.8
산업재	24.7	28.2
임의소비재	18.7	5.7
내구소비재	30.4	188.7
의료건강	18.7	19.9
금융	18.2	1.2
IT	43.2	67.2
텔레콤	22.4	-4.8
공공설비	11.9	12.0

출처 : SG Global Strategy.

| Table 27.3 | 미시적으로 계산한 평균 EPS(달러)

업종	ROE 평균값을 사용한 경우	ROE 중앙값을 사용한 경우
에너지	11.9	13.1
기초소재	1.2	1.7
산업재	6.9	7.1
임의소비재	10.4	4.6
내구소비재	4.9	9.1
의료건강	9.0	10.0
금융	−10.2	18.6
IT	10.6	9.1
텔레콤	2.2	2.6
공공설비	3.2	3.1
합계(시장의 주당순이익)	**50.1**	**79.0**

출처 : SG Global Strategy.

그러나 평균값은 몇몇 극단적인 경우로 쉽게 왜곡될 수 있기에 평균을 잘 나타내지 못할 수 있다. 따라서 이번에는 지난 10년간 ROE 중앙값을 사용했다. 그 결과 S&P 500의 평균 EPS는 79달러가 됐다.

물론 이 액수는 완강한 곰 그룹이 지적하는 것처럼 제대로 된 가정이 아닐 수도 있는 ROE 중앙값과 현재 장부가에 근거한 결과다. 금융주는 지난 10년간 기록한 19%의 ROE를 기록하기는 앞으로 그리 쉽지 않을 것이다. 더욱이 현재의 장부가를 계산에 그대로 사용한 것은 상황을 과대평가했기 때문일 수도 있다.

내가 자주 지적하듯이 장부가를 그대로 사용하면 잘못된 결과를 얻을 수 있다. 〈Figure 27.4〉에서 확인할 수 있듯이 대공황기 동안 금융주의 장부가는 거의 절반으로 감소했다.

금융위기 후 지금까지 금융주 장부가는 약 25% 감소했다. 따라서 나는 내가 계

| Figure 27.4 | 미국의 금융주 ; 대공황기의 장부가

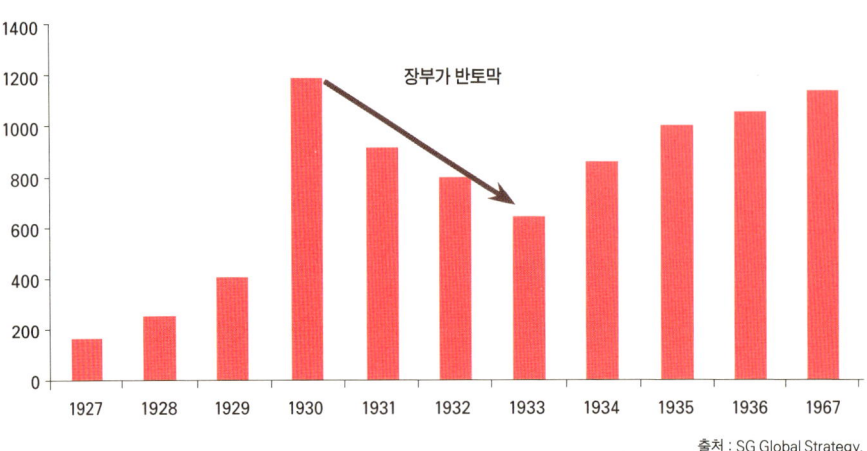

출처 : SG Global Strategy.

산한 평균 이익에 미치는 금융주의 영향을 줄이기 위해 금융주 장부가를 현 수준에서 25% 더 낮추고, ROE 중앙값도 반으로 줄여 9%를 갓 넘는 수준으로 가정한 다음 EPS를 다시 계산했다. 그 결과 EPS는 애초의 79달러에서 67달러로 줄었다. 그렇지만 이 역시 ROE 평균값을 이용해 계산한 EPS 50달러보다 높다.

그런데 금융주만 이렇게 ROE 중앙값과 장부가를 하향 조정하는 것은 공정하지 않을 것이다. 따라서 스트레스 테스트의 일환으로 에너지, 기초소재, 산업재, 임의소비재, IT, 텔레콤 업종의 ROE 중앙값을 절반으로 가혹하게 조정해, EPS를 계산해봤다.이때는 금융주와 달리 장부가는 그대로 유지했다. 조정 대상으로 이 업종들을 택한 이유는 미국 소비자들의 부채 상환과 경제의 하락 영향을 가장 많이 받을 것으로 판단했기 때문이다.

⟨Table 27.4⟩는 이런 가혹한 시나리오를 적용했을 때의 결과를 나타낸 것인데, 이 경우에도 EPS는 거시적 분석으로 계산한 50달러와 거의 비슷한 수준인 48.2달러였다.

| Table 27.4 | 가혹한 시나리오를 적용했을 경우 평균 EPS

업종	EPS
에너지	66
기초소재	0.8
산업재	3.6
임의소비재	2.3
내구소비재	9.1
의료건강	10.0
금융	7.0
IT	4.6
텔레콤	1.3
공공설비	3.1
합계(시장의 주당순이익)	**48.2**

출처 : SG Global Strategy.

완강한 곰 그룹의 우려에도 불구하고 미시적 관점이든 거시적 관점이든 간에 지난 10년 평균 이익이 심각하게 부풀려진 것이 아님을 확인할 수 있다.

내가 고통스럽게 배운 교훈 가운데 하나는 자신의 모델보다 자기 자신이 더 많은 것을 알고 있다는 생각이 매우 나쁘다는 것이다. 나는 그레이엄-도드의 10년 PER과 같은 지표가 타당하지 않다고 주장하는 사람들이 그런 함정에 빠질까 봐 걱정스럽다.

나는 그레이엄-도드의 10년 PER을 계속해서 사용할 것이며, 그 결과를 토대로 매수 의견의 강약을 조정할 것이다. 가치투자가 이기지 못할 시장은 없다.

네 가지 이유에서,
이 책을 모든 투자자에게 기꺼이 추천한다.

① 무엇보다도 재미있다.
핵심 내용을 반복해 자연스럽게 머릿속에 남는다.

② 현명한 투자 원칙을 체계적이고
설득력 있게 풀어냈다.

③ 풍부한 역사적, 실험적 데이터를 바탕으로
가치투자의 효과를 실증적으로 보여준다.

④ 이 원칙들을 오늘날의 투자 환경 속에서
어떻게 적용할 수 있는지도
분명하게 제시한다.

- 브루스 그린왈드, 《경쟁 우위 전략》,
컬럼비아 대학교 경영대학원 교수

제임스 몬티어의
가치투자 나침반

100년의 시간이 증명한 '성공 투자 북극성!'

ⓒ 제임스 몬티어, 2025

초판 1쇄 발행 2025년 9월 9일

지은이 제임스 몬티어 옮긴이 권춘오
펴낸이 이종록 펴낸곳 스마트비즈니스
등록번호 제 313-2005-00129호 등록일 2005년 6월 18일
주소 경기도 고양시 일산동구 정발산로 24, 웨스턴돔타워 T4-414호
전화 031-907-7093 팩스 031-907-7094
이메일 smartbiz@sbpub.net
인스타그램 smartbusiness_book
ISBN 979-11-6343-074-2 03320

* 이 책은 저작권법에 따라 보호받는 저작물이므로 무단전제와 무단복제를 금합니다.
* 책값은 뒤표지에 있습니다.
* 잘못 만들어진 책은 구입하신 서점에서 교환해드립니다.

대한민국 주린이를 위한 '주식투자 필독서'

주식 거인들에게 배우는
잃지 않는 투자 원칙 49

**주식 대가들의
원금보전 투자 철학을 배운다!**

▶ 사고파는 것에 중독되면 주식투자는 끝장이다.
　소음에 귀막고, 원칙을 지켜라!

김명환 지음 / 300쪽 / 17,000원

주식 고수들만 아는
애널리스트 리포트 200% 활용법

**생산적 주식투자를 위한
애널리스트 리포트 완전정복!**

▶ 대한민국 상위 5%만 제대로 활용하는
　애널리스트 리포트 사용설명서!

김대욱 지음 / 276쪽 / 18,500원

손절을 익절로 만드는 한 끗 차이,
투자의 감

**이론을 뛰어넘고, 경험을 앞지르는
주식 고수들의 돈 버는 한 끗!**

▶ 투자 이론은 빠삭하지만,
　도통 수익이 나지 않는다면 반드시 읽어라!

알렉스 강 지음 / 324쪽 / 22,000원